이해관계자 중심 경영

이해관계자 자본주의
시대의 ESG 경영

한국경영학회

한상만 · 김종대 · 이재혁 · 허대식 · 박찬수 · 김재구 · 이경전 · 홍철규 · 이준서 · 정진섭

박영사

발간사

2023년은 대한민국에게 지난 반세기의 역사와 미래의 반세기 역사를 가르는 가장 중요한 시점이다. 지난 반세기 동안 우리는 개발도상국 중에서 가장 효율적인 경제 시스템을 만들어서, 앞서 있는 선진국들을 좇아왔다. 이제 선진국이라는 목표를 달성한 대한민국은 새로운 꿈이 필요하다. 우리의 새로운 꿈은 대한민국이 전 세계의 일류 국가가 되어서 세계를 선도하는 국가가 되는 것이다. 그러나 우리가 가야 할 일류 국가의 길은 우리가 선진국이 될 때까지의 길과는 완전히 다른 길이 되어야 한다.

우리가 가야 할 일류 국가의 길은 단지 기업만 발전하고 성장하는 과거의 개발주도식 모델이 아니라, 모든 이해관계자가 다 함께 발전하는 공존공영의 모델이어야 한다. 대한민국이 세계를 선도하는 일류 국가의 길로 갈 수 있는가는 기업의 성장과 사회 발전의 선순환고리를 어떻게 만들어낼 수 있는가에 달려 있다. 전 세계의 모든 국가들이 기업은 성장하는데, 사회에서는 양극화와 격차 문제가 더욱 심해지는 딜레마에 빠져 있다. 결국 기업의 성장과 사회 발전의 선순환의 시스템이 전 세계가 가고자 하는 새로운 길이고, 이것이 이해관계자 자본주의의 길이다.

이해관계자 자본주의는 기업이 주주가치뿐 아니라 모든 이해관계자의 가치, 나아가서 사회 전반의 가치 극대화를 추구하는 자본주의를 의미한다. 기업의 성장과 발전이 사회의 공존공영으로 이어지는 선순환고리를 만들어내는 것이 이해관계자 자본주의의 핵심인 것이다. 전 세계적으로는 2019년 BRT (business roundtable) 선언과 2020년 다보스 선언(Davos Manifesto)을 통해서, 그리고 우리나라에서는 2022년 대한상의의 신기업가정신 선언(entrepreneurship roundtable)을 통해 기업의 목적을 이해관계자 중심으로 전환한 매우 중요한 선언들이 있었다. 2022년 대한상의의 신기업가정신 선언에서는 "기업은 일자리와 이윤을 창출하는 과거의 역할을 넘어 고객은 물론 조직구성원과 주주, 협력회사와 지역사회 등 기업을 둘러싼 모든 이해관계자를 소중히 여기고 함께 발전할 수 있도록 '새로운 기업가정신'을 선언, 실천한다"고 하였다.

　이러한 선언을 통해 기업의 목적을 이해관계자 모두의 이익과 발전으로 한다는 것을 밝힌 것은 매우 고무적인 일이다. 그러나 기업의 목적에 대한 이러한 선언에도 불구하고 여전히 경영자들과 경영의 실무자들은 실제적인 기업 경영에 있어서 어떤 변화가 있어야 하는지, 혹은 무엇을 다르게 해야 하는지에 대해서는 구체적인 실행안을 가지고 있지 못한 것이 현실이다. 본서의 목적은 이러한 어려움을 가진 경영자와 경영의 실무자들에게 이해관계자 자본주의 시대의 경영을 어떻게 구현해야 하는지에 대해서 하나의 가이드를 제공하고자 하는 것이다. 특히, 본서에서는 경영자의 관점에서 기업가치와 이해관계자 가치, 또는 경제적 가치와 사회적 가치의 균형을 달성하기 위한 전략적 접근방법을 지칭하기 위해서 이해관계자 중심 경영(stakeholder primacy)이라는 개념을 제시하고, 이해관계자 중심경영을 경영의 각 분야에서 어떻게 접목할 수 있을지에 대한 이론적 틀과 논의를 제시하고자 한다.

2023년 1월 31일
한국경영학회장, 한상만

'주주 자본주의'에 익숙했던 기업인들에게 '이해관계자 중심 경영'은 이상적인 담론 정도로 생각되었습니다. 하지만, 2020년 세계경제포럼을 통해 공론화되고, 팬데믹을 거치면서 '이해관계자 중심 경영'은 기업경영의 뉴노멀로 자리잡아 가고 있습니다.

포스코그룹은 2018년 창립 50주년을 맞이하면서 '기업시민'을 경영이념으로 선포했고, 5년째 실천해 오고 있습니다. 포스코그룹의 기업시민 경영이념은 이해관계자와 공존·공생을 추구한다는 점에서 '이해관계자 중심 경영'과 맥락을 같이 하고 있다고 하겠습니다.

인류는 기후위기, 불평등 심화 등 중대한 위기에 직면해 있습니다. 기업은 끊임없이 변화하고 혁신하는 과정에서 인류가 직면한 다양한 문제를 성공적으로 해결해 왔습니다. 이해관계자들은 기업이 다시 한 번 위기극복의 리더십을 발휘해 주길 기대하고 있습니다.

저는 산업 불모지에서 누구도 가능하다고 생각하지 못한 신화를 창조해온 포스코그룹의 CEO라는 중책을 맡으면서 미래의 기업은 어떤 목적을 지향해야 할 것인가에 대해 숙고해 보는 시간을 가지게 되었습니다. 고민에 고민을 거듭한 끝에 저는 '기업시민'이 포스코그룹의 미래 경영이념으로 더없이 적절하다는 결론에 도달했습니다.

2019년 7월, 포스코그룹이 추구하는 기업시민 정신의 지향점과 실천원칙을 담은 '포스코 기업시민헌장'을 제정하고, 대내외에 선포하였습니다. 기업시민헌장은 포스코 그룹 임직원의 의사결정과 일하는 방식의 준거이며, 업무와 일상에서 실천함으로써 모든 이해관계자와 더불어 함께 공생가치를 창출해 가고 있습니다.

우리는 사회의 자원을 활용하여 성장한 기업이 사회공동체의 일원으로서 경제적 이윤 창출을 넘어 사회문제 해결에 동참하고 인류의 번영과 더 나은 세상을 만들어 가는 데 기여하는 것이 올바른 길이라고 믿습니다. 앞으로 기업의 경쟁력은 협력사, 공급사, 고객, 지역사회 등 기업을 둘러싼 이해관계자로 구성된 생태계의 경쟁력에 의해 좌우될 것입니다. 즉, 생태계 구성원 모두가 상생의 가치를 공유함으로써 생명력을 가질 때 기업은 경쟁력을 가지고 지속성장해 나갈 수 있을 것입니다.

포스코홀딩스를 출범하면서 가장 먼저 정관에 기업시민헌장을 반영한 이유도 여기에 있습니다. 기업시민헌장을 정관에 반영함으로써 포스코그룹은 이해관계자와 어떤 가치를 나누면서 경영해 나갈 것인지를 명시적으로 선언하였습니다. 사업(Business), 사회(Society), 구성원(People)이라는 세 가지 영역에서 경제적 가치는 물론 환경적 가치와 사회적 가치를 동시에 창출함으로써 리얼밸류를 확대해 나가는 '이해관계자 중심 경영'의 롤 모델을 만들어 가고자 하는 것입니다.

포스코그룹을 비롯하여 같은 길을 가고 있는 기업들의 사례를 정리하여 이번에 '이해관계자 중심 경영'이라는 제목으로 출간하는 것은 큰 의미가 있다고 생각됩니다. 더불어 함께 발전하는 기업시민의 길, 이해관계자 중심 경영에 더 많은 기업이 동참하기를 기대합니다.

포스코그룹 회장, 최정우

글로벌 에너지 위기와 경제 침체기에서 ESG는 시험을 마주하고 있다. 일부에서는 기업의 현실과 맞지 않는다고 ESG를 비판하기도 한다. 하지만 ESG를 지구와 사람, 그리고 사람과 사람 사이의 관계(Relationship)로 해석하면, E, S, G와 관련된 이슈들은 어떠한 어려움이 있더라도 인류가 반드시 풀어야 할 숙제이며, 거스를 수 없는 시대적 요구임을 알 수 있다. 코피 아난 前 UN 사무총장이 ESG의 개념을 최초로 소개한 보고서의 제목 〈*Who Cares Wins*(먼저 살피는 자가 승리한다)〉처럼 기후변화, 인구절벽, 구성원의 행복 등의 이슈에 해결책을 적기에 제공하는 기업만이 장기적으로 이해관계자의 신뢰와 선택을 받을 수 있을 것이다.

이러한 격동의 시기에 국내 대표 경영학자들이 함께 저술한 이 책은 비즈니스 리더들에게 기업 경영활동 전반에 이해관계자 중심의 ESG 경영을 접목하기 위한 이론적 근거와 현실적 대안을 집대성하여 보여주고 있다. 일례로 '공급망' 파트에서는 요동치는 글로벌 공급망 위기에 대응하기 위한 협력사 지원방안을 제시하고 있으며, 산업별 협의체, 다자간 파트너십 등 지속 가능한 공급망 확대를 위해 이해관계자들의 수평적, 수직적 연대를 함께 강조한다. 또한 '측정과 공시' 파트에서는 SK가 2018년부터 추진해 오고 있는 화폐화 측정 체계를, 마지막 장에는 포스코의 탄소중립 전략을 소개하는 등 국내외 기업의 다양한 ESG 경영 사례가 이해관계자 자본주의 실현에 대해 시사하는 바를 짚고 있다.

많은 비즈니스 리더들이 이해관계자 자본주의에 대한 인사이트를 얻고, 기업의 ESG 성과를 올리기 위한 방향성을 고민하는 데 있어 이 책이 지침서로서 적극 활용될 수 있을 것으로 기대한다.

대한상공회의소 회장, SK 회장, 최태원

최근 기업경영에 있어 ESG는 단순히 윤리적 차원의 논의가 아니며, 기업의 생존과 직결된 문제이다. 기업의 재무성과가 아무리 뛰어나더라도 환경, 사회, 지배구조 등과 같은 영역에서 다양한 이해관계자들의 니즈를 충족시키지 못하면 결국 투자자들의 공감과 관심을 받을 수 없는 세상이 되었기 때문이다. 최근 들어 많은 기업들이 ESG경영과 공시에 대한 관심이 커지고 있는 것이 그 방증이다. 그렇다면 기업이 생존하기 위해 필요한 지속가능한 ESG란 무엇일까? 과거 사회적 책임만을 강조하던 ESG에서 벗어나 기업의 비즈니스와 경제적 가치까지 함께 고려한 ESG경영이 이루어져야 한다.

본 저서는 이해관계자의 만족을 전제로 한 주주가치 극대화 즉, '이해관계자 자본주의'를 기반으로 지속가능한 ESG경영이 실현될 수 있다고 설명하고 있으며 이에 대한 통찰을 주는 의미 있는 책이다.

기업의 리더들에게 본 저서는 좋은 참고서가 될 것이라 생각한다. ESG경영에 필요한 경영전반의 지혜와 노하우를 잘 담아내고 있기 때문이다. ESG경영에 대해 고민하고 계신 리더가 있다면 일독을 권한다.

KB금융그룹 회장, 윤종규

Chapter 03

이해관계자 중심 경영과 지속가능 공급망

김효진 · 박승재 · 이돈희 · 이수열 · 민순홍 · 허대식

Chapter 04

이해관계자 중심 경영과 마케팅

박찬수 · 신현상 · 한상만 · 한영지

Chapter 05

이해관계자 중심 경영을 위한 인사조직의 과제

문정빈 · 박지성 · 이정현 · 박상찬 · 배종훈 · 김재구

Chapter 06

이해관계자 중심 경영과 정보시스템

이경전 · 박성혁 · 백지예 · 차경진 · 설상훈

Chapter 07

지속가능성 공시와 기업활동의 사회적 가치 측정

홍철규 · 백태영 · 황인이

Chapter 08

이해관계자 중심 경영을 위한 재무금융 관점의 ESG 관리

강윤식 · 이준서 · 이효섭 · 전진규

Chapter 09

글로벌 경영에서의 이해관계자 중심 경영

정진섭 · 구정모 · 권일숙 · 김소형 · 김태중 · 노태우 · 문성후 · 최돈승

Chapter 10

이해관계자 중심 경영과 기업시민 포스코

한상만 · 김용근 · 이재혁 · 이준서 · 홍철규 · 허대식 · 정진섭

이해관계자, 이해관계자
자본주의, 이해관계자
중심 경영

●●01
이해관계자, 이해관계자 자본주의, 이해관계자 중심 경영

김종대(인하대학교), 한상만(성균관대학교)

01 본서의 배경과 취지

지난 몇 년간 우리 사회를 휩쓸고 있는 비즈니스 유행어(business buzzword)는 ESG 투자이다. 가장 보수적인 이해관계자 집단인 투자자들이 마침내 지속가능성의 개념을 이해하고 비재무적 요소들이 기업 가치에 미치는 영향을 고려하겠다고 나선 것은 양면성을 가진다. 희망적인 것은 기업 경영에 엄청난 영향력을 행사하는 투자자들이 투자 대상 기업의 환경과 사회적 성과를 고려하겠다고 나서니 기업들의 지속가능성이 높아질 것이라는 예상을 할 수 있다. 그러나 다른 한편으로는 투자자들마저도 비재무적 성과인 환경과 사회 이슈가 기업의 재무적 성과에 미치는 영향을 가볍지 않게 볼 정도로 우리 사회가 심각한 상황에 처해 있다는 반증이기도 하다. ESG 투자의 출현을 제대로 이해하기 위해서는 지속가능성(sustainability)과 이해관계자 자본주의(stakeholder capitalism)를 이해할 필요가 있다. 왜냐하면, ESG 평가는 결국 기업의 지속가능성 평가이며, 이해관계자 자본주의는 이해관계자들과 기업이 상호 영향력을 행사하면서 사회 전체의 공동 가치를 창출해 내야 한다고 주장하기 때문이다.

이 때문에 블랙록의 CEO 래리 핑크가 2022년 CEO에게 보내는 편지에서 이해관계자 자본주의를 언급한 것은 적절한 일인 것으로 판단된다. 매년 전 세계 주요 기업의 CEO에게 편지를 보내어 투자 방침과 철학을 전하는 래리 핑크의 2022년 편지(The Power of Capitalism)는 다음과 같은 세 가지 특징적인 내용을 담고 있다. 첫째, 기후변화 영향의 중요성과 함께 기후변화가 미래 가장 유망한 비즈니스 기회를 만들 것이라는 점을 강조하고 있다. 그는 향후 글로벌 경제에서 천 개의 유니콘이 탄생한다면 그것은 검색엔진이나 소셜미디어가 아니라 탈탄소사회를 실현하고 모든 소비자가 누릴 수 있는 에너지전환을 가능하게 만드는 기업일 것이라고 예측했다. 둘째, ESG 투자원칙을 기업들에게 강요한 것에 대해 그린워싱(greenwashing)이라는 비난을 의식해서 자신들이 투자 대상 기업의 ESG 성과를 중요하게 생각하는 것은 환경주의자라서가 아니라 고객에 대한 수탁 책임을 지기 위해 자본가로서 지속가능성에 초점을 맞추는 것이라고 설명했다. 마지막으로, 아직 연구가 부족한 이해관계자 자본주의를 진지하게 탐색하기 위해 이해관계자 자본주의 센터(Center for Stakeholder Capitalism) 설립을 선언하였다.

이해관계자 자본주의가 비즈니스 실무와 경영학계에 본격적으로 대두되고 이해관계자 중에서 가장 보수적이라고 생각되는 투자자들이 비재무적 요소인 환경, 사회 및 거버넌스(ESG)를 투자의사결정에 고려하겠다고 기업들에 압력을 넣고 있는 현상은 기업 경영에 있어서 혁신적인 전략적 변화를 요구하고 있다. 특히, 20세기 중반부터 본격적으로 논의되어 온 자본주의의 구조적 문제인 소득불평등 심화, 기후변화의 심각성 및 이해관계자들의 의식 향상 등은 경제 상황에 따라 정도의 차이를 보였으나 다양한 이해관계자의 관여(engagement)와 행동을 유발하였다. 또한 주주 중심 경영과 자유주의 시장경제의 내재적 문제가 갈수록 심화되면서 인류의 지속가능성을 위협할 상황에 이르렀다는 현실 인식이 확산되면서 대안적 자본주의를 모색하게 되었다. 이런 배경에서 학자들과 산업계 리더들은 자본의 소유주인 주주만을 위한 경영이 아니라 주주를 포함한 모든 이해관계자가 공존공영하는 경제체제와 경영방식을 모색하게 되었고 거의 유일한 대안으로 대두된 것이 이해관계자 자본주의이다.

본서는 경영학회의 이해관계자 자본주의 연구회에 소속된 50여 명의 교수진이 1년여에 걸쳐 이해관계자 자본주의의 개념과 실천적 접근방법을 연구하고 토론한 결과를 정리한 결과물이다. 이해관계자 자본주의는 아직 초기 단계에 있지만 장기적으로 중요한 핵심어로 경제와 경영 분야의 지도 원칙으로 떠오를 가능성이 많은 개념이므로 경영학자들의 연구를 통해 학계와 산업계에 최소한의 가이드를 제시하고자 하는 목적으로 시작되었다.

동시에 비슷한 시기에 폭발적인 관심을 끌며 등장한 ESG 투자도 이해관계자 이론 또는 이해관계자 자본주의의 맥락에서 설명가능한 것이기에 본서에서는 ESG 투자의 개념, 이슈 및 동향을 같이 다루었다. 이해관계자에 관해서는 이해관계자 그 자체에 대한 개념과 역사적 배경 등을 살펴보고 이해관계자 이론 그리고 나아가 이해관계자 자본주의에 대해서도 개념적, 역사적으로 고찰하였다. ESG 투자에 대해서도 최근의 동향, 사례 및 경영상의 이슈 등을 다루었으며 동시에 서론에서는 ESG라는 표현이 포함된 다양한 용어 사용에 대한 견해를 밝히고 있다.

┌─ 02   이해관계자 자본주의에 대한 관점

이해관계자 자본주의를 이해하기 위해서 사전에 두 가지를 검토할 필요가 있다. 첫째, 이해관계자 자본주의가 주주 자본주의에 대비되는 용어로만 이해되는 경우가 많다는 것이다. 이것은 1970년대 프리드만(Milton Friedman)을 비롯한 시카고 학파(신고전주의 경제학파)들이 자유주의 시장경제를 기반으로 강력한 주주 자본주의를 주장하면서 최소한 20세기 말까지 이들의 주장이 경제 및 경영 전반을 지배하였기 때문이다. 하지만 이해관계자 자본주의는 주주 자본주의를 반대하기 위한 새로운 경제시스템이라기보다 자본주의 자체의 근본적인 문제에서 비롯된 대안을 모색하는 과정에서 탄생한 개념이며, 우리 사회의 미래에 대한 책임 있는 고민과 우려에서 논의되는 것이다. 그리고 이해관계자 자본주의가 자본주의의 기본 전제인 사유재산의 인정, 자유주의 및 시장경제를 부정하는 것이 아니라 이러한 자본주의의 기본 전제를 기반으로 어떻게 하면 기업의 발전과 성장이 사회의 공동 번영으로 이어지는 선순환 구조를 만들어 낼 수 있을지를 고민하고 탐색하는 과정이라는 점을 간과해서는 안 된다.

둘째, 이해관계자를 기업 경영의 주요 참가자(player)로 간주한다는 것에는 여러 가지 의미가 있으며 논자들마다 서로 다른 의미로 주장하고 이해하고 있다. 도구주의적(instrumental) 이해관계자 자본주의는 이해관계자의 존재와 그 영향력을 인정하고 이들의 요구(needs)를 파악하고 충족시킴으로써 이해관계자와 협력적으로 주주가치를 극대화할 수 있다는 전략적 사고를 강조한다. 기업이 사회적 목적을 수용하는 것이 궁극적으로 기업의 장기적인 경제적 가치를 높이는 일이라는 것이다. 만약 주주 자본주의(shareholder capitalism)나 주주 중심 경영(shareholder primacy)이 주주의 단기적 이익이 아니라 장기적 가치를 극대화하는 것이라면 주주 중심과 이해관계자 중심 경영에 차이가 없게 된다(Jones, 1995). 프리드만의 주주 중심주의가 본질적으로 이해관계자 자본주의와 다르지 않다고 주장하는 사람들의 논지도 여기에서 찾을 수 있다. 이 견해는 막대한 영향력을 가지는 이해관계자의 요구를 충족시키고 그들과 긍정적 관계를 유지하면서 협력적으로 가치를 창출하는 것이 주주뿐 아니라 모든 이해관계자에게 최적의 결과를 가져온다는 점을 강조하는 것이다.

하지만 주주의 가치와 다른 이해관계자의 가치가 상충할 경우도 많으며, 환경파괴나 소득불평등, 고용 불안 등과 같은 사회 비용은 주주와 기타 이해관계자 간의 가치 상충(trade-off)과는 성격이 다른 문제이므로 주주 자본주의와 이해관계자 자본주의가 본질적으로 같은 목적을 추구하는 것이라 보기 어렵다는 주장도 존재한다. 이해관계자 자본주의에 대한 규범적(normative) 접근은 어떤 이해관계자의 가치도 다른 이해관계자 집단의 가치를 위해 희생되어서는 안 된다는 윤리적 명제에 기초한다고 볼 수 있다. 또한 지배구조에 관한 이해관계자 이론 중 다원적 이해관계자 이론(pluralist stakeholderism)은 궁극적으로 이해관계자 가치 극대화라는 이상적 목표를 달성해야 하거나 달성할 수 있다고 가정하는 접근법이다. 규범적 접근과 다원적 접근은 맥락은 다소 다르지만 공통적인 문제점을 가지고 있다. 즉, 이해관계자의 총합적 가치 극대화를 목표로 한다고 가정한다고 해도 최적 솔루션을 찾을 수 있는 함수관계를 제시하는 것이 불가능하며, 서로 다른 이해관계자들 간의 중요도와 비중을 확인할 수 없기 때문에 현실적인 시사점을 가진 이론적 모형을 찾아내기가 쉽지 않다.

┌ 03 이해관계자 개념의 대두

오늘날 보편화된 이해관계자 정의는 없으나 에드워드 프리맨(Edward Freeman)의 정의가 가장 일반적으로 사용되고 있다. 그에 의하면 조직의 이해관계자는 조직의 목적 달성에 영향을 미치거나 그에 의해 영향을 받는 개인이나 집단을 일컫는다(Freeman, 1984). 오늘날 기업이 사회에 미치는 영향의 크기를 생각한다면 거의 모든 사회의 구성원이 기업의 이해관계자이므로 사회 전체가 기업의 이해관계자라고 해도 과언이 아니다. 이해관계자(stakeholder)라는 용어는 옥스포드 영어사전에 의하면 18세기에 사용되기 시작하였고 초기에는 도박에서 베팅하는 돈이나 다른 가치 있는 재화의 금액이란 의미로 사용되었다. 'Stake'는 이해관계나 지분을 의미하며 'Stakeholder'는 'Stake'를 가진 사람이란 의미를 가지는 것은 지금이나 그때나 마찬가지였다. 이해관계자가 기업의 비즈니스 활동에 이해관계를 가진 개인이나 집단이란 의미로 처음 사용된 것은 1963년 Stanford Research Institute(SRI)의 연구프로젝트에서였다고 전해진다. 1960년대부터 미국을 중심으로 산업계에서 기업의 사회적 책임(CSR: Corporate Social Responsibility)에 관한 논의가 활발히 전개되면서 기업과 사회의 관계를 설명하기 위해서 이해관계자 용어가 본격적으로 사용되기 시작하였다.

Stakeholders

The notion of stakeholder was coined in an internal memorandum at the Stanford Research Institute in 1963 and means "those groups without whose support the organization would cease to exist."

In a famous article Freeman and Reed define stakeholders as "those groups who have a stake in the action of the corporation."(Freeman &. Reed. 1983)

이처럼 20세기 중반에 본격화된 기업의 이해관계자에 관한 논의는 기업의 목적과 존재 의의의 관점에서 다루어졌고 주로 주주(소유주) 중심의 사고와 주주를 포함한 광범위한 이해관계자 중심의 사고를 대비시키면서 기업과 사회와의 관계에 관한 논쟁으로 발전해 왔다. 그 과정에서 다양한 이해관계자의 집합이 사회 전체(society as a whole)와 동일한 개념으로 이해되면서 CSR 논의에서 사회적 목적을 달성하는 조직으로서의 기업의 역할이 강조되었다. 이 시기에 산업계에서 기업이 경제적 목적을 달성하는 것 외에도 환경과 사회에 미치는 영향에 대한 책임을 지거나 기타 사회적 목적 달성에 노력해야 한다는 의식이 확산되었는데 예를 들면, 휴렛패커드의 공동 창업자인 패커드(David Packard)는 기업의 목적과 존재 의의에 대해서 다음과 같이 말하였다(Packard, 1960).

"많은 사람들이 기업이 단순히 돈을 벌기 위해서 존재한다고 가정하고 있는데 그것은 잘못된 것이라 생각한다. 비록 돈을 버는 것이 기업의 중요한 존재 이유이지만 우리는 더 깊이 들어가 우리의 존재 이유를 찾아야 한다. … 혼자서는 불가능한 사회 공헌을 다수가 모여서 집합적으로 달성하기 위해 소위 기업이라는 기관을 만든다."

04 자본주의와 이해관계자

이해관계자 자본주의라는 용어를 이해하기 위해서는 자본주의와 이해관계자의 관계와 역사적 배경을 고찰할 필요가 있다. 역사적으로 보면 자본가들이 상업 또는 산업을 통해 축적한 자본을 생산수단에 투자하고 그로 인한 기술혁신에 의해 경제와 기업이 성장하는 구조가 자본주의 발전의 동력이 되었다. 그리고 기업, 특히 주식회사 형태의 기업이 19세기 중반 이후 대규모 자본 형성을 가능하게 해 주었다. 국가마다 차이가 있지만 예를 들면 미국의 경우 공공의 목적을 달성하기 위한 제도적 수단으로 기업이 만들어진 경우가 많았으며 기업은 목적 달성을 위해 다양한 이해관계자와의 상호작용에 의존하고 있었다. 이해관계자가 소유하고 있는 생산 요소, 즉 자원 없이는 기업 활동이 불가능하므로 자본과 노동력을 제공할 투자자와 종업원이 필요하였으며, 생산된 제품을 구매해 줄 소비자가 있어야 하는 것이다. 따라서 비단 20세기뿐 아니라 18세기 근대적 형태의 자본주의가 시작된 이후로 줄곧 기업이 어떤 목적을 달성하기 위해 어떤 방식으로 운영되어야 하는지는 사회 및 경제 체제로서 자본주의의 성공을 규정하는 조건이었다. 이러한 논의의 연장선상에서 최근 탄생한 개념이 이해관계자 자본주의이다.

수백 년에 걸친 자본주의 역사에서 자본주의 경제체제는 여러 가지 모습으로 사회와 경제시스템을 형성에 왔으며 그때마다 적절한 수식어와 함께 다양한 형태의 자본주의가 대두되었다. 즉, 국가 자본주의, 주주 자본주의, 경영자 자본주의(managerial capitalism) 등의 이름은 각각 다른 의미를 가지지만 다양한 이해관계자 중에서 가장 지배적이고 핵심적인 이해관계자가 주도하는 자본주의의 형태를 지칭하는 용어였다. 예를 들면, 정부 또는 국가가 경제를 계획하고 주도하는 국가 자본주의, 투자자 또는 주주가 기업의 자본을 소유하는 소유주로서 기업을 지배하게 되는 주주 자본주의, 또는 기업 경영자가 사실상 기업을 경영하고 경제체제를 이끌어가는 경영자 자본주의와 같이 지배적인 이해관계자가 주체가 되는 다양한 형태의 자본주의가 존재해 왔다. 그러나 이들과 달리 이해관계자 자본주의에서는 특정 이해관계자가 압도적으로 중요하거나 지배적인 통제력을 가지는 대신 다양한 이해관계자가 기업 경영에 영향을 미치며 그들 간의 균형 있는 가치 달성이 기업 경영의 목표가 된다(Freeman et al., 2007).

이해관계자 자본주의는 아직 일반적인 개념과 구조가 정립되지 않은 상태에서 논자들마다 다른 의미로 사용하고 있지만, 최근의 경제 체제와 기업 경영 방식에 관한 많은 논의에서 주주 자본주의에 대칭되는 새로운 경영 패러다임으로 이해되고 논의되는 경향이 있다. 그것은 1970년대 프리드만(Milton Friedman)을 중심으로 한 신고전주의 경제학자들의 자유주의 시장경제가 강력한 주류 경제학을 대표하던 시기에 대한 반동으로 이해관계자 자본주의가 대두된 점을 생각한다면 당연한 결과일 것이다. 하지만 보다 긴 역사적 고찰을 통해 보면 주주 중심주의 대 이해관계자 중심주의의 대립적 사고보다 더 넓은 관점에서 이해관계자 자본주의를 이해할 수 있다. 이러한 이분법적 사고는 주주와 비주주 이해관계자의 대립이나 제로섬 게임으로 비추어져 이해관계자 자본주의가 마치 자본주의 기본 전제인 사유재산의 인정과 자유주의 시장경제를 부정하는 사회주의적 주장으로 오해 받을 수도 있다.

05 자본주의와 이해관계자 관계의 역사적 개괄

경제시스템으로서의 자본주의(capitalism)는 영국의 섬유산업 발전과 함께 태동되었다고 알려져 있다. 중상주의(mercantilism) 또는 상업자본주의라고 불리는 시기를 거쳐 18세기에 이르러 산업자본주의가 발달하기 시작했다. 그 시대적 특징은 상업 또는 산업활동을 통해 축적된 자본이 생산설비와 수단의 확충에 재투자되기 시작했다는 점인데 그것이 자본주의를 정의하는 핵심조건이기도 했다. 이 시기에 아담 스미스(Adam Smith)는 국부론(the Wealth of Nations)이란 저서를 통해 근대 경제학 이론의 기초를 만들었다.

사회 전반에 걸쳐 중세 봉건주의에 억압되어 있던 물질적 부와 개인의 사유재산의 축적이 자유로워지고, 강력한 국가권력의 형성과 함께 사회 및 법제도가 정립되기 시작한 것도 자본주의 시장경제 발전의 배경이 되었다. 민간 자본이 축적되고 상업에서 제조업으로 산업 기반이 이행되어 가고 19세기 자유주의 정치 풍조와 아울러 자유주의 시장경제가 꽃을 피우기 시작하였다. 이처럼 산업자본주의의 발달은 자본가 중심의 경제체제로 이어졌는데 한편으로는 생산수단을 소유하지 못하고 빈곤에서 허덕여야 했던 노동자계급이 양산됨에 따라 경제적 불평등에 의한 사회적 동요가 심해졌다. 이러한 배경에서 초기 산업자본주의는 막시즘(Marxism)의 도전을 받게 되었다. 마르크스(Karl Marx)는 노동자계급이 자본주의를 전복시키는 프롤레타리아 혁명이 일어날 것이며 자본주의에 대항한 사회주의(socialism) 사회가 도래할 것이라 주장하였다. 사회주의 경제체제는 비록 실패로 끝났지만 자본가의 자본 독점에 따른 노동자의 상대적 빈곤은 오늘날 주주 자본주의 대 이해관계자 자본주의 논쟁의 기초가 되고 있음에는 틀림없다.

19세기 말 주식회사 제도가 확산되고 대기업의 출현과 함께 기업 활동이 사회에 미치는 영향력이 커짐에 따라 노동 문제가 더 심각한 사회문제로 대두되기도 했지만 소비자나 지역사회와 같은 이해관계자가 기업 경영에 절대적 영향을 미치는 상황은 아니었다. 말하자면 오늘날과 같이 소비자, 환경단체, 지역사회 주민 등이 이해관계자로서 기업에 강력한 영향력을 행사하지는 않았고 따라서 주주 자본주의 대 이해관계자 자본주의의 대립과 같은 사회 분위기는 존재하지 않았다. 그리고 글로벌화가 진행되지 않은 상황에서 생산과 소비 활동은 주로 지역적으로 이루어졌으며 소비자와 생산자 사이에는 서로의 정보가 공유되고 있어서 주주와 그 외 이해관계자의 괴리 및 대립은 심각하지 않았으나, 여전히 자본가와 노동자 간의 갈등은 심각한 사회문제를 일으키고 있었다.

1930년대 대공황은 자본주의에 근본적인 변화를 준 중요한 사건이었다. 대공황으로 자유방임주의는 힘을 잃게 되고 미국에서는 대공황 극복을 위한 강력한 정부 주도의 경제체제를 갖추게 되는데 이로써 소위 정부 또는 국가 자본주의라고 불리는 시대가 열리게 된다. 국가 자본주의의 이론적 기초를 제공한 케인즈(John Maynard Keyens)는 세상이 지나치게 복잡한 구조를 가지고 있어서 개인의 노력으로 사회적 선이 달성되지 않는다고 지적했다. 따라서 자유방임주의는 한계가 있으며 정부(국가)가 국민의 최적의 부와 고용을 달성하기 위해 계획과 규제가 필요하다고 주장하였다. 정부의 개입이 없으면 사회 전체로서의 이상적인 가치관을 잃게 되고 사람들은 돈에 관한 반생산적인 집착을 가지게 된다. 따라서 시장이 만들어 낸 문제를 정부가 해결함으로써 복지국가의 달성이 가능할 수 있다고 믿었다. 이 시기에는 다양한 이해관계자와 기업 간의 대립이나 주주 중심 경영 대 이해관계자 중심 경영의 논쟁이 불필요한 시기로서 기업 경영에 영향을 미치는 절대적 이해관계자가 정부 또는 국가인 시기였다.

제2차 세계대전 이후 미국을 중심으로 한 경제 부흥기에는 주요 경제국들 사이에 자유주의와 시장경제에 기반을 둔 자본주의 시스템에 대한 확신이 점점 회복되었다. 국가자본주의가 다시 쇠퇴하고 1970년대에 들어 자유주의 시장경제로 회귀하게 되는데 프리드만으로 대표되는 신고전주의 경제학자들을 중심으로 주주 자본주의와 주주 중심 경영(shareholder primacy)이 경제 체제와 이론을 지배하는 시대가 열리게 되었다. 이 시대에서는 1950~1960년대에 대두되던 기업의 사회적 책임과 이해관계자를 고려하는 기업 경영 철학을 철저히 배격하는 주주 자본주의가 보편화된 경영 철학으로 자리잡게 되는데 주주자본주의 대 이해관계자 자본주의의 대립적 관계에 관한 논의가 본격화된 시기도 이때였다. 밀턴 프리드만은 전통적인 자본주의 체제가 가진 구조적 문제점에도 불구하고 자유주의 시장경제가 최선의 선택이라는 믿음을 가지고 있었다. 기업 경영에 있어서도 공정한 경쟁의 규칙을 지키며 도덕과 윤리적 기준을 위배하지 않는 한 이익극대화와 주주의 부 극대화가 기업의 유일한 사회적 책임이라 주장했다(Friedman, 1970).

그러나 동시에 1960~1970년대는 세계 경제의 눈부신 발전으로 기업 규모가 급격히 커짐에 따라서 기존에 알려진 자본주의의 구조적 문제가 극대화되는 시기였고 따라서 기업 활동이 다양한 이해관계자들에 미치는 영향(impact)도 이전과는 비교되지 않을 정도로 커지게 되었다. 자본주의의 본질적 문제 또는 한계는 세 가지로 정리될 수 있다. 첫째, 자본주의 경제시스템이 그 자체로서 불안정하거나 붕괴 후 완전한 회복이 불가능하다는 점, 둘째, 환경파괴와 건강하지 못한 작업 환경 등 천문학적 사회적 비용(외부효과)이 발생한다는 점, 그리고 셋째, 소득 및 부의 불평등과 그와 관련된 사회적 문제들이 갈수록 심화되고 있다는 점이 그것이다.

이러한 문제들은 다양한 이해관계자들의 복지(well-being)와 직결되어 있어서 기업 활동과 관련하여 이해관계자들이 자신의 이익을 지키기 위해 기업을 대상으로 목소리를 내고 행동하기 시작하였다. 1960년대 미국에서 소비자운동과 노동운동이 활발히 전개되기 시작하고 1960~1970년대 환경문제가 심각해짐에 따라 정부가 환경규제를 시작하고 환경 시민단체들이 기업들에게 환경개선을 요구하게 되는 등 이익이나 주주 부의 극대화만을 추구하는 기업은 이해관계자와의 갈등으로 미래 경제적 가치가 훼손될 위험에 노출되게 되는 상황이 연출되게 되었다. 이에 따라 주주 자본주의와 주주 중심 경영이 도전을 받게 되고 주주를 포함한 다양한 이해관계자와 기업 간의 관계에 관한 실무와 학계에서의 논의가 활발해 지는 과정에서 프리맨(Edward Freeman)과 같은 학자에 의해 이해관계자 이론이 만들어지게 되었다. 앞에서 설명하였듯이 이 논의는 사회에서의 기업의 역할에 관한 논의이기도 했다.

1984년 프리맨은 최초로 조직 경영에 있어서 도덕(morals)과 가치(values)를 결합한 기업윤리 이슈와 함께 이해관계자 이론(Stakeholder Theory)을 제시하였다. 그의 저서 "Strategic Management: A Stakeholder Theory"(1984)는 이해관계자 개념과 이해관계자 그룹을 정의하고 이들과 기업과의 관계를 모형화하였으며 경영자가 그들의 이해관계를

Edward Freeman

고려하는 방법을 제안하였다. 프리맨의 이해관계자 이론은 주주중심 사고와 경영의 한계를 지적하면서 고객, 공급업체, 종업원, 투자자, 지역사회 등 다양한 이해관계자와의 상호연계성(interconnected relationship)을 강조한다.

프리맨은 프리드만 독트린(Friedman doctrine)을 부정하면서 기업이 주주만을 위해서가 아니라 모든 이해관계자를 위해 가치를 창출해야 한다고 주장했다. 또한 이해관계자 이론의 대두와 함께 많은 학자들이 주주가치 극대화라는 기업 목적이 지속가능성에 부합한 것인지에 대해 의문을 제기하기 시작했다. 자본주의의 구조적 문제점 중에서도 과거에는 심각한 도전으로 받아들이지 않았으나 1970년대 이후 가장 중요한 시장실패로 인식되기 시작한 환경파괴(기후변화 포함)는 '우리 공동의 미래'(1987)라는 기념비적인 유엔 보고서 발간으로 이어지게 되었다. 이 보고서는 '지속가능성(sustainability)'이라는 개념을 공식적으로 정의하면서 환경 문제와 사회 문제를 도외시하고 경제적 성장을 추구하는 현재의 자본주의 경제 체제는 자본주의의 붕괴를 가져올 것이며 우리 미래 세대의 삶을 파괴하게 될 것이라 경고하였다.

지속가능성이 미래 세대의 삶의 질과 복지(well-being)에 관한 문제 인식이기 때문에 미래 세대의 행복을 대변하는 환경 NGO와 정부(규제기관)란 이해관계자의 역할을 강조하게 되었지만, 거기에 그치지 않고 소득불평등으로 인

한 사회적 갈등 및 기타 사회문제의 심각성도 강조함으로써 다양한 이해관계자들의 역할을 강조하고 있다는 점에서 지속가능경영이 CSR이나 이해관계자 이론과 같은 맥락을 가진다고 할 수 있다. 즉, 지속가능경영이나 CSR 모두 이해관계자 이론에서와 마찬가지로 기업의 사회적 역할은 다양한 이해관계자의 가치를 균형 있게 고려해야 한다는 주장에 있어서 공통점을 가진다. 또 다른 공통점을 찾는다면 기업이 이해관계자와의 상호연계성을 잘 이해하고 그들과의 관계를 잘 관리하는 것이 기업의 장기적인 경제적 가치에도 도움이 되는 전략적인 접근을 중시한다는 것이다. 이것이 프리맨이 자신의 이해관계자 이론을 기업 경영에 있어서 전략적 경영(strategic management)이라 칭한 이유이며, 지속가능경영에서 환경 및 사회적 성과 외에도 경제적 지속가능성을 중요한 한 요소로 강조하는 이유이기도 하다. 또한 이런 맥락에서 CSR이 기업의 사회적 책임만을 강조하는 관점이 아니라 이해관계자가 요구하는 기업의 사회적 책임을 전략적으로 잘 관리하여 전체적 이해관계자 가치를 최적화하는 사회책임경영 또는 전략적 CSR로 발전해 나가고 있는 것이다.

┌─ 07 이해관계자 자본주의의 태동

이해관계자 자본주의(Stakeholder Capitalism)라는 용어가 공식적으로 사용되기 시작한 것은 2000년대 이후 최근의 일이지만 주주 자본주의에 대비한 이해관계자 자본주의 개념을 옹호하는 주장은 정의에 따라 다르지만 최소한 20세기 초로 거슬러 올라간다. Berle와 Means의 저서 "The Modern Corporations and Private Property(1932)"는 주식시장에서 거래되는 기업(public company)은 공공정책을 반영하여 다양한 이해관계자들의 주장(claims)을 균형 있게 고려하는 전문 경영인을 필요로 한다고 주장하였다. 그 견해는 그 후 최소한 40년 간은 미국 대기업들의 일반적 경영방식에 영향을 미쳤다. 기업과 경영자와의 관계에 관한 설명에서 미국의 기업법은 주식의 소유주인 주주와 기업에 대한 통제의 분리를 가져왔으며 주주가 아닌 경영자와 이사회가 기업을 통제한다고 주장했다. 또한 Berle는 Dodd와 함께 1932년 Harvard Law Review를 통해서 기업이 주주이익 또는 공공의 이익을 추구해야 하는지에 관해 논쟁을 벌였다. 그 논쟁에서 Berle는 기업은 법적으로 허용되는 모든 규칙을 통해 사회 전반에 봉사해야 하며 노동자, 고객 및 지역사회 등 많은 이해관계자의 이익이 주주의 이익에 우선하거나 또는 같아야 한다고 주장하였다. Berle의 저서와 논문들은 기업과 경영자의 관계를 설명하는 대리인 이론의 기초가 되었으며 기업 이론에 큰 기여를 함과 동시에 이해관계자 우선주의의 견해를 제시하였다는 점에서 의의를 가진다.

08 프리맨의 이해관계자 자본주의

프리맨의 이해관계자 이론은 1990년대 이후 이해관계자 자본주의 개념으로 발전하였다. 2002년 프리맨은 자유주의와 자발적 동기에 기초를 둔 이해관계자 이론을 바탕으로 새로운 자본주의의 한 형태로서 이해관계자 자본주의를 설명하였다. 그는 다섯 가지 원칙을 지킴으로써 비즈니스와 윤리의 내재적 결합, 즉 자유와 책임을 향한 새로운 이해관계자 자본주의로 나아갈 수 있다고 주장하였다. 그 원칙은 이해관계자 협력, 이해관계자 책임, 복잡성의 인정, 지속적인 창조, 새로운 경쟁의 원칙을 말한다. 이어서 2007년 논문에서 이전의 자본주의는 다양한 이해관계자 그룹 중 특정 이해관계자가 우월하며 지배적이라는 가정과 함께 시장과 자본주의에 대한 반생산적인 가정, 즉 시장참여자들이 순진하게 자기이익(self-interest)만을 추구하며, 도덕과 비즈니스가 상호 독립적이며, 모든 경제 주체가 제한적인 자원을 두고 항상 경쟁함으로써 경제가 발전한다는 가정에 기초하고 있다고 비난한다. 따라서 협력관계의 중요성을 간과하고, 기업윤리와 활동을 분리하는 오류(separation fallacy)에 빠지고, 한 그룹이 경쟁에서 이기기 위해 다른 그룹을 지배해야 하기 때문에 자유민주주의에 입각한 기업 활동이 저해되고 상호 호혜적 관계를 창출하려는 노력을 포기하는 문제가 발생하게 된다.

이를 극복하기 위해 이해관계자 자본주의에서는 다음의 6가지 원칙을 준수해야 한다.

1. **이해관계자 협력 원칙:** 비즈니스는 사회적 활동이며 가치창출과정 향상을 위해 사용되어야 함

2. **이해관계자 참여 원칙:** 비즈니스 활동에 모든 이해관계자를 참여시켜야 함

3. **이해관계자 책임 원칙:** 모든 이해관계자가 공동의 번영에 책임을 져야 함.

4. **복잡성의 원칙:** 인간은 복잡한 심리적 동물로서 서로 다른 가치관과 견해를 가짐을 인정해야 함.

5. **지속적인 창조 원칙:** 비즈니스는 가치창조의 원천으로서 이해관계자와 협력하여 그리고 가치관에 따라 지속적으로 가치를 창출해야 함

6. **새로운 경쟁원칙:** 경쟁은 자본주의의 필연적 과정이 아니라 자유로운 사회 구조 내에서 발생하는 속성이며, 항상 제로섬이거나 win−win 상황이지 않기 때문에 차선을 추구하거나 최악을 회피하기보다 win−win 추구를 위해 노력해야 함.

프리맨은 경영 전략적 측면에서 이해관계자 이론을 창시하고 경제시스템으로서 이해관계자 자본주의 개념을 정립하는 등 학문적으로 큰 기여를 하였다. 이러한 노력은 실무에서 이해관계자 관리(stakeholder management) 및 이해관계자 중심 경영(stakeholder primacy) 등의 발전으로 이어졌으며, 동시에 실무에서 이해관계자 자본주의의 실험적 도입을 촉진하기도 하였다. 그 결과로 탄생한 것이 2019년 BRT 선언과 2000년 다보스 선언이다.

09 Klaus Schwab과 이해관계자 자본주의

세계경제포럼(WEC: World Economic Forum)  의 창시자이자 회장인 클라우스 슈왑(Klaus Schwab)은 2019년 미국의 181개 대기업 CEO로 부터 BRT(business roundtable) 선언을 이끌어냈 다. "기업 목적 선언문(Statement on the Purpose of a Corporation)"은 "기업은 주 주를 위해 봉사해야 할 뿐 아니라 고객에게 가치를 제공하고 종업원에 투자하 고 공급업체를 공정하게 대우하고 지역사회(community)를 지원해야 한다"고 기업 목적을 재정의하였다. 이는 미국의 대표적인 대기업들이 전통적인 주주 중심 경영에서 이해관계자 중심 경영으로 공식적으로 이행해 간다는 의지를 표명한 것으로 해석할 수 있다. 주주를 위한 장기적 가치 창출뿐 아니라 기업, 사회 및 국가의 미래 성공을 위해 모든 이해관계자의 가치 창출을 균형 있게 추구한다는 선언이라 할 수 있다. 이어서 WEF(World Economic Forum)는 "4차 산업혁명 시대 기업의 보편적 목적"이라는 제목의 2020 다보스 선언(Davos Manifesto)을 발표하였다. 4차 산업혁명 시대에 이해관계자 자본주의에 적합한 기업 경영의 가이드가 될 윤리 원칙으로서 보다 나은 자본주의 형태로서 이해 관계자 자본주의를 선택한다고 선언한 것이다.

기업의 목적은 모든 이해관계자와 함께 공유할 지속적 가치를 창출하 는 것이다. 그러한 가치 창출에 있어서 주주뿐 아니라 종업원, 고객, 공 급업체, 지역사회 및 사회 전체를 포함하는 이해관계자를 위해 봉사해야 한다. 다양한 이해관계자의 서로 다른 이해관계를 이해하고 조화를 이루 는 가장 좋은 방법은 기업의 장기적 번영을 강화할 정책과 결정에 함께 참여하여 노력하는 것이다.

한편 슈왑은 자신의 저서 "Stakeholder Capitalism: A Critical Economy that Works for Progress, People and Planet"에서 20세기 중반 이후 이해관계자 자본주의의 초기 형태 제도를 설명하면서 프리드만 이전인 1950~1960년 대에는 기업과 CEO들이 주주뿐 아니라 기업의 성공에 이해관계를 갖는 모든 사람들을 고려하는 것이 자연스러운 기업의 경영 활동이었다고 설명하고 있다. 제2차 세계대전 이후에는 전체 사회(community)와 경제가 잘 기능하지 않으면 개인이나 조직이 잘 될 수 없다는 인식이 확산되어 있었고 기업과 사회와의 강한 연대가 있었다는 것이다. 예를 들면, 독일에서는 기업의 이사회에 노동자 대표가 참여하였으며 그 전통은 지금도 계속되고 있다. 글로벌화가 극도로 진행된 현재에 비해 그 당시에는 조달, 생산 및 판매가 대부분 지역적으로 이루어졌기 때문에 공급업체와 고객과도 연계되어 있었다.

슈왑은 사람과 지구의 번영을 위해서 중요한 역할을 해야 할 핵심 이해관계자를 정부(국가, 주정부, 지방정부), 시민사회(노동조합, NGO, 학교, 행동주의단체), 기업(프리랜서와 대기업 포함) 및 국제사회(UN 등 국제기구와 EU나 ASEAN 같은 지역 조직)를 들고 있다. 이들의 적극적인 역할을 통해 오늘날 일반적으로 이해되고 있는 이해관계자 자본주의 모델을 실현할 수 있다. 즉, 사람과 지구의 복지(well-being)가 비즈니스의 중심일 때 위의 네 그룹이 그것을 향상시키는 데 기여할 수 있다. 왜냐하면 모든 그룹과 그들의 목적이 상호 연계되어 있기 때문에 한 그룹이 실패하면 다른 그룹도 성공할 수 없기 때문이다.

10 이해관계자 중심 경영의 세 가지 틀

2019년 BRT(business roundtable) 선언과 2020년 다보스 선언(Davos Manifesto)은 기업의 목적을 이해관계자 중심 경영으로 전환한 매우 중요한 선언이었다. 2019년 BRT 기업 목적 선언문은 "기업은 주주를 위해 봉사해야 할 뿐 아니라 고객에게 가치를 제공하고 종업원에 투자하고 공급업체를 공정하게 대우하고 지역사회(community)를 지원해야 한다"고 함으로써 기업의 목적을 이해관계자 중심 경영으로 선언하였다. 2020년 다보스 선언(Davos Manifesto)에서도 기업의 목적을 "모든 이해관계자와 함께 공유할 지속적 가치를 창출하는 것이고, 이러한 가치 창출에 있어서 주주뿐 아니라 종업원, 고객, 공급업체, 지역사회 및 사회 전체를 포함하는 이해관계자를 위해 봉사해야 한다"고 선언하였다.

위 두 가지 선언에서 기업의 목적을 이해관계자 중심 경영으로 한다는 것을 밝힌 것은 이해관계자 자본주의를 기업 경영에 있어서 가장 중요한 이정표로 천명했다는 점에서 매우 고무적인 일이다. 그러나 기업의 목적에 대한 이해관계자 중심 경영으로의 선언에도 불구하고 여전히 경영자들과 경영의 실무자들은 실제적인 기업 경영에 있어서 어떤 변화가 있어야 하는지, 혹은 무엇을 다르게 해야 하는지에 대해서는 가이드라인이나 구체적인 실행안을 가지고 있지 못한 것이 현실이다. 본서의 목적은 이러한 어려움을 가진 경영자와 경영의 실무자들에게 이해관계자 중심 경영을 기업 경영에 어떻게 접목해야 하는지에 대해서 하나의 가이드라인을 제공하고자 하는 것이다. 특히, 본서의 2장부터 9장에서는 경영의 8대 핵심 분야인 경영전략, 인사관리, 재무, 회계, 마케팅, 공급망 관리, 경영정보, 국제경영의 각 분야에서 이해관계자 중심 경영을 어떻게 접목할 수 있을지에 대한 가이드라인을 제시한다.

여기에서는 이해관계자 자본주의를 경영에 접목하는 데 있어서 가장 기반이 되는 세 가지 틀(three frameworks)에 대해서 이야기하고자 한다. 이해관계자 중심 경영이 경영의 모델로서 적용되기 위해서 이 프레임워크를 중심으로 경영의 제 분야를 관리하고 가이드라인으로 삼아야 한다. 이해관계자 중심 경영의 세 가지 프레임워크는 (1) 이해관계자 중요성 분석(Materiality Assessment), (2) V2B(Value to Business)와 V2S(Value to Society)의 선순환 구조, (3) Intrinsic Value(내재적 가치)와 Externality Value(외부적 가치)를 연결하는 공유가치의 창출이다.

이해관계자 중요성 분석

이해관계자 중요성 분석의 틀은 경영자들에게 가장 많이 사용되고 있는 이해관계자 중심 경영의 틀이다. 이에 대해서는 2장(이해관계자 자본주의의 구현을 위한 전략경영), 4장(이해관계자 중심 경영과 마케팅), 5장(이해관계자 중심 경영을 위한 인사조직의 과제)에서 자세히 다루고 있기 때문에 여기서는 간략히 설명하고자 한다.

이해관계자 중심 경영의 가장 중요한 첫 번째 프레임워크로서 이해관계자 중요성 분석을 드는 것에 대해서 이견을 제시하는 사람들은 없을 것이다. 기업에는 많은 이해관계자들이 있다. 주주, 종업원, 고객, 협력사, 지역사회 등 이해관계자들이 원하는 바는 같지 않을 것이기 때문에, 기업은 자신이 속한 산업과 이해관계자의 특성에 따라서 어떤 이슈가 중요한 이해관계자 이슈인지를 파악하는 것이 가장 먼저 선행되어야 할 것이다.

이해관계자 중요성 분석은 두 가지 기준(이해관계자에게 얼마나 중요한 영향을 미치는지와 기업에 얼마나 중요한 영향을 미치는지)을 중심으로 많은 이해관계자

그림 1-1 포스코의 이해관계자 중요 이슈

중요 이슈 및 보고 경계

6대 추진 영역	중요 이슈	이해관계자[1]	GRI	SASB[2]	TCFD 권고안[3]
사업강화	사업 구조의 확대/변화		201 경제성과	-	전략, 위험관리
구성원 존중	인권 존중 및 차별 금지		412 인권 존중 및 평가	-	-
구성원 존중	일하기 좋은 근로환경 조성		401 고용	-	-
윤리경영 강화	지속가능한 공급선 확보 및 관리		102 조직 프로필	Supply Chain Management	-
구성원 존중	임직원 안전 및 보건 강화		414 공급망 사회 평가	Employee Health & Safety	-
이해관계자 소통	적극적 이해관계자 소통		102 이해관계자 참여	-	-
친환경경영 추진	기후변화 대응		305 배출	Greenhouse Gas Emissions	지표와 감축목표

중요 이슈가 이해관계자에게 미치는 영향도를 Most Significant(■), Significant(■), Less Relevant(■)로 구분

들의 이슈를 분석해서 중요한(Material) 이슈를 찾아내고 관리하는 것을 목적으로 한다. 〈그림 1-1〉은 포스코의 기업시민보고서에 제시된 이해관계자 중요성 분석 사례의 예이다.

V2B와 V2S의 선순환 구조

V2B(value to business)와 V2S(value to society)의 선순환 구조를 만들어내는 것은 이해관계자 중심 경영을 기업 경영의 모델로서 만들어내는 데 있어서 가장 필수적인 프레임워크라고 할 수 있다. 본서에서는 3장(이해관계자 중심 경영과 지속가능 공급망), 6장(이해관계자 중심 경영과 정보시스템), 7장(지속가능성 공시와 기업활동의 사회적 가치 측정), 9장(글로벌 경영에서의 이해관계자 중심 경영)에서 이러한 V2B와 V2S의 선순환에 대한 프레임워크가 적용되고 있다.

V2S는 환경 및 사회에 대한 기업활동의 영향(Impact of Business to Environment & Society)이라고 부를 수 있으며, 기업이 환경과 사회의 이해관계자들(소비자, 직원, 협력사, 지역사회 등)에 미치는 영향이라고 할 수 있다. 기업은 경영활동을 통해서 사회(환경을 포함한 넓은 개념으로 사용)에 가치를 창출하게 된다. 이러한 기업의 가치창출은 사회에 긍정적인 혹은 부정적인 영향을 미치게 된다. V2B는 환경 및 사회가 기업에 미치는 영향(Impact of Environment & Society to Business)이라고 부를 수 있으며, 환경과 사회의 이해관계자들이 기업에 미치는 영향이라고 할 수 있다. 사회(환경을 포함한 넓은 의미로 사용)의 변화에는 사회적, 경제적, 기술적, 규제적 변화 트렌드를 포함하며, 기업을 둘러싼 외부환경의 변화가 기업에 미치는 영향이라고 할 수 있다.

이해관계자 자본주의 시대에서 지속가능한 성장은 기업의 성장과 사회 발전과의 선순환 구조의 확립이 매우 중요한 의미를 가지게 되었다. 따라서 V2B와 V2S의 선순환구조를 만들어내는 것은 이해관계자 중심 경영의 가장 핵심적인 전략적 관점이 되어야 한다. 기업 경영에 중대한 영향을 미치는 환경과 사회적 영향의 이슈에 대해 기업은 적극적인 대응을 하는 것에서 멈추는

그림 1-2 V2B와 V2S의 선순환 구조

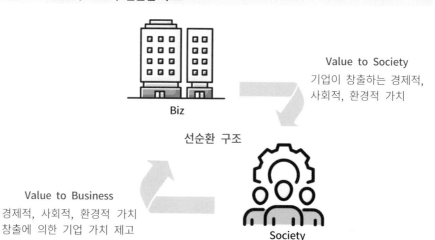

Value to Society
기업이 창출하는 경제적,
사회적, 환경적 가치

Biz

선순환 구조

Value to Business
경제적, 사회적, 환경적 가치
창출에 의한 기업 가치 제고

Society

것이 아니라 오히려 이러한 환경과 사회적 영향의 이슈에 대한 기업의 대응을 통해 새로운 사회적, 환경적, 경제적 가치의 창출로 연계할 수 있도록 전략적 사고를 함으로써 기업은 환경과 사회에 긍정적인 가치창출을 할 수 있어야 한다. 결국 기업은 기업이 만들어내는 경제적, 사회적, 환경적 가치창출 통해서 기업의 성장과 사회 발전의 선순환 구조를 만들어낼 수 있어야 하고, 이러한 관점이 이해관계자 중심 경영의 핵심적인 프레임워크로 작동하여야 한다.

〈그림 1-3〉에서는 포스코의 이해관계자 중심 경영의 경영모델인 리얼밸류(Real Value) 경영의 사례를 보여주고 있다. 리얼밸류 경영모델에 대한 자세한 설명은 10장(이해관계자 중심 경영과 기업시민 포스코)에서 다룬다.

포스코의 리얼밸류 경영모델은 V2B와 V2S의 선순환 구조를 만들어 나가려는 포스코의 이해관계자 중심 경영이라고 할 수 있다. 포스코는 환경과 사회의 변화가 기업에 가져오는 엄청난 영향에 적극적으로 대응하여 '미래 친환경 소재기업'으로 새롭게 사업구조를 개편하였다. 이러한 포스코의 경영은 V2B, 즉 Impact of Environment & Society to Business에 대한 포스코의 경영전략의 변화라고 할 수 있다.

동시에 포스코는 〈그림 1-3〉에서 나타나 있듯이 철강과 신규 사업인 친

그림 1-3 포스코의 리얼밸류 경영모델에 나타난 V2B와 V2S의 선순환 구조

환경소재사업과의 융복합 시너지를 창출함으로써 새로운 경제적, 환경적 가치를 창출하고자 한다. 구체적으로는 기존에 포스코가 가지고 있는 철강사업에서의 역량을 활용하여 2차전지 소재사업의 공급망을 구축하고, 포스코의 가치사슬 역량을 수소V/C(Value Chain)사업에 활용하여 시너지를 만들어 냄으로써 철강사업과 미래친환경소재사업의 결합에 의한 시너지를 추구하고 있다. 이러한 포스코의 경영은 V2B와 V2S의 선순환 구조를 통한 시너지의 창출이라고 할 수 있다. 포스코의 리얼밸류 경영모델은 이해관계자 중심 경영의 핵심적인 프레임워크인 V2B와 V2S의 선순환 구조 창출을 만들어내고자 하는 매우 중요한 경영활동이라고 할 수 있다.

내재적 가치와 외부적 가치를 연결하는 공유가치의 창출

내재적 가치(Intrinsic Value)는 기업이 만들어내는 제품과 서비스를 통해서

Chapter 01 이해관계자, 이해관계자 자본주의, 이해관계자 중심 경영 **23**

창출하는 가치라고 할 수 있으며, 이는 기업이 창출해내는 본질적인 가치로서 포스코가 생산하는 최고 품질의 철강제품을 예로 들 수 있다. Externality는 외부성 혹은 외부효과를 의미하는데, 외부적 가치(Externality Value)는 기업의 본질적인 가치창출 활동이라고 할 수는 없지만 기업의 경영활동을 통해서 사회와 환경에 만들어내는 가치라고 할 수 있다. 예를 들어 다양한 사회공헌활동들과 같이 긍정적인 가치를 포함할 뿐 아니라, 탄소배출과 같은 부정적인 가치를 포함하는 개념이라고 할 수 있다.

이해관계자 중심 경영이 기업경영에 적용되기 위해서는 세 번째 프레임워크인 내재적 가치와 외부적 가치를 연결하는 공유가치의 창출이 매우 중요하다. 이해관계자 자본주의를 기업경영에 구체화하기 위해서는 앞에서 살펴본두 가지의 프레임워크—(1)이해관계자 중요성 분석(Materiality Assessment)와 (2) V2B(Value to Business)와 V2S(Value to Society)의 선순환 구조—를 기업경영에 적용하는 것이 이해관계자 중심 경영의 필요조건이라고 할 수 있다면, 세 번째 핵심 프레임워크인 내재적 가치와 외부적 가치를 연결하는 공유가치의 창출을 기업경영에 적용하는 것은 이해관계자 중심 경영을 기업경영에 성공적으로 적용하기 위한 충분조건이라고 할 수 있다.

기업이 제품과 서비스를 통해서 창출하는 내재적 가치와 사회공헌과 같은 긍정적인 외부적 가치 혹은 탄소배출과 같은 부정적인 외부적 가치를 직접적으로 연결한다는 것은 어려울 수 있다. 이미 2011년 마이클 포터(Michael Porter)가 Harvard Business Review에 기고한 'CSV: Creating Shared Value'에서는 기업의 내재적 가치와 외부적 가치 창출을 동시에 접근하는 공유가치창출을 주장하기도 했다. 그러나 내재적 가치와 외부적 가치를 함께 창출하자는 CSV접근은 현실적인 기업경영에 있어서 적용범위가 제한되어 있는 문제가 있었다. 본서에서 이야기하는 이해관계자 중심 경영의 세 번째 핵심 프레임워크인 내재적 가치와 외부적 가치를 연결하는 공유가치의 창출은 기업의 가치창출의 방식을 기업 내부의 자원과 가치사슬의 관점을 넘어서서 협력사와 산업생태계의 보다 넓은 범위의 이해관계자들로 구성된 생태계의 경쟁력과 혁신역량의 제고를 통한 가치창출의 모델로 만들어내는 것이다. 본서에서는 이러한 세 번째 핵심 프레임워크를 8장(이해관계자 중심 경영을 위한 재무금융 관점의 ESG 관리)의 시작부분에서 개념적인 접근을 설명하고 있으며, 3장(이해관계자 중심 경영과 지속가능 공급망), 6장(이해관계자 중심 경영과 정보시스템)에서도 이 프레임워크를 적용하고 있다.

대부분의 기업들이 세 가지 핵심 프레임워크 가운데 첫 번째인 이해관계자 중요성 분석을 기업경영에 도입해서 실행하고 있지만, 아직 두 번째 핵심 프레임워크인 V2B(Value to Business)와 V2S(Value to Society)의 선순환 구조를 기업경영에 적용하기 위한 노력을 실현하고 있는 기업은 포스코, SK, KB금융 등을 포함하는 소수의 대기업들에 불과한 것이 현실이라고 할 수 있다. 특히, 세 번째 핵심 프레임워크인 내재적 가치와 외부적 가치를 연결하는 공유가치의 창출을 기업경영에 적용하려는 시도는 대부분의 기업들에게는 새로운 도전으로 남아있다고 할 수 있다. 그러나 이해관계자 자본주의를 '기업과 사회의 공존과 공영, 혹은 기업의 발전과 성장이 사회의 공동 발전과 선순환을 이루어내는 것'으로 정의하고 이를 실현하는 경영을 이해관계자 중심 경영이라고 한다면 세 번째 핵심 프레임워크인 내재적 가치와 외부적 가치를 연결하는 공유가치의 창출은 매우 중요한 핵심적인 경영전략이 되어야 하고, 이를 구체적으로 실현해내는 것이 이해관계자 중심 경영의 충분조건이라고 할 수 있다.

〈그림 1-4〉에서는 세 번째 핵심 프레임워크인 내재적 가치와 외부적 가치를 연결하는 공유가치의 창출방식을 보여주고 있다. 그림에서 보이듯이, 기업이 창출하는 내재적 가치는 기업이 환경과 사회에 만들어내는 가치인 외부적 가치와 직접적으로 맞닿아 있지 않다. 이해관계자 중심 경영을 기업경영에 적용하여 기업의 성장과 발전이 사회의 공영발전과 선순환하는 구조를 만들어내기 어려운 이유도 여기에 있다. 또한 기업들은 사회공헌활동을 적극적으로 하면서도 자신들이 하는 사회공헌활동을 기업이 창출하는 내재적 가치와 어떻게 접목할 것인지에 대해서는 고민을 하지 않는 경우가 대부분이다. 기업들은 CSR(Corporate Social Responsibility), 즉 기업의 사회적 책임을 기업의

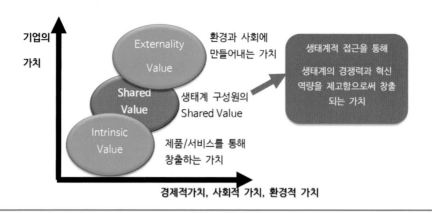

그림 1-4   Intrinsic Value와 Externality Value를 연결하는 공유가치의 창출

이익의 일부를 사회에 환원하는 활동으로 매우 좁게 이해하는 경향이 있다. 이러한 내재적 가치와 외부적 가치의 괴리는 기업과 사회의 선순환이라는 이해관계자 자본주의를 구현하는 기업경영을 어렵게 만드는 이유이기도 하다.

〈그림 1-4〉에서 설명하듯이, 내재적 가치와 외부적 가치를 연결하는 공유가치의 창출은 생태계적 접근을 통해서 생태계의 경쟁력과 혁신역량을 제고함으로써 창출되는 가치이다. 이러한 생태계적 가치창출은 기업이 속한 산업생태계와 사회 전체의 경쟁력과 역량을 제고함으로써 사회의 성장과 공영 발전에 기여할 뿐 아니라, 기업의 경쟁력 제고의 기반이 되는 토양을 만들어냄으로써 기업 스스로의 원천적인 경쟁우위를 지속가능하게 만드는 전략이기도 하다.

포스코의 사례를 들어서 세 번째 핵심 프레임워크의 개념을 설명해보고자 한다.

〈그림 1-5〉에 나타나 있듯이 포스코에서는 철강산업의 생태계 육성을 매우 중요한 핵심 경영전략으로 하고 있다. 포스코는 설비, 자재 국산화를 위해서 포스코의 공급사와 협력사간 신뢰 구축의 선순환 구조를 만들었으며, 이를 기반으로 공급사-제철소-대리점-고객을 연계하는 산업생태계의 경쟁력과 역량을 구축하였다. 이러한 포스코의 생태계 구축의 경험과 역량은 미래 친환경 소재 및 에너지 분야의 신사업 전개에 적용되어 포스코만의 원천적인

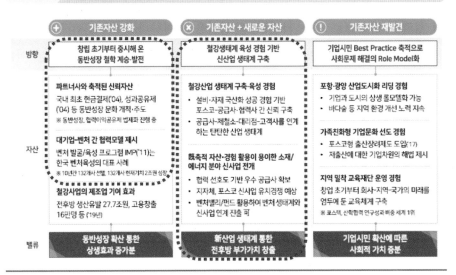

그림 1-5 포스코의 리얼밸류 경영모델에 나타난 Intrinsic Value와 Externality Value를 연결하는 공유가치 창출의 사례

지속가능한 경쟁우위를 만들어내는 것이다. 포스코의 이러한 경영활동은 이해관계자 중심 경영의 성공적 사례로서 제시될 수 있다. 포스코의 성장과 발전이 철강산업의 경쟁력과 혁신역량의 제고로 연결되는 공유가치의 창출이 가능해지고, 이러한 생태계적인 공유가치 창출을 통해 포스코의 성장과 발전이 사회의 공영발전을 이루면서 동시에 포스코의 경쟁력 제고의 기반이 되는 토양으로 작용함으로써 포스코의 성장이 생태계의 경쟁력과 선순환하는 이해관계자 중심 경영을 가능하게 하는 것이다.

11 본서에서 사용되는 용어

본서에서는 이해관계자, 이해관계자 이론, 이해관계자 자본주의, 이해관계자 중심 경영을 설명하고 사례들을 제시하고자 하였다. 요약하면, 이해관계자는 기업 활동에 영향을 미치거나 그로부터 영향을 받는 모든 개인이나 집단을 의미한다. 그리고 이해관계자 이론은 기업과 이해관계자의 상호연계성을 강조하는 관점으로서 일반적으로 주주 외에도 모든 이해관계자를 위한 가치 창출을 목적으로 하는 기업 경영 철학을 의미한다. 그리고 이해관계자 자본주의는 이해관계자 이론에 입각하여 기업이 주주가치뿐 아니라 모든 이해관계자의 가치, 나아가서 사회 전반의 가치 극대화를 추구하는 자본주의의 한 형태를 의미한다. 이해관계자 자본주의는 경제시스템의 한 형태로 논의되고 있는 데 반해 기업 경영에 있어서 접근 방법이나 전략을 지칭하기 위해 이해관계자 중심 경영(stakeholder primacy)이라는 용어를 사용한다. 즉, 이해관계자 중심 경영은 경영자의 관점에서 기업가치와 이해관계자 가치, 또는 경제적 가치와 사회적 가치의 균형을 달성하기 위한 전략적 접근방법을 지칭하기 위해 사용된다. 이 경우 도구주의적 접근이나 규범적 혹은 다원적 접근인가의 구분에 상관없이 경영자의 관점을 나타내기 위해 본서에서는 이해관계자 중심 경영(stakeholder primacy)이란 용어를 사용한다.

이해관계자 관련 용어가 비교적 명쾌하게 정의되는 것과는 달리 ESG는 다양한 용어들이 무분별하게 사용되고 있다. 일반적으로 논문이나 언론 등에서 발견되는 용어를 본서에서는 필요한 범위 내에서 정의를 하고 사용하기로 한다. 우선 ESG라는 용어는 기업의 비재무적 성과 평가 요소 중 환경적 성과, 사회적 성과 그리고 거버넌스(기업의 지배구조와 원칙)를 총칭할 때 사용한다. 따라서 ESG를 평가(ESG assessment)하거나 관리(ESG management)한다는 표현은 적절하지만 'ESG를 한다'라거나 'ESG를 잘 한다' 하는 등의 표현은 잘못된 표현이다. 환경성과, 사회성과 및 지배구조와 원칙(거버넌스)을 평가하여 이를 투자 의사결정에 반영하는 투자 방법에서 ESG라는 용어가 탄생했기 때문에 ESG 투자는 적절한 용어 사용이다. 한편 ESG 경영이란 용어는 잘못된 표현이라 할 수는 없지만 그 의미와 사용방법에 있어 깊은 성찰이 필요하다. 현재 우리나라 학계와 산업계 등에서 ESG 경영이란 표현을 사용할 때 환경, 사회 및 거버넌스를 향상시키기 위한 경영 및 전략 체계를 의미하는 경우가 많다. 하지만 그것을 의미하는 가장 적합한 용어는 지속가능경영 또는 이해관계자 중심 경영이다. 글로벌 기준으로 보면 ESG 경영은 금융기관이나 투자기관이 투자포트폴리오 구성 등 투자전략의 한 유형을 나타내기 위해 사용된다. 영어로 'ESG management'를 검색하면 대부분 금융/투자기관의 투자전략을 의미하는 용어로 사용되고 있다는 것을 알 수 있다.

ESG경영을 사용하는 경우에 ESG 성과(점수) 관리에 국한되는 용어로 잘못 이해되어 이해관계자 중심 경영에 대해 편협된 사고를 초래할 가능성이 있다. 그럴 경우 지속가능경영이나 이해관계자 중심 경영이 추구하는 전략적 체계나 공유가치의 맥락에서 벗어날 수 있다. 예를 들면, 이해관계자 중심 경영의 가장 바람직한 단계의 전략은 환경이나 사회적 이슈를 활용하여 그 문제를 해결하는 비즈니스 모델의 개발이라 할 수 있는데 ESG 성과관리에 집착하면 그 노력에 소홀할 수 있다. 결국 이해관계자 자본주의의 희망은 정부와 NGO 등을 포함하여 다양한 이해관계자의 요구가 충족되고 가치가 창출되는 상황일 것인데 이를 위해서는 이해관계자 중심 경영의 모범사례(best practice)를 만들어 내는 일이 가장 중요하다. 종합적으로 표현하면 기업이 이해관계자 중심 경영을 통해 지속가능성을 제고하면 투자자들이 사용하는 ESG 평가점수가 좋아질 것이다. 이러한 용어들 간의 차이에도 불구하고 본서의 각 장에서 지속가능경영과 ESG 경영을 이해관계자 중심 경영과 혼용해서 사용하고 있음을 미리 밝힌다.

본서는 총 10장으로 구성되어 있다. 본 서문에 이은 2장~9장은 경영학의 각 기능별 분야에서 이해관계자 중심 경영의 이슈와 사례를 설명한다. 구체적으로 전략경영, 공급망관리, 마케팅, 인사조직, 경영정보시스템, 측정과 공시, 재무금융, 글로벌 경영의 각 관점을 소개한다. 마지막 10장은 본서에서 다루고 있는 다양한 관점의 이해관계자 중심 경영을 기업 사례에 접목하여 포스코의 이해관계자 중심 경영을 분석한다. 포스코의 기업시민 경영철학과 리얼밸류(real value) 경영모델은 이해관계자 중심 경영의 좋은 사례를 보여주는 것으로 이해관계자 중심 경영에 대해 독자들의 이해를 도와줄 것으로 기대한다.

참고문헌
REFERENCES

Berle, A.A., Jr. (1932). For Whom Are Corporate Managers Trustees: A Note, *Harvard Law Review*, Vol.45, No.8, pp.1365－1372.

Berle, A and Means, G. (1932). The Modern Corporations and Private Property, Transaction Publishers.

Dodd, E.M. Jr. (1932). For Whom Are Corporate Managers Trustees?, *Harvard Law Review*, Vol.45, No.7, pp.1145－1163.

Freeman, R.E. (1984). Strategic Management: A Stakeholder Theory, Pitman.

Freeman, R.E. and Reed, D.L. (1983). Stockholders and Stakeholders: A New Perspective on Corporate Governance, *California Management Review*, Vol.23, No.3, pp.88－106.

Freeman, R.E. and Phillips, A. (2002). Stakeholder Theory: A Libertarian Defense, *Business Ethics Quarterly*, Vol.12, Issue 3, pp.331－349.

Freeman, R.E., Martin, K. and Parmar B. (2007). Stakeholder Capitalism, *Journal of Business Ethics*, Vol.74, pp.303－314.

Friedman, M. (1970). A Friedman Doctrine － The Social Responsibility of Business is to Increase Its Profits, *The New York Times Magazine*, Sept. 13.

Jones. M. Thomas (1995). Instrumental Stakeholder Theory: A Synthesis of Ethics and Economics, *The Academy of Management Review*, Vol.20, No.2, pp.404－437.

Molz, Rick(1987), The Theory of Pluralism in Corporate Governance: A Conceptual Framework and Empirical Test, *Academy of Management. Annual Meeting Proceedings*, 1987, No.1, pp.349－353.

Molz, Rick (1995). The Theory of Pluralism in Corporate Governance: A Conceptual Framework and Empirical Test, *Journal of Business Ethics*, Vol.14, No.10, pp.789－804.

Porter, Michael E., and Mark R. Kramer(2011). Creating Shared Value. *Harvard Business Review* 89, nos.1－2(January－February), 62－77.

Schwab, K. and Vanham, P. (2021). Stakeholder Capitalism: A Critical Economy that Works for Progress, *People and Planet*, Wiley.

World Commission on Environment and Development(WCED) (1987). Our Common Future, Oxford University Press.

https://www.weforum.org/the－davos－manifest

https://www.businessroundtable.org/business－roundtable－redefines－the－purpose－of－a－corporation－to－promote－an－economy－that－serves－all－american

https://fs.blog/the－hp－way－david－packard/

https://www.blackrock.com/corporate/investor－relations/larry－fink－ceo－letter

https://www.posco.co.kr/homepage/docs/eng6/jsp/s91a0000001i.jsp

이해관계자 자본주의의
구현을 위한 전략경영

••02
이해관계자 자본주의의 구현을 위한 전략경영[1]

이은화(건국대학교), 유재욱(건국대학교), 이재혁(고려대학교), 신형덕(홍익대학교)

01 서론

기술의 발전, 시장경제 체제의 확산, 그리고 글로벌 시장의 활성화는 기업의 영향력 증대와 함께 자본주의의 발전에 기여했다. 그러나 이러한 변화는 환경 파괴 및 노동착취, 인권 문제, 사회적 불평등 초래와 같은 사회문제의 원인이 되기도 하였다. 이와 같은 과정에서 기업이 경제적 이익 창출만이 아니라 다양한 환경 및 사회 문제들을 주도적으로 해결해야 한다는 주장이 대두되고 있다. 기업의 역할에 대한 이러한 기대가 지속가능경영이나 ESG 또는 이해관계자 자본주의 등을 통해 구체화되면서 이제 기업의 지속가능성 강화는 글로벌 시장에서의 성공적인 경쟁과 생존을 위한 필수적인 요소가 되었다.

전략경영 분야에서도 기업 전략 수립과 실행의 주된 목적이 주주가치의 극대화만이 아닌 다양한 이해관계자를 고려하는 지속가능성 추구로 확장하는 패러다임의 전환이 이루어지고 있다. 즉 전략경영에서 다루는 외부환경분석, 내부역량분석, 전략 대안의 발견과 최적 대안 도출, 전략 실행 등 다양한 단계 및 이슈에 있어서 주주의 이익만이 아니라 이해관계자의 균형적인 이해관계를 중시하는 새로운 패러다임이 요구되는 상황이다. 그러나 이해관계자들

---

1 본고는 집필진이 발표한 전략경영연구 2022년 10월 특별호 게재 논문에서 사용했던 자료와 동일한 자료에 기반하여 작성되었습니다.

의 이해관계는 상충되는 경우가 많아서 모든 상황에서 모든 이해관계자들의 이해관계를 충족시키기는 어려우며, 전략경영의 관점에서 기업이 가지고 있는 제한적 자원을 고려하면 거의 불가능에 가까운 일이라고 볼 수 있다.

따라서 기업에게 있어 자사에게 가장 중대한 영향을 미칠 수 있는 이슈를 선정하고 해당 이슈와 관련된 이해관계자들을 선별하여 우선적으로 충족시키는 것이 중요한데, 이 같은 과정은 기존의 중대성 평가 과정을 보완하여 이루어질 수 있다. 본 챕터에서는 전략경영의 관점에서 기업이 주목해야 하는 다양한 이슈들을 선정하고 각 이슈별로 중요한 이해관계자를 결정하며 이들의 이해관계를 체계적으로 관리하는 과정인 중대성 평가에 초점을 맞춰 주주 자본주의에서 이해관계자 자본주의로 패러다임이 전환하는 과정에서 요구되는 전략경영 분야의 발전방향을 제안하고자 한다.

본 챕터는 다음과 같은 순서로 구성되었다. 첫째, 지속가능성과 이해관계자 자본주의의 개념과 도래 과정에 대해 살펴본다. 둘째, 과거 주주 자본주의 시대에서의 전략경영과 이해관계자 자본주의 시대에서의 전략경영 패러다임의 전환에 대해 논의한다. 셋째, 기업지배구조와 이해관계자의 관계에 대한 국내 연구현황을 살펴보고 미래 연구의 방향을 제시한다. 넷째, 중대성 평가의 정의와 주요 요소들을 제시하고 기존의 평가 방식에 대해 논의한다. 마지막으로 전략경영의 새로운 패러다임에 기반한 중대성 평가의 발전 방안에 대해 논의한다.

02 지속가능성과 이해관계자 자본주의

지속가능성

기업 활동이 가져오는 긍정적인 경제적 효과에도 불구하고 그 과정에서 발생하는 환경 및 사회 문제는 기업이 속한 사회 전반의 불안정을 초래하고 있다. 이산화탄소의 영향으로 추정되는 지구촌 곳곳의 이상기후 현상과 생태계 파괴, 집약적 생산으로 인한 자원 고갈은 환경 파괴에 대한 우려를 자아냈고, 일부 기업에서 발견되는 인권문제 및 부의 편중으로 인한 양극화 현상도 자본주의의 문제점으로 부각되고 있다.

이렇듯 사회에서 부정적 이슈들을 발생시키는 기업의 생존 이유에 대한 의문이 제기되었고, 이에 대해 특정 국가가 아니라 전세계가 함께 대응해야 한다는 공감대가 형성되었다. 1972년 UN의 인간환경회의에서 정립된 지속가능한 발전의 개념은 환경보전에 대한 개념과 필요성을 통합한 내역으로 발전되었으며, 그 이후 경제발전과 환경보전이 서로 연계되어야 한다는 세계보전전략과 세계자연헌장이 채택되었다. 문제에 대한 이슈화 및 이를 해결하기 위한 개념의 정립과 선언으로 시작된 이 활동은 점차 그 범위를 넓혀갔다.

이후 지속가능성의 개념은 1987년 UN의 브루트란드 보고서를 계기로 환경을 비롯한 인구와 에너지 및 안보 등의 다양한 사회적 문제를 포함하는 개념으로 확대되었으며, 1990년 G7은 환경과 사회문제에 대한 경제 선언을 선포하였다. 그 이후 유엔환경개발회의 리우 선언을 계기로 국제 사회에서의 환경 관련 규범체제의 구축 및 실행을 위한 유엔환경개발회의가 설립되었는데, 이러한 과정에서 기업들의 태도도 변화되기 시작했고, 정부나 국제 단체를 중심으로 진행되던 기존의 활동들이 이제는 글로벌 기업들의 자발적인 참여를 중심으로 이루어지게 되었다. GRI(Global Reporting Initiative)의 지표는 이러한 기업들의 활동 기준으로 등장했는데, 이는 지속가능성의 획득을 목적으로 하는 다양한 이니셔티브 및 구체적 기준을 제시하고 있다.

이해관계자 자본주의

2019년의 BRT(Business Round Table)와 2020년의 다보스 포럼에서 제시된 이해관계자 자본주의의 개념은 기업이 경제적 이익을 창출하여 사회의 발전을 유도하면서, 이와 동시에 환경과 사회문제를 해결하는 주체로서 다양한 이해관계자들을 포괄적으로 고려해야 한다는 새로운 경영 패러다임을 제시하고 있다(Harrison et al., 2020).

자본주의의 탄생과 성장과정에서 발생했던 문제와 이슈는 더 나은 자본주의 체제를 구축하기 위한 움직임으로 이어졌다. 18세기 후반에 발생한 1차 산업 혁명을 바탕으로 등장한 자유방임주의는 기업의 자유로운 활동을 강조하여 생산 효율성을 높였지만 시장 독점에 따른 빈부격차의 심화를 야기했다. 자유방임주의에 따른 사회적 문제가 심각해지자 1930년대에는 2차 산업 혁명과 더불어 정부의 통제 역할을 강조하는 수정 자유주의가 등장하였다. 그러나 정부의 역할은 여전히 제한적이었고, 2차 산업혁명에 따른 대량 생산체제 구축은 영국 런던의 그레이트 스모그와 같은 심각한 환경 오염의 원인이 되기도 하였다.

1970년대에는 3차 산업혁명을 바탕으로 하는 새로운 형태의 자본주의가 등장했다. 당시 무역 장벽의 완화에 따른 선진국 주도의 글로벌 시장 확대가 진행되면서 기업의 자율성을 중시하는 신자유주의 시대가 시작된 것이다. 그러나 글로벌화가 진행될수록 악화되는 환경과 사회적 문제로 인한 국제적 이슈들이 심화되었고, 이에 대응하기 위해 2000년대에는 산업화와 자본주의의 발전과정에서 발생하는 문제들을 해소하고 사회의 안정성을 확보하기 위한 공생적 자본주의가 등장했다. 2010년대의 4차 산업혁명은 기술과 정보통신의 발전을 배경으로 진행되었는데, 사회구성원의 사회적 네트워크가 강화되면서 기업으로 인해 발생하는 환경과 사회적 문제에 대해 공동으로 대응하는 분위기를 형성하였다. 그리고 이는 기업으로 하여금 사회적 가치와 경제적 가치를 동시에 추구하도록 요구하는 공유가치창출의 개념이 등장하는 계기가 되었다.

이해관계자 자본주의는 이러한 자본주의 사회의 변화 흐름의 연장선에서 탄생하였다. 이해관계자 자본주의는 주주만이 아닌 종업원, 공급자, 고객, 지역사회 및 정부 등 다양한 집단의 이해관계를 고려하면서 기업의 지속가능성을 추구하는 것을 목적으로 한다. 결과적으로 이해관계자 자본주의는 자본주의의 발전과 산업화에 따른 기업의 영향력 강화 및 경제 성장의 과정에서 발생하는 문제들을 해결하기 위해 기업의 재무적 성과와 사회적 가치에 대한 균형점을 찾고자 하는 노력에 기초하여 탄생한 경영 패러다임이라고 할 수 있다.

특히 이해관계자 자본주의에서는 기업의 존재 및 활동 목적이 특정 이해관계자가 아니라 기업과 상호작용하는 모든 이해관계자들을 위한 것이 되어야 함을 강조하고 있는데, 이러한 측면에서 기존 전략 경영의 접근법과 방식의 변화가 요구될 수 있다(Freeman, 1984; Freeman & Reed 1983). 과거 기업의 목적이 주주가치를 극대화하는 것이었기 때문에 기업의 전략도 이를 위해 수립되고 실행되어야 했다. 그러나 기업의 목적이 이해관계자와 더불어 지속가능성을 추구하는 것으로 변화되었기 때문에 기업의 전략도 이에 따라 전환되어야 할 것이다. 이와 같이 다음 챕터에서는 이해관계자 자본주의의 패러다임을 적용한 전략적 측면의 변화를 살펴보고자 한다.

03 전략경영분야의 특징

전략경영분야의 탄생과 발전

전략경영은 기업의 목표 달성을 위한 자원의 배분 및 활용, 그에 따른 성과 평가 및 피드백 과정을 설명하는 경영학의 한 분야로서, 기업의 경쟁력 확보와 성과 향상을 위한 나침반의 역할을 수행한다. 1950년대에 피터 드러커(Peter Drucker), 챈들러(Affred D. Chandler), 그리고 앤소프(Igor Ansoff)와 같은 이론가들이 등장하면서 전략경영 분야의 학문적 체계화와 실무적 모형 형성이 시작되었다. 그리고 그 이후 1980년대에는 마이클 포터(M. Porter)가 기틀을 잡은 산업 분석 모형과, 1990년도에 제이 바니(J. Barney)가 집대성한 자원기반이론이 전략경영의 외부 및 내부환경 분석 모형을 형성하였다. 전략경영 분야에서 제시하는 전략에는 특정 산업부문에서의 경쟁방법뿐만 아니라, 다각화 및 해외 진출과 같은 전사적 수준에서의 성장전략도 포함된다.

전략경영과 관련된 이론으로는 산업구조론과 자원기반이론을 비롯하여 거래비용이론, 실물옵션이론, 담합이론, 조직경제이론, 자원의존이론, 대리인이론, 청지기이론, 이해관계자이론, 최고경영자이론 등이 포함된다. 이러한 이론들은 시대적 상황의 변화와 시장의 성장 과정에서 특정 기업들이 경쟁우위를 획득하고 재무적 성과를 향상시켜주는 방법을 설명해준다. 전반적으로 기술의 진보와 글로벌 시장 확대에 따른 경쟁 심화 등 경영환경의 불안정성이 높아질수록 전략경영의 학문적 가치와 실무적 중요성은 더욱 강화되어 왔다.

자본주의 체제의 변화와 전략경영

앞서 설명한 바와 같이 이해관계자 자본주의는 기업의 활동과 관련된 다양한 이해관계자들을 폭넓게 고려하는 철학을 가지고 있다. 따라서 기업가치의 극대화를 위해 주로 주주 중심의 활동에 초점을 맞추어 왔던 기존의 전략경영의 접근방식과는 다른 목표 수립과 달성을 위한 방법들을 요구한다. 즉 고객과 거래처, 정부와 지역단체 및 NGO 등 확장된 이해관계자들을 고려하여 기업가치와 지속가능성을 높이도록 전략의 범위를 확대하고 고려해야 하는 요소들의 다양성을 강화하고 있는 것이다(Dorobantu et al., 2017). 이는 결과적으로 주주가치의 극대화를 목적으로 실행해 왔던 기존의 경쟁과 성장방법인 전략이 확장된 이해관계자와의 갈등을 발생시키는 경우, 이에 대한 수정이 필요하다는 것을 시사한다. 즉 이해관계자 자본주의 사회에서의 전략경영은 새로운 접근법이 요구되는 것이다.

새로운 접근법에서는 기업이 환경 이슈와 사회 이슈에 대응하기 위해 가치사슬의 구조를 수정해야 할 수 있다. 그러나 이러한 수정은 가격 경쟁력을 상실하게 만들 수도 있고, 더 많은 비용을 투자하여 새로운 생산방식을 찾아야 하는 운영상의 모험을 감수하도록 요구할 수도 있다. 기업의 활동과 관련된 다양한 이해관계자들을 분석하고 그 영향력을 파악하는 과정에서 많은 시간과 비용이 발생할 수 있으며, 이해관계자의 확대에 따른 추가적 전략의 수립과 실행의 복잡성은 단기적으로는 재무적 성과에 부정적인 영향을 미칠 수도 있다. 보다 근본적으로는 기업의 기존 비전과 미션을 비롯한 조직 전체에 대한 변화가 요구될 수도 있다. 이 때문에 어떤 기업들은 여전히 주주가치의 극대화를 추구하면서도 '그린 워싱' 또는 'ESG 워싱'처럼 제도적 압력에 순응하는 척 하는 행태를 보이기도 한다(Fiss & Zajac, 2006; Zott & Huy, 2007).

그러나 주주 자본주의와 이해관계자 자본주의의 전략경영이 매우 상반되는 양상을 보이는 것만은 아니다. 즉 전략경영은 기업의 장기적인 생존 및 성장을 목적으로 하기 때문에 이해관계자의 갈등을 낮추는 것은 두 유형의 자본주의에 있어서 모두 효과적일 수 있을 것이다. 맥킨지 보고서에 따르면 미국 S&P 500대 기업의 평균 수명은 1930년대에는 90년, 1960년대에는 60년, 1970년대에는 20년이었고, 2027년도에는 12년에 불과할 것으로 예측되었다. 이는 환경 변화에 따라 기업의 전략이 끊임없이 변화해야 한다는 것을 시사하는데, 환경 변화를 인지하고 이것을 기업의 전략경영 과정에 반영할 수 있는 중요한 접근법 중 하나는 바로 기업 내·외부 이해관계자들의 이해관계를 민감하게 고려하는 것이다. 물론 이를 실행하는 주체로서 이해관계자의 동향을 파악하고 전략경영에 반영하는 경영자의 역할은 더욱 강조될 것이다.

┌─ 04 관련연구 분석

경영학 분야의 학문분야들은 다양한 방식의 연구결과를 통해 실무적으로 가치 있는 시사점을 제시해왔다. 이 같은 측면에서 이해관계자 자본주의 체제와 관련된 전략경영 분야의 연구들을 분석해 보는 것은 의미가 있을 것이다. 전략경영 분야의 선행연구들은 이해관계자 자본주의 시대의 경영을 위한 이론적·실무적 차원의 가치 있는 정보를 제공해 왔을까? 이 질문에 답하기 위해 저자들은 1990년부터 2021년까지 RISS에 등재된 지배구조와 이해관계자의 관계에 대한 133개의 KCI 문헌들을 분석하여 국내 지배구조 분야 연구의 특성과 흐름을 살펴보았다.

본 챕터에서 기업의 지속가능성을 위한 환경(E)·사회(S)·지배구조(G) 분야 중 이해관계자 자본주의 체제로의 전환을 위한 지배구조 분야의 연구에만 집중한 것은 첫째, 지배구조가 전략 경영의 핵심 연구 분야이며 다양한 이해관계자들과 지배구조의 관계가 실제 기업의 혁신, 다각화, 해외 진출과 같은 전략적 의사결정에 중대한 영향을 미칠 수 있기 때문이다. 유사한 관점에서 기업의 지배구조는 환경을 위한 그린 혁신 및 종업원의 복지를 위한 교육 투자, 조직 개선 및 협력사와의 상생전략에도 중대한 영향을 미치는 핵심 요소이다. 둘째, 지배구조는 각 나라가 속한 역사나 문화, 정치적 환경에 따라 상이한 형태로 나타날 수 있기 때문에 환경이나 사회 이슈들과 같이 일괄적인 기준으로 평가하기 어려운 부분이 있다. 즉, 각 국가별 특성을 고려한 접근이 필요하기 때문에 지배구조 분야의 국내연구들을 별도로 살펴볼 필요가 있는 것이다. 셋째, 기업이 고려하는 이해관계자들의 범위에 따라 기업의 전략적 의사결정과 실행에 변화가 필요하다면, 선행 연구에 대한 검토를 통해 지배구조와 이해관계자들의 관계에서 발생하는 주요 이슈와 변화 흐름을 확인해 보는 것 자체가 이해관계자 자본주의 시대의 도래에 따른 전략경영 분야의 변화와 발전 방향을 판단하는 데 도움이 될 수 있기 때문이다. 마지막으로 지속가능경영을 위한 환경(E)·사회(S)·지배구조(G)의 세부 부문 중에서 사회(S) 부분은 인사조직과 사회학 분야에서, 환경(E) 분야는 생산 운영과 공학분야에서 주되게 다뤄져 온 반면, 전략경영 분야의 관련 선행연구는 매우 부족하기 때문이다. 지속가능성과 관련한 기업의 전략경영이 환경(E)·사회(S)·지배구조(G)의 다양한 요소들을 동시에 고려해야 하는 복잡성을 나타내고 있는 시대적 변화에 부응하기 위해, 전공 분야에 따라 분리되어 진행되어온 기존의 연구방식은 지속가능경영이라는 기업 목표를 위해 통합되고 융합되어야 할 필요가 있을 것이다. 이 같은 관점에서 본 챕터는 향후 전략경영 분야의 지속가능연구를 위한 출발점을 제시하고자 한다. 즉, 문헌연구에서 나타나는 지배구조상의 주요 이해관계자들의 관계의 흐름에 따라 기업의 목표와 전략경영의 프로세스에서 고려해야 하는 내부와 외부 환경의 주요 요소 및 전략의 실행 방식과 평가에 대한 새로운 관점의 전략적 접근을 유도해 보고자 한다.

지배구조의 형태별 구분과 특성

기업의 지배구조는 기업이 속한 국가의 역사와 정책, 문화적 배경에 따라 다른 형태로 발전되어 왔는데, 선진국의 지배구조는 크게 영미식과 유럽식으로 구분될 수 있다(Lee and O'Neill, 2003; 유재욱, 이은화, 2021). 영미식 지배구조에서는 경영자와 주주의 구분이 명확하다. 전문경영자는 자신이 가진 전문적인 지식과 경험을 활용하여 주주 부의 증대를 목적으로 하는 전략적 의사결정을 내리며, 지배구조상의 통제 메커니즘은 주주의 부를 보호하기 위해 경영자의 기회주의적인 행위를 방지하는 데 초점을 맞춘다(Fama & Jensen, 1983, Jensen, 2001). 반면 프랑스나 독일의 유럽식 지배구조에서는 소유와 경영의 분리가 명확하게 이뤄지지 않는다. 소유경영자나 가족 경영 형태의 비율이 높으며, 소수 주주가 강력한 기업의 지배권을 행사한다. 회사법은 경영자의 권리에 더 우호적인 반면, 소액 주주의 권한 보호에는 한계가 존재한다. 또한 기업의 전략적 의사결정 과정에 종업원과 지역사회 등 다양한 이해관계자들이 참여하여 주요 이해관계자로서 실질적 영향을 미친다.

한편 신흥국에서는 선진국과는 다른 형태의 지배구조 형태가 나타나기도 하는데, 우리나라의 경우 가족경영이나 소유경영자가 존재하는 상황에서 경영자가 주주가치를 극대화하는 것을 목적으로 하는 전략적 의사결정의 주체로서 강력한 영향력을 행사하고 있다(Carney et al, 2011; Young et al, 2008). 이러한 지배구조 체계는 국내 기업들과 사회의 빠른 성장에 도움이 되었지만, 양적 성장에 치중하는 과정에서 환경 문제와 시장불평등을 초래하고 노사갈등과 같은 지배주주와 다른 이해관계자들과의 갈등을 발생시키는 원인이 되기도 하였다.

또한 기업의 지배구조는 누구를 위한 전략적 의사결정을 하는가에 따라 주주 중심의 협의의 지배구조와 이해관계자 중심의 광의의 지배구조로 구분될 수 있다. 협의의 지배구조 관점의 이론과 연구는 이해관계자 자본주의 시대에서 사회가 기업에 요구하는 책임과 활동을 설명하기에는 충분하지 못하다. 반면 다수의 이해관계자들을 만족시키기 위한 광의의 지배구조에서는 기업의 지속가능성을 확보하기 위해 훨씬 더 복잡하고 장기적인 측면의 의사결정이 요구된다. 우리는 국내 지배구조 문헌들에 대한 분석결과를 통해 연구에서 중요하게 고려한 이해관계자의 범위와 내용이 어떻게 변화되어 왔는지를 살펴보았다.

문헌 선정 및 분류 기준

국내 지배구조 연구에서 언급되어온 이해관계자의 범위 및 이해관계자들 간의 관계에 대한 주요 이슈를 파악하기 위한 문헌의 선정을 위해서는 프리먼과 리드(Freeman and Reed)의 이해관계자 구분방식에 따른 이해관계자별 키워드(ex: 주주, 투자자, 종업원, 고객, 공급자, 경쟁자, 지역사회. 정부 NGO, 협회)를 사용하였다. 또한 특정 단어의 선택으로 인한 관련 문헌의 누락을 방지하기 위해 유사 의미로 사용되는 단어를 활용한 추가 검색을 진행하였다. 이렇게 선정한 문헌들을 대상으로 초록과 본문 내용에 대한 면밀한 검토를 진행하여 지배구조와 관련한 실증연구 문헌들을 최종적으로 선정하였다. 최종적인 분석대상으로 선정된 문헌은 총 133건이었으며, 검색어로 사용한 주요 이해관계자의 범위에 따라 1차 이해관계자(e.g., 주주, 채권자, 종업원, 고객, 공급자)와 2차 이해관계자(e.g., 정부, 경쟁자, 지역사회, NGO, 협회) 및 포괄적 이해관계자로 구분하였다. 그 결과 전통적인 대리인 관계로 정의되는 경영자와 주주 간의 관계에 대한 문헌(30.83%)과 주주와 소액 주주간의 관계에 대한 문헌(18.05%)이 가장 많은 것으로 나타났다. 경영자와 소액주주 간의 관계에 대한 문헌

(8.27%)과 경영자와 채권자의 관계에 대한 문헌(6.77%)을 포함하여 직접적 1차 이해관계자에 대한 문헌은 전체 문헌의 63.92%를 차지하였다. 간접적 1차 이해관계자(종업원, 고객, 공급자)에 대한 문헌(6.76%) 중에서는 종업원에 대한 문헌(6.01%) 비중이 가장 높은 것으로 나타났다. 2차 이해관계자(e.g., 정부, 경쟁자, 지역사회, NGO, 협회)와 관련한 문헌(6.76%)에서는 정부와 관련한 문헌의 비중(4.51%)이 가장 높게 나타났다. 마지막으로 이해관계자에 대한 구분 없이 이해관계자 전반에 대해 언급하고 분석을 진행한 포괄적 이해관계자에 대한 문헌은 22.5%의 비중을 차지하였다.

지배구조와 이해관계자에 대한 실증 연구는 1998년부터 2021년까지의 기간 동안 꾸준히 증가한 것으로 나타났는데, 좀 더 구체적인 세부사항에 대한 파악을 위해 1차 및 2차 이해관계자와 포괄적 이해관계자로 구분한 각 이해관계자별 범위에 따라 연도별 문헌의 증감 현황을 10년 단위로 구분하여 분석하였다. 1990년도부터 2000년도까지의 기간 동안 지배구조와 이해관계자에 대한 실증 연구는 단 3건(2.26%)에 불과하였으며, 주주와 경영자의 관계 또는 주주와 채권자 간의 관계를 포함한 직접적 1차 이해관계자들 간의 관계에 연구가 집중되었던 것으로 나타났다(진태홍, 2000).

하지만 2001년부터는 관련 연구가 빠르게 증가하여 2010년도까지 총 45건(33.83%)의 실증연구가 진행된 것으로 확인되었다. 이는 이전 시기에 비해 15배 증가한 수치인데, 간접적 1차 이해관계자인 종업원(5건)과 2차 이해관계자인 정부(3건)를 비롯하여 포괄적 이해관계자(5건)까지 연구의 범위가 확장되었음을 확인할 수 있었다(김동주, 2009; 반혜정, 2009). 그러나 해당 기간에 이뤄진 연구 중 32건(71.1%)이 주주, 경영자, 채권자와 같은 직접적인 1차 이해관계자들 간의 관계에 대한 연구로(박범진, 2009; 박종일, 2003), 여전히 소유경영자와 지배주주 관련 이슈에 대한 연구가 높은 비중을 차지하고 있음을 확인할 수 있었다.

이후 2011년부터 2021년도까지의 기간 동안에는 총 85건(63.91%)에 이르는 가장 많은 실증 연구가 진행되었고, 간접적 1차 이해관계자로 분류되는 종업원과 고객에 대한 연구(4건)만이 아니라, 정부, 경쟁자와 같은 2차 이해관계자(6건)에 이르기까지 훨씬 다양한 이해관계자들에 대한 연구가 진행되었음을 확인할 수 있었다(김동주, 김동원, 2012; 이재홍, 오명전, 2015). 특히, 해당 기간에는 포괄적 이해관계자에 대한 연구가 25건으로 과거에 비해 큰 폭의 증가세를 나타냈으며, 전체 문헌에서의 비중도 약 30%에 달하는 것으로 나타났다(김혜리·김정교, 2018). 하지만 주주나 경영자 혹은 주주와 주주 간의 관계와 같은 직접적 1차 이해관계자 간의 관계에 대한 연구는 50건(58.82%)으로 여전히 가장 높은 비중을 나타냈다.

〈그림 2-1〉은 연도별 문헌의 증감과 누적 현황을 이해관계자 유형별로 구분하여 도식화한 것이다. 도식화된 문헌의 증감 현황은 환경 변화에 따른 큰 차이를 보이고 있는데, 따라서 연구의 증감 및 이해관계자 범위의 변화에 따라 국내 지배구조의 연구들을 태동기, 성장기, 전환기, 재도약기의 4단계로 구분해 보았다.

먼저 지배구조와 관련한 연구가 시작된 '태동기'는 1997년 아시아 경제위기로 인해 국내 기업의 지배구조상의 문제가 사회적 이슈로 등장한 시기다. 구체적으로 흔히 '재벌'이라고 불리며 국내 경제의 양적 성장을 주도해왔던 대

그림 2-1 연도별 문헌 증감 현황

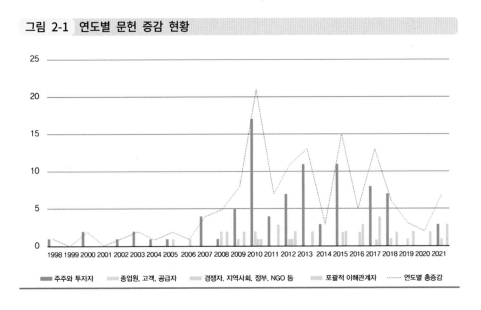

기업들의 소유경영자나 지배주주가 막강한 권한을 행사하는 가운데, 이들에 대한 통제 시스템의 미비로 인한 경영상의 문제점 및 일부 대기업의 시장 장악으로 인한 사회적 부의 불평등 문제에 대한 관심이 높아지면서, 국내에서는 기업지배구조를 개선하고자 하는 노력이 다각도에서 이뤄졌던 시기이다.

따라서 해당 시기의 연구들은 소유경영자나 지배주주가 사적이익을 추구함에 따라 발생할 수 있는 기업 가치 하락이나 재벌기업에서 발생하는 소액주주의 대한 수탈 가능성과 같은 문제에 초점을 맞추고 있다. 그리고 이 같은 문제들을 해결하기 위한 통제 메커니즘의 강화 및 지배구조의 개선과 투명성 확보 등을 제안하고 있다(배형·김영산·조성욱, 2000; 윤성민·이미정, 2005). 이러한 연구 흐름은 2006년까지 지속되었는데, 해당 시기는 국내 지배구조에 대한 관심과 연구가 본격화되기 시작한 시기로 볼 수 있다.

2007년부터 2011년까지는 지배구조와 관련한 연구가 빠르게 증가한 '성장기'로 정의될 수 있다. '태동기'에는 평균 1.1건에 불과했던 지배구조 분야의 국내 연구는 성장기 동안에는 연평균 9.5건으로 급증하였다. 이러한 변화는 시장 환경의 변화에서 비롯된 것으로, 당시 글로벌 금융위기를 비롯하여 시장의 불안정성이 크게 증가함에 따라, 다양한 전략적 활동을 통해 경쟁력을 강화하고자 했던 기업들의 변화 도모가 학문적 연구활동에 반영된 결과라고 볼 수 있다. 내용적으로도 주로 주주에게 집중하던 '태동기' 시기의 연구들과 비교할 때 종업원과 관련한 연구(5건)를 비롯하여 기업지배구조와 환경공시 활동에 대한 연구(김상연·박은정, 2008)나 기업의 통제 메커니즘 수준, CSR 활동 수준, 그리고 사회적 성과 간의 관계에 대한 연구와 같이 보다 다양한 이해관계자들과의 관계에 대한 연구로 확대되었음을 확인할 수 있었다.

하지만 2012년에 들어서는 연도별로 연구의 급격한 증가와 감소가 반복되는 흐름이 나타내고 있고, 이러한 흐름은 2018년까지 이어졌다. 그럼에도 불구하고 해당 기간 동안의 연평균 문헌 수는 9.1건으로 성장기 못지 않은 높은 수준을 나타냈으며, 종업원, 정부, 경쟁자 및 포괄적 이해관계자에 대한 연구도 연평균 2.25건으로 성장기에 비해 2배 가까운 급격한 증가세를 나타냈다(김혜리, 2017; 전이영·이경묵, 2017). 이러한 변화는 지속가능성 이슈가 국내 시장에도 중대한 영향을 미쳤기 때문으로 파악되는데, 이와 같이 지배구조와 관련하여 다양한 이해관계자에 대한 연구의 범위와 비중이 급격하게 확장되는 변화가 가시화된 시기를 지배구조 관련 연구의 '전환기'로 구분하였다.

태동기부터 전환기까지의 기간 동안 지배구조 연구에서 다룬 이해관계자 범위는 확장되었지만, 여전히 전체 문헌 중 주주 중심의 문헌에 대한 비중이 높은 것으로 나타났다. 그러나 2019년도부터 2021년까지의 문헌에서는 주주 중심주의 측면의 실증연구는 1건에 불과한 반면(변정희·김상헌, 2021), 포괄적 이해관계자와 지배구조 간의 관계에 대한 연구가 7건으로(강형철·변희섭, 2021; 김윤경, 2020) 훨씬 높은 비중을 나타냈다. 해당 시기에 진행된 연구들은 지속 가능성을 획득하기 위한 활동이 이해관계자 간 갈등해소에 미치는 영향력 분석 등 이해관계자 자본주의 관점에서의 지배구조 분야의 연구가 빠르게 확대되고 있음을 보여주고 있다. 이러한 연구 흐름의 변화에 따라 해당 시기를 이해관계자 자본주의와 관련한 지배구조 연구의 '재도약기'로 구분하였다.

키워드, 배경 이론 및 변수 구분에 따른 분석

연구자가 제시한 주제와 주요 이슈를 파악하기 위해 문헌에서 연구자가 제시한 핵심 키워드를 카테고리별로 구분해 보았다(e.g., 지배구조, 소유구조, 지분관련, 대리인, 통제 메커니즘, 지속가능, 조직관련, 재무관련 등). 문헌에서 제시된 핵심 키워드는 총 560개로 각 카테고리별로 구분해 본 결과에 따르면 지배구조(e.g., 지배구조, 재벌, 가족기업, 소유구조)와 소유구조(e.g., 괴리도, 주주활동, 제도 등) 및 지분 관련 이슈(e.g., 지배주주, 기관/외국인, 소액주주, 경영자 지분 등)가 199건(35.54%), 대리인 관련(e.g., 경영자 구분, 보상, 경영자 교체, 대리인 문제, 대리인 비용 등)과 통제 메커니즘 관련 이슈(e.g., 이사회 또는 감사, 공시 등)가 132건 (23.57%)으로 전체 키워드에서 가장 높은 비중을 나타냈다. 재무 관련 이슈(83 건, 14.82%)에서는 성과, R&D, 연구개발, 투자(35건, 6.25%) 등 기업의 전략과 관련한 키워드보다 이익조정과 발생액과 같은 키워드의 비중이 더 높은 것으로 나타났다(48건, 8.57%). 이는 이해관계자, 사회적 책임, ESG와 같은 지속가능경영 관련 이슈(55건, 9.82%)보다 높은 비중으로, 지배구조 분야의 국내 연구가 주로 주주 및 대리인, 지배주주와 소액주주 간의 갈등과 같은 주주 중심의 전통적 대리인 문제에 집중해 왔음을 보여준다.

각 문헌별로 연구에 사용된 배경이론의 종류와 비중도 구분해 보았다. 지배구조 연구에서 인용된 다양한 배경이론들 중에서는 대리인 이론이 95회로 절반 이상의 가장 높은 비중(55.23%)을 나타냈다. 이는 다수의 국내 연구가 주주와 경영자 및 주주와 주주 간의 갈등의 원인과 해결책을 제시하기 위한 주주 중심의 관점에서 이뤄져 왔음을 확인해 주는 결과라고 볼 수 있다. 대리인이론 다음으로는 이해관계자 이론 및 사회적 책임이론이 총 42회(24.42%) 인용된 것으로 나타났다. 이해관계자 이론과 사회적 책임 이론의 인용 빈도는 대리인 이론에 비해 절반에도 미치지 못하는 수준이지만, 문헌의 연도별 흐름을 살펴보면 국내 기업들에 대한 지배구조 연구 주제들이 주주 중심에서 이해관계자 중심의 지배구조 이슈로 확장되고 있음을 알 수 있었다. 그 외 경영자 관련 이론(e.g., 최고경영자 이론, 청지기 이론 등)이 5회(2.91%), 조직 관련 이론(e.g., 조직개발이론, 조직 통제 이론 등)이 4회(2.33%) 사용되었다. 제도이론, 신호이론, 계약 이론 및 거래비용 이론 등도 전체 이론 중 2% 미만으로 문헌에서 언급되었다.

특히 흥미로운 점은 주주 중심의 연구 문헌에서는 주로 대리인 이론만을 인용해 온 반면, 주주 이외의 다른 이해관계자를 대상으로 연구한 문헌에서는 이해관계자 이론을 비롯하여 대리인 이론, 조직이론, 여유자원이론, 산업구조론과 같은 기업의 내·외부 환경 관련 이론과 신호이론, 네트워크 이론과 같은 기업 내·외부를 연계시키는 다양한 이론을 함께 인용하여 이해관계자의 영향력과 상호작용의 복잡성을 다양한 측면에서 설명하고자 했다는 점이다. 이러한 변화의 흐름은 이해관계자 자본주의 시대의 경영방식을 이해하고 설명하기 위해서는 기존과는 달리 보다 다양한 이론의 통합적 관점에서의 이해와 접근이 필요하다는 점을 시사한다.

다음으로는 문헌에서 제시하고 있는 가설에 포함된 변수들을 구분해 보았다. 변수는 먼저 키워드의 구분과 같이 가설과 관련한 측정 대상과 방식에 따라 카테고리로 구분한 후(e.g., 지분 및 소유구조 관련, 이사회 등 통제 메커니즘 관련, CSR, 지배구조 점수 및 이해관계자 관련 활동, 근로자 및 조합 관련, 재무적 요소 등), 독립, 종속, 조절, 매개 변수 별 사용 비중을 살펴보았다. 이를 통해 이해관계자들 간의 관계나 문제가 어떤 방식으로 구분되고 측정되는지 구체적으로 확인할 수 있었다.

사용된 전체 166건의 독립변수 중 대주주, 외국인 및 기관투자자, 경영자 지분율과 같은 소유구조 관련 변수가 78회로 절반에 가까운 비중(46.99%)을 차지하고 있었으며, 이사회 및 통제 메커니즘도 16회 사용되어(9.6%) 지배구조 관련 변수가 전체 독립변수의 56.6%를 차지하는 것으로 나타났다. 이는 국내 기업의 경우, 일부 주주의 소유권 집중도에서 발생하는 막강한 권한이 다른 이해관계자들에 대한 갈등 발생의 원인으로 작용하고 있음을 암시하는 결과이다. 실제로 지분 및 소유구조 관련 변수가 종속변수로 사용된 경우는 1회(0.29%)에 불과했다. 반면 종속변수로는 재무적 성과 관련 변수가 87건으로 (62.6%) 가장 높은 비중을 나타냈는데, 이는 이해관계자들이 기업과 상호작용하는 과정에서 발생하는 갈등이 기업의 재무적 성과에 미치는 영향에 대한 관심이 높았기 때문인 것으로 파악된다.

한편 기업지배구조 평가원 점수 및 환경공시, 주주이익 보호제도나 ESG 평가 점수와 같이 이해관계자와 관련한 활동 변수는 독립변수로서 27회 (7.96%), 종속변수로서 19회(5.60%) 사용되었으며, 매개변수 4회(1.18%) 및 조절변수 2회(0.59%)로도 일부 사용되었다. 또한 노동조합 가입여부, 노조 강성 수준과 같은 종업원 관련 변수도 독립변수와 종속변수로 각 14회(4.13%)와 13회(3.83%) 사용된 것으로 나타났는데, 이는 과거 양적 성장에 치중하면서 발생한 노사 간의 문제가 국내 기업들이 해결해야 하는 중요 이슈이며, 이해관계자 자본주의 시대로의 전환에 따라 종업원이 기업의 지배구조와 경쟁력에 미치는 영향력이 강화되었기 때문인 것으로 해석된다. 이외의 기타 변수로는 다각화, 혁신 성과, 경쟁강도와 같은 변수들이 사용되어 이해관계자와 경영전략 간의 관계에 대해서도 일부 연구가 이뤄져 왔음을 확인할 수 있었다.

분석 대상 산업과 자료 분석

마지막으로 분석 대상 산업과 자료에 대한 분석을 실행하기 위해, 자료의 출처(e.g., 지배구조 점수, 공정거래위원회 자료, 노동 또는 특정 단체의 데이터 현황 등) 및 대상 산업의 구분(e.g., 전체 산업 대상, 금융업만 제외, 금융과 교통, 에너지와 같은 특정 산업 제외, 제조업만 대상, 특정 산업만 대상, 기타) 요소에 따라 실증 분석 표본 데이터 현황을 구분하여 보았다.

먼저 분석 대상의 산업별 현황을 보면, 전체 실증분석 문헌 중 124건 (93.2%)이 재무제표 자료의 획득이 가능한 국내유가증권 상장 기업을 대상으로 분석을 진행한 것으로 나타났다. 이 중 25건의 문헌(18.80%)은 별도의 산업 구분 없이 전체 산업을 대상으로 하는 분석을 진행했으며, 80건의 문헌 (60.15%)은 재무제표의 결산 기준이 다른 금융 등의 일부 산업을 제외하고 분석을 실시하였다. 나머지 문헌 중 19건의 문헌(14.29%)은 제조업만을 분석 대상으로 했으며, 그 외 문헌에서는 물류나 은행, 사회적 기업과 같이 특정 분야의 기업들 또는 국내 일부 재벌 기업만을 대상으로 분석을 진행하였다(9건, 6.77%). 이는 은행이나 사회적 기업의 경우 제도적 측면에서 일반기업의 지배구조와 차이가 있기 때문인 것으로 파악된다.

또한 연구자의 연구 목적에 따라 별도의 데이터 출처에 따른 구분 시 CSR 점수와 같은 지배구조 점수를 활용한 문헌이 전체 문헌 중 24건(18.05%)인 것으로 나타났다. 그 중 10건(7.52%)은 전체 산업을 대상으로 진행되었으며, 금융업을 제외하고 분석이 진행된 건은 12건(9.02%)인 것으로 나타났다. 공정거래 위원회의 데이터를 활용한 문헌이 14건(10.53%)으로 전체 산업을 대상으로 한 문헌은 5건(3.76%), 금융업을 제외한 문헌은 7건(5.26%)인 것으로 나타났다. 지배구조 관련 데이터나 공정거래 위원회의 데이터 활용은 지배구조상의 이해관계자들의 영향력과 기업 성과의 관계를 기업의 사회적 활동 측면에서 분석하거나, 대기업의 경우 지배주주나 소유경영자에 의한 지배구조 이슈를 파악하기 위한 것으로 판단된다. 그 외 노동 단체의 특정 데이터(12건, 9.02%), 국내외 비교 데이터를 비롯하여(9건, 6.77%) IFRS와 같은 특정한 시스템의 도입 여부와 같이 특정 요건을 충족시키는 데이터를 사용한 연구도 20건(15.04%)에 달하는 것으로 나타났다. 반면 별도의 추가 데이터 없이 유가증권 상장사를 대상으로 지분율과 같이 공시된 자료만을 활용하여 분석을 실시한 문헌은 50건(40.6%)이었고, 해당 문헌 중 37건(27.82%)이 금융업을 제외하고 분석하였으며, 제조업만을 대상으로 분석한 문헌은 13건(9.77%)으로 나타났다.

┌─ 05 이해관계자 자본주의 시대의 전략경영

이해관계자 자본주의 시대의 도래와 함께 기업들은 미션 및 비전 설정, 장단기 목표 수립을 포함하여 가치사슬 활동 전반에서 이해관계자들과 관련한 이슈를 체계적으로 반영해야 하는 필요성에 직면하고 있다. 하지만 이해관계자들의 이해관계는 상충되는 경우가 많고, 기업이 보유하는 자원은 대부분의 경우 제한적이기 때문에 모든 상황에서 모든 이해관계자들의 이해관계를 동시에 충족시키는 것은 매우 어렵다. 또한 기업이 경쟁하고 있는 산업의 특성과 자사의 비즈니스 모델 및 핵심역량 등에 따라 우선적으로 고려해야 하는 이해관계자별 우선순위 및 대응 범위는 기업마다 다를 수밖에 없다. 따라서 주요 이해관계자의 범위를 정의하고, 각각의 이해관계자들이 사업에 미치는 영향의 정도를 파악하는 중대성 평가를 시행하고, 해당 결과에 기초한 전략을 도출하는 것은 전략경영 분야의 매우 중요한 이슈이다. 하지만 현재 실행되고 있는 중대성 평가는 전략경영에서 요구되는 ESG 전략을 수립하고 실행하기에는 미흡한 부분이 있다. 따라서 이하에서는 현재 실행되고 있는 중대성 평가 선정의 현황을 살펴보고, 전략경영의 관점에서 개선 방안을 제시해 보고자 한다.

중대성 평가 선정: 현황

기업들이 전략수립과 이행과정에서 지속가능성을 고려해야 하는 필요성이 강조되면서, 구체적 평가방법(e.g., MSCI, S&P Global CSA)이나 공시 방법 (e.g., GRI, TCFD, SASB)에 대해서도 많은 관심이 쏟아지고 있다. 하지만 지속가능성을 증진시키기 위하여 반영해야 하는 이슈들에 대한 우선순위는 기업이 속한 국가나 산업의 특성 등에 따라 차이를 나타낼 수 있다.

2022년 산업정책 연구원의 보고서(김용·조재한, 2022)에 따르면 기업의 ESG 활동과 성과 간의 관계가 산업별로 상이한 것으로 나타났다. 구체적으로 의복, 액세서리 제조업에서는 ESG 등급이 높을수록 자산수익률이 동반 상승하나 건설업의 경우 ESG 활동 수준이 높아질수록 자산수익률이 하락하는 모습을 나타냈으며, 이러한 움직임은 E, S, G의 각 활동에 따라서도 산업별로 상이한 움직임을 나타냈다. 구체적으로 영상 기록물 제작이나 배포산업의 기업의 경우 환경(E) 부문의 등급이 상승하면 자산수익률이 상승하는 반면, 건축 및 건축 기술, 엔지니어링 분야의 기업은 환경(E) 부문의 등급 상승 시 자산수익률이 하락하는 모습을 나타냈다. 또한 섬유제조업의 경우 사회(S) 부문의 등급이 상승하는 경우 자산수익률이 높아졌지만, 출판업에서는 자산수익률이 낮아지는 모습을 나타냈다. 마지막으로 지배구조(G) 부문의 등급과 관련해서도 컴퓨터 프로그래밍이나 시스템 통합 및 관리 산업은 지배구조(G) 부문의 등급 상승 시 자산수익률이 증가하는 반면, 영상, 오디오 기록물 제작 및 배급 산업은 자산수익률이 하락하는 모습을 나타냈다. 이러한 분석결과는 지속가능성의 확보를 위해 각 산업별로 중요하게 고려해야 하는 부문과 이슈

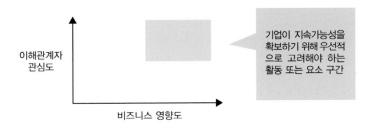

그림 2-2 중대성 평가 Map

이해관계자
관심도

비즈니스 영향도

기업이 지속가능성을
확보하기 위해 우선적
으로 고려해야 하는
활동 또는 요소 구간

가 다를 수 있음을 암시한다. 따라서, 기업은 우선적으로 자사가 속한 산업의
특성을 파악하고 보유한 자원을 고려하여 실행이 가능한 전략과 활동의 우선
순위를 결정해야 한다.

이와 관련하여 중대성(materiality) 평가는 이해관계자들의 관심도와 기업
성과에 미치는 영향도에 따라 기업이 중요하게 대응해야 할 이슈들의 우선순
위를 선정하기 위한 유용한 방법이다(〈그림 2-2〉 참조).

중대성 평가와 관련하여 최종적으로 도출하는 이슈가 기업마다 다른 이
유는 참고하는 자료나 우선순위의 결정기준이 다르기 때문인 경우가 많다
(〈표 2-1〉 참조).

또한 우선순위의 결정은 기업이 속한 산업의 특성에도 영향을 받게 되는
데, 그 사례로서 일부 글로벌 평가 지표에서 언급하고 있는 각 산업별 주요
이슈들을 살펴보면 자동차 산업의 경우 환경부문에서는 자동차 생산과정 및
완성차에서 발생하는 탄소에 집중하는 탄소발자국 및 크린텍 관련 이슈가 강
조되고, 사회부문에서는 제품의 안정성·품질 및 노동 관련 이슈가 강조되고
있다. 반면 반도체 관련 산업에서는 생산과정에서 발생하는 크린텍과 물관리
가 환경관련 중요 이슈로 언급되고 있으며, 사회부문에서는 이해관계자들 간
의 자원조달과 관련한 분쟁 이슈가 강조되고 있다.

하지만 기업이 속한 산업의 특성을 반영하여 중요 이슈를 선정하는 유용
한 평가방식임에도 불구하고, 현재 사용되고 있는 중대성 평가의 방식은 다음
과 같은 한계점을 지니고 있다.

표 2-1 기업별 중대성평가 도출 과정

구분	A 기업	B 기업	C 기업
주요 이슈 구성 시 참고한 자료	-국내외 기사 -동종업계 벤치마킹 이슈 -글로벌 지표의 산업별 주요 이슈 -관련분야 전문가 및 내부 인터뷰를 통한 도출 이슈	-국제 표준 및 산업 이슈 -국내외 동종산업 벤치마킹 및 미디어 이슈 -과거 이슈 및 주요부서 인터뷰를 통한 도출 이슈	-동종산업 벤치마킹 이슈 -내부 임원 및 외부 이해관계자 인터뷰를 통한 도출 이슈 -국제표준 분석
우선 순위 결정 시 사용 기준	-사회적 영향(이해관계자의 환경, 사회, 경제 측면의 관심사항 도출 -기업이 매출, 비용, 평판 등에 미치는 영향 도출	-선진기업 대비 벤치마킹 요인과 내부 이해관계자에 대한 설문으로 비즈니스 영향도 도출 -이해관계자 설문조사, 미디어 분석, 국제 표준을 통한 이해관계자 관심도 도출 - ESG 전략과의 연계성	-동종산업 벤치마킹, 임원 인터뷰, 이해관계자 설문조사를 통한 비즈니스 연관성 도출 -이해관계자 설문, 미디어 이슈, 국제표준 이슈로 이해관계자 관심도 도출
최종 도출 이슈	윤리경영 및 컴플라이언스, 온실가스 관리, 노동관행 및 인권, 에너지 관리, 재활용 및 순환관리 등	기후변화 대응체계 구축, 고객 보호중심의 상품/서비스 관리 체계 구축, 협력회사 동반성장 강화, 미래, 포용적 금융 확대 등	연구개발 및 제품 혁신, 협력회사 동반성장, 친환경 제품 및 서비스 개발, 제품 안전 및 서비스 강화 등

(1) 각 이슈들과 관련한 이해관계자 관심도(Y축)와 비즈니스 영향도(X축)의 측정방식이 명확하지 않고, 측정방법과 관련하여 주관적인 판단 요소가 반영될 수 있는 가능성이 높다. 이를 개선하기 위해서는 전략경영 분야의 다양한 이론들에 기초하여 각 축의 평가를 위한 구성요소들을 구체화하고, 보다 객관적이고 일관적인 방식에 의해 각 축을 평가할 수 있어야 할 것이다. 예를 들어, 비즈니스 영향도 평가를 위해서는 각 이슈가 기업이 속한 산업의 구조적인 특성에 미치는 영향과 기업이 보유한 자원과 자산의 영향을 평가할 필요가 있을 것이다. 이는 각 이슈가 산업의 구조적인 특성(예로 신규경쟁자의 진입가능성, 공급자의 협상력, 수요자의 협상력, 현존하는 경쟁자들 간의 경쟁정도, 대체재의 위협)에 미치는 영향이 산업별로 다를 수 있으며, 이와 같은 영향에 대응할 수 있는 기업의 역량의 차이로 인해 각 이슈가 기업에 미치는 영향 또한 달라질 수 있기 때문이다.

(2) 중대성 평가를 통해 고려하는 이슈들은 계속해서 진화될 수 있음에도 불구하고 현재의 분석방법에서는 '정적인 분석(static analysis)'을 실행하고 있다. 이를 개선하기 위해서는 이슈의 진화단계를 분석과정에서 고려할 필요가 있다. 예를 들어, 이슈의 진화단계에 따른 전략적 대응방안의 도출을 위하여 '이슈 생명주기(Life cycle of issue)' 개념을 도입하고 각 단계(e.g., 출현기 – 확산기 – 정체기 – 쇠퇴기)별로 각 이슈에 대한 기업의 전략적 연관성과 대응방안 등을 고려해 볼 수 있을 것이다. 이는 특정 이슈가 각각의 이해관계자들에게 얼마나 중요한 이슈인지, 해당 이슈가 생명주기 상의 어떤 단계에 위치하고 있는지에 따라 다르게 나타날 수 있기 때문이다. 또한 각 이슈가 이해관계자의 관심도에 따라 비즈니스에 미치는 영향도 생명주기상에서의 이슈의 위치에 따라 달라질 수 있기 때문에 기업은 직면하게 되는 다양한 이슈들에 대한 보다 동적인 접근방식에 기반하여 전략적 대응방안을 마련해야 한다.

(3) 전략경영은 기업의 목표 달성을 위한 구체적인 방안을 제시해줄 수 있는 학문분야이다. 하지만 현재의 분석방법은 기업이 우선적으로 고려해야 하는 중요 이슈의 선정에만 도움이 될 뿐, 전략경영을 위한 포괄적 시사점을 제시하지 못하고 있다. 이를 개선하기 위해서는 이슈별로 중요 이해관계자를 정의하고, 이들의 이해관계를 충족시키기 위한 구체적인 방안을 제시해줄 수 있어야 할 것이다. 그리고 이를 위해 특정 이슈가 특정 이해관계자에게 얼마나 중요한지, 이해관계자가 해당 이슈에 대해 반응할 가능성이 얼마나 높은지를 평가할 필요가 있다. 이 부분에 대한 평가는 이해관계자 이론(stakeholder theory)에 기초하여 이뤄질 수 있다. 즉 다양한 이해관계자들 간의 이해관계가 상충될 수 있는 상황에서 특정 이슈에 대한 어떤 이해관계자의 이해관계를 우선적으로 고려해야 할지를 체계적으로 분석하여 파악할 수 있어야 한다.

종합해보면 이해관계자 자본주의 사회에서 지속가능성을 확보하기 위해서는 ESG 각 분야와 세부 영역에 대한 중대성 평가가 매우 중요한데, 현재 이를 평가하는 방식의 객관성과 체계성이 충분하다고 보기 어려우며, 이론적 근거도 부족한 실정이다. 반면 이를 해소하기 위한 전략경영 분야의 연구와 발전은 상대적으로 미흡한 수준에 머무르고 있다고 판단된다.

중대성 평가 선정: 개선방안

앞의 사례에서 볼 수 있는 것처럼, 기업은 복잡하고 다양한 요소들을 중대성 평가에 반영하여 지속가능성 증진과 관련한 중요 이슈들을 도출해 낼 수 있다. 하지만 어떤 요소가 실제 해당 기업의 활동과 성과에 중대한 영향을 미칠 수 있는 것인지, 그런 요소가 어떻게 전략 수립 및 실행 단계에서 반영되고 있는지를 검증할 수 있는 명확한 기준과 절차가 없는 경우, 중대성 평가의 효과를 높이기는 쉽지 않다. 이와 관련하여 중대성 평가에서 핵심이슈를 정확하게 도출해내기 위해서는 산업의 특수성을 반영한 비즈니스의 영향도(impact)와 이해관계자의 관심도(relevance)에 대한 체계적인 분석 절차를 실행해야 한다는 의견이 제시되고 있다(〈표 2-2〉 참조).

하지만 해당 방식 역시 현재의 이슈 도출에만 집중하고 있으며, 기업이 속한 산업 특성을 비롯하여 외부와 내부 환경 요소의 명확한 구분과 이슈의 선별 기준에 대해서는 설명하지 못하고 있다. 따라서 세분화된 단계를 기준으로 하는 객관화된 방식의 도출을 위해 전략경영 분야의 이론 및 분석 프레임을 활용한 다음과 같은 절차를 제안한다(〈그림 2-3〉 참조).

제안하는 절차에서는 외부와 내부 환경 분석에 기초한 이슈의 전략적 연

표 2-2 단계별 중대성 평가 분석 사례

단계		세부분석	분석내용
1	중대이슈 선정 (내/외부 환경분석)	외부환경분석	국정운영, 정부추진계획, 공공기관 평가항목 등
		미디어분석	최근 기관의 지속가능경영 연관기사
		경영전략분석	기관의 중기 경영 목표 등
		국제 지표 및 기준 검토	GRI Standards 등 지표
2	우선 순위화	이해관계자 관심도 설문	공급자, 협력사, 고객, 지역사회 등
		비즈니스 영향도 평가	수입, 비용, 명성 등에 미치는 영향 평가
3	내부검토	내부자 검토	평가 결과에 대한 경영진의 검토 후 최종 선정

박은수와 이지윤, 2022 내역 수정하여 활용

그림 2-3 중대성 평가 절차

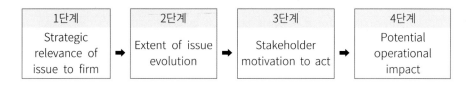

1단계	2단계	3단계	4단계
Strategic relevance of issue to firm	Extent of issue evolution	Stakeholder motivation to act	Potential operational impact

관성과 진화정도를 정의하고, 해당 이슈에 대해 반응할 수 있는 개별 이해관계자들의 행동동기를 평가한 후, 이들이 미치는 기업운영에 대한 영향을 순차적으로 측정하여 도출된 각각의 중요 이슈에 대한 대응 전략 도출이 가능하도록 구성하였다.

제안한 절차를 통한 중대성 평가를 진행할 경우, 다양한 내·외부 이슈와 관련하여 실제 기업의 목적과 전략에 중대한 영향을 미칠 수 있는 요인들 만을 선별하여 분석 대상에 포함시키기 때문에 핵심 이슈 도출의 실효성을 높일 수 있을 것이다. 또한, 외부 환경 및 내부 환경에서 발생하는 이슈와 관련한 각각의 이해관계자의 관계성 분석결과에 기초하여 실제 기업이 실행해야 하는 활동의 범위를 정의하고 경쟁력 강화를 위한 실행방법을 구체화할 수 있기 때문에 전략적 방향성을 명확하게 할 수 있을 것이다. 또한, 내·외부 환경 요소와 이해관계자들의 영향력에 따른 현재의 이슈를 비롯하여 미래의 잠재적 이슈들도 함께 고려하여 도출할 수 있기 때문에 장·단기적 측면에서의 변화에 따라 현재의 전략을 어떻게 변화시키고 대응해야 하는가에 대한 방향성도 함께 제안할 수 있을 것이다(〈표 2-3〉 참조).

더불어 전략경영 관점의 중대성 평가를 위한 이 같은 제안은 이해관계자 자본주의의 도래와 함께 요구되고 있는 새로운 경영 프레임워크의 도입과 기업의 전략적 대응방식의 다양성을 제공할 수 있는 계기가 될 수 있을 것이다. 앞서 소개한 관련 선행연구들을 종합해 보면 지배구조와 이해관계자들 간의 관계를 연구한 대다수의 문헌이 대리인 이론을 인용하고 있으며, 주주의 이해관계 증진에만 집중하다 보니 중대성 평가에서 산업별 특성과 같은 환경적 요인들이 충분히 고려되지 못했다.

표 2-3　중대성 평가의 단계별 고려 요소 및 체계적 분석 절차

구분	단계별 고려 요소	적용 가능 이론
1단계	기업의 목적 및 산업 특성에 따른 이슈 분석 및 평가: 글로벌 트랜드 및 정부 정책, 산업 동향 및 산업의 구조적 특성은?	산업경제론, 제도 이론, 산업구조론 등
2단계	산업 혹은 기업의 수명주기 측면에서 이슈 포지셔닝: 현재 산업 혹은 기업의 특성을 고려한 이슈의 진화(발전) 정도는?	수명주기 이론 등
3단계	도출한 각각의 이슈에 대한 각 이해관계자의 예상반응 정도 평가: 조직과 연관된 이해관계자들은 누구인가, 어떠한 이슈에 반응할 것인가?	이해관계자 이론, 조직이론 등
4단계	이해관계자가 기업운영에 미치는 영향과 평판, 이익 감소 등을 초래할 수 있는 가능성과 범위에 대한 평가: 기업은 이해관계자의 영향력에 대한 어떠한 대응/활동/전략을 추진해야 하는가? 이는 기업의 재무적/비재무적 성과에 어떠한 영향을 미치는가?	자원기반이론, 여유자원이론, 신호이론 등

　　최근 이해관계자 이론과 사회적 이론의 활용 비중이 확대되고 있지만 기업의 활동은 특정 이론 하나만으로는 정확히 예측하고 설명하기 어렵다. 기업의 내·외부 환경과 이해관계자들의 범위에 따른 영향력이 기업운영에 미치는 영향의 정도를 순차적으로 구분하여 각 단계별로 활용할 수 있는 다양한 이론들을 제시함으로써 학술적 측면의 전략경영 연구가 과거와 같이 주주의 이익 증진만을 목적으로 하는 방식에서 벗어나 다양한 이해관계자들의 이해관계를 균형적으로 발전시키는 방향으로 발전해 나아갈 수 있을 것이다.

06　결론

　　이해관계자 자본주의의 도래에 따라 전략경영의 목적과 프로세스에는 중대한 변화가 요구되고 있다. 과거의 주주 중심주의적 사고에서 벗어나 주주를 비롯한 고객, 종업원, 경영자, 공급자, 지역사회 및 정부 등 다양한 이해관계자들을 포괄적으로 고려해야 하는 자본주의의 발전과 변화에 따라 기업도 새로운 측면의 경영 전략을 수립하고 실행하여 경쟁력 확보와 지속가능성을 추구해야 한다.

본 연구에서 진행한 전략경영 분야의 기존 문헌 분석 결과에 따르면 이해관계자와 관련한 지배구조 분야의 연구는 1990년대부터 현재까지 꾸준하게 진행되고 있는 상황이다. 하지만 다수의 문헌이 주주와 경영자, 주주와 주주 간의 이해관계에만 집중해 왔고, 그에 따라 기업이 속한 외부환경이나 내부환경에 대해 충분히 고려하는 산업 전반을 대상으로 하는 연구는 미흡한 상황이다. 2011년도부터 포괄적 측면에서 주주를 비롯하여 고객, 경쟁사, 정부, 종업원 등 다양한 이해관계자들을 대상으로 하는 연구가 증가하기 시작한 것은 고무적인 현상이다. 하지만 특정 이해관계자에게 편중된 연구 결과만으로는 이해관계자 자본주의 시대에서 요구되는 체계적이고 실효성 있는 경쟁전략과 성장전략을 제시하기 어려울 것이다.

이러한 문제는 기업의 중대성 평가 이슈와도 연관되어 있다. 기업들은 외부의 환경 변화에 대응하기 위한 전략적 수단으로 중대성 평가를 실행하고 있으나, 중대성 평가 과정의 객관성과 체계성을 뒷받침할 수 있는 문헌적 자료나 실무적 평가에 대한 타당성을 확인하기 위한 근거는 매우 부족하다. 따라서 전략경영의 측면에서 외부환경과 내부환경 및 이해관계자의 영향력을 고려하는 중대성 평가의 절차를 보다 체계화시키고 구체화시켜 기존 중대성 평가 방식의 한계점을 극복하고, 보다 실효성 있는 체계적인 분석 절차를 통해 기업들이 경쟁력 획득에 도움을 줄 수 있어야 할 것이다. 특히 개선된 절차에서는 기업의 전략적 연계성을 바탕으로 외부환경과 관련된 현재 및 미래의 주요 이슈를 도출하고, 이를 바탕으로 미래의 대응 전략을 사전에 구축하는 데 도움을 줄 수 있을 것이다. 또한 다양한 이해관계자들이 이러한 의사결정 과정에 어느 정도 영향을 미치고, 그런 영향에 따라 기업이 어떻게 전략을 수정해야 하는지를 결정하는 데 도움이 될 수 있을 것이다.

하지만 본 연구에서 제시하는 중대성 평가 역시도 완벽한 분석 방법이라고 할 수는 없다. 경영환경의 복잡성이 커지면서, 중대성 평가의 절차는 더욱 세분화되고 구체화되어야 할 것이다. 이런 맥락에서 현재 제시한 중대성 평가의 개선방안은 이해관계자 자본주의 시대를 맞이하여 전략경영 분야에서 향후 추구해야 할 발전 방향의 한 부문에 지나지 않을 수 있다. 이와 관련한 추가적인 논의와 체계적 연구를 통해 전략경영 관점의 중대성 평가를 위한 보다 다양한 제안이 이뤄질 수 있기를 기대한다.

강형철·변희섭. (2021). 기업의 사회적 책임 활동은 대리인 문제를 완화하는가? 지
배주주와 채권자 간 이해상충을 중심으로. 금융연구 / Journal of Money &
Finance, 35(1), 1-43.

김덕호·석지연·김중화. (2010). 지배구조 특성에 따른 기업의 사회적 책임활동 수
행에 대한 실증연구. 국제지역연구, 13(4), 41-58.

김동주. (2009). 종업원참여제도와 주주이익보호제도가 노사협력수준에 미치는 영
향: 기업지배구조에 관한 이해관계자 관점을 중심으로. 노동정책연구, 9(3),
175-207.

김동주·김동원. (2012). 이해관계자경영의 실행 유형에 따른 노사관계 및 기업성과
차이. 인사조직연구, 20(1), 51-91.

김상영·박은정. (2008). 기업 지배구조와 환경관련 정보 공시의 관련성에 관한 연
구. 글로벌경영학회지, 5(3), 1-27.

김용·조재한. (2022). 기업 Esg 경영 확대에 대한 산업정책적 접근. In 이슈페이퍼
(pp. 1-69).

김윤경. (2020). 기업 비재무정보(Esg) 공시가 재무성과와 기업가치에 미치는 영향.
규제연구, 29(1), 35-59.

김혜리. (2017). 종업원 및 채권자 기업지배구조가 이익조정에 미치는 영향. 디지털
융복합연구, 15(12), 213-219.

김혜리·김정교. (2018). 이해관계자 중심 기업지배구조가 자산손상 인식의 재량성
에 미치는 영향. 대한경영학회지, 31(2), 377-403.

반혜정. (2009). 지배구조에 따른 기업의 사회적책임과기업성과. 산업경제연구,
22(5), 2171-2195.

변정희·김상헌. (2021). 소유구조가 불성실공시 지정, 벌점 및 제재금 부과에 미치
는 영향 -최대주주지분율을 중심으로-.[KICPA] 회계·세무와 감사 연구, 63(1),

135－157.

배형·김영산·조성욱. (2000). 기업지배구조와 수익성에 관한 연구. 한국경제의 분석, 6(2), 63－121.

박범진. (2009). 소액주주의 감시가 이익조정에 미치는 영향. 산업경제연구, 22(6), 3009－3033.

박은수·이지윤. (2022). 다학제적 관점의 Esg 중대성 평가를 통한 건설산업의 지속가능성 분석. 한국과학예술융합학회, 40(1), 109-123.

박종일. (2003). 기업지배구조와 이익조정: 최대주주 지분율을 중심으로. 회계학연구, 28(2), 135－172.

유재욱·이은화. (2021). 이해관계자 자본주의 관점의 기업지배구조 연구현황 및 발전방향. 전략경영연구, 24(3), 61－95.

윤성민·이미정. (2005). 소유권－지배권 분리가 기업가치에 미치는 영향. 사회경제평론, 0(25), 221－259.

이재홍·오명전. (2015). 산업 내 경쟁정도가 과잉투자와 자기자본비용 간의 관계에 미치는 영향. 대한경영학회지, 28(11), 2951－2971.

전이영·이경묵. (2017). 제도적 압력에 대한 기업의 반응과 지배구조의 조절효과: 장애인의무고용제도를 중심으로. 인사조직연구, 25(4), 173－208.

진태홍. (2000). 재벌의 지배구조와 상호지급보증. 재무관리연구, 17(1), 1－12.

최용호·박승일·최철환. (2021). 기업특성과 소유구조가 부채의 대리인 문제에 미치는 영향 : 지배형태에 기인한 차이를 중심으로. 대한경영학회지, 34(3), 387－413.

Carney, M., Gedajlovic, E. R., Heugens, P. P. M. A. R. H., Van Essen, M. (2011). Business Group Affiliation, Performance, Context, and Strategy: A MetaAnalysis. *The Academy of Management Journal*, 54(3), 437－460.

Dorobantu, S., Kaul, A., & Zelner, B. (2017). Nonmarket Strategy Research through the Lens of New Institutional Economics: An Integrative Review and Future Directions. *Strategic Management Journal*, 38(1), 114－140.

Fiss, P. C. & Zajac, E. J. (2006). The Symbolic Management of Strategic Change: Sensegiving via Framing and Decoupling. *Academy of management journal*, 49(6), 1173－1193.

Harrison, J. S., Phillips, R. A. & Freeman, R. E. (2020). On the 2019 Business

Roundtable "Statement on the Purpose of a Corporation". *Journal of management,* 46(7), 1223−1237.

Freeman, R. E. (1984). Strategic Management: A Stakeholder Approach, Pitman, Boston, MA.

Freeman, R. E. & Reed, D. L. (1983). Stockholders and Stakeholders: A New Perspective on Corporate Governance. *California Management Review.* 25(3), 88-106.

Jensen, M. C. (2001). Foundation of Organizational Strategy, Harvard University Press, Cambridge, Massachusetts, London, England.

Lee, P.M. & O'Neill, H.M. (2003). Ownership Structures and R&D Investments of U.S. and Japanese Firms: Agency and Stewardship Perspective. *Academy of Management Journal,* 46(2), 212−225.

Li, H., Terjesen, S., & Umans, T. (2020). Corporate governance in entrepreneurial firms: a systematic review and research agenda. *Small Business Economics,* 54(1), 43-74.

Young, M.N., Peng, M.W., Ahlstrom, D., Bruton, G.D., & Jiang, Y. (2008). Corporate Governance in Emerging Economies: A Review of the Principal−Principal Perspective. *Journal of Management Studies,* 45(1), 196−220.

Zott, C. & Huy, Q. N. (2007). How Entrepreneurs Use Symbolic Management to Acquire Resources. *Administrative Science Quarterly,* 52(1), 70−105.

Chapter

03

이해관계자 중심 경영과 지속가능 공급망

••03
이해관계자 중심 경영과 지속가능 공급망

김효진(계명대학교), 박승재(연세대학교), 이돈희(인하대학교), 이수열(전남대학교),
민순홍(연세대학교), 허대식(연세대학교)

01 지속가능 공급망의 대두

지속가능 공급망의 정의

공급망(Supply chain)은 원자재에서 최종 고객에 이르기까지 제품, 서비스, 금융 및 정보의 흐름에 관여한 조직과 개인으로 구성된 네트워크이다. 직접적 공급망(기업과 공급기업)과 확장된 공급망(고객, 공급기업을 통해 간접적으로 연결된 업체를 포함), 그리고 궁극적 공급망(규제기관, 금융기관 등 공급망과 영향을 주고받는 모든 주체)으로 공급망의 범위를 확장하여 정의할 수 있다(Min et al., 2008). 가치 창출 프로세스 관점에서 보면, 공급망은 제품개발, 구매, 생산, 물류, 판매 및 서비스, 재활용에 이르는 제품의 전체 생애주기를 포함하는 개념이다. 그리고 공급망 경영(Supply chain management)은 공급망을 구성하고 있는 파트너들이 상호 신뢰, 상호의존성, 장기적 관계 등을 기반으로 정보 공유, 공동개발, 프로세스 통합, 관계관리, 위험 및 보상 공유 등을 통해 공통의 목표를 성취하는 노력이라고 할 수 있다(Mentzer et al., 2001).

1980년–90년대 초반까지 경영 전략의 핵심은 기업 내부의 자원과 역량을 효과적으로 통합하는 것이었다. 하지만 1990년대 중반 이후로 기업의 글로벌화와 아웃소싱이 가속화되면서 시장 경쟁의 틀이 기업 단위에서 공급망으로 확대되어 왔다. 전 세계에 지역적으로 산재해 있는 공급망의 복잡성과

단절성을 극복하고 총합적인 시너지를 창출할 수 있는 공급망 경영에 관심이 집중되었다(허대식, 2010). 한편, 2000년대부터 환경오염과 기후변화, 그리고 노동자의 인권 및 안전 등과 관련한 문제제기가 빈번해지면서 공급망의 지속가능성에 대한 논의가 본격적으로 시작했다. 공급망의 경제적인 성과(원가, 품질, 리드타임 등)도 중요하지만, 공급망이 사회나 환경에 미치는 부정적인 영향을 반드시 고려해야 한다는 것이다(Lee & Schniederjans, 2017). 이러한 배경에서 등장한 개념이 지속가능 공급망(sustainable supply chain)이다.

지속가능 공급망은 공급망을 구성하는 다양한 이해관계자(고객, 종업원, 공급기업, 지역사회, NGOs, 정부, 주주)가 요구하는 환경적, 사회적, 경제적 가치를 창출하고 보호하는 것을 목적으로 하며, 기업은 이를 통해서 장기적 생존가능성을 보장받고 기업운영을 위한 사회적 승인(license to operate)을 획득한다(UN Global Compact 2015). 즉, 사회적, 환경적 목표를 충족시키지 못하는 구성원은 공급망에서 존재할 수 없으며, 공급망 전체의 시장경쟁력을 유지하기 위해서는 경제적 목표도 동시에 달성해야 한다는 것이다. 특히 온실가스 배출과 인권 및 산업 안전 등의 문제가 대부분 원재료를 채취하고 제련하거나, 부품을 가공하고 완제품을 최종 조립하는 과정에서 많이 일어나기 때문에 지속가능 공급망 경영의 초점은 공급망의 하류보다 상류에 있는 공급기업 관리에 집중되어 왔다.

지속가능 공급망과 이해관계자 중심 경영

지속가능 공급망과 이해관계자 중심 경영은 어떤 연관이 있을까? 이해관계자 중심 경영의 이론적 모태가 되는 이해관계자 이론은 공급망 경영 이론과는 독자적인 연구전통과 흐름 속에서 발전해 왔음에도 불구하고 두 이론이 제시하는 전략과 원칙은 놀라울 정도로 유사하다. 이해관계자 이론을 체계화한 에드워드 프리먼(R. Edward Freeman)은 기업의 목표 달성 과정에서 기업과 영향을 주고 받는 주체를 모두 이해관계자라고 파악한다. 그러므로, 이해관계자 개념은 주주는 물론 고객, 직원, 투자자, 공급기업, 지역사회, 기타 이해관계자를 모두 포함한다. 프리먼은 기업은 전략 개발과 경영 의사결정 과정에서 다양한 이해관계자들과 상호작용하고 이해 충돌을 조율하면서 기업의 목표를 설정하여야 한다고 제안한다(Freeman, 1984). 또한 프리먼이 제시한 이해관계자 자본주의 6대 원칙은 이해관계자 중심 경영의 핵심적인 원칙이라고 할 수 있다(Freeman et al., 2007). 구체적으로 기업은 (1) 이해관계자의 합의에 기반한 협력을 통해 공동의 가치 및 개별 기업의 가치 창출을 도모해야 하며, (2) 고객, 공급기업, 지역사회, NGO 등 이해관계자를 가치창출 과정에 직접 참여하도록 유도하고, (3) 가치창출 과정에서 야기된 위험에 대하여 적절한 보상과 권리를 보호해야 하며, (4) 이해관계자가 추구하는 가치 및 동기가 서로 다르다는 것을 인정하고, (5) 이해관계자와 협력을 통해서 혁신적 가치를 지속적으로 창출하고, (6) 이해관계자와 상호작용을 통한 윈-윈(win-win)을 추구해야 한다.

공급망 경영이 공급망 내 파트너 간 자발적인 협력과 통합을 통해 최종 고객을 위한 가치를 창출함으로써 공급망 전체는 물론 각 파트너의 가치를 높이는 것을 목적으로 한다(Mentzer et al., 2001)는 점에서 이해관계자 중심 경영과 일맥상통한다. 최근 공급망 경영의 범위가 지속가능 공급망 경영으로 확대되면서, 이해관계자 이론이 주장하는 전략적 이해관계자 관리는 지속가능 공급망 경영의 이론적 토대를 강화할 수 있다. 즉, 지속가능 공급망 경영(Sustainable supply chain management)은 공급망에 관여하고 있는 주요 이해관계자의 가치를 균형 있게 추구함으로써 기업과 이해관계자가 주고받는 부정적 영향을 최소화하고 긍정적 영향을 최대화하도록 노력하는 것이기 때문이다(Lee & Schniederjans, 2017).

지속가능 공급망의 중요성: 이해관계자 자본주의 전환의 매개체

지속가능 공급망이 이해관계자 중심 경영의 핵심적인 영역으로 부상하는 이유는 무엇일까? 바로 글로벌 기업의 지속가능 공급망이 이해관계자 자본주의를 전 세계로 확산할 수 있는 핵심적인 매개체가 되기 때문이다. 21세기의 수많은 기업들은 글로벌 공급망으로 서로 연결되어 있다. 예를 들면 글로벌 패션업체 H&M은 75개국에서 4,801개의 오프라인 매장과 54개국에서 온라인 스토어를 운영하고 있으며, 총 155,000명의 직원을 고용하고 있다. 하지만 이들 유통망은 H&M의 전체 공급망의 일부에 불과하다. H&M 제품을 생산하는 1차 공급기업은 총 708개의 제조기업으로 1,779개 공장을 운영하고 있으며, 이들 공장에 부자재를 공급하는 2차 공급기업들은 모두 2,088개의 공장을 운영하고 있다. 또한, H&M 제품의 원재료 공급기업은 모두 195개사에 달한다. 전체 H&M 공급망에서 근무하는 직원의 수는 총 1.5백만명으로 H&M이 직접 고용한 직원수의 10배가 넘는다. 또한 H&M 사업장에서 직접, 간접적으로 배출되는 온실가스(스코프 1과 2)는 5만톤 정도이지만, 원재료 가공 및 제품 생산에서 발생하는 온실가스(스코프 3)는 약 7.7백만 톤이다. 결국, 온실가스 배출, 환경오염, 인권 및 노동자 안전 등 환경적, 사회적 문제의 대부분은 글로벌

그림 3-1 글로벌 공급망은 기업 생태계의 혈관

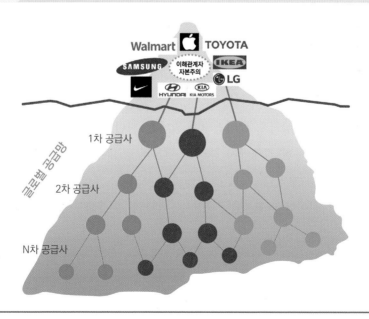

공급망에서 발생하기 때문에 H&M 사업장에서 단독으로 지속가능성을 추구하는 것은 사실 별 의미가 없다고 할 수 있다.

　　기업이 이해관계자 중심 경영을 구현한다는 것은 글로벌 공급망을 구성하고 있는 주요 이해관계자와 공존 공영을 달성하는 것이다. 이 여정에서 기업 생태계의 혈관처럼 뻗어 있는 글로벌 공급망이 이해관계자 중심 경영을 확산하는 가장 중요한 매개체 역할을 하게 된다. 즉, 지속가능한 글로벌 공급망을 생각하지 않고는 결코 이해관계자 자본주의 전환을 달성할 수 없다는 뜻이다. 이것이 우리가 지속가능 공급망에 주목하는 이유이다.

02　글로벌 기업이 주도하는 지속가능 공급망

책임의 외주는 없다: 책임의 소유권을 강화하는 글로벌 기업

　　세계는 글로벌 공급망으로 촘촘히 얽혀 있다. 기업은 핵심 역량에 집중하면서 비핵심 프로세스는 다른 기업에게 외주를 주고 이들과 협력하는 것이 현재 기업 생태계를 구성하는 정석이다. 하지만 글로벌 공급망의 이면에는 책임과 위험의 외주화라는 어두운 그림자가 공존한다. 저임금, 열악한 노동 환경, 폐기물과 오염, 자연환경의 파괴는 고스란히 공급기업의 책임으로 공급망에 남겨지는 것이 불편한 진실이다. 선진국에서 처리하기 힘든 환경적, 사회적 문제들이 개발도상국으로 이전되어 왔다는 비판은 계속되어 왔다. 중국 공공환경청장은 "글로벌 경제에서 중국은 세계의 공장이 되었다. 그러면서 중국에 엄청난 오염이 쌓였다. 값싼 제품을 수출하고 그 쓰레기는 온전히 우리 뒷마당에 묻은 셈이다"라고 언급하면서 책임의 외주화 문제를 제기하였다 (Schell, 2011).

　　수십년 간 진행되어 온 책임과 위험의 외주화는 글로벌 기업에게 부메랑이 되어 돌아오고 있다. 1990년대 중반 나이키 협력회사에서 발생한 아동노동 사건은 회사 명성에 심각한 타격을 주었다. 2000년대 초반 소니는 플레이스테이션의 부품에서 유해물질이 검출되어 유럽연합으로 수출이 지연되면서 막대한 금전적 손실을 입었다(Lee & Klassen 2008). 우리나라 기업인 포스코인터내셔널은 우즈베키스탄 목화 공급망에서 발생했던 아동노동 문제와 관련되어 논란이 되기도 했다(공민정·이수열, 2022). 애플 아이폰을 조립하는 폭스콘 공장에서 발생한 중국 노동자들의 자살사건, 방글라데시의 라나 플라자 공장 붕괴로 천명 이상의 의류노동자가 사망한 사건 등이 끊이지 않으면서 원청업체인 글로벌 대기업으로 비난의 화살이 돌아왔다.

이런 배경에서 글로벌 선도 기업을 필두로 "더 이상 책임을 외주하지 않겠다. 더 넓은 범위에서 책임을 우리 소유로 강화하겠다"는 선언이 확산되고 있다. 나이키가 시작한 책임 있는 공급망, 소니가 불을 지핀 친환경 공급망, 월마트의 지속가능 가치 네트워크 활동, 유니레버의 책임있는 구매활동은 글로벌 선도 기업이 공급망에서 사회 및 환경에 대한 책임을 자신의 책임으로 인식하고 직접 관리하겠다는 의지의 표출이라고 할 수 있다.

지속가능 공급망은 기업 스스로 정하는 규범

글로벌 선도 기업이 추구하는 지속가능 공급망은 공급망 파트너 기업에게는 국가보다 큰 파급력을 가진 실질적인 규제(de facto regulations)로 받아들여진다. 세계의 공장으로 급부상한 동남아 국가의 회사들에게 해당 지역의 환경, 노동, 인권 규제가 없거나 실효가 없다고 하더라도 실질적으로 그들에게 중요한 것은 고객사가 요구하는 지속가능 경영 수칙이다. 마치 공급망의 하류(최종소비자)부터 상류(부품, 원재료 제조회사)로 주문의 변동이 확대되어 전파되는 채찍현상처럼, 글로벌 대기업이 요구하는 지속가능 경영이 공급망의 하류에서 상류로 빠르고 광범위하게 전파되어 나가고 있다(Lee et al., 2014).

세계 최대 유통업체 월마트가 좋은 사례이다. 2008년 월마트 회장 리 스콧(Lee Scott)은 중국 베이징 샹그리아 호텔에서 1,000여 개의 중국 공급기업 대표들과 자리를 같이 했다. 월마트의 지속가능 경영전략을 직접 설명하면서 스콧 회장은 다음과 같이 선언했다.

"우리는 사회적으로, 환경적으로 더 책임 있는 기업이 되고자 하는 헌신을 약속하기로 합시다. 점점 더 많은 고객이 월마트의 상품이 어떻게 만들어졌는지, 어떻게 팔리고, 어떻게 소비되며, 또 어떻게 재사용되는지를 궁금해 합니다. 우리는 환경과 자원에 책임 있는 자세로 운영되는 사업장에서 제품을 만들고 있는지 끊임없이 확인해야 합니다. 사회와 환경 기준을 지키는 것은 선택이 아닌 필수입니다. 대가 없는 노동을 강요하고, 아동 노동을 묵인하고, 쓰레기와 화학물질을 강에 무단 방류하고, 탈세하고 계약을 어기는 관행이 있다면, 이는 결국 우리 자신과 우리 제품의 품질을 속이는 일입니다. 여러분들이 월마트 공동체와 함께 하려면 월마트가 요구하는 환경, 사회적 기준에 맞추어 개선하고 나아가야 합니다."

스콧 회장은 중국의 공급기업들에게 높은 수준의 이해관계자 중심 경영에 참여할 것을 요구한 것이다. 월마트의 지속가능 공급망 정책은 중국 공급기업들의 실질적인 행동 변화를 이끌어 냈다. 뉴욕타임지는 이를 월마트 정신의 부활이라고 칭송하면서 창업자 샘 월튼이 소비를 민주화했다면 스콧 회장은 지속가능성을 민주화했다고 평가했다.

월마트가 공급기업에 새로운 사회적, 환경적 구매 기준을 요구하자 공급기업에 또 다른 부담을 전가하는 것이 아니냐는 비판을 불러 일으켰다. 하지만 월마트의 진정성은 조금씩 드러나기 시작했다. 실제로 월마트는 단기 가격 기준 거래를 목숨처럼 여겨 왔지만 공급기업이 친환경으로 전환하려면 시간과 투자가 필요하기 때문에 이를 기다려주는 등 구매 DNA를 바꾸는 노력을 하였다. 또한 월마트는 외부 전문가와 연대하여 공급기업의 개선을 도와주는 프로그램을 진행하였다. 일례로 중국의 대형 공급 파트너 200개사를 선정하여 '2012－20 에너지효율 개선 이니셔티브(2012년까지 에너지효율을 20% 개선하는 프로그램)'를 지원하였다. 이 프로그램은 국제 환경 NGO인 환경방어기금 (Environmental Defense Fund), 국가자원방어위원회(National Resources Defense Council), 사회적책임비즈니스(Business for Social Responsibility)와 협업한 프로젝트이다. 이 사업에 참여한 중국의 공급기업 로프텍스는 목표를 1년 앞당겨 에너지 25% 및 용수 35% 절감 성과를 내어 투자비를 조기에 회수하였고 안정적인 공급 관계를 이어가는 성과를 창출하였다. 최근에 월마트는 2030년까지 전 세계 가치사슬에서 발생하는 온실가스 배출량을 10억 톤 이상 줄이겠다는 목표를 수립하고, 슈나이더일렉트릭과의 계약을 통해 기가톤 PPA (Gigaton PPA)라는 공급망 재생에너지 협업체계를 구축하였다. 이 프로그램을 통해 공급기업들이 재생에너지에 대해 학습하고 재생에너지 구매에 어려움이 없도록 지원하고 있으며 현재 전세계 50개국의 2,300여 개의 공급기업들이 이에 동참하고 있다(Walmart, 2022).

글로벌 공급망을 통해 지속가능 경영을 확산하는 또 다른 사례는 탄소중립을 위한 RE100 운동이다. 2050년까지 생산과정에 필요한 전력의 100%를 태양광, 풍력, 수력 등의 재생에너지로 대체하겠다는 자발적인 캠페인이 RE100(Renewable Energy 100%)이다. 2022년 현재 동참을 선언한 기업이 370여

그림 3-2 월마트 기가톤 프로젝트 추친 현황(2021년 현재 57% 달성)

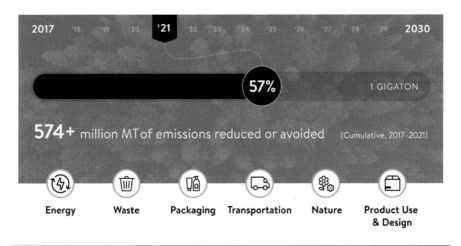

출처: Walmart 홈페이지

개 이상이다(The RE100, 2022). 특히 애플, BMW, H&M 등은 공급기업에게도 RE100실천을 요구하고 있다. 2018년에 RE100을 달성한 애플은 2020년에 '2030년 공급망 탄소중립'을 선언하고, 공급기업에 RE100 동참을 독려해 왔다. 그 결과, 2022년에 총 213개의 공급기업이 애플 제품 생산을 위해서 RE100을 달성하겠다고 서약했다. 글로벌 리더 기업의 탄소중립 이니셔티브가 공급망을 통해서 1차 공급기업에게 전파되는 대표적인 사례라고 할 수 있다.

국내 대기업도 지속가능 공급망 구축에 나서기 시작

국내에서는 삼성전자, LG화학, 아모레퍼시픽을 비롯해 많은 대기업들이 주도적으로 이해관계자 중심 경영 시스템을 구축하고 그 범위를 공급망으로 확대하고 있다. 지금까지의 공급망 리스크 관리는 아동노동 및 강제노동, 생산공정 내 불법적인 유해물질 배출 등과 같은 규제위반 최소화에 초점이 맞춰져 있었으나 최근에는 그 범위를 더욱 확대해 자사 제품 생산에 소요되는 모든 전력을 모두 신재생 에너지로 변경할 수 있도록 공급기업들에게도 재생 에너지 사용량 정보를 공개해달라고 요구하고 있으며, 환경뿐만 아니라 사회, 지배구조 측면의 리스크 관리를 더욱 강화해 공급기업들도 이를 준수하도록 요구하고 있다. 제품 생산 과정과 그 공급망에 어떠한 환경 및 사회적 리스크가 발생했는지를 추적하고 이를 협력업체들이 스스로 관리할 것을 요구하고 있는 것이다.

삼성전자는 '지속가능한 공급망 생태계 구축'을 목표로 구매통합시스템을 통해 공급망 내 공급기업과의 유기적인 업무 프로세스를 구축하고, 85개 항목으로 구성된 지속가능경영 자가평가 툴을 배포해 공급기업들이 스스로를 진단하고 개선점을 찾을 수 있도록 독려하고 있다(삼성전자, 2022). LG화학은 공급기업들을 대상으로 ESG 교육 간담회를 개최해 화학물질 안전 관련 법규의 주요 내용을 공유하고, 에너지 효율 관리체계에 대한 교육프로그램을 제공하고 있다(LG화학, 2021). 아모레퍼시픽의 경우 '협력사 지속가능경영 가이드라인'을 발표해 1차 공급기업, 2차 공급기업, 그 하위의 공급기업들을 포함한 총 900여 개 공급기업들에게 사회 및 환경적 책임과 관련된 법규를 준수하도록 요구하고 있으며, 특히 인권 및 노동, 보건안전, 환경보호, 윤리경영과 관련해 공급기업의 중대 위반사항이 요청 기한 내에 개선되지 않을 경우 거래 중단 또는 계약해지를 하겠다는 의사를 표명하였다(아모레퍼시픽, 2022).

─ 03 공급망 인권·환경 실사법의 글로벌 확산

공급망 실사법은 지속가능 공급망 확산의 변곡점

지속가능 공급망은 민간 기업에 의해 주도적으로 진행되어 왔으나 자율적인 민간의 노력은 공급망 내 다양한 이해관계자들의 이해상충 문제를 조율하기에는 역부족이라고 할 수 있다. 이에 따라, 하버드 경영대학원의 레베카 핸더슨(Rebecca Henderson) 교수는 이해관계자 중심 경영을 실현하기 위해서는 민간의 자율 규제 노력에 정부를 동참시키는 노력이 필요하다고 주장한다(Henderson, 2020). 정부가 관련 규정을 법제화 하게 되면 기업의 경영환경과 전략적 방향에 근본적 변화를 가져오는 변곡점을 만들어 낼 수 있다(이은지 외, 2022).

실제로 유럽과 미국을 중심으로 공식적 법적 규제를 통해 기업의 지속가능 공급망 구축을 촉진하는 움직임이 활발하게 전개되고 있다. 2015년 영국의 현대노예법, 2017년 프랑스의 실천감독의무법, 2019년 네덜란드의 아동노동 실사법에 이어서 2023년부터 독일 공급망 실사법이 시행될 예정이다. 2022년 2월에 EU 집행위원회에서 발표한 '기업 지속가능성 실사 지침(A directive on Corporate Sustainability Due Diligence)'은 2024년부터 실행될 예정이다. 이 지침에서는 EU의 대기업(500명 초과) 및 역내에서 활동하는 비(非) EU 기업(연매출액 1.5억 유로 초과)에 대해 주기적 공급망 실사를 통해서 인권, 노동권, 산업안전 및 환경에 대한 영향을 파악하고 구제 절차 및 조치 결과를 공시할 것을 요구하고 있다. 이를 위반하는 기업은 벌금 등 행정제재와 함께 민사적 책임까지 감수해야 한다.

한편, 미국 증권거래위원회도 "기후변화 대응 공시 표준안"을 발표하고 상장기업에게 온실가스 배출량과 함께 기후관련 위험관리 프로세스, 기후 관련 위험이 기업의 경영전략, 비즈니스 모델, 영업활동, 사업전망 및 재무성과(연결재무제표)에 단기, 중기, 장기적으로 미치는 영향을 공시하도록 방안을 준비중이다. 특히 온실가스 배출량 공시에 스코프 1(기업의 생산 과정 배출량), 스코프 2(기업이 사용하는 에너지 생산과정 배출량), 스코프 3(공급망 내 배출량을 의미) 배출량을 모두 공시하도록 규제할 예정인데, 스코프 2, 3에서의 온실가스 관리를 위해서는 필연적으로 공급망 파트너 기업들과의 소통과 협력이 절실하다.

국내에서도 유럽연합의 공급망 실사법이나 미국의 노예근절기업인증법(Slave-Free Business Certification Act) 등의 경우처럼 정보공시 의무화 및 공급망 실사 의무화를 포함하는 강행적 입법조치를 이어 나갈 방침인 것으로 나타났다(박준태 외, 2021). 온실가스 배출량 관리 범위를 확대해 2030년까지 2018년 대비 35% 이상의 온실가스를 감축하겠다는 목표를 공표했으며, 폐기물 및 폐기물처분 부담금 제도, 생산자책임 재활용제도(EPR), 플라스틱세 등 폐기물 관리와 재활용 확대 등의 규제를 강화하고 있다. 2022년 1월부터는 상시근로자 5인 이상인 사업 또는 사업장을 대상으로 중대재해처벌법을 시행하여 인권, 노동, 안전, 보건에 대한 규제도 강화하였다. 이러한 지속가능경영을 위한 규제확대 추세는 기업들로 하여금 이해관계자 중심 경영 체계를 적극적으로 도입하여 정부규제와 고객사 및 소비자의 요구에 빠르게 대응할 것을 요구하고 있다.

04 "책임 있는 구매"로 협력회사의 지속가능경영 역량 강화

'규범제정-자기평가-현장실사-교육개선'으로 협력회사 역량 개발

글로벌 기업은 지속가능 공급망을 구축하기 위해서 공급기업과 어떤 활동을 하고 있을까. 책임 있는 구매(responsible sourcing) 프로세스를 구축하여 신규 공급기업의 선정부터 평가, 실사, 교육, 지속적 개선의 과정을 통해 공급기업의 환경적, 사회적 가치 창출 역량을 강화하고 있다. 애플은 인권 및 노동권, 보건 및 안전, 환경, 윤리 및 관리시스템의 4가지 범주, 45개 항목의 공급기업 행동수칙(Supplier code of conduct)을 제정하고 모든 공급기업이 애플과 최초 계약을 체결할 때 행동규범 준수에 동의할 것을 요구한다(Apple, 2022). 생산시작 전 조기 평가를 통해서 위험 평가를 받은 업체들 중 충족 능력이나 의사가 없다고 판단되는 업체와는 계약을 체결하지 않는다. 2020년 회계연도에는 9%의 공급기업이 조기평가에서 탈락하여 애플과 계약체결을 이행하지 못했다고 한다.

계약 이행 기간 중에 애플은 정기적으로 공급기업의 수칙이행 여부를 평가하고 있다. 직원 및 경영진 면담, 현장 점검, 공급기업 문서 검토 등을 통해서 공급기업을 평가하고 필요에 따라서 추가적으로 전문가 평가를 시행한다. 또한 수칙위반 신고가 접수되면 48시간 이내 조사에 착수한다. 2021년에 애플은 52개국의 1,177개 사의 공급기업을 평가(행동수칙 평가 886건, 분쟁광물 제제소 및 제련소 평가 291건)하였으며, 36만 명의 공급기업 직원의 의견을 청취하였다. 또한, 사전 예고 없이 공급기업의 시설을 방문하여 총 211건의 불시평가 및 조사를 진행하였다. 평가 과정에서 비준수 사항이 적발되면 애플은 공급기업에게 시정조치이행계획(Corrective Action Plan)을 요구하고 30, 60, 90일째에 시정조치완료검증(Corrective Action Verification) 절차를 통해서 모든 시정조치가 성공적으로 실행되었는지를 확인한다. 애플은 2007년부터 제조비용의 94%에 해당하는 공급기업을 모두 평가하였다고 보고하고 있다.

그림 3-3 애플의 공급기업 관리 프로세스

행동 수칙

조기

평가

전문

참여

평가

지속적인

협력업체와
협업하는 방법

조사

교육

역량

구축

출처: 2022 Apple Supplier Responsibility Report

또한, 애플은 공급기업 직원의 권리 교육을 위해서 매년 5천만 달러의 예산을 투입하고 있는데 2008년 이후 교육, 전문성 개발, 역량 강화 강좌에 500만명 이상의 공급기업 직원이 참여하였다고 보고하고 있다. 이러한 노력의 결과로 2021년 공급기업의 중대위반은 총 11건(채무담보노동 2건, 근로시간 데이터 위조 9건)으로 2017년 45건에 비하여 급격하게 감소하였으며, 전체 공급기업 중 수칙준수 고성과 기업의 비율도 2017년 59.6%에서 2021년에는 86%로 증가되었다.

유럽의 대표적 생활용품 회사인 유니레버도 56,000개의 공급기업에 인권, 보건, 안전, 윤리, 환경 관련 12개 원칙을 제시하고 이를 계약서에 포함해 의무적으로 준수하도록 하고 있다. 또한 '목적 지향적 파트너십(Partner with Purpose)' 프로그램을 신설하여 300개의 핵심 공급기업을 초빙하여 유니레버의 사회적, 환경적 목표 달성을 위해서 공동으로 노력하자고 제안하였다. 이들 업체에 탄소 절감을 위한 도움을 우선적 지원하며 사회적 임팩트, 환경 임팩트 우수업체 등을 선정하여 포상할 계획이라고 한다. 환경적 가치나 사회적 가치 실현에 우수한 공급기업을 핵심 업체로 선정하여 집중적으로 육성함으로써, 다른 공급기업에 좋은 롤모델을 제시하고 협력사 간에 선의의 경쟁을 유도하려는 유니레버의 의도이다. 유니레버는 2030년까지 세계 모든 지역의 파트너 공급기업 직원들이 최소 임금을 넘어 생활임금 이상을 받을 수 있도록 하는 공급기업 정책을 추진하고 있다(Unilever, 2022).

한편 LG전자는 공급기업의 지속가능성을 공급망의 안정적인 운영에 선결조건으로 인식한다. 즉, 품질, 원가, 납기 등의 운영안전성처럼 지속가능성은 LG전자와 거래하는 모든 공급기업이 충족시켜야 하는 필수 요건이다(Kim et al., 2022). 먼저 LG전자는 책임 있는 비즈니스연합(RBA)의 행동규범을 기반하여 협력회사가 준수해야 하는 행동규범을 노동인권, 안전보건, 환경, 기업윤리, 합법적 원자재 취득, 경영시스템의 6개 영역으로 제정하였다. 모든 공급기업과의 계약서에는 행동규범 준수 서약서를 포함시키고 있다. LG전자는 공급기업이 매년 1회 규범준수 자기점검을 실시할 수 있도록 자가점검 시스템을 구축하여 제공하고 있으며, 잠재적 고위험 공급기업을 대상으로 현장 점검 및 컨설팅을 실시하고 있다. 2021년 기준으로 LG전자의 2,409개의 공급기업 중에서 연간 구매액 1억원 이상인 1,289개사가 모두 자가점검을 실시하였으며, 이 중 13개 회사가 고위험 공급기업으로 나타났다. 또한 화재 및 안전점검을 위해 총 693개 공급기업을 현장 점검하였으며, 사회적 책임(인권, 노동, 윤리 등)과 관련하여 24개 공급기업에 대하여 현장 감사를 진행하였다. 또한 분쟁지역에서 채굴되는 광물은 책임 있는 광물사용 인증 제련소에서 100% 구매하도록 규정화하고 매년 검증하고 있다. 또한 LG전자는 1차 공급기업뿐만 아니라 하위 모든 N차 공급기업에 LG전자가 제정한 행동규범 준수를 요구하고 있다. 2021년에 1차 공급기업의 주도로 678개의 2차 공급기업이 행동규범준수 자기평가를 실행하였는데, 이는 1차 공급기업을 통해 2차 공급기업까지 지속가능경영을 확신시키려는 LG전자의 의지가 잘 반영된 것이다(LG전자, 2022).

표 3-1 LG전자 공급기업 자가점검 및 현장실사 결과(2021)

| 공급기업 CSR 자가점검 상세(권역별) | | | | | (2021년 기준) |
권역	단위	저위험	미흡	고위험	소계
한국	개사	304	143	2	449
중국		284	83	1	368
동남아		196	121	2	319
중남미/미주		26	22	2	50
유럽/CIS		48	33	5	86
중아		8	8	1	17
합계		886	410	13	1,289

| 공급기업 CSR 현장점검 결과 | | | | (2021년 기준) |
구분	단위	한국	해외	소계
CSR 점검 공급기업 수	개사	4	20	24
화재/안전 점검 공급기업 수		420	273	693
합계		424	293	717

| 공급기업 현장점검 시 주요 부적합 유형 | | | | | (2021년 기준) |

주요 부적합 내용		단위	한국	아시아	유럽/CIS	중남미/미주
노동/인권	기업윤리방침 및 관리 미흡	%	3	3	2	4
	고충처리 프로세스 미흡		2	3	2	3
안전/보건	일부 강제/아동노동 금지방침 및 계약서 미흡 (강제/아동노동 관련 사례 없음)		2	2	2	3
	화재 관련 설비/비상 대피구 안내, 비상대피 훈련		3	5	2	5
	화학물질 관리 절차 및 기록, MSDS 게시 관리		1	1	1	2
	정기적 위험성평가 미실시		1	2	1	2

* 공급기업 상기 부적합유형 사항은 개선과제 이행을 통해 개선완료(개선율: 100%)
출처: 2021–2022 LG전자 지속가능경영보고서

05 산업별 협의체를 통한 지속가능 공급망 가속화

기업간 수평적 연대와 협력으로 규범 제정과 인증

2000년대에 들어와서 지속가능 공급망을 선도하는 글로벌 기업은 동종 산업 내 기업들과 연대하여 산업별 협의체를 결성하고 있다. 소비재, 전자, 자동차, 제약, 패션, 화학, 철강 등 다양한 산업별로 협의체가 구성되어 있으며, 지속가능경영을 공급기업에 확산시키기 위한 연합체 차원의 공통적인 규범제정 및 인증 프로그램을 가지고 있다(UN Global Compact, 2015).

먼저, 산업협의체는 해당 산업의 특성과 현실을 반영하고 국제기구(UNGP, OECD, ILO)의 다양한 가이드라인과 규제의 변화에 맞추어 글로벌 표준 행동 규범을 제정하고, 정기적으로 업데이트한다. 이렇게 제정된 행동규범은 공급기업의 수용성을 제고할 수 있고 규범의 공신력을 향상시킨다는 장점이 있다. 또한 지속가능성에 대한 사회적 요구의 변화에 선도적으로 대처할 수 있다는 이점이 있다.

산업 협의체는 구체적으로 노동, 안전보건, 환경, 윤리, 관리시스템 등 5개 분야의 표준화된 행동 규범을 개발하여 회원사에 제공한다. 그리고 공급기업이 자체적으로 행동규범의 충족 여부를 평가할 수 있는 온라인 자기평가시스템 서비스를 제공한다. 공급기업의 자기평가 결과는 산업협의체가 인증한 제3자 감사기업의 현장실사로 검증된다. 실사에서 발견된 위반 사항이나 표준미달 문제점에 대해서는 개선계획을 수립할 수 있도록 지원하고 공급기업의 역량 강화를 위한 교육 및 지원 프로그램을 제공한다. 개선 후 최종 실사 결과에 따라 공급기업의 지속가능경영 수준이 공식적으로 인증된다. 또한 공급기업이 동의하면 자기 평가 및 실사 결과를 온라인 플랫폼에 업로드하여 협의체에 소속된 다른 글로벌 원청기업 회원사와 공유하고 있다.

글로벌 플랫폼의 표준화, 국제적 공신력, 네트워크 효과 활용

글로벌 기업이 산업별 협의체를 만드는 이유는 무엇일까? 먼저 산업협의체는 행동규범을 표준화하고 공급기업 평가 시스템 및 현장실사를 단일화함으로써 공급기업의 경영 부담을 최소화한다. 다수의 구매기업이 서로 다른 행동 규범과 반복적인 평가 절차를 요구한다면 공급기업에 지나친 관리부담과 혼란을 초래할 수 있다. 반면 산업협의체에서 제시하는 글로벌 표준 규범과

표 3-2   산업별 지속가능 공급망 협의체 현황

산업 연합체	산업	주요 회원사
책임 있는 비즈니스 연합 (Responsible Business Association: RBA)	2004년에 설립된 전자, 유통, 장난감 산업의 연합체	애플, 시스코, 인텔, TSMC, 삼성전자, LG전자, SK Hynix 등 400여 기업
제약 공급망 이니셔티브 (Pharmaceutical Supply Chain Initiative: PSCI)	2006년에 설립된 제약 및 의료서비스 산업 연합체	머크, 화이자, GSK, 아스트라제네카, 존슨앤드존슨 등 53개 기업
진보를 위한 목표 (AIM-PROGRESS)	2007년에 소비재 산업의 제조업체와 공급기업가 결성한 단체	유니레버, 네슬레, 다농, P&G, 캘로그, 코카콜라, 펩시코 등 45개 기업
지속 가능한 의류연합 (Sustainable Apparel Coalition: SAC)	2009년 파타고니아와 월마트가 주도하여 설립된 패션 브랜드, 유통업체, 의류 제조업체의 연합체	파타고니아, 갭, 나이키, 리바이스, H&M 등의 글로벌 패션 브랜드와 월마트, 타겟, 콜스, JC Penny 등 36개국의 약 250여개 기업
지속가능성을 위해 함께 (Together for Sustainability: TfS)	2011년 독일 화학기업이 주도하여 설립된 화학산업 연합체	BASF, Bayer, Evonik, Henkel, Solvay 등 33개 화학기업
지속가능성 추진 (Drive Sustainability)	2013년에 유럽 자동차 워킹 그룹에서 출발한 자동차 산업 협의체	VW, Toyota, BMW, Benz, Honda, Ford, Volvo 등 12개 완성차 기업
책임 있는 철강 (ResponsibleSteel)	2016년에 철강산업의 다자간 표준 및 인증 협의체	ArcelorMittal, 포스코, 현대제철, 타타스틸 BMW, Daimler, Volvo 등 130여 개 기업 참여

출처: 해당 협의체 홈페이지에서 정리

이에 기반한 평가시스템을 준수하고 공인된 감사기업을 통해서 검증을 받게 되면 한번의 평가 및 실사 과정을 통해서 협의체에 참여한 모든 고객의 요구를 동시에 충족시킬 수 있다는 점에서 공급기업의 부담은 줄어든다.

둘째는 산업협의체가 개별 고객 기업보다 공급기업에 더 크고 넓게 영향력을 행사할 수 있다는 점이다. 글로벌 선도기업이 합의한 표준행동규범은 산업내 모든 공급기업이 갖추어야 할 최소한의 요건이 된다. 특히 고객 기업과 직접 거래하지 않는 2차, 3차 이상의 공급기업은 굳이 이런 인증평가에 참여할 인센티브가 존재하지 않는다. 하지만 산업연합체의 국제적 영향력과 공신력으로 인해서 2차, 3차 공급기업도 규범 준수를 거절할 명분이 없고 오히려 국제적 인증 결과를 활용하면 신규시장 진출의 인센티브가 될 수 있다는 장점이 존재한다.

마지막으로 산업협의체에 참여하는 구매기업과 공급기업이 많아질수록 네트워크의 외부 효과가 커지면서 플랫폼 운영비용을 절감할 수 있으며 지역적 특성을 반영할 수 있다. 연합체의 회원기업이 많아지고 산업내 공급기업의 평가 및 인증이 많아질수록 시스템 운영을 위한 고정비용의 회수가 빨라지고 동시에 지속가능경영의 공급망 확산이 가속화될 것이다. 또한 유럽, 아시아, 북미, 남미 등 지역별 특수성을 고려하여 산업연합체에서는 공급기업 역량 개발 프로그램을 맞춤화 할 수 있다는 장점이 있다.

06 다자간 파트너십을 활용한 지속가능 공급망 확산

공급망 추적성(Traceability)에 기반한 수직적 협력 플랫폼

지속가능 공급망의 확산을 지원하는 또 다른 형태는 다중 이해관계자 파트너십(multi-stakeholder partnership)이다. 비영리 국제기구를 중심으로 공급망의 원재료 공급업체, 제조업체, 유통업체, 고객 등 다양한 이해관계자를 포함한 파트너십을 구축하여 지속가능 공급망을 구축하는 것이다. 예를 들면, 국제공정무역기구(Fairtrade International), 분쟁광물 소싱 이니셔티브(Conflict Free Sourcing Initiative), 열대우림동맹(Rain Forest Alliance), 국제삼림관리협의회(Forest Stewardship Council)가 다중 이해관계자 파트너십의 대표적인 사례이다(UN Global Compact, 2014). 특히 이런 파트너십은 수평적 산업연합체와는 달리, 공급망의 하류와 상류를 연계하는 수직적 연합 플랫폼이라는 점이 특징이다.

이들 협의체는 특정 상품의 원재료 채취부터 제조, 유통, 판매의 공급망 전체 과정을 추적하여 신뢰할 수 있는 정보를 제공함으로써 지속가능한 공급망을 구축하고 강화하려고 한다. 즉, 원재료 채취와 상품 제조, 유통 판매 과정의 지속가능성 기준을 정의하고 해당 업체가 수칙을 제대로 준수하는지를 점검하며, 관련된 데이터를 축적하여 이해관계자에게 공유하고, 원칙을 준수한 업체에 대하여 인증 레이블을 제공하는 역할을 한다. 결국, 공급망의 추적가능성(traceability)을 모든 이해관계자가 협력할 수 있는 기반으로 활용하고 있는 것이다(UN Global Compact, 2014).

공정무역 인증과 지속가능 농업의 확산

대표적인 사례가 코코아, 커피, 바나나, 설탕, 꽃을 포함하는 각종 식물, 차 등의 농산물에 대한 공정무역 인증을 제공하는 국제공정무역기구(Fairtrade International)이다. 1997년에 설립된 이 조직은 독일 본(Bonn)에 본부가 있으며, 미국, 캐나다, 벨기에, 체코, 오스트레일리아, 일본, 대한민국 등 전 세계에 사무소를 두고 운영하고 있다. 공정무역 제품을 제조하고 판매하는 글로벌 기업으로는 스타벅스, 이케아, 벤앤제리스 등이 있으며, 국내 기업으로는 현대백화점, 이마트, 롯데마트, SPC 등 많은 기업과 관계를 맺고 있다.

국제공정무역기구의 목표는 개발도상국에 위치한 가난한 생산자들이 지속가능한 환경에서 생산하며 충분한 보상을 받을 수 있도록 하는 것이다. 이를 위해 국제공정무역기구는 아동노동 금지, 환경친화적 생산, 유전자 변형

그림 3-4 공정무역 공급망

지속가능한 방식으로 생산된 공정무역 인증 원재료 공급

최소가격 보장 및 프리미엄 지급

공정무역 인증 라벨이 붙은 상품/제품 공급

공정무역 상품/제품 구매

공정무역 인증 마크

식품 생산 금지 등의 기준에 따라 원재료가 생산되도록 규정하고 있다. 이에 따라 생산된 원재료를 구매하기 위해서는 생산 및 유통 기업들은 국제공정무역기구가 정한 최소 가격 및 프리미엄 가격 규정을 따라야 한다.

즉, 원재료의 시장 가격이 국제공정무역기구에 의해 설정된 최소 가격보다 낮을 경우, 기업들은 최소 가격을 지불해야 하며, 이를 통해 농부들은 최소한의 생산원가를 보장받게 된다. 또한, 기업들은 프리미엄 명목으로 추가적인 비용을 지불해야 하는데, 프리미엄은 보통 농부들이 속한 협동조합에 전달되며, 학교 및 병원 등 지속가능한 사회를 만들기 위한 목적으로 사용된다. 제조 기업이나 유통 기업들은 이렇게 구매한 원재료를 이용해서 제품을 생산하고, 자신의 생산품에 공정무역 인증 라벨을 붙여 유통하게 된다. 마지막으로 공정무역 인증을 지지하는 소비자들은 공정무역 인증을 획득한 제품을 구매하여 공정무역 공급망을 완성하게 된다(Lim et al., 2019).

제조기업과 유통기업은 공정무역 인증을 받은 원재료를 이용해서 제품을 생산하거나 상품을 유통한다면 지속가능성 준수 여부를 조사하고 통제하는 비용을 줄일 수 있다. 또한 최소가격 및 프리미엄 규정에 의해 보장된 수입을 통해 아동 노동을 금지하고 청소년의 학교생활을 보장할 수 있게 된다. 농부들은 공정무역 인증을 받기 위해 땅과 물의 질을 향상시키고, 유전자 변형 식품을 생산하지 않으며, 탄소배출을 줄이고 품종의 다양성을 유지하기 위해 노력하게 된다. 또한, 국제공정무역기구는 농약의 사용을 최소화하고 유기농 재배를 권장하고 있다.

결국, 공정무역은 공급망의 가장 상류에 위치한 생산자뿐만 아니라 생산자가 속한 사회를 지속 가능하게 만들 수 있으며, 제조기업과 유통기업은 원재료 공급업체의 지속가능성 위험으로부터 벗어날 수 있다. 소비자는 자신이 구매하는 농산물이 농부들에게 공정한 가격을 지불하고 만들어졌다는 점에서 지속가능한 생산을 지원하였다는 자부심을 가질 수 있다. 이처럼 국제공정무역기구는 공급망의 다양한 이해관계자가 협력하여 지속가능 공급망을 구축할 수 있는 플랫폼을 제공하고 있다(Lim et al., 2019).

07 중소기업의 지속가능 공급망과 정부의 역할

자원, 인력, 역량 부족으로 고전하는 중소기업

글로벌 공급망을 구성하는 기업의 대부분이 중소기업이기에 지속가능 공급망을 얼마나 성공적으로 구축할 수 있는가의 여부는 중소기업의 지속가능 경영역량에 달려있다. 공급망에서 중소기업은 원·부자재 및 운송·판매 서비스 공급자로서 녹색구매, 분쟁광물, 공정무역, 공급망 실사법, 녹색물류, 순환경제 달성에 직접적인 영향을 미치는 존재이기 때문이다.

우리나라 중소기업의 지속가능 경영역량은 어느 정도 수준일까. 2021년 중소벤처기업진흥공단에서 실시한 '중소기업 ESG 경영대응 동향조사'에 따르면 우리나라 중소기업의 절반은 ESG 경영이 무엇인지 모르고 있으며, 전체 중소기업의 76.3%가 ESG 전담 조직이 없고, 전체의 92%는 ESG 평가 경험이 전무한 것으로 밝혀졌다. 중소기업 입장에서 가장 준비가 어려운 분야로는 온실가스 및 폐기물 감축 등과 같은 환경오염 저감요구나 환경 법규 준수 등 환경과 관련한 요구들이 대표적이었다. ESG 경영을 도입하거나 실천하는 데 가장 큰 애로사항은 비용부담과 전문인력 부족을 꼽고 있다.

유럽 중소기업의 지속가능 경영 역량도 우리나라와 크게 다르지 않은 것으로 나타났다. 2021년 EU 27개국의 중소기업을 대상으로 한 조사에서, 전체의 13%만이 지속가능경영 전략을 이미 채택했다고 응답했고, 40%는 지속가능경영전략 채택을 고려하지만 그 시기는 구체적이지 않다고 응답했으며, 18%는 미래에도 지속가능경영전략을 고려하지 않을 것이라고 응답했다(SDA Bocconi School of Management, 2021). 또한 지속가능경영 도입 및 실천에 있어 내부 전문 기술 및 자원의 부족으로 인한 어려움을 가장 크게 느끼는 것으로 나타났으며, 이 외에도 경제적 자원의 부족, 제도나 행정 가이드라인의 부족 등을 애로사항으로 꼽았다.

국내외를 막론하고 중소기업은 대체로 규모가 영세하고 자원이 부족하여 장기적인 접근보다는 단기적 이윤 극대화를 목표를 하게 된다. 하지만, 친환경 생산 프로세스 전환, 지속가능경영 전문 인력, 전사적 규범 준수 시스템 등 지속가능 공급망 경영을 위해 필요한 비용이 부담이 되어 적시에 대응하지 못하는 중소기업은 글로벌 공급망에서 완전히 퇴출될 가능성이 높다. 게다가 자신보다 열악한 상태에 있는 하위 N차 공급기업의 지속가능경영도 책임져야 하는 이중고를 겪게 될 가능성도 있다. 글로벌 대기업의 압력과 공급망 실사법의 확산으로 더이상 물러설 여지가 없는 중소기업을 위해서 정부의 체계적인 정책적 지원이 필요한 이유이다.

유럽연합은 지속가능 공급망 구축을 위한 제도적 인프라 구축 시도

유럽연합은 중소기업에 지식, 기술, 컨설팅을 제공하기 위한 제도적 인프라를 구축하고 금융지원을 확대하고 있다. 유럽연합이 설립한 EEN(Enterprise Europe Network)은 세계 최대 규모의 중소기업 지원 네트워크로, 전 세계 60여 개국의 600여 개 회원기관에서 3,000여 명의 전문가가 모여 활동한다. EEN은 지속가능성 자문단 제도를 도입하여 태양광 패널 사용을 포함한 탈탄소 발전과 에너지 효율의 혁신을 촉진하기 위해 중소기업에 조언을 하고 있다(EEN, 2022).

또한 유럽투자은행(European Investment Bank)을 통한 직접 금융과 민간금융기관과의 제휴를 통해 중소기업의 금융 접근을 지원하고 있다. 지난 20년 동안 EU에서는 중소기업의 지속가능성 확충을 위해 여러 가지 신용보증 제도(CGS)를 시행하고 있다. 환경 및 사회적 목표를 위한 EU의 최신 보증 수단은 범유럽 보증 기금(Pan－European Guarantee Fund)으로, 특히 코로나19가 유럽 경제에 끼친 피해를 완화하기 위해 총 250억 유로가 배정되었으며, 이 중 65%가 중소기업에 할애되고 있다(SDA Bocconi School of Management, 2021).

우리 정부도 지속가능 공급망 지원 인프라 구축 필요

우리 정부도 중소기업이 활용할 수 있는 지속가능경영 가이드라인을 제정하고 공시지원 인프라를 구축하고 있다. 2021년에 산업통상자원부는 공시·환경·사회·지배구조 4개 분야, 총 61개 항목이 담긴 'K－ESG경영 가이드라인'을 발표하였고, 중소기업이 우선 적용할 수 있는 27항목을 선별해 제안하였다(산업통상자원부, 2021). 2022년에는 주요국의 공급망 실사 법제화 및 공급망 실사 확산에 대응하기 위해 '공급망 실사 대응 K－ESG 가이드라인'을 발표하였다(산업통상자원부, 2022). 이 가이드라인을 활용하여 2023년부터 수출 중소, 중견기업 등 500개 기업에 대해 공급망 ESG 리스크를 진단하고 개선하는 컨설팅도 지원할 계획이다. 구체적으로, K－ESG 자가진단시스템을 활용하여 서면진단을 실시하고 전문가로 구성된 민간자문단이 현장실사를 진행하여 기업의 ESG 리스크를 종합적으로 진단하고 개선방향을 제시한다는 계획이다. 또한 대기업이 중소기업에 제공하는 ESG 경영 지원 실적을 대기업의 동반성장지수 평가지표에 반영하고, 중소기업에 대한 ESG 교육이나 컨설팅 등에 사용된 비용을 연구개발(R&D) 세액공제 대상으로 추가하는 등의 지원 노력을 하고 있다.

하지만 정부차원의 지원은 아직까지는 상대적으로 규모가 큰 1차 공급기업과 수출기업에 집중되어 있으며, 많은 중소기업들에게 실질적인 도움이 될 수 있는 정부의 금융지원은 부족한 실정이다. 특히 상당한 기술 및 설비투자가 필요한 탄소중립 실현을 지원하기 위해서는 산업별 지원정책도 수립되어야 한다. 그리고 지속가능 공급망 지원과 규제 정책의 효율성과 효과성을 높이기 위해서 유럽연합, 미국 등 주요 국가와의 글로벌 공조 노력이 반드시 필요하다(한상범 외, 2021).

┌─ 08 결론

본 장에서는 공급망을 통해서 연결된 수많은 기업들이 이해관계자 중심 경영을 구현하기 위해서 지속가능 공급망을 어떻게 구축하고 있는지를 살펴보았다. 한 기업의 공급망이라고 하더라도 다수의 관련 기업들이 복잡하게 연결되어 있는 구조이며 직접 거래관계가 없는 하위의 공급기업도 공급망 깊숙하게 존재하고 있다. 저자들이 추정한 바에 의하면 애플의 1차부터 5차까지의 공급기업의 수는 38,500개를 상회한다. 애플은 전체 공급망에 근무하고 있는 직원의 수가 3백만명에 이른다고 추정하고 있다. 이렇게 많은 이해관계자가 존재하는 공급망에서 개별 기업의 자원과 역량만으로 지속가능성을 확보하고 개선한다는 것은 매우 어려운 과제이다. 결국, 지속가능한 공급망 구축과 성장을 위해서는 모든 이해관계자들이 수평적, 수직적 연대를 통해 협력하고, 국가적 차원의 정책 및 지원이 종합적으로 연계되어 시너지를 창출해야한다.

참고문헌
REFERENCES

LG전자 (2022). 2021－2022 LG Electronics 지속가능경영보고서, https://www.lge.co.kr/kr/company/upload/sustainability/report/corporate_sustainability_management/2020－2021_LGE_SR(Kor).pdf

LG화학 (2021). LG Chemical 2021 Sustainability Report, https://www.lgchem.com/upload/file/sustainability/LGChem_2021_Sustainability_Report_KOR.pdf

공민정·이수열 (2022). 미얀마 민주화 위기와 포스코 해외사업: 글로벌 경영과 ESG 리스크, Korea Business Review, 26(1), 1－35.

박준태·류혁선·이선경·이호준·자연 (2021). 지속가능 성장을 위한 ESG 생태계 조성 및 입법정책 과제, 국회입법조사처

산업통상자원부 (2021). K－ESG 가이드라인 v1.0.

산업통상자원부 (2022). 공급망대응 K－ESG 가이드라인 V1.0

삼성전자 (2022). 지속가능경영: 지속가능한 공급망, https://www.samsung.com/sec/sustainability/sustainable－supply－chain/

아모레퍼시픽 (2022). 아모레퍼시픽의 협력사 지속가능성 가이드라인, https://www.apgroup.com/int/ko/commitments/sustainability/sustainability－guidelines－for－amorepacific－partners/sustainability－guidelines－for－amorepacific－partners.html

이은지·김효진·허대식 (2022). 친환경 공급망 관리의 선행요인 및 기업성과에 대한 실증연구·로지스틱스연구, 30권 2호, 53－71.

중소벤처기업진흥공단 (2021). 중소기업 ESG 경영 대응 동향조사.

한상범·권세훈·임상균 (2021). 글로벌 ESG 동향 및 국가의 전략적 역할. 대외경제정책연구원.

허대식 (2010). 양날의 칼 공급망, 큰 틀에서 보자. 동아비즈니스리뷰, Vol. 52, 18－25.

Apple (2022). 2022 Annual Progress Report: People and Environment in Our Supply Chain, https://www.apple.com/supplier-responsibility/pdf/Apple_SR_2022_Progress_Report.pdf

Freeman, R. E., Martin, K., and Parmar, B. (2007). Stakeholder capitalism. *Journal of Business Ethics*, 74(4), 303-314.

Freeman, R.E. (1984). *Strategic Management: A Stakeholder Perspective.* Englewood Cliffs, NJ: Prentice Hall.

Henderson, R. (2020). *Reimagining Capitalism: How Business can Save the World.* New York, NY: PublicAffairs.

Kim, H., Hur, D., and Schoenherr, T. (2022). Supplier Development at LG Electronics: Enhancing the Stability, Sustainability, and Competitiveness of the Supply Base. *The Oxford Handbook of Supply Chain Management*, Oxford University Press, 705-737.

Lee, DH., and Schniederjans, M. (2017). How corporate social responsibility commitment influences sustainable supply chain management performance within the social capital framework: A propositional framework. *International Journal of Corporate Strategy and Social Responsibility*, 1(3), 208-233.

Lee, S., Klassen, R.D., Furlan, A. and Vinelli, A. (2014). The green bullwhip effect: Transferring environmental requirements along a supply chain. *International Journal of Production Economics*, 156, 39-51.

Lee, S. and Klassen, R.D. (2008). Drivers and enablers that foster environmental management capabilities in small- and medium-sized suppliers in supply chains, *Production and Operations Management*, 17(6), 573-586.

Lim, M. K., Mak, H. Y., and Park, S. J. (2019). Money well spent? Operations, mainstreaming, and fairness of fair trade. *Production and Operations Management*, 28(12), 3023-3041.

Mentzer, J. T., DeWitt, W., Keebler, J. S., Min, S., Nix, N. W., Smith, C. D., and Zacharia, Z. G. (2001). Defining supply chain management. *Journal of Business logistics*, 22(2), 1-25.

Min, S., Kim, S. K., and Chen, H. (2008). Developing social identity and social capital for supply chain management, *Journal of Business Logistics*, 29(1), 283－304.

Schell, O. (2011). How Walmart is changing China. *The Atlantic*, December 2011.

SDA Bocconi School of Management (2021). Fostering Sustainability in Small and Medium－sized Enterprises. *SDA Bocconi School of Management Sustainability Lab*.

The RE100 (2022). https://www.there100.org/re100－members

UN Global Compact (2014). A Guide to Traceability, A Practical Approach to Advance Sustainability in Global Supply Chains.

UN Global Compact (2015). Supply Chain Sustainability, A Practical Guide for Continuous Improvement, 2nd Edition.

Unilever (2022). Unilever Annual Report and Accounts 2021, https://www.unilever. com/investors/annual－report－and－accounts/

EEN (2022). Enterprise Europe Network: The Network, https://een.ec.europa.eu/ about－enterprise－europe－network.

Walmart(2022). Walmart Sustainability Hub: Project Gigaton, https://www.walmart sustainabilityhub.com/climate/project－gigaton

이해관계자 중심 경영과 마케팅

••04
이해관계자 중심 경영과 마케팅

박찬수(고려대학교), 신현상(한양대학교), 한상만(성균관대학교), 한영지(성균관대학교)

지속가능성과 마케팅은 양립할 수 없다고 생각하는 사람들이 많다. 왜냐하면 마케팅은 태생적으로 소비 또는 구매를 촉진해야 하므로, 환경 파괴와 자연 고갈을 가속화하기 때문이다. 그러나 이 장에서 우리는 마케팅을 할 때 조직이나 개인의 이익만을 추구하는 것에서 벗어나 다양한 이해관계자의 이익을 고려해야 하며, 그렇게 마케팅을 한다면 마케팅이 우리 사회의 지속가능성을 높이는 데 중요한 역할을 할 수 있음을 보이고자 한다. 구체적으로, 1절에서는 마케팅이 조직이나 개인의 이익만이 아니라 다양한 이해관계자의 이익을 고려해야 하는 이유가 무엇인지를 알아본다. 2절에서는 소비나 구매를 촉진하는 데 강력한 효과를 발휘했던 마케팅의 설득 커뮤니케이션 기능이 지속가능한 소비나 친사회적인 행동을 유도하는 데에 어떻게 활용될 수 있는지를 살펴본다. 3절에서는 조직이나 개인의 이익만이 아니라 다양한 이해관계자의 이익을 고려하여 마케팅 전략을 수립하는 방법을 예시와 함께 제안한다. 이처럼 마케팅에 이해관계자 개념을 도입함으로써, 마케팅은 지속가능성을 저해하는 것이 아니라 제고할 수 있는 가능성을 갖게 되었는데, 4절에서는 이러한 가능성을 실현시키는 데 있어서 현실에서 넘어야 할 장애물들이 무엇인지를 살펴보고, 이를 극복할 수 있는 길을 논의한다.

01 마케팅은 누구의 이익을 추구해야 하는가?

마케팅의 정의

마케팅은 무엇인가? 1936년 마케팅 분야의 대표적 학술지인 *Journal of Marketing*이 창간되면서 학문 분야로서의 마케팅의 개념 및 이론이 많은 연구자들에 의해 발전되어 왔다. 그러다가 제2차 세계대전 후 1950~1960년대의 대량생산－대량소비 시대가 도래하면서 마케팅은 본격적으로 산업계에 확산되었다. '마케팅의 아버지'로 불리우는 노스웨스턴대 필립 코틀러(P. Kotler) 교수는 1967년 마케팅을 "the analyzing, organizing, planning, and controlling of the firm's customer－impinging resources, policies, and activities with a view to satisfying the needs and wants of chosen customer groups at a profit"이라고 정의했다. 이는 마케팅의 초점이 고객 만족에 있음을 말하는 것이며, 특히 선택된 고객(chosen customer groups) 또는 타깃 세그먼트(target segments)의 고객에게 가치 있는 제품과 서비스를 제공하여 만족을 주는 대가로 기업은 이익을 얻게 되는 교환관계, 즉 기업과 고객 간의 1:1 관계의 중요성을 강조하고 있다.

이로부터 40년 후, 즉 2007년에 전미 마케팅 협회(American Marketing Association: AMA)가 제시한 마케팅의 정의를 살펴보면 재미있는 단어들을 발견할 수 있다. AMA는 마케팅을 "the activity, set of institutions, and processes for creating, communicating, delivering, and exchanging offerings that have value for customers, clients, partners, and society at large"라고 정의했으며, 이는 2017년에도 한번 AMA에 의해 채택되었다. 이를 한국말로 번역해 보면, 마케팅은 "고객을 위한 가치를 창출하고, 소통하고, 전달하는 기능 및 과정, 그리고 회사와 다양한 이해관계자에게 골고루 이익이 되는 방향으로 고객과의 관계를 관리하는 기능 및 과정"이라고 말할 수 있다.

여기서 중요한 변화는 마케팅의 정의에 '이해관계자(stakeholders)'라는 개념이 추가되었다는 점이다. 즉 1950−60년대의 마케팅 개념은 고객 만족이 최우선이었고, 그 과정에서 환경 또는 사회에 어떤 부정적 영향을 미치더라도 이러한 요소는 의사결정 상의 우선순위에서 밀리거나 또는 아예 고려대상이 아니었던 것으로 볼 수 있다. 반면 2007년의 마케팅 개념에서는 고객 만족이 여전히 중요하고 고객과의 장기적 관계를 맺는 것도 중요하지만, 그 과정에서 공급망, 유통망 등의 파트너는 물론 사회 전반(society at large), 즉 정부/공공기관, 대중, 언론, 시민사회 등 다양한 이해관계자에게 이익이 되는 방향으로 마케팅 의사결정이 이루어져야 함을 알 수 있다.

2019년 미국에서 열린 비즈니스 라운드 테이블(Business Round Table)에서 아마존, 애플, 보잉, JP Morgan 등 미국을 대표하는 200대 기업 경영자들이 기존의 주주자본주의(shareholder capitalism)에서 한 걸음 더 나아가 이해관계자자본주의(stakeholder capitalism)의 개념을 주창하면서 '기업은 무엇을 위해 존재하는가?', '기업은 누구를 위한 의사결정을 해야 하는가?'에 대한 근본적인 질문이 제기되고 있다. 마케팅에서도 종전의 '고객이 왕이다'라는 일차원적 관점에서 벗어나 고객의 개념을 확장하고, 마케팅 의사결정에 있어서 다양한 이해관계자들을 어떻게 지혜롭게 고려할 것인지를 고민해야 하는 시점이다.

21세기 고객의 목소리(Voice of Customer: VoC)

마케팅의 영원한 키워드는 '고객(customer)'이다. 마케팅은 비즈니스에 있어서 고객을 만족시키고, 고객관계를 관리하는 것이 얼마나 중요한 것인지, 그리고 어떻게 하면 그런 중요한 일을 잘 해낼 수 있을 것인지에 대한 지식과 인사이트의 총합이라고 말할 수 있다.

특히 마케팅은 '고객의 목소리(Voice of Customer: VoC)'를 잘 듣는 것을 중요하게 생각한다. 고객의 목소리를 듣는 과정에서 고객의 과거 선택을 이해할 수 있으며, 미래 선택을 예측할 수 있기 때문이다. 한 가지 문제는 시대에 따라 고객의 생각과 의견이 변화한다는 점이다. 작년의 고객조사 결과를 바탕으로 내린 의사결정이 올해에는 시장에서 잘 먹히지 않을 수도 있다. 따라서 고객의 생각과 의견을 계속 모니터링하면서 시장의 트렌드를 잘 따라가야 한다. 예컨대 미국의 페인트 회사 셔윈 윌리엄스(Sherwin Williams)는 1960−70년대에 남자의 상품으로 간주되었던 페인트에 대한 여성 구매자 비율이 1990년대에 들어가면서 빠르게 상승하는 소비 트렌드를 감지하고, 여성의 취향에 맞게 제품을 수정하여 제시함으로써 큰 성공을 거두었다.

따라서 21세기를 살아가고 있는 고객들 특히 그 중에서도 최근 소비의 주역으로 떠오르고 있는 MZ세대 소비자의 생각 변화 트렌드는 어떠한지를 살펴볼 필요가 있다. 미국의 퓨리서치센터(Pew Research Center)는 사일런트(−1945), 베이비부머(1946−64), X세대(1965−80), 밀레니얼(1981−96), Z세대(1997−) 등 출생연도 기준을 활용하여 세대를 구분한다. 이처럼 세대를 중심으로 동시대적 경험과 비슷한 사고방식을 공유하는 고객을 나누어 분석해 보는 것을 코호트(Cohorts) 접근방식이라 부른다. 물론 같은 Z세대라 해서 그 안에 속한 사람들이 다 같은 것은 아니겠지만, 워크맨으로 신승훈과 서태지의 음악을 듣고 흥얼거리면서 자란 X세대와 유튜브로 방탄소년단과 아이브의 노래를 듣고 틱톡 챌린지를 하면서 자란 Z세대 간에 어느 정도 이상의 차이는 존재할 수밖에 없다. 블룸버그에 따르면 2020년 기준 77억 인구 중 Z세대가 32%, 밀레니얼 세대가 32%를 차지한다고 한다. 즉 2020년 기준 전세계 인구의 2/3은 MZ세대이며, 이들의 시장내 소비력과 정치적 영향력은 10년 후, 그리고 20년 후 더욱 커질 것이다. 따라서 마케팅 연구자들과 실무자들은 이들에게 특별한 관심을 기울일 필요가 있다.

미국의 경우 비즈니스위크(Business Week)의 2006년도 조사가 유명하다. 당시 미국의 13~25세 180여 명을 대상으로 설문조사를 진행했는데, 지금의 밀레니얼 즉 M세대에 해당한다. 이들의 경우 '세상을 바꾸는 데 대한 개인적 책임감을 느낌(61%)', '기업도 세상을 바꾸는 데 참여해야 함(75%)', '같은 조건이라면 사회적 가치(cause)를 추구하는 기업의 제품을 구입함(89%)', '사회적 가치를 추구하는 기업의 메시지에 관심을 기울임(74%)', '물건 구매장소를 정할 때 기업의 사회공헌을 고려함(69%)', '제품을 다른 사람에게 추천할 때 기업의 사회공헌을 고려함(64%)'이라고 대답했다. 이처럼 미국의 M세대 고객은 단순히 제품의 가격과 품질, 브랜드만 놓고 구매의사결정을 내리지 않으며, 이들 중 상당수가 기업이 추구하는 사회적 가치와 사회공헌을 중요하게 고려하고 있음을 알 수 있다. 비즈니스위크 기사에 따르면 이들은 유토피아를 꿈꾸며 보수 좋은 직장과 사치를 멀리하는 공상적 박애주의자는 아니며, 어느 세대보다 경쟁심이 높고 비즈니스 마인드가 강하며 야심이 크다고 한다. 그러면서도 사회적 가치에 관심이 높고, 자신의 의견을 SNS 등을 통해 적극적으로 말하고 공유하는 특성을 보인다. 한국의 경우 진저티프로젝트가 동그라미재단의 지원을 받아 제작한 〈밀레니얼 보고서 매거진 M: 반짝 반짝 빛나는〉이 한국 밀레니얼 세대의 특성에 대한 중요한 통찰을 제공하고 있다.[1]

Z세대에 대한 조사 및 연구 역시 활발해지고 있다. 박진수(2019)에 따르면 어릴 때부터 스마트폰을 쓰면서 자라난 이들의 특성을 규정하는 키워드에는 모바일, SNS(페이스북, 인스타그램), 동영상(유튜브, 넷플릭스), 셀프, 추천, 개방성, 소통과 참여, 소확행 등이 있다. 글로벌 금융위기의 직간접적 영향을 받으면서 성장기를 보냈기에 금전적으로는 보수적인 편이며, 근검절약, 안정성, 실용성, 보통의 성공, 소소한 기쁨 등이 이들의 소비를 이해하는 데 중요하다. 브랜드 충성도는 낮은 편이며, 개인주의, 개성 중시('개취'), 공정성, 사회정의(인권, 환경, 빈곤 해결 등) 등을 중시한다.[2] 이에 따라 공정무역, 윤리적소비, 목적지향 브랜딩(purpose-driven branding) 등이 최근 중요한 키워드가 되고 있다.[3,4]

2021년 한양대학교 임팩트사이언스연구센터와 사회적가치연구원, 조선일보 더나은미래가 진행한 〈한국의 Z세대 소비자〉 서베이도 재미있는 인사

1 http://thecircle.or.kr/kor/business/support-rnd.html?depth1=7&depth2=53
2 http://economychosun.com/client/news/view.php?boardName=C24&t_num=13605926
3 https://www.hankookilbo.com/News/Read/202001071447095875
4 https://www.forbes.com/sites/jefffromm/2019/07/26/gen-z-and-the-three-elements-of-purpose-brands/?sh=2d4e955537e3

이트를 제공한다.[5] 한국의 Z세대 150명(1996 – 2005년생)을 대상으로 진행된 설문조사에 따르면 응답자의 10%만이 '기업이 진실을 말할 것'이라고 믿고 있었다. 이는 기업에 대한 낮은 신뢰를 의미한다. 또한 이들은 기업이 경영자의 이익(77%)을 가장 중시하며, 그 다음이 주주의 이익(57%)을 중시한다고 생각했다. 반면 고객(35%), 사회(34%)의 이익은 훨씬 덜 중시한다고 생각했다.

이들 중 ESG라는 단어를 알고 있는 비율은 낮았으나(31%), 기업이 환경적 가치를 중시해야 한다는 답변은 85%로 매우 높았고, 사회적 가치(79%), 거버넌스(73%)를 중시해야 한다는 답변 역시 높은 수준이었다. 즉 기업은 ESG 경영을 이야기하고 ESG위원회 출범에 대한 보도자료를 뿌리고 있지만, Z세대는 기업이 외치는 ESG구호에는 관심이 별로 없었다. 하지만 실제로 기업이 어떤 가치를 추구하고 실현하는지에 대해서는 상당히 관심이 높은 것으로 해석할 수 있다. 가치소비에 대한 인식을 물어본 결과 '다른 조건이 동일하다면 환경적 가치가 있는 제품/서비스를 구입하겠다'는 답변(83%)이 많았고, '사회적 가치가 있는 제품/서비스'(81%), '거버넌스가 좋은 기업의 제품/서비스'(72%)를 구입하겠다는 답변 역시 많았다. 하지만 구매의도와 실제행동 간의 격차(intention – behavior gap)가 존재할 가능성이 있음을 고려하여 '과거에 실제로 가치소비를 해본 적이 있느냐'는 질문을 던져보았다. 이에 대해 Z세대 고객은 환경적 가치(61%), 사회적 가치(50%), 거버넌스 가치(46%)가 높을 경우 자신이 중시하는 가치를 위해 실제로 돈을 더 지불한 적이 있다고 대답했다는 점도 주목할 만하다.

2021년 발간된 세일즈포스의 보고서는 베이비부머 – X세대, 즉 BX세대와 MZ세대 간의 소비성향 차이를 잘 보여준다.[6] 2020년 전세계 27개국(선진국, 개도국 골고루 포함) 12,000여 명의 소비자를 조사한 결과 소비자들은 기업의 신뢰를 가장 중시하며(92%), 서비스(91%), 제품(90%), 기술(87%) 등은 여전

---

5 https://futurechosun.com/archives/59576

6 https://www.salesforce.com/resources/research – reports/state – of – the – connected – customer/?d = cta – header – 1

히 중요한 요소였다. 그런데 재미있는 부분은 환경적 가치(89%), 사회적 가치(87%)가 제품/기술만큼 중요하다고 대답했다는 점이다. 또 한 가지 재미있는 것은, 환경적 가치와 사회적 가치의 중요성을 평가함에 있어서 BX세대와 MZ세대가 차이를 보인다는 점이다. 즉 MZ세대는 BX세대보다 환경적/사회적 가치를 중요하게 생각하며, 기업의 책임에 대해 높은 기준을 가지고 있는 것으로 나타났다. 또한 절반 이상의 소비자들은 자신들이 기업 의사결정에 영향을 끼칠 수 있음을 자각하고 있었다. 이는 BX 세대가 소비자의 주축이었던 10~20년 전에는 괜찮았던 관행들이 지금은, 그리고 앞으로는 더욱더 괜찮지 않은 것이 될 수 있음을 의미한다.

예컨대 남양유업의 경우를 생각해 보자.[7] 남양유업은 40년 이상 업계 선두주자로 자리매김해온 최고의 기업이다. 기업의 평균 수명이 15년 정도라는 맥킨지의 조사결과를 감안하면, 40년 동안 업계 1위를 지킨다는 것은 대단한 일이다.[8] 남양이 품질, 가격 경쟁력, 브랜드이미지 등에서 최고의 수준을 유지하였기에 가능했던 일이라고 볼 수 있다. 하지만 2013년 남양 영업사원의 '대리점 갑질 사건'이 터지면서 남양은 빠르게 하향세로 접어들었다.[9] 남양 영업사원이 대리점주에게 험한 말을 한 것은 사실 고객의 효용에는 영향을 미칠 일이 아닌데 고객은 왜 불매를 시작했을까? 그 이후 남양은 똑같은 품질의 제품에 대해 가격을 낮추는 등 가성비를 높여 고객에게 더 높은 가치를 제공하고 그들의 마음을 돌이키기 위해 노력했는데 왜 고객들은 끝까지 냉담하게 반응한 것일까? 이는 제품만 잘 만들고 싸게 팔면, 즉 고객에게 경쟁사 대비 높은 가치를 제공하면 고객들이 많이 사줄 것이라는 기존의 믿음을 흔드는 대표적 사례이다.

최근 들어 친환경 제품에 대한 구매 역시 활발해지고 있다. 파타고니아와 같은 친환경 브랜드에 대한 관심이 높아지고 있으며, 편의점에서 무라벨

---

7 https://www.mk.co.kr/premium/special-report/view/2021/06/30285/
8 https://www.sedaily.com/NewsView/1YXHONN70D
9 https://www.yna.co.kr/view/AKR20210417027300002

생수의 판매가 급증하고 있다.[10] 앞서 언급한 세일즈포스 서베이에서 보여진 것처럼 이제는 사회적 가치와 환경적 가치가 고객의 구매의사결정에 중요한 변수로 작동하고 있는 것이다. 이는 향후 기업이 단순한 브랜드 이미지 관리가 아니라, 본격적으로 기업 평판 관리(corporate reputation management)에 나서야 함을 의미한다.

고객 개념의 확장

고객충성도(customer loyalty)를 제고하는 것은 고객 관계 관리(customer relationship management)에 있어서 핵심적인 과업이다. 이때 기존 고객들의 구매 및 사용 경험에 대한 입소문 또는 구전효과(word-of-mouth effect)를 모니터링하고 적절히 대응하는 것이 중요함은 주지의 사실이다. 그런데 이제는 기존 고객만이 아닌 이해관계자 사이에서의 기업 평판이 중요해지고 있다. 이에 따라 마케터의 입장에서도 기업 평판 관리에 대한 부담이 커지기 시작했다. 이는 기존 마케팅이 다뤄온 고객의 개념을 재조명할 필요가 있음을 의미한다.

사실 마케팅에서 고객 중심 사고의 개념이 중요하게 부각된 것은 1960년대부터로 볼 수 있다. 특히 하버드 경영대학원 레빗(Levitt) 교수는 1960년 하버드 비즈니스 리뷰(*Harvard Business Review*)에 기고한 '근시안적 마케팅(Marketing Myopia)'이라는 아티클을 통해 비즈니스에 대한 관점을 혁신적으로 바꾸는 아이디어를 제시했다.[11] 특히 그는 기존 '제품' 중심의 편협한 시각에서 '고객 니즈' 중심의 넓은 시각으로 전환해야 함을 강조했다.[12] 예컨대 영화사의 경우 공급자의 관점에서는 '영화를 만드는 회사'이지만, 소비자의 관점에서는 '고객에게 즐거움(entertainment)을 제공하는 회사'라고 말할 수 있다는 것이다. 이런 관점에서 경쟁자도 재정의할 수 있다. 예컨대 영화사의 경쟁자

---

10 https://moneys.mt.co.kr/news/mwView.php?no=2021050717538095528

11 https://hbswk.hbs.edu/item/what-customers-want-from-your-products

12 https://hbr.org/2016/08/a-refresher-on-marketing-myopia

는 다른 영화사도 있지만, 고객 관점에서는 프로야구단도 영화사의 경쟁자일수 있다는 것이다. 이는 경영자로 하여금 근시안적 마케팅에서 벗어나 시장과경쟁, 혁신을 소비자 관점에서 폭넓게 정의할 수 있도록 하는 새로운 관점이었으며, 이후 많은 학자들과 실무자들에게 큰 영향을 미쳤다.

그런데 2010년 또 하나의 중요한 아티클이 Journal of Public Policy and Marketing에 발간된다. INSEAD 경영대학원의 스미스(Smith) 교수 연구진이발간한 '새로운 근시안적 마케팅(New Marketing Myopia)'에 따르면 경영자는협의의 고객(우리 제품을 사기 위해 돈을 냈거나 낼 가능성이 있는 사람들)에서 광의의 고객, 즉 이해관계자로 시각을 넓히고, 이들의 목소리(voice of stakeholders: VOS)를 들어야 한다. 이해관계자를 고려하지 않는 경영의사결정은 재앙을 가져올 수 있으며, 종래의 협소한 '고객 중심 사고'에서 한걸음 더 나아가 '이해관계자 중심 사고'가 필요하다. 이는 평판 자산, 평판 리스크의 경영상 중요성이 증대하고 있음을 의미한다.

또한 광의의 고객 개념, 즉 이해관계자 중심 마케팅 사고는 핵심가치와성과지표의 변화가 필요함을 의미하기도 한다. 제품 중심의 사고에서 매출, 시장점유율 등이 중요했다면, 고객 중심 사고에서는 고객 만족도, 고객 충성도등이 중요했다. 주주 중심 사고에서는 주가, 기업가치 등이 중요하다. 아이오와대 라인즈(Rynes) 교수 연구팀이 2012년 Academy of Management Review에 기고한 아티클에 따르면 이해관계자 중심 사고에서는 이해관계자에 대한공감(compassion)과 배려(care) 등의 보편적 가치가 중요하며, 기업은 이해관계자의 건강, 행복, 번영, 지속가능성 등을 고려한 의사결정을 해야 한다.[13]

이처럼 오늘날 고객 개념이 확장되고 있으며, 고객들의 인식 및 행동 역시 변화하고 있다. 즉 '나'만을 위한 구매의사결정에서 나아가 '우리'를 위한구매의사결정이 늘어나고 있다. 이와 같은 고객의 변화를 빠르게 따라가지 못하는 기업은 큰 위기를 겪게 될 것이다. 동시에 이러한 변화를 기회로 삼아 빠

---

13 https://doi.org/10.5465/amr.2012.0124

르게 성장하는 기업들도 나타날 것이다. 단, 자칫하면 그린워싱, 임팩트워싱, ESG워싱 등 워싱(washing) 논란이 일어날 수 있음을 고려할 필요가 있다.[14] 이를 막기 위해서는 말과 행동의 일치되어야 하며, 실제적인 가치를 만들어 내어야 한다. 또한 이를 측정하고 증거 기반 커뮤니케이션(evidence-based communication)이 이뤄져야 한다. 그러면 좋은 평판은 자연스럽게 따라오게 될 것이다.

따라서 마케팅 연구자들은 고객개념 확장 및 고객 인식/행동 변화에 맞춰 새로운 개념과 프레임워크를 기업과 사회에 제공할 필요가 있다. 최근 마케팅 학계에서 각광받고 있는 BMBW(Better Marketing for Better World)는 이러한 변화에 부응하고자 하는 마케팅 연구자들의 관심과 의지를 보여주고 있다.[15]

┌ 02 마케팅은 어떻게 지속가능한 소비를 촉진시킬 수 있는가?

1절에서 강조한 바와 같이, 지속가능한 형태의 소비에 대한 수요는 증가 추세에 있으며(Gershoff and Frels, 2014), Nielsen의 조사에서는 전세계 소비자의 66%(밀레니얼 세대의 73%)가 지속가능한 제품을 선택하기 위해 추가비용을 지불할 의향이 있다고 하였다(Nielsen, 2015). 우리나라에서도 대한상공회의소가 최근 MZ세대 380명을 대상으로 실시한 조사에서, 응답자 10명 중 6명은 ESG를 실천하는 기업 제품은 가격이 더 비싸더라도 구매할 의사가 있는 것으로 나타났다.[16] 그러나 소비자들이 말하는 것과 실제 행동에는 여전히 차이가 있을 수 있으며, 지속가능 소비에 대한 의향이 실제 행동으로 나타나는 데에는 여러 가지 장애물들이 존재한다. 본 장에서는 White, Habib, and Hardisty

---

14 https://doi.org/10.1509/jm.15.0324
15 https://doi.org/10.1177/00222429211003690
16 https://www.mk.co.kr/news/business/10277608

(2019)이 기존 연구들에 기반하여 제안한 SHIFT Framework에 기반하여 마케팅의 설득 커뮤니케이션 기능이 지속가능성에 대한 인식을 높이고 지속가능한 소비를 하도록 유도하는데 활용될 수 있는 방안을 살펴보고자 한다.

지속가능한 소비에 대한 장애물

지속가능한 방향으로 소비를 변화시키는 데 있어서 첫 번째 장애물은 지속가능한 소비 행동이 자기 자신에게는 비용(금전적 또는 비금전적)을 발생시키지만, 그 혜택은 자신이 아니라 타인, 환경, 미래 세대에 돌아간다는 인식이다. 둘째, 지속가능한 소비 행동, 특히 친환경적인 행동의 결과는 실현되는 데 오랜 시간이 걸린다. 셋째, 지속가능한 소비 선택을 하도록 만들기 위해서는 기존에 몸에 밴 나쁜 습관(관성)을 바꿔야 한다. 넷째, 지속가능한 행동의 결과는 종종 불확실하고 손에 잡히지 않는다. 다섯째, 지속가능한 행동에 다수의 사람들이 참여해야 효과를 볼 수 있다. 이는 한 개인이 혼자 행동을 취해도 결과가 나타나는 일반적인 소비자 행동과 크게 다른 점이다.

지속가능한 소비를 촉진시키는 다섯 가지 요인: SHIFT

Social Influence(사회적 영향)

사회적 영향은 소비자를 변화시키는 데 있어 가장 효과적인 요인 중 하나이다(Abrahamse and Stege 2013). 사회적 규범과 관련하여 Cialdini 등은 기술적 규범(descriptive norms), 즉 다른 사람들이 어떻게 행동하는가에 대한 정보의 영향력을 지적하였다(Cialdini, Reno, and Kallgren 1990; Reno, Cialdini, and Kallgren, 1993). 구체적으로, Cialdini와 동료 연구자들은 에너지를 절약하기 위하여 호텔에서 수건 재사용을 독려하는 프로그램의 효과를 높일 수 있는 방법을 찾는 연구를 진행하였으며, 그 결과 일반적으로 쓰이는 메시지 형태인 '환경보호의 중요성에 초점을 맞춘 내용의 메시지'를 사용한 경우에 비해 '다

그림 4-1 SHIFT Framework

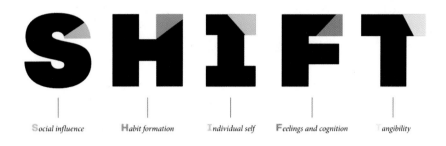

Social influence   Habit formation   Individual self   Feelings and cognition   Tangibility

른 투숙객 다수가 이 프로그램에 참여하고 있음'을 메시지로 전달했을 때 더 많은 투숙객들이 수건 재사용 프로그램에 참여하고자 함을 발견하였다 (Goldstein, Cialdini, and Griskevicius 2008). 한편, 명령적 규범(injunctive norms, Jachimowicz et al. 2018; Reno, Cialdini, and Kallgren 1993; Schultz et al. 2007)의 효과에 대해서는 명령적 메시지는 해당 이슈에 대한 관심이 적거나 중요성에 대한 인식이 낮은 소비자에게는 효과가 낮은 것으로 나타났다(Kronrod, Grinstein, and Wathieu 2012).

사회적 영향력을 이해하는 데 있어 또 다른 중요한 측면은 사회적 정체성이다. 소비자들은 내집단(in-group) 의 행동을 따르기 때문에(Fielding et al. 2008; Gupta and Ogden 2009; Van der Werff, Steg, and Keizer 2013), 자신을 '유기농 소비자' 또는 '녹색 소비자'로 생각하는 것은 친환경적인 제품을 선택할 가능성을 높이게 된다. 또한 회피집단보다 더 긍정적으로 평가되고자 친환경 소비를 선택하기도 한다(White, Simpson, and Argo, 2014). 한편, 친환경과 여성성 연상이 남성 소비자들의 친환경 소비에 부정적효과를 미치기도 한다(Brough et al., 2016).

사회적 영향력은 사회적 바람직성을 통해 지속가능한 행동에 영향을 미치기도 한다. 그 예로, 이타적 행동이 사회적 지위의 상징이 될 수 있기 때문

에, 사회적 지위에 대한 욕구가 높은 경우, 친환경 소비도 증가하는 것으로 나타났다(Griskevicius, Tybur, and Bergh 2010).

Habit Formation(처벌, 넛지, 인센티브)

일부 지속가능 행동들은 일회성 행동이 요구되나, 많은 경우에는 습관화 되어야 하는 반복적인 행동이 필요한 경우가 많다. 일반적인 소비습관의 많은 부분들이 지속가능하지 않기 때문에, 습관을 변화시키는 것은 지속가능한 행동 변화에 매우 중요한 부분이다(Kurz et al., 2014). 구체적으로 단계적 행동을 제시하거나 노력이 필요 없도록 지속가능한 옵션을 디폴트로 설정함으로써 지속가능한 선택을 증가시킬 수 있다(Frederiks, Stenner, and Hobman 2015; Theotokis and Manganari, 2015).

또한 바람직하지 않은 소비행동을 감소시키기 위해 세금, 벌금, 관세 형태의 처벌 사용할 수 있다. 그러나 이러한 방법들은 반감을 유발시키고 일관된 감시와 강제가 어려울 수 있다는 점에서 긍정적인 전략들이 더욱 효과적일 수 있다.

소비자에게 바람직한 지속가능한 행동을 상기시켜주는 메시지를 활용할 수 있으며, 보상이나 할인, 선물과 같은 외적인 인센티브는 지속가능한 행동을 증가시킬 수 있다. 그러나 이러한 효과는 단기적일 수 있다는 한계가 있다.

Individual Self(개인의 자아)

개인의 자아와 관련된 요인들도 소비 행동에 강력한 효과를 미칠 수 있다. 개인은 소비를 통해 긍정적인 자아상을 유지하고 재확인하고자 한다 (Dunning, 2007). 이러한 동기의 작용의 예로, 소비자는 자신의 아이덴티티와 연결되어 있는 제품은 폐기하기보다 재활용할 가능성이 더 높은 것으로 나타났다(Trudel, Argo, and Meng, 2016). 또한, 사회적 재활용(social recycling), 즉 무료로 타인에게 주는 행동은 폐기, 재활용, 기증보다 지속가능성 측면에서 긍정적일 뿐만 아니라 개인이 느끼는 행복감을 높이는 것으로 나타났다 (Donnelly et al., 2017).

자신을 긍정적으로 보고자 하는 것 외에도 사람들은 자신을 일관된 존재로 인식하고자 한다. 따라서 한번 지속가능 소비행동을 하는 경우 그러한 행동을 지속하려는 경향을 보일 수 있으나(e.g. van der Werff, Steg, & Keizer, 2014), 한 번의 지속가능 소비행동이 향후 오히려 지속가능 소비행동을 감소시키는 경우도 있는 것으로 나타났다(Mazar a& Zhong, 2010).

친환경적인 행동을 촉진시키기 위해서 개인의 이기심에 소구하는 것도 가능한 방법이다. 예를 들어, 친환경 제품은 성능이 떨어질 것으로 인식하여 구매의도가 감소하거나 1회 사용량이 증가할 수 있으나(Newman, Gorlin, & Dhar, 2014; Pancer, McShane, & Noseworthy, 2017), 지속가능성의 혜택을 제품이 아닌 기업과 연관시키면 후광효과로 제품의 성능에 대한 인식도 향상시킬 수 있다(Chernev & Blair, 2020).

그 밖에 지속가능 소비행동에 대한 개개인의 차이는 외향성, 친화성, 양심적인 정도, 환경에 대한 관심에 따라 달라지는 것으로 나타났으며(Fraj and Marinez, 2006; Mainieri et al., 1997), 인구통계 변수도 지속가능 소비행동의 차이를 설명하는 것으로 나타났다. 예를 들어 여성이 지속가능한 소비행동을 더 많이 보이며(Dietz, Kalof, and Stern, 2002; Eagly 2009; Luchs and Mooradian, 2012), 젊을수록, 진보적일수록, 교육수준이 높을수록 친환경 행동을 더 많이 보이는 것으로 나타났다(Gilg, Barr, and Ford, 2005; Granzin and Olsen, 1991; Roberts 1993; Semenza et al., 2008).

Feelings and Cognition(감정적, 인지적 측면)

지속가능 소비행동과 관련된 커뮤니케이션은 공포 소구를 흔히 사용한다(Banerjeb, Gulas, and Iyer, 1995). 그러나 지나친 공포는 메시지 전체를 회피하도록 만들 수 있으므로(O'Neil and Nicholson-Cole, 2009) 적절한 수준의 공포를 이용하고 이와 더불어 실제 취할 수 있는 행동을 함께 제시하는 것이 효과적이다(Li 2014; Osbaldiston and Sehldon, 2002). 죄책감이나 슬픔과 같은 부정적인 감정도 지속가능 소비행동을 유도할 수 있으나(Servillano, Aragones, and Schultz, 2007), 감정을 느끼는 순간에만 행동의 변화를 유발시킬 수 있다는 한

그림 4-2 정치성향별 효과적인 메시지 프레이밍

진보적 소비자들에게 효과적인 메시지(왼쪽)와 보수적 소비자들에게 효과적인 메시지(오른쪽)

계가 있다. 한편, 기쁨이나 자부심과 같은 긍정적인 감정도 플라스틱병 사용을 감소시키는 등 지속가능 소비행동을 증가시키는 효과가 있는 것으로 나타났다(Peter and Honea, 2012; Lerner and Keltner, 2000).

인지적인 부분에서는, 지속가능한 소비로 인한 미래의 이득보다는 미래의 손실을 강조하는 것이 더 효과적이다(Hardisty and Weber, 2009). 이러한 메시지 프레이밍은 소비자 집단에 따라 효과가 달라지기도 한다. 예를 들어, 의무, 권위와 같은 가치를 강조하는 메시지는 보수적 정치성향의 소비자들에게 효과적이고, 공정함과 공감과 같은 가치를 강조하는 메시지는 진보적 정치성향의 소비자들에게 더 효과적인 것으로 나타났다(Kidwell, Farmer, and Hardesty, 2013).

Tangibility (유형성)

대부분의 지속가능 소비 행동은 즉각적인 개인의 이익보다 타인에게 초점을 맞추어야 하고 미래에 실현될 추상적인 결과를 우선적으로 고려해야 하는 어려움이 따른다(Amel et al., 2017; Spence, Poortinga, and Pidgeon, 2012). 따라서 추상적으로 생각하거나 미래에 초점을 두도록 유도하는 것은 지속가능 소비행동을 촉진시킬 수 있으며(Arnocky, Milfont, and Nicol 2014; Joireman, Van Lange, and Van Vugt, 2004), 친환경적인 행동의 즉각적인 결과를 구체적인 내용으로 소통하는 것도 효과적일 수 있다(Leiserowitz, 2006; Scannell and Gifford, 2013).

탈물질화(Dematerialization)를 촉진시키는 것도 지속가능 소비를 증가시키는 방법이 될 수 있다. 이는 물질 소비 대신 경험, 디지털제품, 서비스 소비를 촉진시키는 것을 의미하는데(Vargo and Lusch, 2004), 공유경제(Donnelly et al., 2007), 자발적 단순함(Voluntary simplicity, Cherrier, 2009), 미니멀리즘과 같은 최근 소비 경향들도 같은 맥락에서 지속가능 소비행동을 증진시키는 데 효과적일 수 있다.

지속가능 소비의 선순환 모델

최근 소비자 의식이나 소비 트렌드에서 지속가능성과 친환경은 분명 중요한 부문을 차지하고 있다. 최근 우리나라 환경부 조사[17]에서도 소비자들의 환경문제에 대한 관심이 높아지고 있으며 친환경 제품 구매경험도 87.8%에 이르는 것으로 나타났다. 이러한 지속가능성에 대한 소비자의 높은 관심과 욕구는 기업을 변화시키고 있다. 그 예로 많은 기업들이 쓰레기 최소화를 위해 상표 라벨을 사용하지 않거나, 유색에서 무색 페트병으로 대체, 플라스틱을 대체할 생분해 소재를 적용하는 등 환경 발자국을 줄이기 위해 노력하고 있다.[18] 한편, 이렇게 소비자의 변화로 인해 시작된 지속가능성을 추구하는 기업의 전략은 더 많은 소비자들이 지속가능 소비를 하도록 유도할 수 있다. 환경에 대한 소비자의 관심과 염려는 기업이 친환경적인 포장재를 사용하도록 만들고, 친환경적인 포장재를 사용한 제품의 증가는 미처 포장재가 환경에 미치는 영향을 생각하지 못했던 소비자들의 인식을 변화시키고 더 많은 소비자들이 지속가능한 소비에 동참하는 것을 가능하게 할 것이다. 즉, 소비자의 지속가능성에 대한 인식과 관심은 기업을 변화시키고 이러한 기업의 변화가 더

---

17 환경부, 한국환경산업기술원, 친환경제품 국민인지도 조사('19.12)
18 http://digitalchosun.dizzo.com/site/data/html_dir/2021/01/29/2021012980140.html

그림 4-3 지속가능한 소비의 선순환 모델

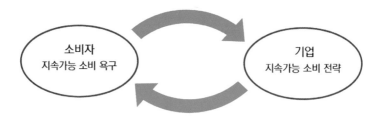

많은 소비자들의 지속가능 소비를 유도하는 선순환모델을 통해서 지속가능 소비는 점차 확대되어 나갈 것이다.

03 이해관계자 중심 경영을 위한 마케팅 전략을 어떻게 수립할 수 있는가? 소비자 중대성 평가(Consumer Materiality Assessment)

이해관계자 중심 경영이 사회에 확산하기 위해서 가장 중요하고 근본적인 변화의 원동력은 소비자에게서 나온다. 결국 소비자가 변하면 기업들은 당연히 소비자들이 가고자 하는 방향으로 함께 변화한다. 본 절에서는 소비자들이 이해관계자 중심 경영에 보다 적극적으로 참여(engagement)하는 방안을 체계적으로 사례를 들어 설명을 하고자 한다.

오늘날 기업에서는 지속가능경영 활동을 하며 중대성 평가(Materiality Assessment)를 지속가능경영보고서에 발간하고 있다. 그러나 기업의 관점에서의 중대성 평가의 방향과 소비자들의 관점에서의 중대성 평가의 방향이 항상 일치하는 것은 아니다. 소비자들을 이해관계자 중심 경영에 적극적으로 동참하게 하려면 우선 소비자들이 어떤 생각을 가지고 있는지를 알아내는 것이 출발점이 되어야 한다.

나이키의 사례에서 소비자들이 중요시하는 요인이 이해관계자 중심 경영의 출발점이어야 함을 알 수 있다. 1990년대, 나이키는 "하청업체에 대한 책임은 나이키의 관리 대상이 아니다"라는 경영방침을 가지고 있었다. 그러나 나이키의 하청을 받은 업체에서 저소득국가의 열악한 노동 상황에 있는 아동을 착취한다는 뉴스가 나오자, 소비자들은 나이키 불매운동을 펼쳤다. 사태를 쇄신하기 위해 나이키는 하청업체에도 기업윤리규범을 강화하겠다고 약속하였고, 오늘날 나이키는 자사의 중대성 평가의 한 축으로 기업이 사회 및 소비자에게 미칠 수 있는 영향력을 고려한 지속가능경영활동을 시행하고 있다.

소비자 관점의 중대성 평가의 필요성

소비자 관점의 중대성 평가의 필요성은 기업에서 실시한 지속가능경영활동에 대한 사례를 통해 찾아볼 수 있다. [그림 4-4]의 광고들을 살펴보면, 하이네켄과 펩시는 광고를 통해 소비자에게 친사회적 활동의 메시지를 전달하고 있다. '하이네켄 광고'에서는 사회적으로 민감한 이슈에 대한 서로 다른 관점을 가진 두 사람이 하이네켄 맥주를 마시며 이야기하는 광고를 통해서 사회적 문제의 해결을 위한 대화와 소통의 중요성을 메시지로 만들었다. '펩시 광고'에서는 Black Lives Matters 운동을 모티브로 화합과 이해라는 메시지를 전달하고자 하였다. 두 광고는 친사회적 메시지라는 점에서 동일한 목적을 가지고 시행되었으나, 소비자로부터 상반되는 평가를 받았다. '하이네켄 광고'는 신선하고 설득력 있다고 평가된 반면, '펩시 광고'는 사회적 소재를 이익창출의 수단으로 악용했다는 소비자의 부정적인 평가를 받았다.

기업은 이해관계자 중심 경영활동에 대한 다양한 이슈 중에 대해 소비자가 중요하게 생각하는 관점을 이해하는 것에서 출발해야 한다. 기업의 이해관계자 중심 경영활동을 소비자에게 효율적으로 전달하고, 더 나아가 소비자들이 적극적으로 참여(engagement)하도록 만들기 위해서는 소비자 관점에서의 접근이 중요하다.

본 장에서는 소비자들이 중요하게 생각하는 이해관계자 중심 경영의 이슈들을 발굴하고 소비자 관점에서의 접근을 위해서, 소비자 관점의 중대성 평

그림 4-4 광고를 통해 친사회적 메시지를 전달한 하이네켄과 펩시

[하이네켄 광고](왼쪽)
사회적으로 민감한 주제에 관해 이견을 가진 두 사람이 맥주를 마시며 대화를 통해 서로 이해하는
과정을 그림.
"신선하며 설득력 있다."

[펩시 광고](오른쪽)
Black Lives Matter 운동을 모티브로 단합, 평화, 이해라는 메시지를 전달하고자 함.
"인종차별 항의 시위라는 정치 사회적 소재를 돈벌이 수단으로 이용했다."

가를 제안하고자 한다. 소비자 중대성 평가(Consumer Materiality Assessment; 이
하 CMA)를 통해 소비자의 관점에서 기업이 사회에 전달하고자 하는 메시지를
선정하는 과정을 사례를 통해서 보여주고자 한다.

소비자 중대성 평가에 대하여

소비자 중대성 평가(CMA)는 단순히 고객의 의견을 반영하는 것이 아닌
기업의 중대성 평가를 기반으로 하여, 소비자 관점에서 기업의 중대성 평가를
바라보는 것을 의미한다. 기업의 중대성 평가와 고객 중대성 평가를 비교하여
중대성 이슈를 선정하고 중대성 이슈들에 고객을 적극적으로 유도하기 위한
전략을 도출할 수 있다.

〈그림 4-5〉에서는 소비자(혹은 고객) 중대성 평가 전략 수립의 단계를
보여주고 있다. 아래에서는 〈표 4-1〉의 각 단계에 대해서 삼성물산의 '에잇
세컨즈'를 사례로 하여 설명을 한다.

그림 4-5 CMA 전략 수립의 단계

1단계: 기업의 중대성 평가

기업의 중대성 평가는 지속가능활동 이슈에 대해 이해관계자들이 생각하는 중요도(Y축)와 기업의 관점에서의 중요도(X축)로 평가되며 이슈는 X축과, Y축의 높은 값을 가진 이슈(1사분면)로 선정된다. 이러한 중대성 평가의 예시로 삼성물산('에잇세컨즈'의 모기업)의 중대성 평가 보고서를 살펴보았다. 이 보고서의 결과를 보면, 삼성물산의 중대성 평가에서 35개 요인 중에서 1st tier에 속하는 20개의 중요 요인이 선정되었다.

표 4-1 삼성물산의 1st tier의 중요 요인

중요성 평가 결과의 보고서 반영 현황		1단계: 35개 요인에서 1st tier의 20개의 요인으로 골라짐.			
목차		이슈		관련 GRI 지표(번호)	페이지
ESG Strategy & Core Issue	중점 분야 1. 온실가스 저감 강화	1	기후변화 대응	원재료(301) 에너지(302) 배출(305)	17-18
		12	환경/사회 영향을 고려한 제품 개발		
		13	에너지 절감		
		15	원료 관리 감화		
	중점 분야 2. 자원사용 효율성 개선	1	기후변화 대응	물(303)	19
		18	물 부족 대응		
	중점 분야 3. 중대재해 Zero 실현	2	임직원 안전/보건	산업안전보건(403)	21-25
	중점 분야 4. 인권경영 수준 제고	3	책임있는 공급망 관리	아동노동(408) 강제노동(409) 인권평가(412) 공급망 사회영향평가(414)	26-28
		16	아동/강제노동 금지		
		17	투자 및 협약 시 인권요소 점검 및 의사결정 반영		
	중점 분야 6. 투명/책임 경영 실천	9	책임 있는 이사회 구성 및 운영	일반공시(102)	32-35
ESG Management Reporting	1. 리스크 관리	10	재무 및 비재무(환경, 사회) 리스크 통합 관리	일반공시(102)	38-39
	2. R&D 및 혁신	4	신성장동력 확보	경제성과(201)	40-41
	3. 환경경영	20	환경경영 체계 확립	환경법 준수(307)	42-43

		5	일하기 좋은 기업 문화 확립	고용(401)	44-46
4. 조직문화		8	인재육성 및 공정한 성과보상	훈련 및 교육(404)	
5. 제품/서비스 책임		7	제품/서비스에 대한 책임 강화	소비자 안전보건(416)	47-49
		11	고객만족 활동 강화		
6. 정보보호		19	고객 정보보호 강화	고객 사생활(418)	50-51
7. 사회공헌		14	사회공헌 전략 수립 및 성과 관리	지역사회(413)	52-54
8. 컴플라이언스		6	윤리경영 강화	반부패(205)	55-57

2단계: 소비자 중대성 평가(CMA)

소비자의 관점에서 어떤 이슈를 중요시하는지 파악하는 것이 필요하다. 소비자 중대성 평가는 소비자의 구매에 미치는 영향과 소비자의 기업에 대한 기대수준을 통해서 구매에 미치는 영향이 크면서 동시에 소비자가 기업에 대해 높은 기대수준을 가지고 있는 이슈를 선정하는 것이 중요하다. 따라서 기업의 중대성 평가를 통해 찾은 많은 이슈들 중에서 고객의 구매결정에 영향을 미치는 요인이 무엇인지와 소비자들이 기업에게 무엇을 기대하고 있는지를 파악하는 것이 필요하다.

이를 반영하여 고객 중대성 평가의 그래프를 구상하면 〈그림 4-6〉과 같다. 〈그림 4-6〉은 소비자의 제품 구매에 미치는 영향력을 Y축에 두고 제품 구매 시 기업에 대한 소비자의 기대를 X축에 둔 그래프이다. 〈그림 4-6〉의 1사분면은 X축과 Y축이 모두 높은 값들이 있는 구간으로 소비자 중대성 평가에서 선정된 우선순위를 뜻한다. 이를 통해 소비자가 생각하는 이해관계자 중심 경영의 중요한 우선순위를 파악하고 이를 중심으로 고객을 참여시키는 전략을 수립해야 한다.

에잇세컨즈는 오늘날 MZ세대 남녀 모두 사용하는 브랜드 중 이해관계자 중심 경영을 실천하는 브랜드로서, 모기업인 삼성물산의 중대성 평가 결과를 활용할 수 있기에 분석대상으로 선정하였다. MZ세대에 해당하는 학생들 127명을 대상으로 삼성물산의 중대성 평가의 중요 요인(1사분면의 이슈들)을 활용

그림 4-6 CMA 분석 그래프

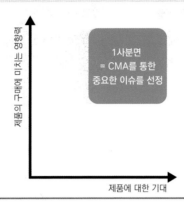

제품의 구매에 미치는 영향력 / 제품에 대한 기대

1사분면
= CMA를 통한
중요한 이슈를 선정

그림 4-7 에잇세컨즈의 소비자 중대성 평가

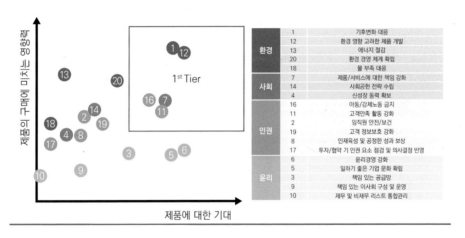

	번호	이슈
환경	1	기후변화 대응
	12	환경 영향 고려한 제품 개발
	13	에너지 절감
	20	환경 경영 체계 확립
	18	물 부족 대응
사회	7	제품/서비스에 대한 책임 강화
	14	사회공헌 전략 수립
	4	신성장 동력 확보
인권	16	아동/강제노동 금지
	11	고객만족 활동 강화
	2	임직원 안전/보건
	19	고객 정보보호 강화
	8	인재육성 및 공정한 성과 보상
	17	투자/협약 기 인권 요소 점검 및 의사결정 반영
윤리	6	윤리경영 강화
	5	일하기 좋은 기업 문화 확립
	3	책임 있는 공급망
	9	책임 있는 이사회 구성 및 운영
	10	재무 및 비재무 리스트 통합관리

하여 설문조사를 수행하였으며 에잇세컨즈 제품의 구매에 미치는 영향력과 소비자가 에잇세컨즈 제품에 대해 갖고 있는 기대를 측정하였다.

이러한 결과를 통해 소비자들이 에잇세컨즈 제품의 구매에 미치는 영향력과 제품에 대한 기대에서 가장 중요하게 고려하는 이슈는 기후변화 대응, 환경 영향을 고려한 제품개발, 제품/서비스에 대한 책임 강화, 아동/강제노동 금지, 고객만족 활동 강화의 다섯 가지 요인인 것으로 나타났다.

3단계: 기업 vs. 소비자 비교

3단계에서는 기업의 중대성 평가와 소비자 중대성 평가를 비교하는 것으로 기업 관점에서 나타난 중요 요인들과 소비자의 관점에서 중요한 요인들을 비교함으로써 기업과 소비자의 관점의 차이를 이해함으로써 소비자의 참여를 확대할 수 있는 전략을 수립할 수 있도록 한다.

1번 항목의 기후변화 대응이라는 요인은 기업과 소비자가 모두 중요하게 생각하는 요인으로 나타나지만 12번, 7번, 16번, 11번의 항목은 소비자에게는 중요하지만 기업의 중대성 평가에서는 다소 덜 중요한 것으로 파악된다. 7번 항목인 제품/서비스에 대한 책임 강화 요인의 경우 소비자에게는 중요한 순위에 속하지만 기업 중대성 평가에서는 이해관계자에 미치는 영향의 정도가 낮은 항목으로 나타났다. 11번 항목의 고객만족 활동 강화 요인과 16번 항목의 아동/강제 노동 금지 요인은 소비자 입장에서 중요하게 고려되어야 하지만 기업에 미치는 영향에서는 낮은 중요도임을 확인할 수 있다.

그림 4-8 기업(왼쪽)과 소비자(오른쪽)의 중대성 평가 비교

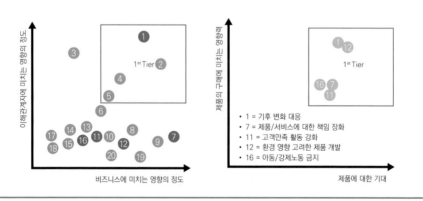

4단계: 소비자 참여(engagement) 전략

기업은 보다 효율적인 지속가능활동을 위해 소비자 중대성 평가를 통해 찾아낸 중요한 이슈를 토대로 소비자들을 어떻게 참여하게 할 것인지 전략을 수립해야 한다. 소비자의 참여를 확대하기 위해서는 어떠한 전략이 필요한지 알아보기 위해 2절에서 설명한 SHIFT Framework을 도입할 수 있다. 소비자들의 사회적 또는 환경적 활동에 대한 참여를 어떻게 확대시키는지를 보여주는 SHIFT Framework에 소비자 중대성 평가의 결과를 적용하여 3가지 전략을 도출해볼 수 있다.

표 4-2 CMA의 결과를 SHIFT Framework에 적용한 예시

	1 기후변화 대응	7 제품/서비스에 대한 책임 강화	11 고객만족 활동 강화	12 환경 영향 고려한 제품 개발	16 아동/강제 노동 금지
Social Influence	○	○			○
Habit Formation				○	
Individual self					
Feelings and Cognition		○	○	C	
Tangibility				○	

① SHIFT의 특정 모듈을 중심으로 일관성이 있는 전략

첫 번째 전략은 SHIFT의 특정 모듈을 소비자 중대성 평가 결과에서 나온 복수의 이슈에 적용하는 것이다. 에잇세컨즈의 사례를 예시로 든다면, Social influence 모듈에 속할 수 있는 이슈들을 찾아서 적용하는 것이다. 1번 항목의 기후변화 대응, 7번 항목의 제품/서비스에 대한 책임강화, 16번 항목의 아동/강제 노동 금지는 Social influence모듈을 적용하여 고객의 참여를 이끌어 낼 수 있을 것이다.

② CMA의 특정 이슈를 중심으로 일관성이 있는 전략

먼저 소비자가 중요하게 여기는 이슈를 선정하고, 이 이유를 중심으로 SHIFT의 다양한 모듈에 적용해서 소비자의 참여를 유도하는 전략이다. 소비자가 중요하게 생각하는 이슈를 중심으로 SHIFT의 복수 모듈을 적용하기 때문에 소비자 관점에서 보다 높은 관심과 참여를 이끌어 낼 수 있다.

③ SHIFT의 특정한 모듈과 CMA의 특정한 이슈에 집중하는 전략

세 번째는 SHIFT의 특정한 모듈과 CMA의 특정한 이슈를 집중 공략하여 고객의 참여를 확대하는 전략이다. 하나의 적절한 모듈에서 적용이 가능한 특정 이슈를 선정하여 소비자 중대성 평가의 특정 이슈와 결합하여 집중을 하는 전략이기 때문에 매우 높은 강도를 가지고 고객의 참여를 적극적으로 유도할 수 있는 전략이다.

┌─ 04 마케팅이 지속가능성을 추구하는데 어떤 장애물이 있는가?

이 장에서 우리는 마케팅이 단지 기업의 이익만을 추구해서는 안 되고, 마케팅을 할 때 다양한 이해관계자들에게 미치는 영향을 고려해야 한다는 관점에서 출발하였다. 여러 이해관계자들 가운데에서 특히 중요한 집단인 고객들은 지속가능한 소비에 대한 욕구를 표출하고 있으며, 이러한 추세는 미래에 더욱 강화될 것으로 예상된다. 그러나 기업, 특히 기업의 마케팅 활동은 종종 과소비와 환경파괴를 유발한다는 비판을 받아왔기 때문에 기업이 지속가능성을 추구하는 데에 있어서 마케팅이 과연 도움이 될까 하는 의문을 제기할 수 있다.

여기서 우리는 더 많은 소비자들이 지속가능한 상품을 소비하고 친환경적인 행동을 하도록 설득하고 유도하는 데에도 마케팅의 설득 커뮤니케이션

기능이 필요하다는 것을 상기할 필요가 있다(2절에서 소개한 SHIFT Framework 를 참조하시오). 즉, 그동안 과소비와 환경파괴의 주범으로 지목되었던 마케팅 의 설득 커뮤니케이션 기능이 도리어 기업이 지속가능성을 추구하는 데에 있 어서 선도적인 역할을 담당할 수 있다는 것이다. 하지만 마케팅이 이렇게 탈 바꿈하는 것은 말처럼 쉬운 일이 아니며 현실에는 여러 장애물이 존재한다. 어떤 장애물이 있으며 이를 어떻게 넘어설 수 있는지를 이 절에서 다뤄보자.

두 마리의 토끼: 성장 vs. 지속가능성

대부분의 기업들은 성장을 추구하고 있다. 성장은 주주가치제고와 긴밀 히 연결되어 있기 때문이다. 마케팅은 기업의 유기적인 성장(organic growth)을 담당하고 있으므로, 마케터들의 성과평가지표 역시 대부분 성장에 연동되어 있다(예: 매출액, 시장점유율 등). 이러한 현실을 감안하면, 마케터가 높은 성장 과 이해관계자의 후생이라는 두 마리의 토끼를 동시에 잡는 것은 쉽지 않은 일이다(예: 판매량 증대 vs. 온실가스 배출 저감). 그러므로 기업이 성장 목표를 낮 추지 않는다면 지속가능성은 뒷전으로 밀려날 위험이 크다. 2022년 여름과 겨울에 우리가 잇달아 겪었던 이상 기후는 기후변화에 대응하기 위하여 더 과감한 행동이 필요하다는 것을 가르쳐주지만, 현실은 거북이 걸음으로 가고 있다. 기업이 친환경 마케팅을 하더라도 종종 그 진정성을 의심받는 근본적인 이유도 바로 여기에 있다. 기업이 성장을 추구하는 한 고객들은 그 기업이 지 속가능성을 추구한다는 홍보 메시지에 의구심을 품을 수 있다.

기업이 성장을 포기하거나 성장을 일정 수준 이하로 제한한다면 지속가 능성을 추구하는 데 많은 도움이 될 것이다. 하지만 경쟁자들이 성장을 추구 하는 가운데 혼자서 용감하게 이런 선언을 하는 기업이 나온다면, 아마도 주 가는 부진해지고 최고경영자는 물러나야 할 위험에 처할 것이다. 소기업이나 비상장기업 중에는 이런 기업이 나올 수 있겠지만 상장 기업 중에서는 나오 기 어려운 것이 현실이다.

이런 위험에서 벗어나려면, 사회적으로 지속가능성이 성장보다 중요하다는 데에 광범위하게 컨센서스를 형성한 후에 다수의 기업들이 공동 보조를 취할 필요가 있다. 하지만 이러한 컨센서스를 어떻게 형성할 것인가? 그 방법은 아래에서 다루기로 한다.

고객지향성이라는 족쇄

우리는 1절에서 마케팅이 기업의 이익만이 아니라 다양한 이해관계자들의 이익을 고려하는 방향으로 나아가야 한다고 했지만, 마케팅은 태생적으로 우리의 상품을 구매하는 고객을 다른 이해관계자들보다 중시해왔다. 기업의 이익은 고객의 구매에서 나오기 때문이다. 고객으로 하여금 우리 상품을 구매하게 만들려면 고객에게 경쟁상품들보다 더 높은 가치를 제공해야 하는데, 이 과정에서 다른 이해관계자의 이익을 침해할 가능성이 존재한다(예: 고객의 가격 인하 요구→부품 단가 인하→공급업자의 수익성 악화).

고객지향성은 기업이 지속가능성을 추구하는 데에도 족쇄로 작용할 수 있다. 예를 들어, 친환경 자재 또는 공정무역으로 조달된 원료를 사용한 상품이 그렇지 않은 상품 대비 원가가 높다면 가격도 높아지게 되는데, 이는 판매량 감소로 이어진다. 대다수 고객들이 가성비를 구매의 기준으로 삼는 실정이라면, 기업이 판매량 감소를 무릅쓰면서 이런 상품을 내놓을 가능성은 낮아진다.

이처럼 마케팅이 금과옥조처럼 따르는 고객지향성이 지속가능성과 충돌하는 문제를 해결할 수 있는 방법은 무엇일까? 고객지향성을 버려야 할까? 기업이 지속가능성을 제약 없이 추구하기 위해서는 고객의 욕구를 충족(fulfill)시키는 데에 머무르지 말고 고객의 욕구를 만들어가야(shape) 한다. 즉, 고객들이 가성비만을 따져서 구매하는 현실을 핑계 삼아서 지속가능성을 소극적으로 실천할 것이 아니라, 다소 비싸거나 불편하더라도 지속가능한 상품을 구매하도록 고객의 의식과 행동을 적극적으로 변화시켜야 한다. 여기서 중추적인 역할을 수행하는 것이 바로 기업의 마케팅 역량이다. 예를 들어, 2절에서 소개한 SHIFT Framework는 구매자들을 의식과 행동을 지속가능한 방향으로 변화시키는 데에 유용하게 활용될 수 있다. 이러한 설득 커뮤니케이션 역량 이외의 다른 마케팅 역량도 빼놓을 수 없다. 이해관계자들의 변화하는 요구를 포착하는 마켓 센싱 역량, 다양한 이해관계자들이 win-win할 수 있는 제품 이나 서비스를 개발하고 시장에 내놓는 역량 등도 중요하다.

이렇게 고객의 의식과 행동을 바꾸는데 성공한다면, 고객지향성은 더 이상 족쇄가 아니라 지속가능성과 조화롭게 양립하게 될 것이다. 한 걸음 더 나아가, 대다수 시민들이 지속가능성을 위해서 가성비를 어느 정도 기꺼이 희생하는 사회에서는 지속가능성을 위해서 성장을 일정 부분 포기하는 기업이 받는 페널티도 낮아질 것이다.

여기서 주의할 것은 이러한 변화를 가져오는데 기업의 힘만으로는 부족하다는 점이다. 구매 행동을 변화시키는 데에는 정부의 규제와 인센티브, 언론의 캠페인, 학교의 교육 등도 필요한데, 이러한 규제, 인센티브, 캠페인, 교육 프로그램들이 성공하기 위해서는 효과적인 마케팅 역량이 전제되어야 한다. 이를 위하여 기업이 정부, 언론, 학교 등과 효과적으로 공조하고 협업하는 것도 중요해질 것이다.

결론적으로, 지속가능성과 마케팅은 양립불가능한 것이 아니다. 앞으로 기업이 지속가능성을 추구하고 우리 사회가 지속가능한 발전을 이룩하는 데 있어서 마케팅은 없어서는 안 되는 중요한 역할을 담당할 것이다.

참고문헌
REFERENCES

Abrahamse, Wokje and Linda Steg (2013). Social Influence Approaches to Encourage Resource Conservation: A Meta-Analysis, *Global Environmental Change*, 23 (6), 1773-85.

Amel, Elise, Christie Manning, Britain Scott, and Susan Koger (2017). Beyond the Roots of Human Inaction: Fostering Collective Effort Toward Ecosystem Conservation, *Science*, 356 (6335), 275-79.

Arnocky, Steven, Taciano L. Milfont, and Jeffrey R. Nicol (2014). Time Perspective and Sustainable Behaviour: Evidence for the Distinction Between Consideration of Immediate and Future Consequences, *Environment and Behaviour*, 46 (5), 556-82.

Banerjee, Subhabrata, Charles S. Gulas, and Easwar Iyer (1995). Shades of Green: A Multidimensional Analysis of Environmental Advertising, *Journal of Advertising*, 24 (2), 21-31.

Brough, Aaron R., James E. B. Wilkie, Jingjing Ma, Mathew S. Isaac, and David Gal (2016). Is Eco-Friendly Unmanly? The GreenFeminine Stereotype and Its Effect on Sustainable Consumption, *Journal of Consumer Research*, 43 (4), 567-82.

Cherrier, Helene (2009). Anti-consumption Discourses and Consumer-Resistant Identities, *Journal of Business Research*, 62 (2), 181-90.

Cialdini, Robert B., Raymond R. Reno, and Carl A. Kallgren (1990). A Focus Theory of Normative Conduct: Recycling the Concept of Norms to Reduce Littering in Public Places, *Journal of Personality and Social Psychology*, 58 (6), 1015-26.

Dietz, Thomas, Linda Kalof, and Paul C. Stern (2002). Gender, Values, and

Environmentalism, *Social Science Quarterly*, 83 (1), 353–64.

Donnelly, Grant E., Cait Lamberton, Rebecca Walker Reczek, and Michael I. Norton (2017). Social Recycling Transforms Unwanted Goods into Happiness, *Journal of the Association for Consumer Research*, 2 (1), 48–63.

Dunning, David (2007). Self–Image Motives and Consumer Behavior: How Sacrosanct Self–Beliefs Sway Preferences in the Marketplace, *Journal of Consumer Psychology*, 17 (4), 237–49.

Eagly, Alice H. (2009). The His and Hers of Prosocial Behavior: An Examination of the Social Psychology of Gender, *American Psychologist*, 64 (8), 644–58.

Fielding, Kelly S., Deborah J. Terry, Barbara M. Masser, and Michael A. Hogg (2008). Integrating Social Identity Theory and the Theory of Planned Behaviour to Explain Decisions to Engage in Sustainable Agricultural Practices, *British Journal of Social Psychology*, 47 (1), 23–48.

Fraj, Elena and Eva Martinez (2006). Influence of Personality on Ecological Consumer Behaviour, *Journal of Consumer Behaviour*, 5 (3), 167–81.

Frederiks, Elisha R., Karen Stenner, and Elizabeth V. Hobman (2015). Household Energy Use: Applying Behavioural Economics to Understand Consumer Decision Making and Behaviour, *Renewable and Sustainable Energy Reviews*, 41, 1385–94.

Gershoff, Andrew D. and Judy K. Frels (2014). What Makes It Green? The Role of Centrality of Green Attributes in Evaluations of the Greenness of Products, *Journal of Marketing*, 79 (1), 97–110.

Gilg, Andrew, Stewart Barr, and Nicholas Ford (2005). Green Consumption or Sustainable Lifestyles? Identifying the Sustainable Consumer, *Futures*, 37 (6), 481–504.

Goldstein, Noah J., Robert B. Cialdini, and Vladas Griskevicius (2008). A Room with a Viewpoint: Using Social Norms to White et al. 41 Motivate Environmental Conservation in Hotels, *Journal of Consumer Research*, 35 (3), 472–82.

Granzin, Kent L. and Janeen E. Olsen (1991). Characterizing Participants in

Activities Protecting the Environment: A Focus on Donating, Recycling, and Conservation Behaviors, *Journal of Public Policy & Marketing*, 10 (2), 1-27.

Griskevicius, Vladas, Joshua M. Tybur, and Bram van den Bergh (2010). Going Green to Be Seen: Status, Reputation, and Conspicuous Conservation, *Journal of Personality and Social Psychology*, 98 (3), 392-404.

Gupta, Shruti and Denise T. Ogden (2009). To Buy or Not to Buy? A Social Dilemma Perspective on Green Buying, *Journal of Consumer Marketing*, 26 (6), 376-91.

Hardisty, David J. and Elke U. Weber (2009). Discounting Future Green: Money Versus the Environment, *Journal of Experimental Psychology: General*, 138 (3), 329-40.

Jachimowicz, Jon M., Oliver P. Hauser, Julia D. O'Brien, Erin Sherman, and Adam D. Galinsky (2018). The Critical Role of Second-Order Normative Beliefs in Predicting Energy Conservation, Nature Human Behaviour, 2 (10), 757-64.

Joireman, Jeffrey A., Paul A. M. van Lange, and Mark van Vugt (2004). Who Cares About the Environmental Impact of Cars? Those with an Eye Toward the Future, *Environment and Behavior*, 36 (2), 187-206.

Kidwell, Blair, Adam Farmer, and David M. Hardesty (2013). Getting Liberals and Conservatives to Go Green: Political Ideology and Congruent Appeals, *Journal of Consumer Research*, 40 (2), 350-67.

Kronrod, Ann, Amir Grinstein, and Luc Wathieu (2012). Go Green! Should Environmental Messages Be So Assertive? *Journal of Marketing*, 76 (1), 95-102.

Kurz, Tim, Benjamin Gardner, Bas Verplanken, and Charles Abraham (2014). Habitual Behaviors or Patterns of Practice? Explaining and Changing Repetitive Climate-Relevant Actions, Wiley Interdisciplinary Reviews: *Climate Change*, 6 (1), 113-28.

Leiserowitz, Anthony (2006). Climate Change Risk Perception and Policy Preferences: The Role of Affect, Imagery, and Values, *Climatic Change*, 77

(1), 45-72.

Lerner, Jennifer S. and Dacher Keltner (2000). Beyond Valence: Toward a Model of Emotion–Specific Influences on Judgement and Choice, *Cognition & Emotion*, 14 (4), 473-93.

Li, Shu–Chu Sarrina (2014). Fear Appeals and College Students' Attitudes and Behavioral Intentions Toward Global Warming, *The Journal of Environmental Education*, 45 (4), 243-57.

Luchs, Michael G., Jacob Brower, and Ravindra Chitturi (2012). Product Choice and the Importance of Aesthetic Design Given the Emotion–Laden Trade–Off Between Sustainability and Functional Performance, *Journal of Product Innovation Management*, 29 (6), 903-16.

Mainieri, Tina, Elaine G. Barnett, Trisha R. Valdero, John B. Unipan, and Stuart Oskamp (1997). Green Buying: The Influence of Environmental Concern on Consumer Behavior, *The Journal of Social Psychology*, 137 (2), 189-204.

Mazar, Nina and Chen–Bo Zhong (2010). Do Green Products Make Us Better People? *Psychological Science*, 21 (4), 494-98.

Newman, George E., Margarita Gorlin, and Ravi Dhar (2014). When Going Green Backfires: How Firm Intentions Shape the Evaluation of Socially Beneficial Product Enhancements, *Journal of Consumer Research*, 41 (3), 823-39.

Nielsen (2015), Consumer Goods' Brands That Demonstrate Commitment to Sustainability Outperform Those That Don't (accessed January 7, 2018), http://www.nielsen.com/ca/en/pressroom/2015/consumer–goods–brands–that–demonstrate–commit ment–to–sustainability–outperform.html

O'Neill, Saffron and Sophie Nicholson–Cole (2009). 'Fear Won't Do It': Promoting Positive Engagement with Climate Change Through Visual and Iconic Representations, *Science Communication*, 30 (3), 355-79.

Osbaldiston, Richard and Kennon M. Sheldon (2002). Social Dilemmas and Sustainability: Promoting Peoples' Motivation to 'Cooperate with the Future,' in Psychology of Sustainable Development, Peter Schmuck and Wesley P.

Schultz, eds. New York: Springer *Science & Business Media*, 37–58.

Pancer, E., McShane, L., & Noseworthy, T. J. (2017). Isolated environmental cues and product efficacy penalties: The color green and eco−labels. *Journal of Business Ethics, 143*(1), 159−177.

Peter, Paula C. and Heather Honea (2012). Targeting Social Messages with Emotions of Change: The Call for Optimism, *Journal of Public Policy & Marketing*, 31 (2), 269–83.Reno, Cialdini, and Kallgren 1993.

Roberts, James A. (1993). Sex Differences in Socially Responsible Consumers' Behavior, *Psychological Reports*, 73 (1), 139–48.

Scannell, Leila and Robert Gifford (2013). Personally Relevant Climate Change: The Role of Place Attachment and Local Versus Global Message Framing in Engagement, *Environment and Behavior*, 45 (1), 60–85.

Schultz, P. Wesley, Jessica M. Nolan, Robert B. Cialdini, Noah J. Goldstein, and Vladas Griskevicius (2007). The Constructive, Destructive, and Reconstructive Power of Social Norms, *Psychological Science*, 18 (5), 429–34.

Semenza, Jan C., David E. Hall, Daniel J. Wilson, Brian D. Bontempo, David J. Sailor, and Linda A. George (2008). Public Perception of Climate Change: Voluntary Mitigation and Barriers to Behavior Change, *American Journal of Preventive Medicine*, 35 (5), 479–87.

Sevillano, Ver´onica, Juan I. Aragon´es, and P. Wesley Schultz (2007). Perspective Taking, Environmental Concern, and the Moderating Role of Dispositional Empathy, Environment and Behavior, 39 (5), 685–705.

Spence, Alexa, Wouter Poortinga, and Nick Pidgeon (2012). The Psychological Distance of Climate Change, *Risk Analysis*, 32 (6), 957–72.

Theotokis, Aristeidis and Emmanouela Manganari (2015). The Impact of Choice Architecture on Sustainable Consumer Behavior: The Role of Guilt, *Journal of Business Ethics*, 131 (2), 423–37.

Trudel, Remi, Jennifer J. Argo, and Matthew D. Meng (2016). The Recycled Self: Consumers' Disposal Decisions of Identity−Linked Products, *Journal of Consumer Research*, 43 (2), 246–64.

Van der, Werff, Ellen, Linda Steg, and Kees Keizer (2013). The Value of Environmental Self—Identity: The Relationship Between Biospheric Values, Environmental Self—Identity, and Environmental Preferences, Intentions, and Behaviour, *Journal of Environmental Psychology*, 34, 55-63.

Vargo, Stephen L. and Robert F. Lusch (2004). Evolving to a New Dominant Logic for Marketing, *Journal of Marketing*, 68 (1), 1-17.

White, K., Habib, R., & Hardisty, D. J. (2019). How to SHIFT consumer behaviors to be more sustainable: A literature review and guiding framework. *Journal of Marketing*, 83(3), 22−49.

White, Katherine, Bonnie Simpson, and Jennifer J. Argo (2014). The Motivating Role of Dissociative Out—Groups in Encouraging Positive Consumer Behaviors, *Journal of Marketing Research*, 51 (4), 433-47.

이해관계자 중심 경영을 위한 인사조직의 과제

••05
이해관계자 중심 경영을 위한 인사조직의 과제

문정빈(고려대학교), 박지성(충남대학교), 이정현(명지대학교),

박상찬(KAIST), 배종훈(서울대학교), 김재구(명지대학교)

┌─ 01 들어가는 말

지속가능경영을 위한 ESG의 물결이 급부상하고 있다. 이러한 거대한 파도가 몰아치는 배경에는 바로 양극화를 극복할 수 있는 포용성장과 함께 이해관계자 중시에 대한 요구라는 폭풍이 있기 때문이다. 그리고 이해관계자들이 지금 기업에 요구하고 있는 것은 이해관계자들에게 고통을 주는 사회적 문제를 해결하고, 더 나아가 적극적으로 사회적 가치를 창출하라는 것이다.

이 글에서는 바로 이들 이해관계자들을 포괄하는 비시장환경에서 경쟁우위를 달성하기 위한 비시장전략에 대한 논의로부터 시작한다. 일반적으로 알고 있는 경영전략과 함께 비시장전략을 포괄하는 통합전략을 효과적으로 실행할 수 있는 조직에 대해서도 알아본다. 그리고 국제관계에 대한 대응책으로 최근 주목받고 있는 기업외교 개념을 통해 실천적 시사점을 찾는다.

인사조직분야에서 우선적으로 고려되는 이해관계자는 내부구성원인 직원들이라고 할 것이다. 기업의 직원들에 대한 관심과 지원은 ESG 중에서도 사회(Social) 영역과 긴밀히 연계되어 있는데, 인권과 근로조건, 고용관계 등을 포괄하는 구성원에 대한 케어가 강조되고 있다. 고용의 질 제고, 구성원 성장 도모, 성별 격차 해소, 산업안전 강화, 개인정보 보호, 협력사와의 상생 등 구체적인 지표들도 포함된다. 특히 최근 MZ세대 등 다양한 세대들이 조직에서 함께 일하게 되면서 직원들에 대한 맞춤형 케어와 직원경험 (Employee Experience: EX) 개념이 각광을 받고 있는데, 이러한 이슈들이 어떻게 'Social' 경영에 기여할 수 있는 방안을 살펴보고자 한다.

그런데, 이해관계자 자본주의에서 인사조직의 과제는 단순히 내부구성원인 직원들과 관계만에 국한되지 않는다. 기업과 내부구성원이라는 양자관계가 때로는 다른 이해관계자들에게 직접적인 영향을 미치기 때문이다. 기업과 종업원 대표인 노동조합 간의 임금 등 단체협약이 다른 이해관계자집단에게 영향을 미치는 많은 사례가 있다. 협력업체 인력, 미래 인력 등에 잠재적 영향을 미칠 수 있기 때문에 기업과 종업원 간의 관계의 형성, 유지, 종료의 전 과정을 관리하는 인적자원관리 기능을 이해관계자 자본주의의 관점에서 더 확장하여 검토한다는 것에 대해 자세히 알아보려 한다. 이러한 면에서 글로벌 선진기업들의 지속가능경영보고서에서 나타난 인적자원관리에 대해서도 소개한다.

한편, 이해관계자 중에서도 기업 활동에 대하여 큰 영향을 미치는 것이 정부 등 제도적 환경이다. 정부정책 및 법제도의 영향을 인사, 조직, 전략 등 기업내부의 경영과 연결지어 본격적으로 연구한 내용들을 조직이론에서 찾을 수 있다. 정부 등의 규제가 제도적 환경으로서 기업들의 전략적 의사결정과 성과에 상당한 영향을 미친다고 주장하는 연구들이 많다. ESG, CSR, 사회가치경영 등 여러 부문에서 법제도적 규범이 강화되는 현상은 조직이론에서도 제도론적 관점이 주는 가치가 크다. 이와 같이 법률과 정책이 지닌 강압적 억제와 촉진적 기능에 대한 연구는 활발하며, 제도의 구성적 기반이 미치는 잠재적 중요성을 고려할 때 본격적 연구가 필요하다.

글을 마무리하면서 재무성과 이외에도 비재무적 성과 등 기업의 가치를 담아야 하는 필요성을 제기해본다. 이해관계자 중심 경영의 대표적 결과물인 지속가능보고서 역시 주주가치를 나타내는 전통적 재무제표처럼 재무성과를 비추는 거울 이미지에 불과하다는 비판이 있다. 최근 2022년 블랙록의 CEO 래리 핑크의 연례서한을 보아도 결국 자본시장의 관점으로 시작된 ESG투자는 재무적 성과를 보장하는 범위 내에서만 기업의 사회적 책임을 다하고자 하고 있지 않은가? 이와 같이 재무가치로 환원하여 이해관계자들을 이해하고, ESG를 측정, 평가하는 한 기업이 사회적 가치를 추구하는 것에는 상당한 제약을 안겨주게 되는 것이다. 새로운 경영 보고서와 재무제표에서도 여전히 주주가치가 가장 중요하다면, 이해관계자주의에 기반한 보고서 역시 전통적인 경영활동 보고서를 넘어서지 못할 것이다. 새로운 가치이론(the theory of value)가 필요하며, 경영학 이론이 특히 인사조직분야가 경제적 지표로 채 환원되지 못하는 사회적 가치를 발견하고 이에 대해 설명하여야 한다는 과제가 있다.

02 시장-비시장전략 간 통합전략 프레임워크 제시 : 전략 및 조직구조

비시장전략: 정의

비시장전략이란 기업이 정부, 지역사회, 언론, NGO 등의 이해관계자들을 포괄하는 비시장환경에서 경쟁우위를 달성하기 위해 벌이는 목적지향적 활동이라고 정의할 수 있다(Baron, 2012; Oberholzer-Gee & Yao, 2007). 이와 대조적으로 일반적으로 경영전략이라고 했을 때 떠올리게 되는 시장전략은 기업이 시장 환경에서 경쟁우위를 달성하기 위해 벌이는 목적지향적 활동이며, 시장 환경이 포함하는 이해관계자들은 고객, 협력사, 그리고 기업의 내부자이기도 한 직원과 주주들이다(Bach & Allen, 2010). 물론 날로 복잡해져 가는 자본주의 경제 시스템에서 시장 환경과 비시장환경의 기계적인 구분은 모호해지고 있으며, 고객 관련된 비시장 이슈(예를 들어 플랫폼 기업들의 개인정보 보호에 대한 법안의 제정이나 개정)도 빈번히 발생하고 지역사회와 관련된 시장 이슈(예를 들어 지역사회와 상생하는 사업 모델의 개발)가 중요해지기도 한다.

따라서 시장환경과 비시장환경의 연관성을 이해하고 그에 종합적으로 대처하여 경쟁우위를 달성하고자 하는 노력이 중요해지는데, 이를 통합전략 (integrated strategy)이라고 부른다(Baron, 2012). 통합전략에서는 시장구조, 경쟁자 분석, 브랜딩과 같은 시장전략적 요소와 함께 비시장 이슈분석, 제도분석, 비시장 포지셔닝과 같은 비시장전략적 요소, 그리고 윤리적 원칙과 사회적 책임과 같은 윤리적 요소들을 통합하여 전략을 수립하고 실행할 것을 제안하며, 이렇게 하였을 때 높은 성과 달성, 위험 관리, 그리고 평판 관리가 가능해짐으로써 기업이 지속가능한 경쟁우위를 달성할 가능성이 높아진다고 주장한다.

비시장전략과 이해관계자 이론

이해관계자 이론의 관점에서 비시장전략은 도구적 이해관계자 이론 (instrumental stakeholder theory)의 전통을 따르고 있다(Donaldson & Preston, 1995; Freeman, et al., 2010; Jones, 1995). 규범적 이해관계자 이론(normative stakeholder theory)이 기업이 이해관계자들과의 관계에 있어 무엇을 해야 하는가에 초점을 맞추고 있다면, 도구적 이해관계자 이론은 기업이 이해관계자들과 윈-윈 관계를 맺는 것이 기업과 주주들에게 어떻게 이로울 수 있는가에 초점을 맞춘다. 고객으로부터 최대의 소비자 잉여를 전유하기보다 고객이 만

그림 5-1 시장/비시장/사회적 책임의 통합 전략

출처: 문정빈·고승연. (2014). 시장·비시장 전략은 하나다. 동아비즈니스리뷰, 151(2).

족할 수준의 소비자 잉여를 제공하고, 직원이나 협력업체에게 갑질을 하여 이윤을 늘이기보다 그들의 생산성 향상에 투자하며, 자연환경을 남용하거나 오염시킴으로써 비용을 절감하기보다 자연을 재생가능한 상태로 보존하고, 지역사회를 피폐하게 만든 후 철수하는 것이 아니라 지역사회와 오래 공존하는 방식으로 운영하는 등, 이해관계자들과 윈-윈 관계를 맺는 것만이 기업이 장기간 번영할 수 있는 방식이라고 주장함으로써, 주주의 이익만을 강조하는 주주 자본주의의 관점과 대별되는 관점을 제시한다. 알렉스 에드먼스는 이와 같은 관점을 파이 키우기 사고방식이라고 명명하여 파이 나누기 사고방식과 차별화하였다(Edmans, 2020). 또한 경영전략의 주요 이론 중 하나인 자원기반 관점(resource based view)의 창시자 중 한 명인 제이 바니(Barney, 2018)는 자원기반관점이 중시하는 가치있고 희소하며 모방이 어렵고 조직가능한(VRIO) 자원에 이해관계자와의 건강한 관계 설정 능력이 포함된다고 인정하였고, 도구적 이해관계자 이론가인 존스(Jones et al., 2018)는 도구적 이해관계자 이론의 주장이 지속가능한 경쟁우위의 원천이 될 수 있음을 주장하여 자원기반관점과 도구적 이해관계자 이론이 서로 수렴할 가능성을 제시하였다.

비시장전략의 유형과 지속가능경영

비시장전략에 대한 학문적 연구는 크게 두 갈래로 대별되는데, 그 중 하나는 기업의 사회적 책임(CSR)과 ESG측면의 비재무성과에 관심을 기울이는 지속가능성(sustainability)에 대한 연구이고 다른 하나는 기업의 비시장 영역에서의 경쟁우위 달성에 관심을 기울이는 정치전략에 대한 연구이다(Mellahi et al., 2016). 비시장전략을 유형에 따라 분류하자면 사회의 요구에 기업의 비전, 목표, 활동을 맞추는 방식의 적응형(adaptive) 비시장전략, 기업의 목표에 부합하도록 공공정책을 유도하는 방식의 변화추구형(transformative) 비시장전략, 그리고 기업의 목표를 사회의 지향점에 일치시키는 방식의 상생형(additive) 비시장전략으로 나눌 수 있다(Dorobantu, et al., 2017).

표 5-1   비시장전략의 유형*

구분	내용	예시
적응형 비시장전략	사회의 요구에 기업의 비전, 목표, 활동을 맞추는 방식	준법경영(compliance). 위험관리에 초점을 맞춘 다소 소극적인 의미의 비시장전략
변화추구형 비시장전략	기업의 목표에 부합하도록 공공정책을 유도하는 방식	정치전략. 입법과정과 선거과정에 적극적으로 관여함으로써 경쟁우위를 달성하는 방식. 제로섬 게임의 성격을 가짐
상생형 비시장전략	기업의 목표를 사회의 지향점에 일치시키는 방식	지속가능경영. 미래지향적인 비전을 통해 사회의 다양한 이해관계자들과 윈-윈을 추구함으로써 경쟁우위를 달성함과 동시에 사회의 발전방향을 선도하고자 하는 성격

*Dorobantu, et al. (2017)에 근거하여 작성하였음

적응형 비시장전략의 대표적 사례는 준법경영(compliance)이며 위험관리에 초점을 맞춘 다소 소극적인 의미의 비시장전략이다. 변화추구형 비시장전략의 대표적 사례는 정치전략으로서 입법과정과 선거과정에 적극적으로 관여함으로써 경쟁우위를 달성하는 방식인데, 한 기업의 목표를 달성하기 위해서는 그와 경쟁하는 다른 기업의 목표를 저지해야 하는 제로섬 게임의 성격을 가질 수밖에 없다. 마지막으로 상생형 비시장전략의 대표적 사례는 지속가능경영이고, 미래지향적인 비전을 통해 사회의 다양한 이해관계자들과 윈－윈을 추구함으로써 경쟁우위를 달성함과 동시에 사회의 발전방향을 선도하고자 하는 성격을 갖는다.

통합전략과 조직구조

그렇다면 시장전략과 비시장전략을 통합하여 효과적인 통합전략을 수립, 실행함으로써 기업의 성과를 높이기 위해서는 어떠한 조직이 뒷받침되어야 할까? 챈들러(Chandler, 1969)는 통찰력 있는 전략은 기업의 성공을 위한 필요조건이지만 충분조건은 아니며, 성공적인 기업 운영을 위해서는 전략이 효과

적으로 구현될 수 있는 기업조직이 뒷받침되어야 한다고 주장했다. 통합전략의 수립과 실행을 위해서는 시장 및 비시장 이슈들을 담당하는 부서들을 통합적으로 관리할 수 있는 컨트롤 타워가 반드시 필요하며, 이는 최고경영자와 이사회 수준에 위치해야 한다. 실제로 많은 국내 기업들의 조직구조를 살펴보면 준법경영을 담당하는 컴플라이언스팀, 언론을 담당하는 홍보팀, 주주 소통을 담당하는 IR팀, 지역사회와의 상생을 담당하는 CSR팀, 생산 현장의 환경, 건강, 안전을 담당하는 EHS팀 등 다양한 시장 및 비시장 이슈를 전담하는 팀들이 여러 부서에 분산되어 존재하며 이들 사이의 의사소통이나 업무 조율이 제한되어 있는 것을 볼 수 있다. 이러한 상황에서 효과적인 통합전략이 수립, 실행되어 지속가능경영을 달성하기 어려움은 당연하다. ESG의 열풍을 타고 많은 국내기업들이 ESG위원회를 이사회 내에 설치하고 있는데, 이는 통합전략의 효과적 수립을 위한 첫걸음이라고 할 것이다. 더 나아가 최고경영자 직속의 전략기획담당부서에서 다양한 비시장 이슈들을 시장전략과 함께 고려하고 통합전략의 관점에서 기업의 비전과 전략을 수립하여 이사회에 보고하고 이를 실행한 후 관리책임을 지는 것이 필수적이라 할 것이다.

비시장전략의 미래: 기업 외교

마지막으로 비시장전략의 최신 트렌드라고 할 수 있는 기업외교의 개념과 함께 몇 가지 사례를 살펴보고자 한다. 기업외교란 기업이 국가의 외교와 국제관계에 대응하거나 때로 이를 적극적으로 만들어가는 비시장전략으로 정의된다(Li et al., 2022). 냉전의 종식과 정보통신기술의 발달로 가속화된 지난 30여 년간의 세계화 흐름을 타고 거대 다국적기업들은 평균적인 나라의 경제를 훨씬 뛰어 넘을 정도의 규모와 영향력을 행사하고 있다. 따라서 다국적기업들의 경우 본국의 이해관계자들 뿐 아니라 글로벌 이해관계자들을 고려해야 하는 도전에 직면해 있다. 기업의 평판 관리, 가시성(visibility), 그리고 리더십의 유지 및 확장을 위해 비시장전략의 국제적 확장은 필수적이며, 이는 다국적기업 본국의 외교 목표와 밀접한 관계가 있다. 즉 다국적기업은 본국 정부의 외교적 목표 달성을 위해 적극적으로 협력함으로써 본국 정부와 상생적 관계를 형성함과 더불어, 자신의 이익을 위해 본국 정부의 외교 방향에 영향을 행사하고자 한다. 또한 현지 진출국 정부와의 협력적 관계 설정 또한 중요하다. 우리나라 조선 산업의 도약을 위해 추진했던 대우조선해양-현대중공업의 합병 시도는 몇몇 이해당사국 경쟁 당국의 반대로 인해 끝내 무산되었는데, 이는 기업의 비시장전략이 본국의 범위에만 제한되어서는 효과적일 수 없으며, 국가차원의 외교적 노력과도 밀접하게 연결되어 있음을 잘 보여준다.

삼성전자의 경우 앞선 기술력을 바탕으로 글로벌 파트너십을 통한 지속가능경영에 적극적으로 나서고 있으며, 게이츠 재단과의 협업을 통한 저개발국용 친환경 화장실 개발이나 파타고니아와의 협업을 통한 미세플라스틱 방지형 세탁기의 개발 등을 통해 세계적인 평판과 리더십 제고에 노력을 기울이고 있다(Kim & Kim, 2022; Woo, 2022). 세탁과정에서 발생하는 미세플라스틱이 하수를 통해 하천과 바다로 유입되는 문제를 해결하기 위한 노력은 유엔 지속가능발전목표 14(수중 생태계 보호)에 연관되는 활동으로서 국제적인 관심 사안이며, 물 없는 친환경 화장실의 개발은 저개발국의 환경 회복을 위해 절실한 과제로서 국제개발 커뮤니티의 관심사이자 유엔 지속가능발전목표 6(깨끗한 물과 위생)에 직접적인 도움을 주는 기술적 진전이다. 따라서 이와 같은 협력적 성과가 우리나라의 대외원조 및 국제적 발언권 제고에 도움이 됨은 물론이다.

SK 그룹의 경우도 사회적가치 추구를 통한 Double Bottom Line(DBL) 경영을 추구하며 다양한 활동을 벌이고 있는데, 특히 사회성과인센티브(social progress credit; SPC) 사업의 경우 소셜벤처들이 창조하는 사회적 가치라는 긍정적인 외부성을 금전적 인센티브로 환산해 보상하고자 하는 참신한 시도로서 국제적 주목을 받고 있다(Jang, Rhee & Barnett, 2019; Jung & Shin, 2022; Serafeim, et al., 2020). 매출의 과반 이상이 해외 시장에서 발생하고 경쟁력의 유지와 확보를 위해 다양한 해외인수합병 및 해외직접투자를 실행해야 하는 다국적기업에게 해외진출국 이해관계자들의 우호적 시선과 지지는 소중한 자산이며, 이를 위해 국가의 외교에 상응하는 '관계에의 투자'가 필수적이다. 미-중 갈등이라는 세계질서의 격랑 속에서 우리나라의 다국적기업들 또한 기업 외교 역량을 신장시켜 나가야만 하며, 이를 위해서는 먼저 비시장전략에 대한 이해, 통합전략 관점에 대한 고민과 이를 기업조직에서 구현하기 위한 노력이 반드시 선행되어야 한다.

03 조직 내 주요 이해관계자: 내부 구성원(직원)

이해관계자 중심 경영에서 '내부' 구성원이 다시금 주목받는 이유

조직, 특히 기업이 탄생한 이래 가장 오래되고 밀접한 이해관계자 중 하나는 바로 조직 내부 구성원, 즉 직원이라 할 수 있다(Freeman et al., 2010). 오늘날 경영환경이 한층 복잡해지고 사업모델의 수명주기가 대폭 단축되면서 기업들은 지속적인 핵심경쟁우위를 창출할 수 있는 동력을 찾기 위해 분투하고 있으며, 그 결과 내부 구성원의 가치가 재평가되고 있다(Plouffe et al., 2016; Wolf, 2013). 다양한 자원들이 핵심역량의 투입요소가 될 수 있으나, 그 중 인적 자원은 가치 있고, 희소하며, 대체불가하고, 모방이 어렵다는 점에서 핵심역량의 전제조건들을 가장 잘 충족하고 있다고 볼 수 있다(Barney & Wright, 1998). 특히, 오늘날 '인재전쟁(war for talent)' 또는 '인재쟁탈(talent poaching)' 현상이 보다 가열되고 있는 가운데, 기업들은 단순히 높은 연봉이라는 다른 경쟁자들이 모방하기 쉬운 황금수갑(golden handcuffs)보다는 직원 개개인에게 맞춤화된 차별화된 가치제안(Employee Value Proposition: EVP)을 통해 우수한 직원들을 확보하고, 몰입시키며, 유지하려는 다양한 노력들을 기울이고 있다(Mahadevan & Schmitz, 2020).

이러한 기업의 직원들에 대한 관심과 지원은 오늘날 세계적으로 화두가

되고 있는 ESG, 그 중 사회(Social) 영역과 긴밀히 연계되어 있다. 사회 영역에 해당하는 인권과 근로조건, 고용관계 등을 포괄하는 구성원에 대한 케어는 2021년12월 정부가 제시한 'K-ESG 가이드라인'에서도 강조되고 있는데, 여기에는 고용의 질(정규직) 제고, 구성원 성장(교육훈련 등) 도모, 성별 격차 해소, 산업안전 강화, 개인정보 보호, 협력사와의 상생 등 더 구체적인 형태의 평가지표들이 포함되어 있다(산업통상자원부, 2021). 이러한 인간본연 중심적 접근은 국내·외 모두 새로운 세대들이 조직 내 노동력으로 대거 진입하여 다양한 세대들이 함께 일하게 되면서 그 어느 때보다 중요한 이슈가 되고 있다(박지성 외, 2022). 즉, 다양한 세대들의 니즈와 요구를 충족하는데 있어 기존의 관리 공식이 통하지 않은 상황에서 과연 어떻게 내부 구성원들의 몰입과 헌신을 제고할 수 있을 것인가가 오늘날 기업들이 당면한 난제(難題)가 된 것이다. 개인주의 세대의 확대, 다양한 세대들의 니즈 다양화 및 조직과 개인 간 거래적 고용관계의 확산을 통해 조직은 개별 직원을 어떻게 맞춤형으로 케어하느냐가 중요해졌으며, 이로 인해 최근 직원경험(Employee Experience: EX) 개념이 각광을 받고 있다.

개별고용관계에 기반한 직원경험으로의 전환

직원경험은 개별 고객에게 차별적인 경험을 제공함으로써 제품 및 서비스 제공 기업에 대한 충성도를 높여 고객과 브랜드가 맺는 관계를 구축하고 강화하는 고객경험(Customer Experience: CX)에서 유래한 개념으로, 조직 내부 관점에서 또 다른 고객은 바로 직원이 된다(Plaskoff, 2017). 직원 개개인은 서로 다른 인생의 궤적과 니즈를 가지고 있으므로 이들이 조직에서 어떠한 차별적인 경험을 겪는지는 해당 조직에서 몰입하여 직무를 수행하고, 조직 발전을 위해 어떻게 기여하는지를 결정하게 된다(Lemon, 2019; Plaskoff, 2017). 조직 경험에 대한 본격적인 연구를 진행하여 해당 개념을 대중화시킨 Morgan (2017/2020)에 따르면, 직원경험은 '직원의 기대, 필요, 요구와 그들의 기대, 필

그림 5-2 직원경험의 개념

출처: Morgan, J. (2020). 『직원경험(The employee advantage)』

요, 요구에 관한 조직의 설계 사이의 교집합(p. 32)'으로 정의할 수 있다. 이를 더 쉽게 설명하자면, '문화, 기술, 물리적 환경에 초점을 맞춰 사람들이 출근하고 싶은 조직을 설계하는 것(Morgan, 2017/2020, p. 32−33)'이라 할 수 있다. 또 다른 정의로는 "조직과 상호작용하는 경험을 통해 직장에서 직원들이 경험하는 것에 대한 인식의 총체"(Shenoy & Uchil, 2018)라고도 제시된다.

이러한 점에서 직원경험은 직원이 처음 채용 정보를 검색한 날부터 퇴사 이후까지 경험하는 모든 상호작용이자 입사 지원(pre−entry 단계)부터 시작하여 퇴사 후에도 계속되는 기업의 전체적인 여정을 의미하는데(Plaskoff, 2017), SAP Insight(2022)에서는 이러한 전환을 기존의 인적자본관리(Human Capital Management)에서 인간경험관리(Human Experience Management)로 인적자원관리가 진화하고 있다고 평가한다. 이와 관련하여 Morgan(2017/2020)은 인적자원관리의 패러다임이 유용성(utility)에서 생산성으로, 생산성에서 몰입으로, 그리고 몰입에서 더 진화한 개념이 직원경험이라고 설명하고 있다. 유용성의 시대에서는 직원들이 업무를 수행하도록 제공하는 필수적인 도구나 자원이 중요하였으나, 이후 생산성의 시대에서 고용주는 직원들이 일을 더 빠르게, 더 잘하려면 무엇이 필요한지에 대해 몰두하였다. 이후 몰입의 시대에서는 직원들을 더 행복하게 만들어서 더 나은 성과를 만들 수 있게 하려면 그들을 어떻게 만족시켜야 하는지에 대한 측면으로 관점이 전환되었다. 그리고, 직원경험의 시대에서는 몰입보다 더 장기적이고 전반적인 조직 재설계에 초점을 두어

직원 한 사람이 회사와 관계를 맺는 과정 전반에 대한 경험을 관리하는 것을 강조하고 있다. 이는 입사 전부터 퇴직 이후까지 긍정적 관계를 유지하기 위한 전략을 의미한다. 비록 직원들이 경험한 것들에 대한 인식상의 편차(variability)는 존재하지만, 이러한 변이를 최대한 줄여 조직이 설계하고 제공한 방식을 개별고용관계를 맺는 직원들이 조직이 의도한 대로 받아들임으로써 직원과 조직이 긍정적으로 상호작용할 수 있도록 만드는 것이 직원경험의 핵심이 된다.

직원경험이 'Social' 경영에 기여하기 위한 방안들

그렇다면 직원경험을 어떻게 설계하여야 궁극적으로 'Social' 측면에서의 효과성을 높일 수 있을 것인가? 먼저 직원경험을 구성하는 요소들(constituents)을 명확히 규정하는 것이 필요하다. Mogan(2017/2020)에 따르면, 직원경험을 구성하는 세 가지 요소는 문화적 환경, 기술적 환경, 물리적 환경이다. 먼저 문화적 환경은 모든 구성원들을 소중히 여기고 공정하게 대우하는 문화, 배우고 성장하며, 구성원들의 건강과 웰빙에 신경쓰면서 구성원들이 자신을 팀의 일원으로 느끼는 문화 등이 포함된다. 두 번째 기술적 환경 측면은 모든 직원이 사용 및 접근 가능한 기술도구로, 시장에서 활용되는 최신기술일 수도 있고 직원들의 요구에 부합하는 기술일수도 있다. 이는 다양한 기술들을 통해 직원들과 활발히 의사소통하고, 직원들이 긍정적 경험을 하도록 지원하는 도구로 적극 활용하는 것을 의미한다. 마지막으로 물리적 환경은 조직의 핵심가치가 반영된 공간으로, 다양한 업무공간을 활용하여 유연한 장소를 제공하는 것을 뜻한다. 물리적 환경은 친구나 방문객을 기꺼이 데려와서 회사를 소개하고 싶은 공간이 되어야 하는데, 이는 일터가 직원들이 경외감과 호기심, 자부심을 느낄 수 있는 일종의 직원경험 센터로 진화하고 있기 때문이다. 이러한 물리적 환경은 조직의 핵심가치를 반영해야 하며, 직원들의 연결과 소통을 촉진시키는 방식으로 조성되어야 한다. 이러한 환경들이 구축되는 과정

그림 5-3 직원경험 방정식의 3요소

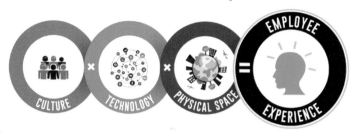

THE EMPLOYEE EXPERIENCE EQUATION

CULTURE × TECHNOLOGY × PHYSICAL SPACE = EMPLOYEE EXPERIENCE

출처: https://thefutureorganization.com

에서 직원들은 자신의 사회적인 정체성을 확보하고 타인 및 조직과 보다 개인화된 관계를 형성해 나가게 된다.

이와 같은 환경적 요소들의 구축과 함께, 기업에서는 시간에 대한 관리역시 전략적으로 설정할 필요가 있다. 앞서 기술한 것처럼, 직원경험은 입사지원부터 시작하여 퇴사 후에도 계속되는 전체적인 여정(holistic journey)이라는 시간(timespan)을 상정하지만, 직원들이 느끼는 경험의 효과와 강도는 매순간마다 다를 수 있다. 이러한 '중요 사건(Moment Of Impact : MOI)'은 직원의 삶에 상당한 영향력을 준 기억에 남을 만한(Memorable) 구체적인 사건을 의미한다. 일반적으로, 직원들이 느끼는 경험의 순간은 크게 '네 가지 진실의 순간'으로 구성되는데, ① ZMOT(Zero Moment of Truth; 사람들이 입사 전에 해당 조직에 대해 검색해 보는 순간), ② FMOT(First Moment of Truth; 조직원이 최초 입사 시, 첫인상을 형성하는 순간), ③ SMOT(Second Moment of Truth; 조직원이 조직내 상호관계를 통해 경험하는 순간), ④ UMOT(Ultimate Moment of Truth; 이동/퇴사 시 경험하는 순간)이 해당된다(송한상, 2019). 제한된 자원 하에서 효용성 제고 관점에서 조직은 이러한 진실의 순간에 직원들에게 강한 경험을 남길 수 있는 '결정적 순간'을 설계해야 한다. Heath & Heath(2012/2018)에 따르면, 결정적 순간은 ①영원히 간직하고 싶은 고양 ② 불현듯 진실을 깨닫는 통찰의 순간 ③ 우리가 연결되었음을 느끼는 교감의 순간 ④ 내가 나이길 정말 잘했다고 깨닫는 긍지의 순간에 생겨난다. 이에 기업은 앞서 기술한 네 가지 중요한 사건 발생 시점에서 결정적 순간들을 직원들이 경험할 수 있도록 개인 맞춤화된 서비스를 제공할 필요가 있다.

이러한 결정적 순간의 설계는 최신 기술들이 접목됨으로써 더욱 고도화되고 정교해지고 있다. 오늘날 기업들은 인공지능과 머신러닝을 이용해 대규모 데이터 수집이 가능해지고 각종 최신 분석 도구들을 활용하여 직원 여정 매핑 플랫폼을 통해 회사를 탐색하는 시점부터 퇴사 이후까지 직원의 타임라인을 시각화하고 있는데, 여기에는 직원의 주요 접점과 중요 이벤트가 포함된다(SAP Insight, 2022). 더 구체적으로 직원경험은 네 가지 단계로 설계 가능한데, 먼저 직원들로부터 중요 사건을 수집하여 경험을 감지(Sensing)하는 것으로 시작되며, 수집된 경험 데이터를 분석하여 전사 직원경험 수준과 상태를 진단하는 경험진단(Diagnosis)이 두 번째 단계이다. 다음으로, 부정적 경험은 최소화하고 긍정 경험은 최대화하기 위한 솔루션을 설계하는 것이 경험 설계(Design)에 해당하는 3단계이며, 마지막으로 경험 설계안을 조직 내에 실제 실행하고 제반 환경을 구축하는 경험 실행(Execution)이 4단계라 할 수 있다(Workday, 2022). 이러한 설계 단계에 기반하여, 기업은 직원 개개인이 각각의 순간에서 도출된 현재−기대 수준을 점검해 구체적인 이슈를 도출하여 대응방안을 마련할 수 있다. 예를 들어, 조직성과관리를 측정가능하게 하기 위해 KPI(Key Performance Indicator)를 사용하듯이, 직원 공통 및 개인별 차별화된 '핵심 경험 변수(Key Experience Factor : KEF)'를 HR analytics와 연계·활용하여 직원경험을 단계와 시점에 맞추어 체계적으로 관리할 수 있다(Workday, 2022).

오늘날 기업의 생존은 이해관계자 중심 경영에 달려있다고 해도 과언이 아닐 정도로 기업의 사회적 책임은 시대의 책무로 여겨지고 있다. 이에 기업들은 지배구조 개선과 환경친화 경영을 통해 생존력을 제고하고 지속가능성을 도모하고 있다. 그러나 간과하지 말아야 할 사실은 기업에게 부과된 시대적 소명을 다하는 주체는 바로 내부 구성원인 직원이며, 이들을 어떻게 만족

그림 5-4 직원경험 설계의 4단계

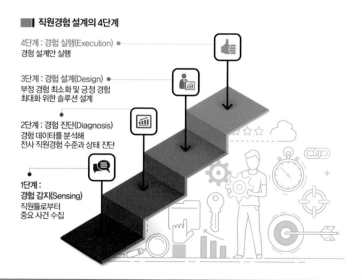

직원경험 설계의 4단계

4단계 : 경험 실행(Execution)
경험 설계안 실행

3단계 : 경험 설계(Design)
부정 경험 최소화 및 긍정 경험
최대화 위한 솔루션 설계

2단계 : 경험 진단(Diagnosis)
경험 데이터를 분석해
전사 직원경험 수준과 상태 진단

1단계 :
경험 감지(Sensing)
직원들로부터
중요 사건 수집

출처: https://www.workday.com

시키고 몰입할 수 있게 하는가에 따라 기업의 의사결정 방향, 사업의 효과성, 창출 가치의 크기 등이 결정된다는 점이다(박지성 외, 2022). 주지하듯이, 특정 세대나 한 세대에게만 좋은 제도나 이상적인 조직은 존재하지 않는다. 앞으로 는 내부 구성원 개개인과 조직 간 상호작용의 총체인 직원경험을 어떻게 구 축해가느냐가 새로운 경영 패러다임인 이해관계자 중심 경영의 실제적 구현 과 성공 여부를 판가름하는 기준점이 될 것이다. 이러한 기업들의 변화 과정 은 조직 또한 한 단계 진화할 수 있는 의미 있는 경험이 될 것이며, 이는 내 부 구성원과 조직 모두가 성장하는 자본주의를 향한 또 다른 여정의 자양분 이 될 것이다.

04 이해관계자 중심 경영에서의 인적자원관리의 방향

기업-종업원 양자 관계의 한계

종업원은 고용계약을 통해 기업에 고용된 기업 내부 이해관계자이다. 따라서 기업과 종업원 간의 관계는 보통 기업 내부의 관계이다. 기업과 주주의 관계, 기업과 소비자 간의 관계, 기업과 협력회사들 간의 관계, 기업과 경쟁사들 간의 관계, 기업과 지역이나 정부 간의 관계 등 기업과 외부 이해관계자들 간의 관계와는 다를 수 있음을 뜻한다.

기업의 인적자원관리 기능은 기업과 종업원 간의 관계의 관리를 의미한다. 이 인적자원관리 기능은 기업과 종업원 간의 양자관계로 간주되어 왔고, 이 양자관계에 대한 기업 관련 이해관계자들의 관여는 두드러지지 않았으며, 기업과 종업원(노조 포함) 양자 모두 다른 이해관계자들의 관여를 원하지도 않았다.

기업과 종업원 간의 관계를 이 두 주체의 양자 관계로만 이해해서는 안 되는 이유들이 존재한다. 먼저 양자관계가 때로는 다른 이해관계자들에게 직접적인 영향을 미치기 때문이다. 기업과 종업원 대표인 노동조합 간의 임금 포함 단체협약이 다른 이해관계자집단에게 영향을 미치는 많은 사례가 존재한다. 2008년 미국 자동차산업에서의 GM과 크라이슬러가 파산 위기에 직면하여, 미국 연방정부의 구제금융을 받는 과정에서, 전미자동차노조(UAW)와 두 자동차기업은 당시 재직자 대상 정리해고를 피하기 위해, 미래 취업자들의 초임을 당시 초임의 절반 수준으로 축소하기로 합의하였다. 이는 재직자를 보호하기 위해, 아직 입사하지 않아, 누구인지 구체화되지 않은 미래세대의 임금을 삭감하는데 담합한 것이며, 세대 간의 단절을 낳은 사건이다. '전세계 생산위기 발생 시 해외 공장 폐쇄를 먼저 실시하고, 국내 공장 폐쇄를 마지막에 실시한다'는 내용을 골자로 하여, 국내 자동차산업 대기업의 노동조합과 기업 간에 채결되었던 단체협약 조항은 해외공장 근로자와 국내공장 근로자들 간의 차별 대우에 해당한다. 국내 기업에서의 단체협약 체결이 해외근로자에 미치는 영향은 전혀 고려되지 않은 사례에 해당한다. 완성업체 소속 근로자와 동일한 직무가 협력업체 인력들에 의해 수행됨에도 불구하고 그들에게 훨씬 낮은 임금이 지급되는 것을 방관하는 완성업체와 완성업체 정규직 노조의 태도는 협력업체 인력의 임금을 전취하는 완성업체 내부의 노사담합이자 갑질이라고 할 수 있다. 많은 국내 글로벌 기업들이 연구개발/생산/판매의 가치사슬을 확장할수록, 그리고 글로벌 차원에서 해외 공장과 판매라인을 확대할수록, 국내 완성업체와 완성업체 종업원(노동조합) 간의 관계는 무수히 많은 해외 인력, 협력업체 인력, 미래 인력 등에 잠재적 영향을 미칠 수 있다. 따라서 기업과 종업원 간의 관계는 순수한 양자관계이기 어렵다. 양자 관계로 알려진 기업과 종업원 간의 관계의 형성, 유지, 종료의 전 과정을 관리하는 인적자원관리 기능을, 이해관계자 자본주의의 관점에서 보다 확장하여 검토해야 한다.

기업-종업원 양자 관계에의 영향요인

주주자본주의는 1주 1표 원칙에 입각하여 작동되므로, 1인 1표 원칙의 민주주의와는 거리가 먼 경제적 제도이다. "민주주의는 기업 정문 앞에서 멈춘다"라는 유명한 격언은 이를 잘 드러내는 표현이다. 1800년대 후반부터 시작된 주식회사 제도의 확산에 따른 주주자본주의는 기업의 종업원 관리를 의미하는 인사관리 또는 인적자원관리를 기업 외부가 인식/개입하기 어려운 블랙박스로 만드는 경우가 대부분이었다. 기업 주도의 종업원관계 관리인 인적자원관리는 기업 내부의 사안으로서 기업과 종업원들과의 관계의 관리이며, 기업 외부에 개방되지 않는 기업 내부의 일이었다. 사용자의 경영대권에 대한 미국 사회 내 폭넓은 인정은 종업원 대상 인적자원관리의 블랙박스화를 강화시킨 미국 특유의 원인으로 볼 수 있다.

하지만 기업 내 종업원과 기업 간의 관계를 의미하는 인적자원관리가 완전히 기업의 담장을 넘어서지 않고, 사회와 유리되었던 것은 아니다. 때로는 기업의 인적자원관리에서의 변화가 사회의 혁신으로 이어지는 〈기업발－사회행 혁신〉이 발생하기도 하였고, 경우에 따라서는 사회에서의 여러 상황요인들이 기업의 인적자원관리에 영향을 미치는 〈사회발－기업행 혁신〉이 목도되기도 하였다.

미국 자동차회사 포드사의 설립자인 헨리 포드는 1914년 종업원 대상 1일 8시간 근무제 및 하루 일급 5불로의 임금 2배 인상 조치를 발표하여 전 미국을 뒤흔들었다. 1926년에는 더 나아가 주당 40시간 근로제를 실시하였다. 인적자원관리와 관련된 포드사의 이 정책들은 포드사 한 기업 혹은 자동차산업에 한정되지 않고, 당시 미국 사회와 이후 세계 대부분의 나라에 영향을 미친 포드발 사회혁신의 대표적 예이다. 1950년 말부터 GE와 IBM에서부터 시작된 〈종업원의견조사(employee opinion survey)〉는 비록 당시 갤럽 선거여론조사 등의 영향을 받은 제도이지만, 민주주의의 영향으로부터 차단되어왔던 많은 기업 내부에 종업원의 의견이 경청되고 기업 내 민주주의의 싹이 자랄 수 있는 좋은 토양으로 작용한 기업발 사회혁신의 또다른 예이다.

반대로, 1935년의 미국 루즈벨트 대통령과 민주당 주도의 와그너법은 기업 내부 종업원관리에 커다란 변화를 야기하고, 기업 내 노사관계 기능의 공식화와 팽창을 낳은 〈사회발－기업행 혁신〉의 전형적인 예이다. 기업 내 결사의 자유에 대한 법적 인정은 그 자체로 사회에서의 결사의 자유가 기업 담장 안으로까지 확장된 대표적 사례이다. 1930년대와 1940년대까지 거의 20년을 집권한 민주당의 영향이 컸으며, 특히 루즈벨트 대통령의 영향이 와그너법의 실현에 큰 작용을 하였다. 지난 90년 가까운 시간동안 인적자원관리는 노사관계법에 의해서 영향 받아왔고, 때로는 체계화될 수 있었다. 1960년대 미국 민권운동에 의한 차별 금지 관련 법률의 잇따른 제정은 남녀평등과 인종차별 금지라는 시대적 과제를 제기하였고, 현재 미국 기업 인적자원관리의 핵심 개념들인 다양성/평등/포용(diversity/equity/inclusion, DEI)의 시작을 열었다. 채용과 직무부여, 승진, 보상, 이직 등의 기업 종업원관리의 여러 기능들에 대한 기업의 재량권은 점차 감소하여 왔으며, 평등 지향 종업원의 기업 인적자원관리 기능에 대한 종업원들의 기대수준과 민감성은 계속 높아져왔다.

21세기 들어서 기업의 인적자원관리에 대한 외부로부터의 영향 중 가장 두드러진 것은 블랙록(Black Rock)을 필두로 하는 글로벌 투자자산운용사들의 스튜어드십(Stewardship)에 입각한 관여를 들 수 있다. 글로벌 기업 주주총회에서 글로벌 투자자산운용사들이 기업의 기후변화 대응 노력 부족, 이사회 독립성 부족, 이사 구성의 다양성 부족, 임원 보상 적정성 미흡 등의 여러 이슈에 대해 거부권을 행사해왔으며, 그 강도는 날로 거세지고 있다. 민간기업에 대해 지속가능경영을 강화하도록 요청하는 맥락에 따라 기업 내부 인적자원관리에 대한 관여도 증가하고 있다.

블랙록은 2022년 래리 핑크(Lawrence D. Fink) CEO의 연례 서한에서 '종업원을 위한 보다 나은 환경을 제공해야 하는 기업의 역할'을 강조하였고, 직원과 깊은 유대관계를 구축한 기업이 보다 높은 경제적 성과를 보인다고 강조하였다. 아울러 5일 출근, 종업원들의 양호하지 않은 정신건강, 낮은 임금 인상 등으로 특징지어지는 시대의 종언을 시사하는 등 '기업에서의 일하는 방식의 변화'를 강조하였다. 이러한 기업 인적자원관리 및 기업-종업원 관계의 변화 기조속에서, 2021년 삼성전자/현대자동차/엔씨소프트 등 국내기업의 인적자원관리 이슈에 대해서도 의견을 제시하며, 인적자원관리에 영향을 미치고 있다.

최근 기업 구성원 행동규범 제정 등에 포함되는 이해충돌방지 규정은 인적자원관리에서는 해당되지 않는 것으로 여겨지곤 한다. 하지만 이는 사실이 아니다. 인적자원관리 담당자는 종업원관리의 역할을 수행하지만, 그럼에도 종업원을 위한 호민관의 역할에 충실한 것은 아니다. 대부분의 기업에서 인사부서는 종업원을 위한 호민관이라기보다 종업원 관리를 위한 기업측 대리인이라고 구성원들에게 인식된다. 인사담당자 역시 종업원 개인임을 고려하면, 인사담당자 내부에서 종업원으로서의 정체성과 인사담당자로서의 역할의 갈등이 존재하며, 따라서 이해충돌의 소지가 존재하는 것이다. 최근 소비자 경험(customer experience, CX)에서 착안된 '종업원 경험(employee experience, EX)'

을 강조하는 미국의 추세 속에서 인사팀이나 인적자원관리팀의 명칭을 '피플팀'으로 바꾸는 예들이 보고되고 있다. 하지만, 그럼에도 인사담당자들이 종업원들의 호민관으로 인식되고 종업원들의 신뢰를 충분히 획득하는 경우는 매우 예외적이다. 국내 LG전자의 경우도 종업원 경험을 강조하면서 종업원의 긍정적 경험의 극대화와 부정적 경험의 최소화를 종업원 관리의 중요한 목표 중 하나로 설정하고 있으나, 그 성과는 아직 분명하지 않은 것으로 보인다.

글로벌 기업 지속가능경영보고서에 나타난 인적자원관리의 변화

기업과 종업원들 사이의 관계를 관리하는 인적자원관리 기능이 종업원들의 신뢰, 더 나아가 외부 이해관계자들의 신뢰를 획득하기 위해서는 기업과 종업원 관계의 여러 활동과 결과물의 공개, 투명성/설명가능성 제고, 검증 노력 등이 요청된다. 인력 채용, 직무할당과 직무 평가, 성과평가, 보상관리, 승진, 이직관리 등 모든 인적자원관리 기능별로 해당된다. 아래의 내용은 2021년 글로벌 톱30 기업들의 지속가능경영보고서에 나타난, 종업원 관련 및 인적자원관리 관련 내용의 일부이다.

① 인력 다양성 제고: 글로벌 기업들의 지속가능경영보고서의 발간에서 가장 두드러진 인적자원관리 관련 변화는 인력 다양성 제고를 위한 모든 글로벌 기업들의 노력이다. 여성/흑인/아시안/장애인 등 그동안 대변되지 못한 소수집단(under-represented minorities)의 포용을 위하여 소수집단 구성의 현황 파악과 더불어 목표치를 설정하고 이를 실현하기 위해 노력하고 있다. 충분히 대변받지 못하는 소수집단을 위한 인력 다양성 제고를 위해 전체 직원 중 비율뿐만 아니라, 관리직 및 고위직, 그리고 이사회 임원에서의 소수집단 비율, 그리고 R&D 인력 등 직군별 비율을 별도로 집계하는 등 관리가 세분화되고 있다. 네슬러와 페이팔(Paypal) 등의 기업은 다양성 제고의 일환으로 성 관

련 소수집단 대상 지원을 강화하고 있으며, 페이팔의 경우 성적 소수자의 성 전환 및 이름 변경 지원에 예산을 지원하기도 한다.

② 종업원 경험 제고: 디즈니는 종업원 경험 개선을 종업원 관련 주요한 목표로 설정하였으며, 이동통신회사인 Verizon은 종업원 만족도 조사를 통해 타사 대비 직원 만족도 제고를 목표로 설정하고 있다. 세계 1위 반도체 파운드리 업체인 대만의 TSMC는 직원 전체 이직률뿐만 아니라 신규인력 이직률 현재수준 점검과 목표치 설정을 통해 종업원들의 경험을 종합적으로 관리하고 있다.

③ 보상수준 제고: 뱅크 오브 아메리카(BOA)는 2025년까지 소속 인력들의 초임을 $25까지 제고하는 목표를 지속가능경영 목표 중의 하나로 설정하고 발표하였다.

④ 보상 형평성 제고: 반도체기업인 NVIDIA는 기업 외부의 기관에 기업 보상의 형평성 검토를 매년 의뢰하고 있다. Adobe는 매년 보상 형평성 점검을 실시할 뿐만 아니라 채용/인수통합 등에서 보상 형평성이 유지되는가를 점검한다.

⑤ 채용 형평성 제고: 명품가방으로 유명한 프랑스 LVMH사는 집단별/인종별 채용의 공정성을 높이기 위해 채용담당자의 비차별채용을 위한 교육 이수율 지표를 관리하고 있다

⑥ 승진 형평성 제고: NVIDIA는 종업원 집단 간 승진의 체계적 차별이 존재하는지 확인하기 위해 3년에 한 번씩 외부기관에 내부 승진자료를 제공하며, 컨설팅을 의뢰하고 있다

⑦ 종업원 건강 관리: 많은 기업들이 산재 관련 지표뿐만 아니라 다양한 종업원 건강지표들을 관리하고 있다. 존슨앤존슨/네슬러/인텔 등은 산재지표 관리와 아울러 종업원 건강상태를 매년 확인하면서 종업원 건강점수 목표치를 설정하고 관리하면서 종업원의 건강을 증진하기 위한 실제적인 노력을 기울이고 있다. 국내기업인 SK 하이닉스 역시도 종업원 관리 성과지표 중 하나로 대사증후군 발생을 10% 감소시

키겠다는 구체적인 목표를 설정하고 추구하고 있다.

⑧ 노사관계 관리: 많은 국내외 글로벌 대기업의 지속가능경영보고서를 보면, 여러 인적자원관리 기능 관련 내용이 있으나, 노사관계와 관련된 구체적인 목표를 제시하고 있는 기업을 찾기는 매우 어렵다. 아울러 노사관계에 대한 언급도 매우 희소한 편이다. 글로벌기업의 경우 Verizon, 국내기업의 경우 삼성전자, 현대중공업, LG전자, 신세계 등의 2021년 지속가능경영보고서는 노사관계를 언급하는 예에 해당한다. 하지만, 노사협력, 결사의 자유보장 등의 원론적 내용에 국한되는 것이 대부분이다.

⑨ 협력회사 인력 관리: 부품 공급 협력회사를 대상으로 노동인권 등의 검증을 기업 외부의 제 3자 기관에게 위탁하는 경우가 증가하고 있다. 유니레버가 동남아시아 부품 공급사슬에 있는 납품업체의 노동인권 준수 검증을 영국 유명 비정부기구인 옥스팜(Oxfam)에 의뢰한 것이 대표적인 예이다. 국내에서는 삼성전자가 외부 기관에 의뢰하기 시작하고 있다. 하지만 많은 완성업체에서의 지속가능경영보고서 작성과정을 보면, 협력회사 인력 관리와 관련되는 활동/지표 관리 의무는 구매부서(공급사슬부서)에서 담당할 사안인지, 인적자원관리부서에서 담당할 사안인지 자체가 논란이 되며, 관리의무를 서로 미루는 경우를 자주 접하게 된다.

이해관계자 중심 경영의 다자관계 그물망 속 인적자원관리의 변화

위의 변화는 모두 개별 기업들의 지속가능경영보고서에서 발견되는 변화이다. 글로벌기업들이 지속가능경영보고서를 매년 정기 발간함에 따라 발생하는 가장 중요한 변화는 내부 종업원 관련 여러 인적자원관리 지표들이 내부 종업원을 위한 관리지표를 넘어서 대외적인 약속의 일환으로 공표되고 관리된다는 점이다. 위의 같이 채용, 보상, 협력업체 노동권, 노사관계 등 여러 인적자원관리에 대한 개선 노력은 블랙록 등 글로벌 투자기관으로부터 크게 영향받고 있다. 과거에 나타났던, 사회에서의 근로기준 및 노사관계 관련 법 제정으로 인한 영향과는 그 성격을 달리함을 알 수 있다.

위와 같이, 글로벌기업들의 지속가능경영보고서들은 채용과 승진, 보상, 직무할당, 해고 등에서의 구체적인 인적자원관리 기능에서의 기업들의 노력을 담고 있다. 그러나 아직까지 대부분의 지속가능경영보고서는 기업 노력에 대한 종업원들의 판단과 평가를 담고 있지 못하다. 더 나아가 기업의 외부 이해관계자들에게는 여전히 글로벌 기업들의 인적자원관리 기능의 활동과 성과들이 블랙박스로 남아있다. 이해관계자 자본주의의 확산은 기업과 종업원 간의 양자관계가 보다 투명하고 상세하게 공개되어야 함을 시사한다. 아울러 기업과 종업원 간의 관계가 종업원의 일부 집단(여성, 타 인종 집단, 해외 공장/지점 인력 등), 주주, 협력업체(직원), 지역사회, 정부 등 여러 이해관계자집단에게 보다 투명하게 개방되고, 공정성이 제고되고, 여러 이해관계자들의 이해를 침범하지 않으며, 합의되는 관계로 진전되어야 하는 과제가 등장하고 있음을 의미한다.

이를 구체화하려면, 인력채용, 직무할당, 성과평가, 교육훈련, 승진/전보관리, 이직관리, 노사관계관리, 종업원 산재/건강관리, 공급망인력관리, 인수통합관리 등의 모든 인적자원관리 기능별로 내부 이해관계자 및 외부 이해관계자에 대한 기능별 성과지표의 설정과 결과 등의 정보 개방, 기능 실행과정의 실시간 공개, 결과의 확인과 피드백 및 개선조치의 투명성 제고 등이 이루어져야 한다. 즉, 인적자원관리의 세부 기능 각각에 대해, 〈계획(plan)−실행(Do)−평가(Check)−개선조치(Action)〉의 PDCA 사이클 각각에 대해, 내부 이해관계자 및 외부 이해관계자의 참여가 상시화될 수 있도록 시스템을 설계해야 할 것이다. 내부 이해관계자 집단도 충분히 대변받지 못하는 소수집단 각각에 대해, 외부이해관계자 집단도 개별 집단별로 〈인적자원관리세부기능 *PDCA단계〉 메트릭스의 각 셀 별로 관여하는 방식을 고안해야 할 것이다. 현재 지속가능경영보고서에서 구현되는 인적자원과리의 수준은 인적자원관리

차원의 성과지표 설정과 대외 공표에 머물고 있는 수준이며, 기능별, PDCA 단계별, 이해관계자집단 별 세분화된 접근에는 크게 미흡한 수준이다. 지속가능경영을 위한 기업특유의 인적자원관리 방식을 모색하는 단계이며, 기업간 차별화된 인적자원관리 방식이 구체화되기에는 많은 시간이 필요할 것으로 보인다.

기업의 인적자원관리/노사관계관리 기능은 보다 폭넓은 이해관계자 중심 경영의 맥락에서 새롭게 해석되고 재정립되어야 한다. ESG 대리투표 제도의 확대 등을 통해 자본주의에 더 많은 민주주의와 목소리를 담으려는 블랙록의 최근 시도 역시 이해관계자 자본주의의 맥락에서 기업 민주주의를 보다 강화하고, 기업-종업원 관계 및 기업 인적자원관리를 보다 개선하려는 노력이 확대될 가능성을 시사한다. "부에는 '우리'가 있다(There's a we in wealth.)"라는 블랙록 홈페이지의 문구는 기업이 창출하는 경제적 가치가 소유자만의 경제적 가치가 아니며, 부의 창출과정 및 부의 사용과정에 공동체의 많은 이들의 가치가 내재되어 있음을 뜻한다. 자본주의의 경제적 가치와 공동체의 가치를 연결시키고자 하는 시도를 담고 있다. 공동체를 포함한 여러 이해관계자들의 그물망 속에서 종업원 관계와 인적자원관리가 더욱 지속가능한 모습으로 진화해야 하며, 그래야만 이해관계자 자본주의 모델도 일시적인 유행에 그치지 않게 될 것이다.

┌─ 05 정부와 법제도의 역할

이해관계자 중에서도 기업 활동에 대하여 큰 영향을 미치는 것이 정부이다. 기업의 비시장전략에서 핵심이해관계자가 바로 정부이기도 하다. 정부정책 및 법제도의 영향을 인사, 조직, 전략 등 기업내부의 경영과 연결 지어 본격적으로 연구한 내용들을 조직이론에서 찾을 수 있다. 먼저 사회과학 전반에서 정부에 대한 연구의 흐름에 이어 조직이론에서의 연구 성과와 그로 인한 시사점들을 살펴보고자 한다.

정부정책 등 제도적 환경과 기업을 포함한 다양한 시장참여자 및 이해관계자들의 관계는 경제학, 사회학, 행정학, 법학 등 여러 분야에서 중요한 연구주제로 자리매김하였다. 이 분야의 여러 연구들을 분류하는 한 가지 기준으로, 법적 제도의 입안 및 실행을 담당하는 주체(즉, 입법기관과 행정/규제기관 등)와 그 규제의 대상(기업 등) 사이에서 관찰가능한 영향관계에 따라 두 가지 연구 흐름을 대별할 수 있다. 한 가지 연구흐름은 정부의 정책적 변화가 산업전반과 그 산업에서 활동하는 기업 등 여러 시장참여자들의 행위와 성과에 어떤 영향을 주는가에 초점을 맞춘다. 예를 들어, 의료, 제약, 생명과학, 환경 등 법적 규제가 강한 산업에서 기업들의 성과와 생존에 정부와 법제도가 상당한 영향을 미친다는 사실이 알려져 있다. 다른 한 가지 연구흐름은 시장참여자들이 정책입안과 실행단계에 미치는 영향을 연구하는데, 대체로 기업들이 정책입안자들에게 영향을 미치는 규제 포획(regulatory capture)과 언론, 환경 및 시민단체 등 여러 이해관계자들이 정부정책에 미치는 영향을 분석하였다.

정부정책 및 법제도의 영향을 인사, 조직, 전략 등 기업내부의 경영과 연결 지어 본격적으로 연구한 대표적인 분야는 제도적 조직이론이다. 이러한 관점을 취한 학자들은 정부정책이나 법률적 제약이 그러한 규제를 제도적 환경으로 삼는 기업들의 전략적 의사결정과 성과에 상당한 영향을 미친다고 주장하고 이를 동형화(isomorphism)의 주요 인과기제로 제시하였다(DiMaggio & Powell, 1983). ESG(환경, 사회, 지배구조), CSR(기업의 사회적 책임), 사회적 가치 경영 등 여러 부문에서 법제도적 규범이 강화되는 현상은 제도론적 관점이 지닌 이론적 가치가 여전히 크다는 점을 암시한다. 특히, 기후변화를 위기로 인식하고 환경 지속가능성에 대한 사회 전반적인 요구가 점차 강해짐에 따라 여러 국가에서 이러한 문제에 대응하기 위한 정책적 노력이 확연히 증가하고 있다(Bansal & Hoffman, 2012; Delmas & Terlaak, 2001). 우리나라 정부는 저탄소 녹색성장기본법 등 기후변화 대응을 위한 환경정책을 펼치고, 글로벌녹색성장기구(GGGI)와 녹색기후기금(GCF) 등 국제기구들과 함께 지속가능개발과 관련된 국제적 협력과 정책적 조율에 나서고 있다.

이러한 정책적 변화가 기업과 소비자에게 미치는 영향에 대한 인사/조직 분야의 연구가 축적되면서, 정부와 제도의 역할이 있는지 여부에 대한 논의를 넘어서 그러한 영향의 강도, 영향력의 차이를 낳는 선행요인, 인과기제, 상황적 조건에 대한 연구가 점차 활발해지고 있다. 정부정책 등 여러 제도가 인사/조직에 미치는 방식은 크게 보아 강압적(coercive) 규율, 촉진적(facilitative) 유인, 구성적(constitutive) 기반 등 세 가지 측면으로 구분할 수 있다(Edelman & Suchman, 1997). 강압적 규율의 대표적인 예시는 독과점 금지법, 사업장 안전과 건강을 위한 규제, 환경오염을 막기 위한 정부의 감독이다. 이러한 방식의 규제는 기업에 대한 직접적인 명령과 규율 형태를 지니며, 그러한 규제 위반을 금전적, 비금전적으로 처벌하는 방식으로 기업의 여러 의사결정에 영향을 끼친다. 촉진적 유인은 전기차 구매에 대한 정부보조금이나 환경기술 개발 활성화를 위한 인증제도 등 기업 및 여러 이해관계자의 자발적 참여를 유도하는 여러 유인을 제공한다. 채찍과 당근으로 비유하자면, 강압적 규율이 전자에 촉진적 유인은 후자에 해당한다.

법률과 정책이 지닌 강압적 억제와 촉진적 기능에 대한 연구는 비교적 활발했으나 제도의 구성적 기반은 그 잠재적 중요성에도 불구하고 본격적으로 연구된 경우가 상대적으로 드문 편이다. 제도의 구성적 기반은 새로운 기술, 상품, 서비스를 법적 체계로 인식할 수 있도록 정의를 내리고 명칭을 부여한다. 이전에 존재하지 않던 에너지 생산방식이 과연 친환경적인지 여부를 판단해야, 신재생에너지 생산촉진을 위한 유인을 제공하거나 강압적 규율의 대상으로 규제할지 결정할 수 있다. 따라서 구성적 기반은 이해관계자의 인식적 기반에 근본적인 영향을 미치며, 다른 법적 환경을 구성하는 기본적 토대라고 볼 수 있다. 구성적 기반이 없다면, 새롭게 등장한 시장참여자들의 이해관계의 충돌을 중재하기 어렵고, 신기술에 대한 보호책을 강력히 세울 수 없으며, 규제 및 촉진정책을 담당할 정부기관의 역할과 기능을 명확히 정하기

표 5-2 법제도가 기업에 미치는 세 가지 영향*

영향구분	인과기제	예시
강압적(coercive) 규율	기업에 대한 정부 등 규제기관의 행정명령이나 법적 제재 등 직접적으로 규율을 적용하고 처벌하는 방식	독과점 금지법, 중대재해처벌법, 환경오염 방지와 관련된 정부의 감독 및 규제 등
촉진적(facilitative) 유인	기업의 자발적 참여를 유도하도록 금전적, 비금전적 유인을 제공하는 방식	전기차 구매에 대한 정부보조금, 환경기술 개발 활성화를 위한 인증제도 등
구성적(constitutive) 기반	새로운 기술, 상품, 서비스를 법적 체계에 기반하여 인식하고 규제할 수 있도록 의미를 부여하고 정의를 내리는 방식	신재생에너지에 포함되는지 여부를 판단하는 법적 기준, ESG 활동 대상인지 여부를 판단하는 기준을 제공하는 그린 택소노미 등(Green Taxonomy)

*Edelman and Suchman (1997)에 근거하여 작성하였음

어려울 것이다.

사회적 가치와 환경의 지속가능성에 대한 법제도의 구성적 기반이 결여된 상태에서 여러 이해관계자들은 상당한 법적 불확실성을 피하기 어렵다. 예를 들어, 투자자는 사회적 가치 창출에 초점을 맞춘 기업가의 사업이 위험하다고 판단하여 투자의사결정을 미루거나 적극적인 투자에 나서길 꺼릴 것이다. 기업은 새로운 환경기술을 탐색하여 경쟁력을 강화하려 노력하기보다, 당장 가시적인 성과를 낼 수 있는 기존기술의 활용에 힘을 쏟을 것이다. 즉, 법제도는 그 제도의 구성적 기반을 통해 사회적 가치나 지속가능성을 증진할 수 있는 새로운 시장기회와 그 기회를 살리려는 혁신적 기업가 및 투자자, 그리고 여러 이해관계자의 전반적인 상호작용에 근원적으로 영향을 미칠 수 있다.

따라서 이해관계자 또는 시장참여자들이 인지하는 불확실성을 정부정책 등 제도적 관여를 통해 얼마나 낮추는지가 중요하다. 불확실성을 완전히 없애는 것이 이상적일 수 있으나, 현실적으로 제도적 장치를 아무리 잘 설계해도 불확실성을 완벽히 해소하기 어려울 것이다. 이를테면, 직장 내 노사관계 및 차별 문제의 해결을 위한 법적 규율을 제정할 수 있으나, 모든 문제를 선제적으로 빠짐없이 규정하고 세세한 처벌수준을 정하기 어려울 것이다. 이러한 법적 모호성 때문에 각 회사의 현장책임자가 제도적 취지를 감안하여 특정 사

안의 법적 문제를 판단할 수밖에 없다. 이처럼 법률의 해석과 적용의 모호성이 인사/조직의 여러 주요 의사결정에 영향을 미친다는 점이 학자들의 공통된 견해이다(Dobbin & Sutton, 1998; Dobbin, Sutton, Meyer, & Scott, 1993; Edelman, Fuller, & Mara-Drita, 2001). 동일한 제도적 환경 하에서 기업과 여러 이해관계자들의 행위와 주요 의사결정에 상당한 차이가 나는 이유이기도 하다.

이러한 견해를 확장하면, ESG 및 지속가능 분야 등 새롭게 등장하는 시장을 촉진하거나 규제하는 다양한 법제도적 환경이 온전히 갖추어진다고 해도 여전히 불확실성이 잔존할 가능성이 높다. 그리고 여러 이해관계자가 동일한 정책적 취지를 이해하고 해석하는 방식이 다르고, 이에 따른 상충적 이해관계가 첨예한 갈등으로 불거질 가능성도 상당할 것이다. 특히 새로운 시장의 창출이 기존 시장참여자들의 이해관계에 영향을 미치는 경우, 그러한 분쟁이 확대되고 심각해질 수 있다. 우버, 타다, 에어비앤비 등 기존 시장참여자와 새로운 기술기반 플랫폼 사업자가 갈등하는 경우가 그러한 분쟁의 대표적인 예시에 해당한다. 지속가능발전 및 환경이슈와 관련된 여러 범주의 구성과 해석 필요성은 점차 늘어날 것으로 예상되는데, 이 과정에서 정부정책과 법제도적 기반 역시 이에 대응하여 새로운 입법 및 규제가 생겨날 것으로 보인다. 반면 이러한 현실적 문제가 ESG로 대표되는 사회적 압력과 정부의 정책적 방향에 무슨 영향을 어떻게 미칠 것인지에 대한 연구는 아직 충분치 않다. 이러한 문제의 본질적 특성이 다층적이며 다원적일 가능성이 높고 그만큼 복합적이고 다양한 이론적 관점에 기반하여 분석할 필요성도 커질 것이다. 경영학, 경제학, 사회학, 행정학, 법학 등 여러 분야에서 법제도와 기업 및 이해관계자의 복잡한 상호작용을 면밀히 분석하고 해결책을 함께 모색하는 학제적 연구의 중요성이 더욱 커지는 이유이다.

06 나가는 글: 주주가치 환원주의의 위험과 사회적 가치 추구의 과제

시장에는 언제나 소란이 있다. 노이즈(noise) 이상의 흔적을 남기기도 하고, 짧은 유행에 그치기도 한다. 지금 열풍 현상을 보이고 있는 ESG와 이해관계자 자본주의에서 우리는 어떤 흔적을 읽을 수 있을까? 노이즈를 걷어내고 현상을 제대로 이해하기 위해서는 주주가치 경영에 대한 오랜 오해를 교정하는 것에서 출발해야 한다. 주주가치 경영과 이해관계자주의를 구분하는 것이 통념이지만, 주주가치 경영도 역시 본래적으로는 이해관계자를 고려하고 있는 것이다.

일반균형 조건에서 가격 기반의 분권화된 의사결정은 후생의 총량을 극대화한다. 공리주의 입장에서 후생 총량의 극대화라함은, 요소 공여자 후생의 총합이 극대화된다는 것을 말한다. 여기서 분권화는 여러가지 방식으로 모형에 반영된다. $K-1$번째 시장에서 균형이 이루어졌다면, K번째 시장의 균형만 오롯이 분석하면 되는 편리성을 의미하기도 하고, 타자와 나의 효용을 비교하기 보다는 가격을 기준으로 나의 효용 변화만 따지면 되는 주관성을 의미하기도 한다(Bae, 2020). 따라서 주주가치를 극대화하는 분권화된 의사결정은 노동가치를 극대화하고, 고객가치를 극대화하는, 즉 교환에 참여한 행위자의 후생 총량을 극대화시키는 의사결정이다(석승훈, 2014). 주주가치 경영 역시 일반균형 조건에서 이해관계자를 고려할 수밖에 없다. 그리고 일반균형 조건에서 노동가치를 극대화하는 분권화된 의사결정 역시 후생의 총량을 극대화시키는 이유이기도 하다.

주주가치 경영은 결국 분권화 시스템의 기능적 특성일 뿐이다. 시장 교환의 일방인 주주의 의사결정을 주목하는 것만으로, 교환의 다른 주체인 여타의 이해관계자의 의사결정의 효율성을 가늠할 수 있는 것이다. 이해관계자주의 관점을 따라 작성된 개별 기업의 지속가능보고서와 ESG 활동 보고서에 그러한 입장이 잘 녹아들어가 있다. 최근의 지속가능보고서의 구성을 보면, 투자자, 고객, 협력업체, 임직원 등의 이해관계자와 유지하고 있는 교환 관계의 특징을 결국 담고 있다.

　이러한 보고서가 재무제표와 구분되는 지점은 이해관계자의 후생을 나름의 방식으로 측정하려고 시도하는 것에 있다. 가격에 준하는 방식으로 (예를 들어 지불의사 가격과 같은 방식) 경영행위를 측정하는 세세한 기준이 그 예이다. 동시에 이러한 보고서는 기성의 재무제표의 거울 이지미(image)이기도 하다. 결국은 재무제표의 정보로 축약 가능한 내용이라는 의미이다.

　국내 자본시장에서 지속가능보고서의 대표 사례라고 할 수 있는 2021 포스코 기업시민 보고서, CJ㈜ ESG 보고서 2021, 2022 SK주식회사 지속가능경영보고서 등을 살펴보면, 앞서 언급한 내용을 확인할 수 있다. 우선 보고 항목의 선정을 위하여 중대성 평가(materiality assessment)를 실시한다. 이해관계자 관점의 중요도와 비즈니스 관점의 중요도를 결합하여 보고 항목을 선정하는 과정이다. SK의 경우에는 double materiality 분석이라고 달리 부르지만, 그 내용은 동일하다. 사회적 가치, 즉 이해관계자 관점과 재무적 가치, 즉 비즈니스 관점을 여전히 결합한다. 달리 말하면, 기업 가치 측면에서 의미 있는 이해관계자 관련 이슈를 확인하는 과정이다. 결국은 주주 가치에 영향을 주는 경영 활동상의 위험을 이해관계자 측면에서 뒤집어 표현하는 절차기이도 하다. 전통적인 위험 관리의 거울 이미지이다.

　최근 2022년 블랙록의 CEO 래리 핑크의 연례서한 등의 논의를 보면서 더 분명해지는 것은 역시 투자자들에 의해서 자본시장의 관점으로 시작된 ESG와 관련된 논의는 재무적 성과를 보장하는 범위 내에서 기업의 사회적 책임을 다하고자 하는 것이었다는 것을 알 수 있다. 이와 같이 재무가치로 환원하여 이해관계자들을 이해하고, ESG를 측정, 평가하는 한 기업이 사회적 가치를 추구하는 것에는 상당한 제약을 안겨주게 되는 것이다.

　중대성 평가를 거쳐 선정된 보고 항목을 환경, 사회, 그리고 지배구조 범주로 분류하지만, 그 세부 내용을 살펴보면 결국 전통적인 경영활동의 다른 이름에 지나지 않는다. 환경과 관련된 항목들은 기업의 생산활동에 수반되는 제반 이슈를 다루고 있을 뿐이다. 온실가스를 저감하거나, 폐기물을 적정 처리하거나, 친환경 제품을 개발하는 등 생산의 이슈이다. 고전적 경영이론에서는 그것을 품질 경영이라고 했고, 지금은 친환경 경영이라고 하는 것과 같다. 상품의 품질은 그것을 사용하는 소비자의 위험과 공동체의 위험 측면에서 측정할 수 있기 때문이다. 사회와 관련된 항목은 전통적인 인사관리와 공급망 관리의 이슈와 상응한다. 임직원의 인권을 존중하거나, 다양성의 문화를 키우고, 임직원의 역량을 개발하고, 지속 가능한 공급망을 조성하는 것이 그 예이다. 지역사회와 관련된 내용은 전통적인 CRS의 그것을 벗어나지 않는다. 사회 봉사 활동 중심이기 때문이다. 마지막으로 지배구조와 관련된 이슈는 주주가치 경영에서 계속 확인된 내용이다. 이사회 운영의 투명성을 확보하거나, 윤리경영을 강화하는 것이 그 예이다.

이해관계자주의 관점의 제반 보고서는 결국 전통적 재무제표를 요소 공여자, 즉 투자자, 고객, 협력업체, 임직원 측면에서 재구성한 거울 이미지이다. 대차대조표의 대변 항목과 차변 항목간의 관계와 같다는 의미이다. 이해관계자주의 관점이 가지는 유일한 시대적 적시성은 생산 활동이 환경 위험과 긴밀하게 연동된다는 것을 명시적으로 이해하고 있다는 것이다.

주주가치 경영이 본래적으로 이해관계자주의이고, 지속가능보고서가 전통적 재무제표의 거울 이미지이라면, 다양한 사회적 가치와 ESG 논의를 둘러싼 이 소란(騷亂)이 그 노력만큼의 의미가 있을 수 있는가? 측정 강박에 빠져 있는 새로운 경영 보고서와 재무제표에서 최종 심급이 여전히 주가로 측정되는 주주가치에 있다면, 이해관계자주의에 기반한 보고서는 전통적인 경영활동 보고서를 넘어서지 못한다(배종훈, 2022). 동일한 이야기의 표지갈이가 되지 않기 위해서 이해관계자주의와 관련된 논의에 우리는 새로운 것을 추가하거나 낡은 것을 덜어내야 한다. 적어도 사회적 가치가 후생 총량으로 그리고 그 대표지수인 주가로 반영되지 않는다는 것을 전제할 수 있어야 한다. 다른 가치 이론(the theory of value)이 필요한 이유이다. 경영학 이론이 특히 인사조직 분야가 이와 같이 경제적 지표로 채 환원되지 못하는, 사회적 가치를 발견하고 이에 대해 설명할 수 있어야 한다는 과제가 제시된다.

김재구·배종태·이정현·이무원·양대규·강신형. (2022). 포스트 코로나 시대 사회 가치경영의 실천전략. 클라우드 나인.

문정빈·고승연. (2014). 시장·비시장 전략은 하나다. 동아비즈니스리뷰, 151(2).

박지성·장태수·전상길. (2022). 생물학과의 통섭을 통한 MZ세대에 대한 이해와 MZ세대 인력운영방안 모색. 인사조직연구, 30(3), 53 − 78.

배종훈. (2022). 'ESG경영의 한계와 대안적 교환 관계'. ESG정치경제학(르몽드코리아), pp. 99 − 108.

산업통상자원부. (2021). K − ESG 가이드라인. http://www.motie.go.kr/motie/gov3.0/gov_openinfo/sajun/bbs/bbsView.do?bbs_seq_n = 631&bbs_cd_n = 30 (2022.9.24. 접속).

석승훈. (2014). 경영학, 무엇을 말해야 하는가. 위즈덤하우스: 384 − 391.

송한상. (2019). 직원경험관점 HR이란? HR Insight 8월호.

Bach, D., & Allen, D. (2010). What every CEO needs to know about nonmarket strategy. *MIT Sloan Management Review*, 51(3): 40 − 48.

Bae, J. (2020). The tragedy of contract and the naturalistic fallacy at the workplace. *Seoul Journal of Business*, 26(1), 1 − 19.

Bansal, P., & Hoffman, A. J. (2012). *The Oxford handbook of business and the natural environment*. Oxford, UK: Oxford University Press.

Barney, J. (2018). Why resource − based theory's model of profit appropriation must incorporate a stakeholder perspective. *Strategic Management Journal*, 39: 3305 − 3325.

Barney, J. B., & Wright, P. M. (1998). On becoming a strategic partner: The role of human resources in gaining competitive advantage. *Human Resource Management*, 37(1), 31 − 46.

Baron, D. (2012). *Business and its environment*, 7th edition, Pearson.

Chandler Jr., A. (1962). *Strategy and Structure: Chapters in the History of the American Industrial Enterprise*, Beard Books.

Delmas, M. A., & Terlaak, A. K. (2001). A framework for analyzing environmental voluntary agreements. *California Management Review*, 43: 44−63.

DiMaggio, P. J., & Powell, W. W. (1983). The iron cage revisited: Collective rationality and institutional isomorphism in organizational fields. *American Sociological Review*, 48: 147−160.

Dobbin, F., & Sutton, J. R. (1998). The strength of a weak state: The rights revolution and the rise of human resources management divisions 1. *American Journal of Sociology*, 104: 441−476.

Dobbin, F., Sutton, J. R., Meyer, J. W., & Scott, R. (1993). Equal opportunity law and the construction of internal labor markets. *American Journal of Sociology*, 99(2): 396−427.

Donaldson, T. & Preston, L. (1995). The stakeholder theory of the corporation: concepts, evidence, and implications. *Academy of Management Review*, 20(1): 65−91.

Dorobantu, S., Kaul, A., & Zelner, and B. (2017). Nonmarket strategy research through the lens of new institutional economics: An integrative review and future directions. *Strategic Management Journal*, 38: 114−140.

Edelman, L. B., & Suchman, M. C. (1997). The legal environments of organizations. *Annual Review of Sociology*, 23: 479−515.

Edelman, L. B., Fuller, S. R., & Mara−Drita, I. (2001). Diversity rhetoric and the managerialization of law. *American Journal of Sociology*, 106(6): 1589−1641.

Edmans, A. (2020). *Grow the Pie: How Great Companies Deliver Both Purpose and Profit*. Cambridge University Press.

Freeman, E., Harrison, J., Wick, A., Parmar, B., & de Colle, S. (2010). *Stakeholder theory: The state of the art*. Cambridge University Press.

Heath, C. & Heath, D. (2018). 『순간의 힘(The power of moments)』 (도상오,

역), 서울: 이담북스. (원서출판 2012).

Jang, Y., Rhee, M., & Barnett, W. (2019). SK's Double Bottom Line : Challenge and Way Forward, *Stanford Graduate School of Business case SM−324*. Stanford University.

Jones, T. (1995). Instrumental stakeholder theory: a synthesis of ethics and economics. *Academy of Management Review*, 20(2): 404−437.

Jones, T., Harrison, J., & Felps, W. (2018). How applying instrumental stakeholder theory can provide sustainable competitive advantage. *Academy of Management Review*, 43(3): 371−391.

Jung, S−M., & Shin, J. (2022). Social performance incentives in mission−driven firms. *Management Science* (forthcoming).

Lemon, L. L. (2019). The employee experience: How employees make meaning of employee engagement. *Journal of Public Relations Research*, 31(5−6), 176−199.

Li, J., Shapiro, D., Peng, M., & Ufimtseva, A. (2022). Corporate diplomacy in the age of US−China rivalry. *Academy of Management Perspectives* (forthcoming).

Mahadevan, J., & Schmitz, A. P. (2020). HRM as an ongoing struggle for legitimacy: A critical discourse analysis of HR managers as "employee−experience designers". *Baltic Journal of Management*, 15(4), 515−432.

Mellahi, K., Frynas, J., Sun, P., & Siegel, D. (2016). A review of the nonmarket strategy literature: Toward a multi−theoretical integration. *Journal of Management*, 42(1): 143−173.

Morgan, J. (2020). 『직원경험(The employee advantage)』(박슬라, 역), 서울: 웅진지식하우스(원서출판 2017). https://thefutureorganization.com(2022.9.24. 접속).

Oberholzer−Gee, F., & Yao, D. (2007). Strategies beyond the market, *Harvard Business School case #9−707−469*. Harvard University.

Plaskoff, J. (2017). Employee experience: the new human resource management approach. *Strategic HR Review*, 16(3), 136−141.

Plouffe, C. R., Bolander, W., Cote, J. A., & Hochstein, B. (2016). Does the customer matter most? Exploring strategic frontline employees' influence of customers, the internal business team, and external business partners. *Journal of Marketing*, 80(1), 106−123.

SAP Insight. (2022). https://www.sap.com/korea/insights/what−is−employee−experience.html (2022.9.24. 접속).

Serafeim, G., Rouen, E., & Freiberg, D. (2020). SK Group: Social progress credits, *Harvard Business School case #9−120−071*. Harvard University.

Shenoy, V., & Uchil, R. (2018). Influence of Cultural Environment Factors in Creating Employee Experience and Its Impact on Employee Engagement: An Employee Perspective. *International Journal of Business Insights & Transformation*, 11(2), 18−23.

Kim, Y., & Kim, T. (2022, Aug. 22). Samsung, Gates Foundation develop new concept toilet, *UPI News Korea*, https://www.upi.com/Top_News/World−News/2022/08/29/Samsung−Gates−Foundation−concept−toilet/6831661798989/

Wolf, J. (2013). Improving the sustainable development of firms: The role of employees. Business *Strategy and the Environment*, 22(2), 92−108.

Workday. (2022). https://www.workday.com/ko−kr/pages/winsight−may−fifth/how−to−win−the−key−talent−second.html (2022.9.24. 접속).

Woo, J. (2022, Sep. 1). Samsung's keywords at IFA 2022: Connectivity and sustainability, *Yonhap New Agency*, https://en.yna.co.kr/view/AEN20220901000300320

이해관계자 중심 경영과
정보시스템

••06
이해관계자 중심 경영과 정보시스템

이경전(경희대학교), 박성혁(KAIST), 백지예(고려대학교), 차경진(한양대학교),
설상훈(성균관대학교)

01 서론

경영학의 한 분야로서 경영정보시스템(MIS)은 시대적 상황에 따라 기민하게 변화해왔다. 정보화시대의 초기에는 기업에 정보시스템을 도입하는 기술적 방법에 대한 연구와 교육을 주로 진행하였다면, 기술의 발전이 성숙되어가는 분야의 경우는 정보시스템의 영향과 도입 과정에 대한 사회과학적 연구와 교육에 더 큰 중점이 두어지는 변화를 겪었다. 인터넷과 같은 새로운 범지구적인 디지털 네트워크의 도입에 따라 기업의 기존 비즈니스 모델이 위협받고, 새로운 창업 기업들이 나타나 빅테크기업으로 발전해 나가는 것을 관찰하면서, MIS는 비즈니스 모델을 그 범위에 포함시켜 플랫폼, 전자시장, 전자상거래에 관한 기술적, 사회과학적 연구와 교육에 헌신했으며, 데이터의 폭발과 딥러닝 등 인공지능 기술, 빅데이터 분석 기술의 발전은 또다시 MIS 연구 교육에 새로운 도전을 제공해왔는데, 이제는 이해관계자 자본주의, 이해관계자 중심 경영의 논의가 경영정보시스템에 새로운 도전 과제를 제공하고 있다.

비즈니스 모델의 정의에 대해 최초로 논의한 폴 팀머스(Timmers 1998)는 비즈니스 모델을 1) 사업에 참여하는 다양한 참여자 및 그들의 역할과 그들 간의 제품·서비스·정보 흐름의 구조, 2) 사업 참여자들이 얻을 잠재적 이익, 3) 사업 주도자가 얻을 수익의 원천으로 정의하였는데, 이 정의에는 '고객'이라는 단어가 없다는 점이, 하나의 기업 관점에서만 비즈니스 모델을 볼 것이 아니라 산업과 경제 시스템의 관점, 즉 제도적 관점에서 비즈니스 모델을 바라볼 필요가 있다는 점을 시사하는 동시에, 고객 또는 주주만을 전제하지 않고, 사업 참여자라는 용어를 사용한 것을, 이해관계자로 확장한다면, 비즈니스 모델에 주주 자본주의적 관점이 아닌 이해관계자 자본주의의 관점을 포함시키는 출발로 사용할 수 있다. 이해관계자 중심 경영 관점에서 비즈니스 모델을 재정의한다면, 비즈니스 모델은 1) 사업과 관련한 이해관계자 및 그들의 역할과 그들 간의 제품·서비스·정보 흐름의 구조, 2) 이해관계자들이 얻을 잠재적 이익, 3) 사업 주도자가 얻을 수익의 원천으로 정의할 수 있다. 결국, 이해관계자 중심 경영은, 비즈니스 모델 자체를 이해관계자 중심으로 정의하고 접근하는 것이라고 말할 수 있고, 정보시스템의 역할은 그 비즈니스 모델의 설계, 구현, 전환을 주도적으로 수행하거나 지원하는 것이다.

이해관계자 자본주의를 논하고 이해관계자 중심 경영을 실천할 때, 실용적인 접근 방법이 E(Environment), S(Social), G(Governance)로 나누어 접근하는 것일 텐데, 정보시스템이 과연 본질적으로 환경에, 사회에, 지배구조에 긍정적 영향을 미치는 정(+, Positive)의 관계인가? 또는 부정적(−, Negative) 영향을 미치는가에 대한 논의를 정리해 볼 필요가 있다. 디지털 정보 기술이 환경, 사회, 지배구조에 긍정적 영향을 미치는 조건이 발견된다면, 경영자들은 안심하고 그 조건에 맞추어 정보시스템을 활용할 수 있고, 부정적 사례가 있었다면, 경영실무에서 그러한 부분을 충분히 고려하는 방식으로 대응해 나갈 수 있다.

기업에서는 이른바 트윈 트랜스포메이션(Twin Transformation)이라 이름이 지어질 정도로 이해관계자 중심 경영으로의 전환(Sustainable Transformation)과 디지털 전환(Digital Transformation)을 동시에 해야 하는 압박과 필요성을 느끼고 있다. 그리고 많은 경영진이, 정보시스템을, 이해관계자 중심 경영을 구현하기 위한 가장 효과적인 도구로 인식하고 있는 것 또한 사실이다. 결국 기업은 정보시스템을 활용하여 디지털 트랜스포메이션을 하는 동시에 이해관계자 중심 경영을 구현하는 두 마리의 토끼를 잡을 수도 있는 것이다.

정보시스템은 이해관계자 중심 경영을 위한 각종 지표와 관련한 데이터를 수집하고, 관리하고, 분석하는 가장 강력한 도구이다. 이해관계자 중심 경영의 출발, 특히 E, S, G에서 E(Environment, 환경) 중심 경영의 출발은 측정이다. 측정이 되는 순간 구성원들은 그것을 위한 노력을 하게 되고, 개선의 방법을 찾을 수 있게 된다. 이렇게 정보시스템은 합리적이고 적극적인 이해관계자 중심 경영을 위한 방법론이 된다. 정보시스템은 또한 이해관계자 간의 커뮤니케이션을 위한 가장 효율적이고 효과적인 수단을 제공한다. 따라서, E, S, G에서의 특히, S(Social, 사회), 사회 중심 경영을 하는 데에 커뮤니케이션을 지원하는 정보시스템은 큰 역할을 하게 된다. 물론 사회적 자본의 축적은 오히려 기술혁신을 저해할 수 있다는 연구(Florida et al., 2002)가 반향을 일으킨 바와 같이, 기술로서 정보시스템의 직간접적 영향은 그 예측이 쉽지만은 않다.

정보시스템은 조정 기술인 동시에(Malone & Crowston, 1990), 통합의 기술이다. 따라서, 정보기술은 시장과 조직의 지배 구조에 영향을 미치고, 조직의 지배구조 경영에 도움을 준다. 1990년대 초반부터 제기되었던 BPR(Business Process Reengineering)은 기업내 정보기술의 확산에 따른 기업의 비즈니스 프로세스 혁신에 대한 요구였으며(Hammer, 1990), 1990년대 중반부터 거론되기 시작한 비즈니스 모델의 개념 또한 인터넷 등으로 대표되는 기업 간, 기업 - 고객 간 정보기술 네트워크의 확산에 따른 사업 방법의 혁신에 대한 요구였다. 정보기술은 거래비용을 줄여서 시장의 구조를 더욱 시장화하는 데 기여하기도 했지만(Brynjolfsson et al., 1994), 통합비용을 줄여서 기업의 크기를 더욱 크게 하는 데 기여하기도 했다(Mitra, 2005). 일본에서 고속철도 신간센이 대도시로의 집중을 더 심화시킬 수 있다는 연구(Sasaki et al., 1997), 중국에서의 신장고속철도가 신장 위구르 지역의 문화적 정체성에 위기를 가져올 것이라는 우려는 네트워크가 중앙집중 지배구조를 더욱 심화시키는 역할을 충분히 할 수 있다는 점을 보여준다.

본 장은 위에서 제기한 이슈들을 좀 더 상세히 탐구하기 위하여 다음과 같이 구성된다. 2절에서는 이렇게 디지털 기술이 이해관계자 중심 경영에 미치는 긍정적, 부정적 영향의 공존을 경영정보학의 이론적 연구를 중심으로 설명하며, 3절에서는 정보시스템이 이해관계자 중심 경영에 긍정적으로 활용된 사례와 의도하지 않은 부정적 결과를 가져온 사례들을 살펴본다. 정보시스템 분야에서 데이터와 디지털 플랫폼의 중요성이 커지는 상황에서, 4절과 5절은 이해관계자 중심 경영에 데이터와 디지털 플랫폼이 어떻게 활용될 수 있는가를 사례를 중심으로 설명한다.

02 디지털 기술이 이해관계자 중심 경영에 미치는 영향

이해관계자별 디지털 기술이 미치는 영향: 긍부정의 공존

세계경제포럼(World Economy Forum)이 발표한 다보스 선언문(Davos Manifesto, 2020)은 기업의 가치 창출 행위에 모든 이해관계자들을 참여시키는 것에 대해 언급하고 있다. 인공지능과 같은 첨단 디지털 기술이 기업의 성장을 선도하며 재무적/비재무적 성과를 창출하고 있다는 것을 지지하는 여러 산업 레포트와 연구 결과들이 발행되고 있으나(Stanford AI Index 2019; McKinsey, 2019), 성과에 대한 공정한 분배를 고민하는 측면에서 여러 이해관계자들에게 해당 성과가 얼마나 잘 분배되고 있는지 살펴보는 것은 새롭게 정의해야 하는 중요한 문제이다(Güngör, 2020). 디지털 기술이 주주, 고객, 직원, 공급자, 구매자, 협력업체뿐만 아니라 지역사회와 국가와 같은 더 넓은 범주의 이해관계자들에게도 영향을 줄 수 있기 때문에 현재의 상황과 앞으로 지향해야 하는 올바른 방향에 대해서 논의하는 것이 필요한 시점이다.

Güngör(2020)는 기계학습 등 인공지능 기술이 기업의 주주, 고객, 직원, 공급업체, 그리고 사회와 같은 다중 이해관계자에게 수익 증가, 비용 절감, 위험 완화 또는 고객 경험 향상과 같은 잠재적 편익을 가져올 수 있다고 설명하

며, 각 이해관계자별로 디지털 기술이 미치는 영향이 긍정적인지 부정적인지 검토한다. 해당 이해관계자들에게 설문을 통해 디지털 기술에 의한 가치 창출 잠재력과 위험 수준을 측정한 결과 다음과 같은 주요 시사점이 도출되었다. 먼저, 인지된 가치 창출(Perceived Value Creation)에 대한 긍정적 측면은 주주와 고객에서 주로 나타나는 반면, 직원과 사회는 상대적으로 부정적 영향을 받는 이해관계자인 것으로 나타났다. 다음으로, 인지된 위험(Perceived Risk)과 부정적인 영향을 측정하였던 질문에서는, 직원들이나 사회가 가장 부정적으로 인식하고 있었으며, 고객과 공급업체는 중간 수준으로, 주주의 경우는 위험이 매우 낮은 것으로 인지하고 있었다. 요약하면, 주주와 고객은 기술에 의한 가치 창출 효과에 대해서 긍정적으로 인식하고 위험과 부정적인 영향에 대해서 잘 인식하지 않아 가장 수혜를 입고 있는 이해관계자에 해당하는 것으로 파악된 반면, 사회나 직원의 경우에는 기술에 의한 가치 창출과 위험 측면에서 이해관계가 가장 일치하지 않는 대상이라는 것으로 밝혀졌다(공급업체는 중간 수준임을 참고). 디지털 기술이 자동화와 원가절감을 통해 비즈니스 프로세스를 개선하여 가치를 창출하는 측면이 있기 때문에, 양질의 일자리 보전 측면에서 직원들에게는 부정적으로 인지되고 있고, 사회관점에서도 일자리 창출이라는 목표에 반대되기 때문에 위와 같은 결과가 얻어진 것으로 분석할 수 있다. 반면에 디지털 기술에 의해서 제품 및 서비스 품질이 향상되면, 고객이 가장 먼저 수혜를 입게 되고, 매출 및 이익 증대와 같은 재무적인 성과로도 이어지게 되므로 주주 관점에서도 긍정적으로 인지하는 것으로 볼 수 있다. 공급업체의 경우에는 양쪽 모두의 특징이 적용될 수 있으며, 관련 이론에서도 디지털 기술이 공급업체와 구매자 관계에서 공동 가치 창출 프로세스를 촉진시킨다는 긍정적 측면과, 동일 기술이 한편으로는 탈중개화(middlemen free)를 통해 전통적인 중개인을 위협할 수 있다는 측면이 공존하기 때문에 가치 창출과 위험에 대한 영향에 대해서 모두 중립적인 답변을 하게 된 것으로 보여진다.

Broekhuizen et al.(2021)는 디지털 기술이 적용된 비즈니스 모델이 증가하게 될수록 기업, 소비자 및 사회 수준에서 기대하는 성과에 긍정적인 영향을 미치는 것으로 보고한다. 기업이 필요로 하는 결과를 도출하기 위하여 필요한 정보에 해당하는 실시간 데이터를 IoT, 빅데이터와 같은 디지털 기술을 통해 수집하고 분석한다면, 보다 효과적인 프로세스를 통해 자산 활용률, 자본 수익률 및 시장 가치를 개선한다는 것이다. 이와 같이 긍정적인 측면으로는 소비자의 금전적 가치를 향상시키고, 경제적 생산성, 고용 및 성장을 촉진하며, 시민들 사이의 사회적 결속을 전망하고 있다. 동시에, 부정적인 측면에서 보면 생태학적 손상, 실업 및 복지를 저해하는 사회적 양극화 측면에서 유해하고 파괴적인 영향을 미칠 수 있게 된다. 성장에 대해서는 직접적인 이해관계가 일치 되어있는 주주나 경영진들이 긍정적으로 평가할 것으로 생각되며, 소비자는 제품/서비스 품질향상 등에 (또는 가격 절감) 의한 수혜가 전망된다. 그러나 고용 안정성 측면에서는 직원과 사회 입장에서 보면 부정적인 견해가 예상되기 때문에 앞서 설명한 사회적 양극화 이슈가 대두된다.

디지털 기술에 의한 정보 비대칭성 및 이해관계 불일치 이슈

앞서 살펴본 바에 의하면 이해관계자들의 인식 측면에서 볼 때, 모두가 만족하고 있는 이해관계자 중심 경영이 전개되고 있지 않다는 점을 확인할 수 있다. 가장 만족도가 떨어지는 이해관계자를 생각해본다면 기업의 임직원과 같이 업무 현장에서 디지털 기술을 사용하는 당사자를 꼽을 수 있다. 특히 인공지능과 같은 첨단 기술을 활용하고자 할 때, 해당 기술이 어떻게 작동하고, 왜 그러한 성과를 내게 되는지에 대해 정작 사용자는 잘 이해하지 못하게 되어 기술이 처리하는 핵심 프로세스를 블랙박스(black box)와 같이 여기게 되는 문제가 발생한다는 점을 학자들이 새롭게 정의하고 중요한 문제로 인식하고 있다(Gunning et al. 2019). 그리고 이를 해결하기 위하여 설명가능한 인공지능(eXplainable AI)이라는 연구 주제를 별도로 정의해서 논의하고 있는 상황이다. 설명가능하다는 말 자체가 사용자(인간)로 하여금 데이터 분석의 결과로 왜 그러한 의사결정을 하게 되었는지, 어떠한 정보가 중요하게 작용하였는지를 인간이 사고할 수 있는 지적인 능력으로 이해할 수 있는 수준이어야 한다. 그런데 인공신경망이라는 복잡다단한 구조에 대용량 데이터가 학습된 모형이기 때문에, 예를 들어 대출을 승인과 불승인을 구분하는 판단의 근거를 사용자가 쉽게 알아들을 수 있는 직관적인 모형으로 설명하는 것이 불가능하게 된다. 인간의 지능을 뛰어넘는 더 높은 수준의 성과를 내는 모형의 처리 과정이 인간의 지적인 능력으로 이해할 수 없는 정보처리 방식을 내포하기 때문에 GDPR에서 안내하는 "처리 로직에 내포되어 있는 의미 있는 정보"를 인간이 충분히 해석하지 못하게 되어 정보의 비대칭성(information asymmetry) 이슈를 발생시킨다. 이로 인하여 인간이 인공지능과 같은 첨단 디지털 기술을 사용하는 주체임에도 불구하고 기계에게 기대하였던 바에 해당하는 무슨 일을 한 것인지, 지금 무엇을 하고 있는지, 다음에 일어날 일은 어떻게 될 것인지에 대해서(Gunning et al. 2019) 알지 못하기 때문에 업무 이해도가 떨어지고 기술에 대해서 부정적으로 인지하게 되는 것으로 볼 수 있다. Miller(2019)에 의하면 너무 많은 정보로 사용자를 압도하는 것은 좋은 설명이 아니며, 심리학 연구자 Hilton(1990)의 설명에서도 인간 사용자에게 효과적인 설명을 제공하는 것이 중요하다는 것을 언급한 바 있기 때문에, 이것이 해결되지 않으면 디지털 기술이 사용자로 하여금 긍정적인 영향을 주기 어렵다는 점은 자명해진다.

모두를 위한 디지털 기술이 되기 위한 제언

"이해관계자들간에 이해관계가 일치하지 않는 상황이 확인되었다면 어떠한 개선을 노력해야 할까?", 또는 "이러한 불일치를 극복하는 일이 노력을 통해 개선 가능한 일인가?" 와 같은 질문을 던지며 올바른 방향을 잡고 나아가는 것이 필요한 시점이다. 그렇지 않으면 사회가 직면하고 있는 문제인 부의 양극화뿐만 아니라 인식의 양극화에 의하여 또다른 사회 문제로 이어질 수 있기 때문이다. 디지털 기술에 대해서 이해관계 측면에서 가장 부정적으로 인식하고 있던 임직원이나 사회의 경우에도 왜, 무엇 때문에 이러한 현상이 관찰되고 있는지를 알아야 구체적인 인식 전환을 노력할 수 있으며, 불균형을 효과적으로 해소하기 위한 정책적 노력도 필요하다. 예를 들어 직원 채용을 담당하는 인공지능 솔루션이 편향적인 학습을 통해 만들어졌다면 사회적으로 문제가 되기 때문에 이러한 편향을 최소화하는 노력을 기업이 하고 있는지 정보 공개를 요구하는 등의 제안을 할 수 있으며, 기업의 경우 직원이 인공지능 솔루션 활용을 성공적으로 하여 업무 성과를 높인 경우 그에 비례하는 보상을 제공하는 인센티브 프로그램을 제공하는 식으로 이해관계를 일치시켜가는 노력을 해 나가기를 기대한다. 첨단 기술에 의한 지속가능한 발전은 성장과 분배라는 두 가지 키워드를 모두 만족시켰을 때 가능하기 때문에 특히 공정한 분배를 고민하고 실현하도록 하는 사회적 합의가 필요하다. Cubric (2020)의 연구에서 확인된 바와 같이, 인공지능과 같은 첨단 디지털 기술 도입은, 비용, 시간, 성능, 고객 만족도, 의사 결정 및 예측 정확성과 같은 경제적인 요인에 의해서 결정되며, 지속 가능성이나 웰빙과 같은 사회적인 요인에는 상대적으로 덜 기인하는 것으로 나타났다. 이해관계자들의 다양한 관점이 덜 고려되고 있는 배경에 대해서도, 비전문가에 대한 의존성, 직업 안정성, 지식의 부족, 안전, 신뢰 및 다수의 이해관계자 관점의 부족과 같은 사회적 고려 사항을 포함하기 때문에, 모든 이해관계자 측면에서 이해관계를 일치시키고 장기적 관점에서 지속가능한 발전을 가능케하도록 전문 인력 양산과 사회적으로 공공선을 추구할 수 있는 이해관계 요인을 정의하는 노력이 수반되어야 한다. 또한, 설명가능한 인공지능의 중요성에 대해서 언급한 것처럼, 첨단 디지털 기술을 인간이 이해하고 활용하도록 하는 노력 또한 기술에 의한 성과를 발생시키려는 노력만큼이나 중요하다는 점을 인식하고 함께 발전시켜가야 한다. 구체적으로 Bhatt et al.(2020)에서 강조한 것처럼 기업의 임직원과 같은 기술 사용자뿐만 아니라 고객과 같은 최종 사용자까지도 결과를 이해할 수 있을 때, 디지털 기술이 다양한 관점의 이해관계자 중심 경영에 긍정적인 영향을 미칠 것으로 기대한다.

┌─ 03 정보시스템이 이해관계자 중심 경영에 활용된 사례

    이해관계자 중심 경영을 효과적으로 구현하기 위해 기업들은 다양한 정보시스템을 도입해 활용하고 있다. 특히 4차 산업혁명으로 일컬어지는 기술의 급속한 발전으로 인해 이해관계자 중심 경영에 있어서 정보시스템의 역할은 더욱 다각화 되는 추세이다(Schwab, 2017). AI 및 클라우드를 활용한 신재생에너지 발전량 예측, 로봇을 이용한 폐기물 처리, IoT 센서와 스마트 디바이스 등을 활용한 농가의 스마트 팜, AI를 활용한 기업의 인사평가 등이 그 예이다. 본 절에서는 이렇듯 다양한 정보기술이 이해관계자 중심 경영, 특히 구체적인 실행 수단인 E(Environment), S(Social), G(Governance) 각각의 측면에서 어떤 역할을 해왔는지에 대한 사례를 살펴보고자 한다.

    이에 대해 두 가지를 서두에 언급하고자 한다. 첫째, 본 장에는 2019년 이해관계자 자본주의 선언 이전의 사례도 포함하였다. 이는 과거의 사례를 살펴봄으로써 그 발전 과정을 유추해 보기 위함이다. 이해관계자 중심 경영이 산업계에 확산되기 이전에도 기업들은 다양한 개념에 기반하여 [e.g. Corporate Social Responsibility(Caroll 1991); Creating Shared Value(Porter & Kramer 2019)] 이해관계자 중심 경영에 부합하는 활동들에 정보시스템을 접목하여 수행해 왔다. 둘째, 정보시스템의 긍정적 활용 사례뿐 아니라 부정적인 활용 사례 또한 살펴보았다. 이전 절에서도 언급하였 듯 정보시스템이 다양한 이해관계자들에게 미치는 영향력은 상황에 따라 각기 다를 수 있다. 절 말미에는 이에 대한 사례를 제시하여 경영 실무적 관점에서의 시사점을 제공하고자 하였다.

정보시스템 활용 경영이 환경(E)에 미치는 긍정적 영향

제록스(Xerox)의 웹기반 환경자원 요소 측정 프로그램 "탄소 계산기"

2005년 탄소발자국이라는 개념이 등장하면서 기업의 환경에 대한 책임이 본격적으로 공론화되기 시작하였다. 사회는 기업들에게 탄소 배출량을 정량적으로 측정·보고하는 동시에 탄소 배출을 줄이기 위해 노력해야 한다고 적극적으로 요구하기 시작하였다. 이에 2008년 미국의 사무용 디지털 기기 제작사였던 제록스는 웹 기반 '탄소 계산기'를 개발하여 프린트 기기들이 배출하는 탄소를 측정 및 수치화하였으며, 수집된 정보를 바탕으로 개선 방향까지 제시하는 프로그램을 선보였다. 이를 성공적으로 활용한 대표적 예는 미국의 방위산업체 노스롭 그루먼(Northrop Grumman)이다(Kirk & Weil, 2018). 노스롭 그루먼사는 제록스의 탄소발자국 계산기 덕에 사내에 사무용 디지털 기기들이 과하게 많이 설치되어 있으며 또한 높은 탄소배출량을 기록하고 있다는 사실을 인지할 수 있었다. 해당 탄소 계산기 프로그램의 결과를 적용하여 노스롭 그루먼사는 한 부서에서 기존에 2,000개 이상이던 프린터 및 복사기를

그림 6-1 탄소계산기 활용 사례

Demonstrate your commitment to the environment now and see what impact your paper usage has on the environment.

Eco Calculator

No of reams. 1 ream - 500 sheets
Xerox® Recycled 100% 80grams

Enter the amount of reams here...

[CALCULATE]

By using Xerox 100% Recycled 80gsm, rather than a non-recycled paper, your environmental impact will be reduced by:

Kg of Landfill	Kg CO2 and Greenhouse Gases	Km travel in the average European car

Litres of Water	kWh of Energy	Kg of Wood

Comments here
A description of the section goes here.

출처: https://www.bs-direct.co.uk/eco-calculator/

1,000여 대 수준으로 줄였고 그 결과 총 에너지 소비는 27%, 탄소배출은 26%, 폐기물은 33%가량 감소하게 되었다.

신한금융그룹의 환경자원 사용량 측정 SW "통합녹색경영시스템"

탄소를 포함한 온실가스 사용을 통합적이고 전사적으로 측정하기위한 정보시스템을 도입하려는 노력이 몇 해 전부터 존재해왔다. 2010년 신한금융그룹은 친환경 경영을 위한 정보시스템인 '통합 녹색 경영 시스템' 소프트웨어(신한금융그룹, 2010)를 구축하였다. 신한금융그룹은 그룹사(신한은행, 신한카드, 신한금융투자, 신한생명, 신한 캐피탈, 신한 BNP 파리바 자산운용 등)들의 본점, 전산센터, 영업점, 연수원 등 총 1,300여 개 건물과 사업장에서 사용한 전력 사용량과 도시가스 사용량, 출장 등을 통해 발생하는 이산화탄소 배출량 등을 직접 등록하게 하였다. 이러한 시스템을 통해 그룹 차원에서 온실가스를 유발하는 요소들(이산화탄소, 메탄, 이산화질소, 불화탄소, 수소화불화탄소, 불화유황 등)을 집계할 수 있었다. 환경 활동에 대한 전사적이고 정량적인 측정은 2013년 다우존스(DJSI) 지속가능경영 월드지수 편입과 2014년 CDP(탄소정보공개프로젝트) 탄소경영 아너스클럽 편입에 기반이 되었으며, 하나의 인벤토리에 집계된 데이터는 에너지 효율화나 탄소 저감 정책 등 '탄소 중립'을 위한 환경 정책들을 실행하기 위한 발판이 되었다.

KT의 빅데이터를 활용한 "AI 빌딩 오퍼레이터"

제록스의 웹 기반 탄소 계산기와 신한금융그룹의 '통합 녹색 경영시스템'은 환경과 관련한 요소를 측정하고 데이터를 축적하여 정보화하는 것이 주된 기능이었다. 한편 AI기술의 발전으로 인하여 기업들은 수집된 데이터를 활용하여 녹색경영을 더욱 효과적으로 수행할 수 있게 되었다. 2022년 KT는 전사적으로 22%의 온실가스가 배출되던 IDC(Internet Data Center) 내 온도와 습도를 AI를 활용하여 자동으로 제어하는 'AI 빌딩 오퍼레이터' 솔루션을 구축하였다(정소연 2022). 연구진은 빌딩시설을 가상공간에서 재현한 디지털 트윈방식을 도입하여 시뮬레이션 모델을 구축하였으며 빌딩 안팎의 환경을 포함한

그림 6-2 **KT의 부문별 온실가스 배출 현황**

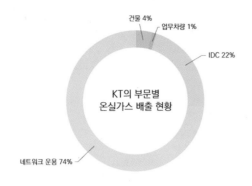

건물 4%
업무차량 1%
IDC 22%
KT의 부문별
온실가스 배출 현황
네트워크 운용 74%

출처: [KT 2022 ESG REPORT] p.68에 보고된 정보 저자 재구성

대량의 데이터를 활용하여 AI 알고리듬을 생성하였다. 그리고 학습된 알고리듬을 활용하여 현장의 설비들이 실시간 운영조건에 맞게 자동적으로 작동하도록 시스템을 설계하였다. 해당 솔루션을 10개 사옥에 시범 적용한 결과 전기, 가스 등 에너지 사용량을 전년도 대비 평균 10~15% 절감할 수 있었다.

정보시스템 활용 경영이 사회(S)에 미치는 긍정적 영향

화이자(Pfizer)의 "모바일 커뮤니케이션 시스템"

2000년대 후반부터 본격적으로 모바일 기기가 대중에게 전파되었고, 이에 모바일 기기의 장점인 높은 접근성을 적극적으로 활용하여 이해관계자 중심 경영을 실천한 사례들이 나오기 시작하였다. 화이자(Pfizer)는 2010년, 통신회사인 Vodafone과 협력하여 아프리카에 위치한 국가인 감비아(The Gambia)에서 "SMS for Health" 프로젝트를 시작하였다. 당시 감비아는 병원과 보건소에서 공급하는 조제약이 부족한 문제를 안고 있었는데 이는 지역사회에 질병이 퍼지고 주민들의 사망을 불러일으키는 원인이 되었다. 이에 화이자는 당시 감비아의 높은 휴대전화 보급률을 적극적으로 활용하여 지역사회 약품 공급 사슬을 개선하고자 하였다. 화이자는 우선 약사, 보건 업체, 약국 등 직원들을

그림 6-3 화이자의 SMS for Health

출처: https://www.businesscalltoaction.org/member/pfizer

대상으로 SMS 메시지를 통한 보고 방식을 교육하였다. 그리고 이를 통해 10
대 질병 발병 현황과 20개 주요 의약품에 대한 재고 및 만료 날짜를 모바일
로 실시간으로 작성하도록 하였고 정시에 정보를 발송하는 이들에게는 크레
딧을 제공하였다. 이로써 화이자는 의약품의 재고 수준과 만료날짜 등을 실시
간으로 파악할 수 있게 되었으며, 모아진 데이터는 계절별 수요를 예측하는
데도 사용하였다. 화이자는 이 프로젝트를 통해 IT 인프라가 빈약한 지역에서
자신들의 약품 공급망을 효율화하는 결과를 얻었을 뿐만 아니라, 약품 중개자
와 최종 소비자를 포함한 다양한 이해관계자들의 의약품 수급을 원활하게 할
수 있었다. 또한 지역사회의 질병과 그에 따른 사망을 예방함으로써 사회적
편익 또한 제공할 수 있었다.

유니레버(Unilever)와 하이어뷰(HireVue)의 "AI 채용 플랫폼"

인적자원관리 측면에서 볼 때 인종, 성별 등의 차이를 고려한 구성원의
다양성은 사회적(Social)인 관점에서 필수 지표로 사용된다. 다양성을 사내 직
원 채용과정에 성공적으로 반영하기 위해서는 지원자의 평가에 있어서 인종,
성별뿐 아니라 외모 및 사회적 지위 등에 대한 편견을 최대한 배제하는 것에
집중해야 한다. 그러나 사람의 판단이 개입하는 기존의 채용 방식에는 한계가
있다. 이러한 문제를 다국적 대기업인 유니레버(Unilever)는 AI 기술을 통해

그림 6-4 하이어뷰(HireVue)의 "AI 채용 플랫폼"

출처: HireVue.com

해결하고자 하였다(Hirevue, n.d.). 유니레버는 세계 190여 개국 25만명에 달하는 지원자들의 정보를 4~6개월 내에 처리해야 했는데 이러한 상황에서 기존의 방식으로는 채용의 다양성을 확보하기란 쉽지 않은 일이었다. 이에 유니레버는 하이어뷰(HireVue)사의 AI 플랫폼을 도입하기로 하였다. 이 플랫폼은 각 지원자의 역량을 데이터로 수치화하여 선별해 내는 서비스를 제공하는데, 유니레버는 이를 도입하여 채용 과정을 자동화하는 동시에 능력 외의 요소들을 배제할 수 있게 되었다. 그 결과 채용에 수반되는 비용과 시간뿐 아니라 그 어느 때보다 인종과 성별 측면에서 볼 때 다양한 사원군을 확보할 수 있었다. 이는 AI기술이 접목된 인사 플랫폼은 인적자원평가 업무의 효율성을 높일 뿐 아니라 인사평가의 투명성과 신뢰성을 높이는 데도 일조할 수 있다는 점을 시사한다.

SKT의 "모바일 미아 찾기" 프로젝트

한국에서도 정보통신기술 역량이 비교적 잘 갖추어져 있던 분야에서는 일찍이 정보시스템을 활용하여 사회(Social)에 초점을 맞춘 이해관계자 중심 경영을 실천하기도 하였다. 대표적인 사례로 2004년 5월 SK텔레콤이 경찰청,

그림 6-5 SKT의 모바일 미아 찾기 성공 사례

SK텔레콤의 모바일 서비스 덕택에 가족 품으로 돌아온 정우양 군. SK텔레콤은 이 서비스로 지난해까지 19명의 미아, 장애인, 치매노인을 가족 품으로 돌려보냈다.

출처: 국민일보(news.kmib.co.kr/article/view.asp?arcid=0921429990)

실종아동전문기관과 협정을 맺고 시행한 '모바일 미아찾기' 프로젝트가 있다(SK텔레콤, 2006). SKT는 당시 모바일 방송 서비스였던 NATE Air에 가입한 고객들에게 미아의 사진과 인상착의에 대한 메시지를 보내는 방식을 활용하여 미아 찾기에 나섰다. 특히 SK텔레콤은 지리 정보시스템을 활용하여 미아 발생 지역 주변에 위치한 고객들에게 메시지를 우선 전달할 수 있었다. 그 결과 서비스 시작 후 19개월간 10명의 미아를 찾을 수 있었으며, 이 후 SKT는 해당 서비스의 대상을 확장하여 치매노인과 장애인도 포함하였다. 해당 사례는 스마트폰이 대중화되기 이전에 정보통신 회사로서 가진 IT 역량을 적극 활용하여 공동체에 공익적 편익을 가져다준 사례이다.

정보시스템 활용 경영이 지배구조(G)에 미치는 긍정적 영향

HSBC의 AI 기술을 적용한 "기업 사기거래 방지 시스템"

감사기구의 전문성을 갖추는 것은 지속가능 경영에 부합하는 기업의 지배구조에 매우 중요한 요소이다(산업통상자원부, 2021). 하지만 지배구조 내에서 벌어지는 부당한 거래들을 인력으로 일일이 색출하는 데에는 한계가 있다. 이러한 한계를 극복하기 위한 방안으로 기업들, 특히 돈을 관리하는 업무가 중요한 은행들은 AI 알고리듬을 통해 사기거래의 관리와 리스크 평가 과정을 강화하고 있다. 영국의 금융 대기업 HSBC는 2018년부터 인력에 맡기던 기업 내부 감사를 AI 기술에 맡기기 시작하였다. 기업내부 부정행위 중 상당부분이 사람이 감지해내기 쉽지 않다는 것을 고려하면(WBR Insights, 2022) 여러 측면에서 진보를 이뤄낸 것으로 볼 수 있다. 이러한 AI 기술의 적용은 기존에는 인력으로 처리할 수 없었던 방대한 양의 데이터를 신속히 처리하여 기업의 사기거래 감시, AML(Anti－Money Laundering: 돈세탁 방지) 거래 모니터링 및 제재 심사, 부정부패 감시 등의 작업의 효율을 증가시키는 효과를 가져왔다.

유니온스틸의 노사 갈등 해결을 위한 "온라인 소통 플랫폼"

지배구조 측면에서 한국은 여전히 여타 아시아 국가들에 비해 뒤떨어지는 것으로 평가받고 있지만(김영배, 2021), 몇몇 한국의 기업들은 지배구조 개편의 중요성을 일찍이 인지하고 있었고 그 과정에 정보기술이 적극 활용되었다. 대표적으로 1999년 철강 기업인 유니온 스틸이 온라인 소통을 활용한 예시가 있다. 당시 경영진과 노동조합은 극심한 갈등을 빚었고 악화되는 경영속에서도 노동자 측의 파업은 장기화되고 있었다. 경영진과 노조 양측 모두 파업이 계속될 경우 회사의 미래가 없다는 점을 인지하고 있었다. 노조의 주된 요구는 경영성과의 투명한 공개와 노조의 건의사항 및 애로사항 전달을 위한 효율적인 창구 개발이었다. 경영진은 노조의 모든 요구를 수용하여 경영 설명회를 매월 개최할 것과 현장에 참석한 모두에게 질문할 권한과 참여할 권한을 부여하였지만 노조의 불신을 해소하기에는 소통이 효율적이지 않다는 문제가 있었다. 유니온 스틸은 이 문제를 해결하기 위해 인터넷을 활용하기 시작했는데, 이때 만들어진 것이 기업 홈페이지의 온라인 소통창구이다. 회사는 홈페이지에 회사의 경영성과를 투명하게 공개하기 시작하였고 홈페이지를 통해 노동자의 애로사항과 질문 등을 수용하는 페이지를 개설하였는데 이는 기업의 홈페이지를 기업 외부 인원이 아닌 내부 인원을 위해 개설한 국내에서는 매우 드문 케이스(박재수 et al., 2003)였다. 여기에 더해 회사는 노조 작업장에 PC를 보급하여 일반 직원의 홈페이지 접근성을 개선할 수 있었다.

삼성전자의 주주총회 "온라인 전자투표 시스템"

PC와 모바일을 이용한 네트워크 접속이 어디서든 이루어지는 유비쿼터스 시대에 기업들은 주주들의 의결권을 공간의 제약 없이 수용할 수 있다. 이런 특성을 보여주는 시스템이 바로 전자투표와 온라인 주주총회이다. 코로나19 시대 이후 해외보다 비교적 더 강도 높은 거리두기 지침이 지속되었던 한국에서는 기존에 활성화되지 않았던 온라인 주주총회 개최와 전자투표 시스템이 여러 기업으로부터 채택되게 되었다. 특히 전자 투표 시스템의 경우 이를 채택한 기업의 비중이 2019년 전체 기업 중 32.9%에서 2021년 58% 이상으로 치솟았다(이승희, 2020). 온라인 주주총회와 전자투표 시스템의 확산과 안착은 소액주주들의 의결권을 보장해 준다는 의미가 있다(이승희, 2020). 관련하여 삼성전자는 2020년부터 정기주주총회에 한국예탁결제원의 온라인 투표 시스템을 도입하여 활용해왔다(삼성뉴스룸, 2022). 이는 특히 코로나19 시기와 맞

그림 6-6 한국예탁결제원의 주주총회 전자투표 시스템

출처: 한국예탁결제원(https://evote.ksd.or.kr/)

물려 많은 투자자들이 의결권을 오프라인에서 행사하는 데 어려움이 있는 환경에서 온라인으로 의결권을 행사할 창구를 마련했다는 의의가 있다.

정보시스템을 활용한 경영의 의도하지 않은 부정적 결과

앞서 나열한 사례들은 정보시스템이 E.S.G. 각 측면에 적절하게 적용될 경우 기업이 가시적인 성과를 내는 데에 핵심적 역할을 수행할 수 있음을 시사한다. 하지만 기업의 정보기술 활용은 정보 보안 이슈, 비용 증가, 기술의 결함 가능성, AI의 오류 등과 같이 우려되는 측면 또한 존재하며 이는 오히려 의도하지 않은 역효과를 야기할 수도 있다. 따라서 기업은 기술의 발전과 정보시스템의 적용이 이해관계자 중심 경영의 성공을 무조건 보장하지는 않으며 정보시스템의 도입이 오히려 이해관계자 중심 경영을 해치는 역설적 결과를 불러올 수도 있다는 점을 인지해야 하며, 다양한 이해관계자의 관점에서 신중하게 그 적용 방법을 모색하여야 한다.

환경(E)에 미칠 수 있는 부정적 결과 - 암호화폐 채굴과 탄소배출 사례

환경을 개선하기 위해 정보시스템을 도입할 경우, 해당 정보시스템이 발생시키는 에너지 또한 면밀히 고려될 필요가 있다. 클라우드 컴퓨팅 사례를 보면 그 이유를 알 수 있다. 많은 양의 데이터를 처리해야 하는 기업 입장에서 클라우드 컴퓨팅 서비스의 활용은 기업의 이익에 도움이 됨과 동시에 탄소배출을 절감하는 효과까지 가져온다. 여기에서 핵심은 기존의 데이터센터에서 처리하던 수요를 클라우드 컴퓨팅으로 전환하면서 탄소배출을 절감한다는 조건인데, 클라우드 컴퓨팅 서비스를 통한 데이터 처리 또한 결국에는 에너지 소비를 불러일으키기 때문에 탄소배출이 완전히 사라지는 것은 아니라는 맹점이 존재한다. 이러한 문제는 비트코인 등 암호화폐 채굴 과정에서 일어나는 에너지 소비와 그에 따른 탄소배출을 들여다보면 쉽게 알 수 있다. 현재 성행하는 비트코인 채굴은 주로 클라우드 컴퓨팅 서비스를 통해 이루어지는데 연구에 따르면 이로 인해 발생하는 이산화 탄소 배출량만으로도 2050년경 지구의 온도는 2도 이상 오를 수 있다고 한다(Stoll, Klaaßen, & Gallersdörfer 2019). 또한 굳이 비트코인이 아니더라도 데이터 처리에 대한 수요는 꾸준히 올라갈 것으로 예상이 되는 상황에서 클라우드 컴퓨팅으로 달성되는 에너지 효율이 이를 따라갈 수 있을지는 미지수이다(Beardmore 2020). 에너지 효율의 개선으로 인한 탄소배출 절감의 효과가 데이터 처리 수요 증가로 인한 탄소 배출 증가에 무마되는 리스크가 존재하는 것이다.

사회(S)에 미칠 수 있는 부정적 결과
- AI의 편향성과 은행의 신용평가 알고리즘 사례

인간이 내리던 판단을 AI에게 위임하는 것을 과연 모든 이해관계자들이 납득할 수 있을까? 앞서 유니레버의 사례에서 살펴보았듯 AI 기술은 그 활용에 따라 인간의 왜곡된 주관성을 배제함으로써 기업의 더 나은 판단을 유도할 수 있다는 장점이 존재한다. 그러나 현재까지의 기계학습은 알고리즘이 학습되고 결과가 배출되는 과정을 들여다볼 수 없다고 해서 '블랙박스'라 불리고 있으며, 따라서 내부의 판단의 기준이 무엇인지 이해관계자들은 정확히 알 수 없다는 허점이 있다. 만일 기계 학습 과정이 올바르지 못했다면 오히려 설명 불가능하고 부당한 판단을 내릴 수도 있는 것이다. 현재 이런 AI의 편향성이 가장 두드러지는 분야 중 하나는 은행들의 신용점수 평가 및 대출 허가 알고리즘이다. 관련 연구에 따르면 은행들이 사용하는 신용점수평가 알고리즘의 경우 저소득층 및 사회적 약자 계층에게 더 불리한 판정을 내리는 것으로 나타났다(Hjálmarsson et al. 2018). 해당 연구는 문제의 근원을 알고리즘 자체가 아닌 특정 사회계층의 데이터가 불완전한 경우가 많아 판단 과정에 오류가 생길 가능성이 크기 때문이라고 보고한다. 이와 같은 경우 기업들이 AI 기술을 의사결정 과정에 적용하고자 한다면 기계 학습 과정에서 특정 사회 구성원에 불리한 방식으로 알고리즘이 학습되지는 않을지 데이터 차원에서부터 고려하여야 할 것이다.

기업지배구조(G)에 미칠 수 있는 부정적 결과
- 전자투표 시스템과 보안 리스크 사례

모든 기술은 언제나 완벽할 순 없으며 예상치 못한 기술적 결함은 돌이킬 수 없는 부정적 결과를 야기하기도 한다. 특히 투명성이 중요한 지배구조 분야에서 이 문제는 더욱 중요하게 논의될 필요가 있다. 블록체인 기반 전자투표가 그러한 예시들 중 하나이다. 블록체인 기술은 전자 투표 방식에 투명성과 유연성을 제공하며 분산 전자 투표 시스템의 실현을 가능하게 하기에 (Abazorious, 2020) 주로 부정부패에 대한 감시, 주주들의 참여와 권리 증진 등의 효과를 가져오리라 기대된다. 하지만 이는 반대로 심각한 보안 위기를 초래할 수도 있는데, 이러한 점이 부각된 사례가 미국 웨스트 버지니아 주의 중간선거이다. MIT의 연구진은 웨스트 버지니아 주 중간선거에 사용된 전자투표 앱 Voatz의 시스템의 이해를 위한 역설계 과정에서 투표 결과가 원격으로 접근하는 해커들에 의해 손쉽게 조작될 수 있음을 알아냈다(Abazorious 2020). 게다가 이것은 비단 Voatz만의 문제가 아니라는 것이 여러 전문가들의 공통된 의견이다. 비록 전자투표시스템이 투표권 보장 등의 좋은 의도를 가지고 만들어지지만 현재 출시된 수많은 소프트웨어들은 보안에 대한 심도 있는 검증을 거치지 않았으며 어쩌면 현대의 디지털 시대에 안전한 전자투표 시스템을 구축하는 것은 어려울지도 모른다는 시각도 존재한다(Abazorious 2020). 본 예시는 기술의 결함이 불러올 수 있는 부정적 효과에 관한 예측과 이에 대한 선제적 조치가 필요함을 시사한다.

소결

지금까지 다양한 정보시스템이 이해관계자 중심 경영, 구체적으론 환경(E), 사회적 책임(S), 지배구조(G), 각각의 측면에서 어떤 역할을 해왔는지에 대한 사례를 살펴보았다. 기업들은 각기 다른 이해관계자들의 요구에 따라 다양한 정보시스템이 가진 기능을 목적에 맞게 활용하여 소기의 성과를 이루었다. 이러한 정보시스템의 활용은 정보기술이 비약적으로 발전함에 따라 AI,

클라우드 컴퓨팅 등을 이해관계자 중심 경영에 적극 도입하는 등 예전보다 더욱 본격적이고 다각화되는 모습을 보인다.

다만, 앞서 살펴보았듯이 정보시스템의 적용이 이해관계자 중심 경영의 무조건적인 성공을 보장하지는 않는다는 점 또한 명심해야 한다. 특정 이해관계자를 위한 정보시스템의 무분별한 도입은 환경, 사회, 또는 지배구조의 측면에서 오히려 해가 되는 결과를 불러오기도 한다. 따라서 기업들은 이러한 폐해를 막기 위해 조직의 특성과 환경 등을 면밀히 검토한 후 상황에 맞게 정보시스템을 도입하여야 할 것이다.

04 이해관계자 중심 경영을 위한 데이터 활용

본 장에서는 이해관계자 중심 경영과 데이터와의 관계를 살펴보고자 한다. 빅데이터는 대용량, 실시간성, 다양성의 특징을 갖는데(Chintagunta, Hanssens, & Hauser, 2016), 클라우드에 쌓이고 있는 데이터의 양과 실시간성은 고객을 전례 없이 마이크로하게 이해하고 실시간으로 그 다음 맥락을 예측할 수 있게 해준다. 또한 이전에 연결할 수 없었거나 액세스할 수 없었던 고객의 잠재욕구와 관련된 소비와 텍스트데이터 그리고 사물인터넷센서를 통한 고객맥락에 대한 데이터는 기업에게 새로운 고객가치를 설정할 수 있는 통찰력을 제공하고 있다. 전통적인 리서치 방법으로는 알 수 없었던 인사이트를 빅데이터분석을 통해 찾아내는 것이 가능해지면서 개인화된 추천과 타깃 마케팅으로 인한 데이터의 가치와 기업의 이익은 커지고 있는 한편, 고객의 개인정보보호와 같은 사회적, 윤리적 책임에 대한 중요성에 대한 인식 또한 점점 커지고 있다. Wieringa et al.(2020)은 기업의 데이터분석을 통한 가치창출의 힘은 고객의 프라이버시문제와 역설되는 'data analytics—privacy paradox'현상을 설명하면서 이를 해결하는 것이 어려운 문제임을 지적하고 있다. 과연 데이터는 이해관계자중심 경영에 걸림돌이 될까, 아니면 데이터가 이해관계자 중심 경영에 더 적극적으로 활용될 수는 없을까? 본 절에서는 이해관계자 중심 경영에 데이터가 활용된 현업의 사례를 논의하며, 끝으로 데이터주도의 이해관계자 중심 경영을 위한 학문적 실천적 과제를 모색하고자 한다.

이해관계자 중심 경영과 데이터의 역할

Economist(2017)는 "세상에서 가장 소중한 자원은 더 이상 석유가 아니라 데이터다"라고 했다. 수많은 기업들이 디지털전환의 원천은 데이터이고, 빅데이터를 수집하고(예: IoT), 저장하고(예: 클라우드), 분석하는 기술(예: 시각화 도구, 예측모델링 등)에 대한 투자를 어떻게 하느냐가 기업의 경쟁력을 좌우한다고 믿고 있다. 많은 기업들이 그동안 쌓아둔 데이터를 기반으로 새로운 부가가치를 만들어내고 새로운 비즈니스를 창출해내고 있는데, 예를 들면 제조업을 하던 회사가 데이터를 기반으로 기존에 하지 않았던 플랫폼 기반 새로운 상품과 서비스를 개발하기도 하고, 가전기기를 판매해서 얻는 수익보다 가전기기안에 있는 IoT센서로부터 수집하고 있는 로그 데이터로 돈을 벌기도 한다. 예를 들면 스마트TV 로그 데이터로 각 가정의 시청 로그 데이터를 가공하여 판매하는 수익이 증가하고 있는 현상도 보이고 있다. 이렇게 데이터의 광범위한 가용성은 기존 산업의 경계와 경쟁구도를 근본적으로 변화시키는 새롭고 파괴적인 비즈니스 모델로 이어지고 있다. 기업은 기존의 비즈니스모델을 다변화하고, 데이터가 만들어내는 새로운 기회를 적극적으로 비즈니스 모델에 반영하고 있는 것이다.

이와 같이 데이터의 엄청난 성장은 기업에게 새로운 비즈니스 모델을 창출할 수 있는 충분한 기회를 제공했지만, 조직간 데이터의 연결, 개인의 정보제공 권한부여 등 수많은 의사결정과정에서 여러 이해관계자들의 상호연관성으로 인해 복잡한 문제들이 대두되고 있다. 예를 들면, 구성원중심 관점에서는 때로는 데이터의 가치가 커질수록 데이터를 다른 조직과 공유하고 함께 시너지를 내는 의사결정에 매우 소극적인 태도를 보이며 데이터결합을 통한 고객중심 경영에 걸림돌이 되기도 한다. 고객관점에서는 플랫폼 안에서 적극적으로 데이터를 내놓고, 연결하면서 비즈니스 가치를 창출하는 주체임에도 불구하고, 그에 합당한 이익의 분배는 상대적으로 적다고 느끼기 시작하고 있다. 예를 들면 페이스북에 고객이 적극적으로 친구를 연결하고 지금 무엇을 하는지 사진을 올리고 본인의 관심사를 적극적으로 표현하고 감정을 드러내는 데이터를 내놓고 있는데, 그렇게 쌓인 데이터로 페이스북은 데이터기반 초개인화된 타깃 마케팅으로 엄청난 수익을 얻고 있지만 해당 수익에 대한 고객의 혜택은 더 이상 늘어나고 있지 않음을 느끼는 고객이 생기기 시작했고, 이들은 점점 페이스북을 떠나기 시작하고 있다. 이렇듯 이제 기업은 데이터의 수집과 활용도 기업의 이익만을 위한 관점으로 접근하는 것이 아니라 데이터를 생산해내고 함께 가치를 만들어내고 있는 이해관계자 관점에서 접근할 필요성이 점점 커지고 있는 것이다.

Langley et al.(2020)는 이해관계자관점에서의 디지털 비즈니스 모델을 위한 데이터의 수집, 분석 및 책임 있는 사용에 대한 중요성을 지적한 바 있다. 해당 연구는 개인, 기업 및 기관을 위한 비즈니스 모델과 가치 창출을 어떻게 변화시킬 수 있는지에 대한 이론적 프레임워크를 제시하고 있는데, 기업이 디지털 기술 및 데이터를 생성하고 사용하는 데에 관해, 여러 이해관계자(기업, 개인, 기술적 이해관계자, 기관/정부 기관)들이, 기업이 디지털 책임을 경영적으로 수행할 수 있도록 하는 방법을 지속적으로 모색할 필요가 있다고 지적하였다.

데이터가 이해관계자 중심 경영에 활용되는 사례

데이터가 고객중심 경영에 활용된다면?

데이터가 이해관계자인 고객 중심 경영에 활용될 수 있을까? 외부데이터 간 결합으로 고객을 더 이해할 수 있게 되면서 디지털 타깃 마케팅의 성공률은 점점 더 커지고 있다. 예를 들면, 카드데이터와 통신데이터 결합으로 고객을 더 micro하게 세분화할 수 있게 되면서 타깃 마케팅 문자메시지의 응답률이 60% 이상으로 높아지고 있는 것이다. 이렇게 기업의 이익은 커지고 있는 반면, 상대적으로 고객의 이익은 그만큼 커지지 않고 있는데, 과연 데이터로 고객에게 이익을 분배할 수 있는 방법은 없을까? 보험업계에서는 이러한 노력의 일환으로 고객의 건강지수를 개발하여 고객의 건강지수가 높아진 만큼 보험료가 더 저렴해지는 경험을 준 사례가 있다. ABL생명은 보건복지부의 건강데이터를 연결하여 고객이 '로그'앱에 접속해서 개인정보 처리 동의를 거쳐 성별, 연령, 건강상태, 의료이용정보 등을 토대로 한 자신의 건강등급 결과를 확인할 수 있게 했는데, 건강등급은 체질량지수, 혈압 요단백, 혈색소, 공복혈당 콜레스테롤 등 다양한 요인을 고려해 1등급에서 9등급으로 산출되며, 1등급에 가까울수록 건강상태가 양호함을 지표로 확인해서 이에 따른 보험료 할인으로 이어질 수 있게 하는 새로운 고객경험을 제공하기도 하였다.

데이터가 산업생태계 파트너와의 상생 경영에 활용된다면?

기업들은 내부데이터만으로는 고객을 360도로 이해할 수 없기 때문에 외부 생태계 파트너와의 데이터 결합을 통한 새로운 서비스기획과 비즈니스 창출을 하고 있다. 예를 들면, 가전회사가 스마트홈 라이프 경험을 설계하고 싶은데 내부에 있는 가전의 센서로그데이터들로는 고객의 맥락을 읽어내기 충분치 않아서 IPTV 로그데이터로 고객의 관심사를 읽어내고, 고객이 요즘 어디에 시간과 돈을 쓰는지 카드사의 소비 데이터와의 연결 또한 시도해보고 있다. 이렇게 생태계안의 플레이어들 간의 데이터 협업은 고객에게 더 쉽고 간편하게 연결된 가치있는 경험을 만들어 주기 때문에 점점 더 중요해지고 있다.

이러한 데이터 협업은 모빌리티 생태계에서도 오픈 데이터 플랫폼의 형태로 시도되고 있다. 현대자동차는 고객들에게 연결된 모빌리티 경험을 주기 위해 모빌리티 생태계 안에 있는 중고차, 자동차 보험, 렌터카, 정비소, 주유소, 공유 자동차 분야의 업체들과 데이터 협업을 통해 혁신적인 고객 경험을 만들어내고 있다. 현대자동차가 모빌리티 생태계 안에서 혁신적인 사례를 만들어내기까지는 생태계 플레이어들을 만나서 설득과 비전 공유 등 수많은 노력과 시간이 필요했다. 사실 이보다 더 결정적인 성공 요인은 현대자동차가 가지고 있는 모빌리티 생태계 파트너와의 상생을 중심으로하는 데이터 센싱 전략이라고 할 수 있다.

현대자동차는 2016년부터 제네시스 차량에 와이파이 모뎀을 설치해서 자동차상태 데이터를 센싱하기 시작했는데, 이를 통해 엔진오일 교체 시기, 타이어 공기압, 능동 브레이크 기능 동작 여부 등의 상태를 알고 이상 데이터가 감지되면 알람 메시지를 받을 수 있는 정도의 서비스 가치를 만들어 낼 수 있었다. 지금은 그때에 비해 센싱하는 데이터의 종류가 약 4배 정도가 늘었는데, 과연 어떤 데이터가 더 늘었을까? 현대자동차는 모빌리티 생태계 안에서의 고객 경험을 더 연결되게 만들기 위해 기존의 기능적 상태 중심의 센싱전략에서 모빌리티 생태계 파트너와의 데이터 교환 및 결합을 염두한 센싱전략을 가져가기 시작했다. 더 나아가 생태계 안의 다른 업체들과의 데이터 협력을 통해 새로운 의미적 가치를 만들어내고 있다. 가령 중고차 시장에서 고객의 고질적인 페인 포인트는 딜러를 믿을 수 없다는 것이라면, 중고차 거래 플랫폼과의 데이터 협업을 통해 중고차 매물로 올라온 현대차의 실제 주행거리 정보와 사고 차량 여부를, 센싱한 데이터를 기반으로, 전문가가 아니면 알기 어려운 차량 관리 정보 등 차량 상태 정보의 투명성을 획기적으로 높여줌으로써, 고객으로 하여금 투명하게 유통된 차를 허위매물 걱정 없이 안심하고 구매할 수 있게 만들었다. 이와 비슷하게, 자동차 보험회사와도 협력을 확장했는데, 센서 데이터를 바탕으로 고객이 탄 km만큼, 안전 운행을 한 만큼, 안전 운행지수를 확인할 수 있게 해서, 운전자가 이번 달에 조금 더 조심해서 안전 운전하면, 다음 달 보험료가 얼마나 내려가는지도 확인할 수 있게 만들었다. 이와 같이 제품의 센싱 전략도 제품의 기능적 가치를 넘어서 생태계 안에서 플랫폼 간협력을 통해 기업의 직접적인 고객뿐만 아니라 생태계 파트너와 B2B2C 고객을 고려한 관점으로 데이터 센싱 전략의 전환이 필요한 것이다.

데이터가 구성원중심 경영에 활용된다면?

HR영역에서 구성원의 모집, 선발, 배치, 승진, 교육, 평가, 보상, 퇴직에 더해서 조직문화형성 전반에 걸쳐서 데이터를 활용하고 분석해서 시사점을 도출하려는 노력이 활발하다. 이를 People Analytics라고 부르기도 하는데, 그동안 상관의 주관적인 평가로 인한 구성원들의 피로를 줄이고, 데이터로 인한 의사결정으로 인사평가와 배치 등 구성원의 예측가능성을 높이고자 하는 것이다. 공정한 성과 평가 및 보상을 위해서는 구성원 로그데이터 수집 및 분석 관점의 변화가 필요하다고 할 수 있는데, 구성원을 단순히 HR의 Resource 자원으로만 이해하지 않고 관계적으로 바라보고 데이터를 결합하고 분석할 필요가 있다. 즉 구성원들과의 관계, 구성원과 회사제도와의 관계, 배정된 업무와 책임의 관계적인 관점에서 HR데이터의 수집과 분석을 다변화할 필요성도 있다. 이를 위해 소셜네트워크분석을 하기도 하고 기업내 협업툴에서의 로그기록을 통해 구성원과 조직간의 다양한 관계기반 분석을 시도하고 있다. 사실 기업은 기업의 이익을 위해 고객데이터 수집과 분석에는 엄청난 투자를 하지만 정작 구성원의 좀 더 나은 직장경험을 위한 구성원 데이터의 투자에는 매우 인색했다고 할 수 있다. 좋은 고객경험과 비즈니스 가치를 만들어내기 위해서는 디지털 기술보다는 구성원의 역량이 더 중요하다. 구성원이 업무성과를 높인 경우 그에 비례하는 보상을 제공하는 인센티브 프로그램을 데이터기반으로 만들어내는 프로세스가 필요한 것이다. 데이터는 구성원의 성장과 공정한 분배를 실현하는 데 있어 매우 중요한 역할을 해낼 수 있을 것이다.

데이터를 통한 이해관계자 중심 경영을 위한 실천적 제언

데이터의 복잡성과 가용성 분석기술의 변화는 기업이 고객, 직원, 파트너, 공급자들의 데이터를 사용하고 비즈니스모델에 적용함에 있어 책임있는 행동을 요구한다. 데이터에서 최대한 많은 가치를 추출하는 동시에 개인정보보호 문제 등 해결해야 하는 문제에 대처하는 일은 생각보다 간단한 문제가 아니다. 마이데이터사업은 개인이라는 주체가 본인의 데이터에 대한 소유권을 되찾을 수 있도록 권한을 부여하기 시작했다. 유럽 연합의 GDPR이 통과

되어 기업이 데이터 관련 절차를 보다 엄격한 개인 정보 보호 규정에 맞게 조정해야 하게 되면서 해당 문제는 더욱더 복잡해지기 시작하였다. 그렇기 때문에 더더욱 지금은 데이터를 활용한 비즈니스가치를 만들어내는 데 있어 새로운 이해중심자 관점의 접근이 필요하다. 고객이, 직원이 그리고 이해관계자들이 데이터 수집, 저장, 분석 및 사용에 관한 기업의 행동을 어떻게 인식하는지, 그리고 기업이 어떤 가치를 부여하고 개인 데이터 공유에 대해 어떻게 인정받고 평가받기를 원하는지 이해하는 것이 매우 중요할 것이다.

첫 번째 제언으로, 기업은 과연 이해관계자들이 데이터 동의에 관한 공정한 기회를 받았는지 점검할 필요성이 있다. 이 과정에 있어서 염두해야 할 것은 모든 고객이 똑같은 프라이버시 선호도가 있는 것은 아니라는 것이다. 어떤 고객은 개인정보보호를 높이 평가하지 않고 작은 보상으로도 데이터를 기꺼이 거래하기도 한다는 것이다(Athey, Catalini, & Tucker, 2017). 또 어떤 고객들은 개인정보보호에 대한 높은 관심을 갖고 있지만 여전히 기업에 개인 데이터를 공유하기도 하는데 이는 더 나은 개인화된 서비스, 편의성 그에 따른 혜택이 크다고 생각하기 때문이기도 하다(Beke, Eggers, & Verhoef, 2018). 이 같이 제각기 다른 개인정보보호와 혜택 간의 trade-off의 기준을 데이터를 통한 개인화된 정보보호설정과 서비스 경험으로 정교화할 필요도 있을 것이다.

다음으로, 이해관계자들과의 충분한 커뮤니케이션을 통한 데이터의 가치 확장을 생각해 볼 수 있을 것이다. 기계 학습 알고리듬의 개발 설계는 데이터를 기획하고 수집하는 단계에서부터 투명성을 가지고 해당 예측모델과 관련된 이해관계자들의 참여를 적극적으로 시도해야 한다. 그렇게 했을 때 데이터 과학자가 윤리적으로 수집하고 연결할 수 있는 데이터를 정의하고 비식별화 같은 데이터를 처리할 수 있는 조건을 결정하는데 도움이 되고, 보다 더 넓은 이해관계자 관점에서 데이터의 가치를 확장해 나갈 수 있을 것이다. 기업은 다양한 이해관계자 관점의 수준을 충족하면서도 다양한 데이터분석과 활용가치를 모색할 수 있기 때문에 이해관계자 관점의 접근은 매우 유용한 방법일 수 있다. 더 나아가 위에서 살펴본 현업의 이해자중심 데이터활용 사례처럼 데이터는 이해관계자 중심 경영에 있어서 이해관계에 대한 더 상세하고 시기 적절한 다면적 통찰력을 얻을 수 있는 기회 또한 제공할 수 있을 것이다.

┌─ 05 이해관계자 중심 경영을 위한 디지털 플랫폼 활용

디지털 플랫폼에 의해 이해관계자들을 연결하는 비즈니스 모델과 전략은 시장 변화를 주도하고 있다. 디지털 플랫폼은 빠르게 기업의 경쟁 요소로 자리 잡고 있으며 특히 서비스와 소통에 있어 새로운 가치 창출의 교두보가 되고 있고, 디지털 플랫폼을 수용하지 못하는 기업은 비효율적인 비즈니스 모델을 운영하고 있다. 본 절은 2022 Seoul E-Prix사례를 통해 이해관계자 중심 경영이 디지털 플랫폼에 의해 어떻게 구현될 수 있는지, 이를 위해 무엇을 해야 하는지 살펴본다.

디지털 플랫폼 역할과 이해관계자

'디지털 플랫폼'의 개념은 오늘날 이해관계자 중심 경영 기업들에게 중요한 문제이자 사실상 모든 서비스 산업에 걸쳐 주요 이슈가 되고 있다. 디지털 플랫폼 비즈니스 모델은 빠르게 성장하고 있으며, 상위 15개 플랫폼 기업은 상당한 시가총액을 차지하고 있다. 사실상 모든 서비스 산업이 디지털 플랫폼의 영향을 받고 있다. 이러한 점을 감안할 때, 서비스 관련 기업들이 디지털 플랫폼을 이해관계자 중심 경영 전략의 핵심 부분으로 채택하고 있는 것은 놀라운 일이 아니다.

이해관계자 중심 경영과 서비스

주주중심 경영 모델과는 달리 이해관계자 중심 경영모델은 서비스적인 측면에서 그 경영가치를 행하는 이해관계자들조차 그 개념이 가질 수 있는 모호함 때문에 소통의 어려움을 겪고 있다. 이러한 소통 비효율성이 막대한 비즈니스 결손을 초래하게 되고, 이는 궁극적으로 이해관계자 중심 경영 가치에 대한 회의적인 시선으로 전환되고 있는 실정이다.

본 절에서는 디지털 플랫폼을 활용하여 이해관계자 중심 경영을 구현하는 전략을 아래와 같이 3가지로 정의하고 사례를 통해 설명하고자 한다.

① 다양한 이해관계자 이해 탐색을 위한 디지털 통합

이해관계자 중심 경영가치는 정확하게 정의하고 정량화될 수 있어야만 디지털 플랫폼에 담을 수 있다. 그래서, 가장 먼저 해결해야 하는 요소는 정성적 요소들의 디지털 정량화 및 통합이다.

② 정확한 이해관계자 간의 소통 정의를 위한 측정

디지털 플랫폼을 이용한 서비스에서 상당한 가치를 창출하려면 단순히 디지털 통합을 통한 "디지털플랫폼 동참" 이상의 것이 필요하다. 이해관계자 간의 소통을 정의하고 측정하기 위해서는 '정량화'와 '시각화'와 같은 전략이 필요하다. 이 두 가지 전략은 디지털 플랫폼을 통해 연결된 시장에서 가치 교환을 조정하고, 대응할 수 있도록 도와줌으로써 디지털 플랫폼이 이해관계자 중심 경영에 더 많은 지원을 하는 것을 가능케 한다.

③ 이해관계자 중심 경영 참여자 간 인사이트 제공

이해관계자 중심 경영의 가치는 기업만을 위한 가치가 아닌 관련되어 있는 모든 이해관계자들에게 주요한 가치다. 이를 위해, 서로의 이해를 명확히 탐색 및 정의하고, 정확한 측정을 통해 다양한 이해관계자 간의 이해를 조율하고, 최종적으로 이를 바탕으로 하는 인사이트를 제공함으로써, 이해관계자 중심 경영의 모멘텀을 제공할 수 있어야 한다.

사례: 2022 Seoul E-Prix

2022년 8월 서울 잠실에서 자동차 산업의 탄소중립을 표방하는 2022 Seoul E-Prix 경주가 개최되었다. Formula E는 친환경 전기차 경주대회로 무공해, 저소음으로 치를 수 있어, 정해진 트랙에서만 달리는 F1 경주와 달리, 도심 한복판에서 경기를 즐길 수 있다. 이러한 특징은 소수의 모터스포츠 매니아를 위한 대회가 아닌 22만명에 달하는 다양하고 규모가 큰 일반적인 관람객들을 상대해야 하는 상황을 만들었다.

2022 Seoul E-Prix를 주관하는 Formula E Korea는 디지털 플랫폼을 통해 대회를 운영할 3가지 전략을 다음과 같이 수립하고 적용했다.

1) 스폰서십-관람객-주최측이 제공하는 지속가능경영가치의 디지털 통합
2) 정확한 이해관계 정의를 위한 관람객의 로그 데이터 측정
3) 데이터 기반 커뮤니케이션 인사이트 제공

스폰서십-관람객-주최측이 제공하는 지속가능경영가치의 디지털 통합

첫 번째, 관람객들이 더 쉽고 다양한 방향으로 스폰서십의 가치를 경험할 수 있도록 하는 별도의 디지털 플랫폼 'Oe'를 개발하고 제공했다. Formula E가 표방하는 탄소중립(Net Zero)이라는 새로운 가치와 지속가능경영가치를 추구하는 많은 스폰서십 정보를 이해관계자에게 제공하면서도 대규모 경기운영에 필요한 디지털 플랫폼 서비스인 'Oe'는 스폰서십들과 운영사, 그리고 관람객들 간의 소통을 지원하는 하나의 커뮤니케이션 디지털 플랫폼으로 운영되었다.

과거의 E-Prix 대회에서 제공하는 탄소중립, 소셜임팩트 등의 가치는 관람객들에게 그 자체로 어렵고 모호한 개념으로 인식되어 소통하기 어려웠다. 이러한 경험을 바탕으로 2022 Seoul E-Prix는 다양한 자동차 기업과 지

속가능 가치 기반 기업들이 당사의 가치를 담은 컨텐트를 재해석해 내놓았고, 동시에 Formula E에서는 디지털 플랫폼 'Oe'를 통해서 관람객들에게 다양한 컨텐츠 부가서비스를 제공함으로써 대회 기간 동안 성공적으로 관람객들과 소통할 수 있었다.

'Oe'를 이용한 관객들 중 38%가 기업 스폰서 부스에서 내놓은 상품 및 서비스 경험을 더 명확히 알아보기 위해 'Oe'가 사전에 제작한 스폰서십 관련 정보에 접근했다. 이는 관람객들이 접하는 지속가능경영가치에 대한 내용이 대회 순간에는 복잡하고 심오하여 정보습득의 용이성이 떨어지는 현상을 디지털 플랫폼 서비스를 통해 보완할 수 있음을 말해주고 있다. 특히 2022 Seoul E-Prix와 같이 하루에 약 10만명의 관람객과 소통해야 하는 대규모 소통 상황에 있어서는 디지털 플랫폼 서비스가 효과적일 수 있으며, 코로나19와 같이 오프라인 경험이 극히 제한되는 상황에서는 필수적임을 보여주었다.

의사소통과 대응을 위한 관람객 Log 데이터 측정

'Oe' 플랫폼은 관람객들과 지속가능경영 기업 간의 소통수준을 파악하기 위해 관람객들의 로그 데이터를 활용했다. 참여하는 스폰서십 기업들은 2022 Seoul E-Prix라는 새로운 시장에서 자신들과의 소통에 도움이 될 수 있는 고객정보(지도), 서비스(컨텐츠), 경기 스케줄 등을 제공받음으로써 효율적인 소통을 진행할 수 있었다. 또한 코로나19로 매일 같이 운영방침이 조정되고 있는 불확실성, 이에 따라 유연하게 운영해야 하는 어려움, 관람객들의 불편에 빠르게 대응하는 데에, 관람객들이 실시간으로 내놓은 로그 데이터가 활용되었다.

데이터 기반 커뮤니케이션 인사이트 제공

2022 Seoul E-Prix의 경우 대부분의 스폰서 기업들이 지속가능성이라는 측정하기 어려운 가치를 가지고 이해관계자들과 소통한 경우이기 때문에 관람객수, 매출적인 요소뿐만 아니라 더 나아가 관람객들과 얼마만큼 소통했는가를 아는 것이 중요하다. 특히 관람객 입장에서는 모호할 수 있는 지속가

능성이라는 가치를 가지고 대회 기간 동안 소통했을 경우, 명확한 평가를 하지 않으면 매년 열리는 경기에 지속가능한 비전을 가지고 나갈 수 없다. 이런 이유 때문에 디지털 플랫폼으로 축적한 데이터를 토대로 한 관람객 경험 분석이 필수적이다. 이를 위해 각종 로그 데이터를 토대로 스폰서십이 내놓은 메시지와 고객들의 행동을 분석해서 인사이트를 제공했다. 그 결과 앞으로 스폰서십에 참여할 기업들이 대회 이후에 진행하게 될 각종 서비스를 위한 전략에 피드백을 줄 수 있었다.

이해관계자 중심 경영을 디지털 플랫폼의 역할

2022 Seoul E-Prix 사례를 통해 이해관계자 중심 경영을 위한 디지털 플랫폼의 역할로 볼 수 있는 것은 다음의 세 가지다.

첫째, 디지털 플랫폼은 매크로한 이해관계자 간의 소통상황에서 보다 효율적인 소통 서비스를 제공할 수 있었다. 둘째, 디지털 플랫폼은 다양한 이해관계자와의 이해 및 조율을 통해 참여 및 협력을 지원할 수 있었다. 마지막으로 셋째, 디지털 플랫폼-이해관계자 중심의 소통전략으로 디지털 통합-측정-인사이트로 이루어진 이해관계자 중심 경영 서비스 디자인 전략을 구축하고 적용할 수 있었다.

서비스 산업 전반에의 디지털 플랫폼의 급속한 확장은 기업에 엄청난 성장 기회를 부여한다. 그러나 이해관계자들이 필요로 하는 디지털 플랫폼 전략을 효과적으로 정의하지 못할 경우 오히려 이해관계자 중심 경영을 심각하게 위협할 수 있다. 각 서비스 시장에 최적화된 디지털 플랫폼 전략과 이를 활용할 수 있는 이해관계자 간의 소통 노하우를 보유해야만 이해관계자 중심 경영을 성공적으로 구현할 수 있을 것이다.

참고문헌
REFERENCES

김영배. (2021). 한국 기업지배구조 아시아권 하위…12개국 중 9위. 한겨레 *hani.co.kr/arti/economy/economy_general/997344.html*

박재수·박성준·이은애·봉기환·손병오. (2003). 유니온스틸의 新노사문화와 한국 노사관계의 방향. *Journal of management case research* (경영사례연구), *37.*

산업통상자원부. (2021). *K-ESG* 가이드라인. motie.go.kr/motie/gov3.0/gov_openinfo/sajun/bbs/bbsView.do?bbs_seq_n=631&bbs_cd_n=30

삼성뉴스룸. (2022). 삼성전자, 제53기 주총 전자투표 시스템 오픈. news.samsung.com/kr/삼성전자-제53기-주총-전자투표-시스템-오픈

신한금융그룹. (2010). "사회책임보고서."

이승희. (2020), 2021년 정기주총 전자주주총회 도입 방안 검토, 경제개혁연구소 25.

정소연. (2022). KT, 'AI 빌딩 오퍼레이터' 국가 신기술인증 획득. Korea IT Times. koreaittimes.com/news/articleView.html?idxno=113087

SK텔레콤. (2006). SK텔레콤 '모바일 미아찾기' 10번째 미아 찾았다. newswire.co.kr/newsRead.php?no=137212

Abazorious, A. (2020). *MIT researchers identify security vulnerabilities in voting app.* News.MIT.edu. news.mit.edu/2020/voting-voatz-app-hack-issues-0213

Athey, S., Catalini, C., & Tucker, C. (2017). The digital privacy paradox: Small money, small costs, small talk (No. w23488). National Bureau of Economic Research.

Beardmore, A. (2020). *Uncovering the Environmental Impact of Cloud Computing.* earth.org/environmental-impact-of-cloud-computing/

Beke, F. T., Eggers, F., & Verhoef, P. C. (2018). Consumer informational privacy: Current knowledge and research directions. Foundations and Trends® in Marketing, 11(1), 1−71

Bhatt, U., Xiang, A., Sharma, S., Weller, A., Taly, A., Jia, Y., Eckersley, P. (2020). "Explainable Machine Learning in Deployment" *Proc. of the 2020 Conf. on Fairness, Accountability, and Transparency*, 648-657.

Blattner, L., & Nelson, S. (2021). How costly is noise? Data and disparities in consumer credit. *arXiv preprint arXiv:2105.07554.*

Broekhuizen, T.L.J., Broekhuis, M., Gijsenberg, M.J., and Wieringa, J.E. (2021) "Introduction to the special issue—Digital business models: A multi−disciplinary and multi−stakeholder perspective" *Journal of Business Research*, 122, 847−852.

Brynjolfsson, E., Malone, T. W., Gurbaxani, V., & Kambil, A. (1994). Does information technology lead to smaller firms?, *Management science*, 40(12), 1628−1644.

Business Call to Action. (n.d). *Pfizer—Business Call to Action.* businesscalltoaction.org/member/pfizer

Carroll, A. B. (1991). The pyramid of corporate social responsibility: Toward the moral management of organizational stakeholders. *Business horizons, 34*(4), 39−48.

Chintagunta, P., Hanssens, D. M., & Hauser, J. R. (2016). Marketing science and big data. Marketing Science, 35(3), 341−342.

Cubric, M. (2020). "Drivers, barriers and social considerations for AI adoption in business and management: A tertiary study" Technology in Society, 62.

Florida, R., Cushing, R., & Gates, G. (2002). When social capital stifles innovation, *Harvard business review*, 80(8), 20−20.

Güngör, H. (2020). "Creating Value with Artificial Intelligence: A Multi−stakeholder Perspective" *Journal of Creating Value*, 6(1)

Gunning, D., Stefik, M., Choi, J., Miller, T., Stumpf, S. and Yang, G−Z. (2019). "XAI Explainable artificial intelligence" *Science Robotics*, 4(37)

Hammer, M. (1990). Reengineering work: Don't automate, obliterate. *Harvard business review*, 68(4), 104−112.

Hilton, D. J. (1990). "Conversational processes and causal explanation" *Psychological Bulletin*, 107. 65-81.

Hirevue. (n.d). *Global Talent Acquisition Strategy | HireVue + Unilever.* hirevue.com/case−studies/global−talent−acquisition−unilever−case−study

Hjálmarsson, F.Þ., Hreiðarsson, G.K., Hamdaqa, M. and Hjálmtýsson, G. (2018). Blockchain−based e−voting system. In *2018 IEEE 11th international conference on cloud computing*, 983−986, IEEE.

Kirk, J. and Weil, N. (2008). *Xerox tool calculates environmental impact of printers.* Macworld. macworld.com/article/189857/printercost.html

Langley, D. J., van Doorn, J., Ng, I. C., Stieglitz, S., Lazovik, A., & Boonstra, A. (2021). The Internet of Everything: Smart things and their impact on business models. Journal of Business Research, 122, 853−863.

Lobschat, L., Mueller, B., Eggers, F., Brandimarte, L., Diefenbach, S., Kroschke, M., & Wirtz, J. (2021). Corporate digital responsibility. Journal of Business Research, 122, 875−888.

Majorel (2019). Company website. Available at:
majorel.com/how−we−can−help/digitize−your−customer−service/.

Malone, T. & Crowston, K. (1990). What is coordination theory and how can it help design cooperative work systems? *In Proceedings of the 1990 ACM confe rence on Computer−supported cooperative work (CSCW '90)*. Association for Computing Machinery, New York, NY, USA, 357-370. https://doi.org/10.1145/99332.99367

Miller, T. (2019). "Explanation in artificial intelligence: Insights from the social sciences" *Artificial Intelligence*, 267, 1-38.

Mitra, S. (2005). Information technology as an enabler of growth in firms: An empirical assessment, *Journal of Management Information Systems*, 22(2), 279−300.

Porter, M. E., & Kramer, M. R. (2019). Creating shared value. In *Managing sustainable business*, 323−346, Springer, Dordrecht.

Sasaki, K., Ohashi, T., & Ando, A., 1997, High—speed Rail Transit Impact on Regional Systems: Does the Shinkansen Contribute to Dispersion?, *The Annals of Regional Science*, 31, 77—98.

Schwab, K. (2017). The fourth industrial revolution. Currency.

Stoll, C., Klaaßen, L., & Gallersdörfer, U. (2019). The carbon footprint of bitcoin. *Joule*, *3*(7), 1647—1661.

The Economist (2017). The world's most valuable resource is no longer oil but data, May 6, 2017. Available at: economist.com/leaders/2017/05/06/the—worlds—most—valuable—resource—is—no—longer—oil—but—data.

Timmers, P. (1998). Business Models for Electronic Markets, *Electronic Markets*, 8(2), 3—8.

WBR Insights. (2022). *Here's How HSBC is Using Artificial Intelligence to Take Money Launderers to the Cleaners*. Future Digital Finance netfinance. wbresearch.com/blog/hsbc—artificial—intelligence—strategy—to—beat—money—launderers

Wieringa, J., Kannan, P. K., Ma, X., Reutterer, T., Risselada, H., & Skiera, B. (2021). Data analytics in a privacy—concerned world. Journal of Business Research, 122, 915—925.

지속가능성 공시와 기업활동의 사회적 가치 측정

••07
지속가능성 공시와 기업활동의 사회적 가치 측정

홍철규(중앙대학교), 백태영(성균관대학교), 황인이(서울대학교)

┌ 01 서론

　　전 세계적으로 지속가능성(sustainability)이 중요한 이슈로 대두되고 있다. 이 분야에서 선도적인 위치에 있는 유럽은 기업의 장기적 수익성과 사회정의 및 환경보호를 결합하여 "지속가능한 글로벌 경제(asustainable global economy)"로의 변화를 추구하고 있으며, 2018년에는 지속가능하고 포용적인 성장(sustainable and inclusive growth)을 재정적으로 지원하기 위한 액션플랜을 제시하였다. 또한, 2020년에 승인된 유러피안그린딜(European Green Deal)에서는 2050년까지 온실가스 순배출량 제로 달성과 함께 현대적, 자원효율적, 경쟁적인 경제로의 이행을 목표로 하는 유럽의 신성장 전략을 제시하였다. 이러한 목표 달성을 위해서는 유럽은 기업의 환경, 사회, 종업원 관련 사안, 인권에 대한 존중, 반부패와 뇌물 문제 등에 관한 지속가능성 정보(sustainability information)의 공개가 선행조건임을 강조하고 있다.

　　지속가능한 성장을 확보하기 위해서는 가장 중요한 경제주체인 기업의 참여가 필수적인 것으로서, 이를 위해 자본시장의 힘을 이용하여 기업의 참여를 유도하고자 하는 것이다. 대표적인 방안이 기업에게 지속가능성과 관련된 정보의 공시(disclosure 또는 reporting)를 요구하는 것으로서, 온실가스 배출량, 물 사용량, 종업원 관련 사안 등의 정보가 그 대상이 된다. 이러한 정보가 공시되면, 기업을 둘러싼 다양한 이해관계자들(stakeholders)이 기업에 일종의 압력을 가하여 기업의 경영에 영향을 미칠 수 있게 되며, 기업은 이에 반응하여 지속가능성에 바람직한 방향으로 기업활동을 영위하게 될 것이라는 것이다. 또한, 주주 등 기업에 자금을 제공하는 투자자들도 지속가능성과 관련된 사안들이 기업가치에 미치는 영향에 점점 더 큰 관심을 가지는 것으로 나타나고 있어, 관련 사안들의 공시가 중요한 이슈로 부각되고 있다.

유럽에서 시작된 기업의 지속가능성 정보의 공시 요구는 최근 미국과 아시아를 비롯하여 전 세계적으로 확산되는 추세에 있다. 규제기관 주도의 이러한 공시규제 강화는 그동안 대기업을 중심으로 자율적으로 실시한 지속가능경영보고서 등을 통한 공시와는 궤를 달리하고 있어, 지속가능성 정보의 공시환경에 많은 변화가 발생할 것으로 예상된다.

최근 관심을 끌고 있는 지속가능성과 관련된 핵심적인 주제는 환경(Environment), 사회(Social), 기업지배구조(Governance) 분야로 표현된다[소위 "ESG" 분야]. 지속가능성과 관련된 사안들의 공시에 대한 대중의 요구와 압력이 증가하는 가운데, 이에서 한 걸음 더 나아가 기업이 주주가치 창출에만 머무르지 않고 사회적 가치 창출에 자발적으로 나서야 한다는 인식도 일부 등장하고 있다. 본 장에서는 지속가능성과 관련된 두 가지 중요한 회계학적 이슈인 공시와 사회적 가치 측정에 관해, 최근 동향을 설명하고 그 내용을 포괄적으로 분석하고자 한다.

지속가능성 공시 분야에서는 지속가능성 공시와 기존 재무공시와의 관계, 이중중요성/단일중요성 관점, 공시주제(E, S, G)와 공시영역에 대해 설명한다. 그리고 최근 유럽, 미국, IFRS의 지속가능성 공시기준(규정) 제정 추진배경과 동향을 설명하고, 이들 기준과 현재 가장 광범위하게 사용되고 있는 GRI, SASB 공시기준의 내용과 특징을 설명한다. 마지막으로, 여러 공시기준의 통합가능성과 보고서 인증 등 향후 해결해야 할 과제들을 살펴본다.

지속가능성과 관련된 사회적 가치 측정은 기업활동이 경제, 환경, 사회에 미치는 종합적인 영향을 화폐적 가치로 측정하고자 하는 시도이다. 이는 기업

활동이 창출하는 재무적 가치는 물론, 환경과 사회에 미치는 비재무적인 요소도 화폐적 가치로 측정함으로써, 기업활동의 영향을 화폐가치로 종합적으로 측정하고자 하는 것이다. 본 장에서는 사회적 가치 측정 움직임의 배경과 핵심적인 가치측정 방법론을 VBA를 중심으로 설명하고, 독일 화학기업 BASF와 한국 SK그룹의 사회적 가치 측정사례를 소개한다. 아울러, 사회적 가치 측정이 이해관계자 자본주의의 실현에 대해 시사하는 바를 논하고, 그 한계점과 바람직한 발전방안을 제시한다.

02 지속가능성 공시기준의 제정 동향과 의미

기업 지속가능성 공시기준(규정) 제정의 배경과 핵심사항

기업의 지속가능성과 관련된 정보의 공시(보고)는 최근까지 대체로 자율적으로 실시되었으며, SASB, GRI, IIRC 등 민간단체가 제정한 공시기준(프레임워크)이 사용되었다. 현재 이들 외에도 상당수의 지속가능성 관련 공시기준들이 난립해있는 상황이다. 유럽연합(EU)에서도 지속가능성 정보 공시에 관한 법적 근거가 2014년에 마련되었으나, 구체적인 공시기준이 마련되지 않아 공시내용에 있어서 자율적인 공시와 큰 차이를 보이지 않았다. 유럽을 제외한 대부분의 다른 지역에서는 구체적인 공시 요구가 법제화되지 않은 채 대기업 중심의 자율적인 공시가 일반적이며, 우리나라도 그중의 하나이다.

기업의 지속가능성 보고에 가장 먼저 관심을 기울인 유럽연합(EU)에서는 2014년 Non-Financial Reporting Directive(NFRD)(DIRECTIVE 2014/95/EU)를 통해 기존 Accounting Directive(DIRECTIVE 2013/34/EU)를 개정하여, 기업들이 기존의 회계정보 공시와 함께 비재무적 정보(non-financial information)를 공시 대상에 포함하여 규정하였다. NFRD는 지속가능성 사안들(환경, 사회, 종업원, 인권, 반부패, 뇌물 등)이 기업에 미치는 영향과, 기업이 이들 사안들에 미치는 영향을 같이 보고하도록 규정하였다. 그러나, 구체적인 공시기준이 마련되지 않아 기업들은 다양한 민간 공시기준들(예: SASB, GRI 공시기준)을 이용하여 공시를 실시하였으며, 법적 규정에도 불구하고 사실상 자율공시와 유사한 형태로서 기업들이 보고한 지속가능성 정보는 대체로 만족스럽지 못한 것으로 평가되었다(이에 대한 자세한 사항은 홍철규(2022a) 참고).

기존의 지속가능성 보고의 가장 큰 문제점으로 지적된 사항은 통일된 공시기준이 없는 상태에서 기업들이 임의적인 기준에 따라 공시를 실시함으로써 기업들 간의 비교가능성(comparability)이 현저히 떨어지고, 보고하는 정보의 일관성(consistency)도 낮다는 것이었다. 또한, 기업이 보고하는 지속가능성 정보가 부족하고, 중요한 정보가 누락되거나 왜곡되기도 하며, 기업의 재무보고와의 연계성도 매우 낮다는 점이 문제점으로 지적되었다. 이런 상황에서 EU는 2021년 NFRD를 개정하여 "Corporate Sustainability Reporting Directive(CSRD)"를 위한 제안서(proposal)를 발표하면서, 지속가능성 정보 공시기준을 제정하도록 규정하였다. 이에 따라, 2022년도 초에 EU의 지속가능성 공시기준 초안이 발표되었다.

이와 비슷한 시기에, 민간 회계기준 제정기구인 IFRS 재단이 ISSB를 설립하여 지속가능성 공시기준 공개초안들을 발표했으며, 미국도 SEC가 투자자 보호에 관한 광범위한 법적 권한을 이용하여, 지속가능성 정보 중에서 기후변화와 관련된 정보의 공시에 관한 규정을 개정하여 지속가능성 정보의 공시를 강화할 것임을 공표하였다. 이와 같이 최근 들어 규제기관도 독자적인 지속가능성 공시기준의 제정을 추진하고 있는 상황이다. 우리나라에서는 2025년도부터 상장 대기업의 ESG 공시 의무화가 예정되어 있으며, 공시기준의 국제적인 제정 동향에 관심을 기울이고 있다.

기업의 지속가능성 공시의 범위와 주제 및 영역

지속가능성 정보 공시에 대해 구체적으로 이해하기 위해서는 지속가능

그림 7-1 | 지속가능성 사안과 기업의 상호관계 프레임워크

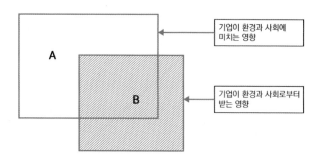

성 관련 사안들과 기업 간의 상호관계에 대해 이해할 필요가 있다. 그림에 나타난 바와 같이, 지속가능성 사안들과 관련하여 기업이 환경과 사회에 미 치는 영향(영역 A)과 기업이 환경, 사회로부터 받는 영향(영역 B)으로 구분할 수 있다.

영역 A는 기업을 둘러싼 다양한 이해관계자들이 관심을 가지는 정보의 영역이며, 영역 B는 기업의 투자자들이 관심을 가지는 정보의 영역이다. 전통 적으로, 기업의 재무보고가 영역 B에 대한 보고의 역할을 주로 담당해왔다. 재무제표를 통한 기업의 재무보고는 화폐금액으로 표시되는 회계장표와 비화 폐적 정보를 담고 있는 재무제표 각주(note)와 사업보고서 등을 통해 공시가 이루어지는 것이 일반적이다. 따라서, 원칙적으로 투자자들의 의사결정에 중 요한(material) 영향을 미칠 수 있는 정보(화폐적, 비화폐적)는 주석을 포함한 재 무제표에 공시하도록 규정되어 있다. 그러나, 화폐적인 재무정보와 달리, 지 속가능성과 관련된 정보의 상당 부분은 미래지향적(forward-looking), 정성적 (qualitative) 정보로서 비화폐적인 성격이 강해, 정보의 중요성(materiality)을 파 악하기가 쉽지 않다는 특징이 있다. 최근에 추진되고 있는 지속가능성 공시기 준은 공시해야 할 지속가능성 관련 정보를 비교적 상세하게 규정함으로써, 기 존의 재무공시 규정이 안고 있는 한계점을 극복하는 데 도움을 줄 것으로 기 대되고 있다.

영역 B와 달리, 이해관계자 대상의 정보영역인 영역 A는 최근 EU를 중심으로 공시가 강화되고 있는 영역이다. 그림에 나타난 바와 같이 영역 A와 영역 B는 완전히 일치하지 않으며, 후자가 전자의 부분집합인 것도 아니다. 즉, 투자자들이 필요로 하는 지속가능성 정보는 이해관계자들이 필요로 하는 정보와 성격이 다를 수 있다는 것이다.

투자자 대상의 영역 B와 관련된 중요한 영향을 재무적 중요성(financial materiality) 또는 단일중요성(single materiality)이라고 부르며, 이해관계자 대상의 영역 A와 관련된 중요한 영향을 영향(임팩트) 중요성(impact materiality)이라고 부른다. 단일중요성과 영향중요성을 모두 포함하는 개념으로서, 영역 A와 영역 B의 합집합과 관련된 중요한 영향을 이중중요성(double materiality)이라고 부른다.

단일중요성에 입각한 기준 제정을 추진하고 있는 대표적인 기구가 IFRS(ISSB)이며, 미국의 SEC도 단일중요성 관점에서 규정개정을 추진하고 있다. 이에 반해, EU는 이중중요성에 입각하여 공시기준을 제정하고 있다. 이에 더하여, EU에서는 Taxonomy Regulation(TR) (REGULATION(EU) 2020/852)을 제정하여 지속가능한 활동에 대한 통일된 분류시스템을 수립하고, 환경적으로 지속가능한 경제활동과 관련된 제품과 서비스로부터의 매출과 관련 지출

그림 7-2 주요 지속가능성 공시기준(안) 제정기관과 기준의 특징

투자자 및 이해관계자 관점 공시 (의무공시기준)	투자자 관점 공시 (의무공시기준)	투자자 관점 공시 (자율/의무공시기준)	이해관계자 관점 공시 (자율공시기준)
이중중요성 (double materiality)	단일중요성 (single materiality)	단일중요성 (single materiality)	영향중요성 (impact materiality)

의 비율도 공시하도록 요구하고 있다. 이와 같이 현재 유럽과 미국 및 IFRS는 각기 다른 형태로 지속가능성 공시기준 제정(규정 개정)을 추진하고 있다.

각 영역에서 구체적으로 공시해야 할 지속가능성 정보의 주제(topic 또는 theme)는 크게 환경(E), 사회(S), 지배구조(G)로 구분된다. 최근 발표된 유럽 지속가능성 공시기준 공개초안에서 환경분야는 기후변화, 오염, 수자원 및 해양자원, 생물다양성과 생태계, 자원사용과 순환경제 등을 포함하며, 사회분야는 내부 근로자, 가치사슬 기업의 근로자, 커뮤니티, 소비자 및 최종이용자 등으로 구성되며, 지배구조 분야는 지배구조와 위험관리 및 내부통제, 기업 행동강령(conduct) 등으로 구성된다. 기후변화 공시 중에서 핵심적인 사항이 온실가스 배출량이다.

지속가능성 보고의 주요 보고영역(area)은 공시기준에 따라 일부 차이가 있으나 TCFD(Task Force on Climate−Related Financial Disclosures, 기후관련 재무공시 태스크포스)가 기후변화 공시에 관해 제시한 지속가능성 관련 재무공시의 4가지 핵심요소가 근간을 이루고 있다: 지배구조(Governance), 전략(Strategy), 위험관리(Risk Management), 지표와 목표(Metrics and Targets). 아울러, 기업은 지속가능성 관련 위험을 공시해야 하며, 일반적으로 관련 기회도 공시해야 한다. 또한, 보고기업의 자체 운영활동과 관련된 중요한 사항은 물론, 보고기업

그림 7-3 TCFD가 제시한 4가지 보고영역

Governance
The organization's governance around climate-related risks and opportunities

Strategy
The actual and potential impacts of climate-related risks and opportunities on the organization's businesses, strategy, and financial planning

Risk Management
The processes used by the organization to identify, assess, and manage climate-related risks

Metrics and Targets
The metrics and targets used to assess and manage relevant climate-related risks and opportunities

의 가치사슬(공급업체와 고객회사)상에 있는 기업들과 관련된 중요한 사항도 공시대상에 포함된다.

03 주요 지속가능성 공시기준(규정)과 향후 과제

앞에서 언급한 바와 같이, 현재 지속가능성 공시기준 또는 프레임워크가 다수 존재하고 있지만, 최근 유럽, 미국, IFRS에서 공시기준(규정)의 초안을 발표함에 따라, 기존 GRI 기준과 함께 이들 기준이 중요한 역할을 하게 될 것으로 예상된다. 따라서 본 절에서는 이 네 가지 기준들에 대해 간략하게 설명하기로 한다(본 절의 일부는 홍철규(2022a)를 요약, 발췌한 것이다).

유럽의 지속가능성 공시기준

유럽연합은 자문그룹인 EFRAG(European Financial Reporting Advisory Group)가 유럽 지속가능성 보고기준(European Sustainability Reporting Standards) (ESRS) 공개초안을 2022년 4월에 발표하였다. 이 공개초안은 지속가능성 정보의 공시에 관한 포괄적인 요건을 담은 2개의 공통기준(cross-cutting standards)과 주제(sustainability topics)별로 5개의 환경(environment) 기준, 4개의 사회(social) 기준, 2개의 지배구조(governance) 기준으로 구성되어 있다.

공통기준에서 기업은 지속가능성 관련 영향, 위험, 기회에 관한 중요한(material) 정보를 공시하도록 규정하고 있으며, 공시분야를 범섹터(sector-agnostic) 공시, 섹터별(sector-specific) 공시 및 기업 특유의(entity-specific) 공시로 구분하였다. ESRS는 모든 기업이 공시해야 하는 범섹터 공시와 섹터별 공시에 적용해야 하는 표준화된(standardised) 의무(mandatory) 공시기준을 구체적으로 제시하고 있으며, 기업 특유의 공시에 대해서는 따라야 할 지침을 제공하고 있다. 4월에 발표한 환경, 사회, 지배구조에 관한 공시기준은 범섹터 기준으로서, 향후 섹터별 기준을 별도로 공개할 예정이라고 밝히고 있다. 보고영역(reporting areas)은 크게 5개 분야로서, 지속가능성과 관련된 전략과 비즈니스 모델, 지배구조와 조직, 지속가능성 영향과 위험과 기회의 중요성 평가, 실행수단(정책, 목표, 액션 및 액션플랜, 자원배분 등), 성과 메트릭(지표) 등 TCFD 권고안에 기초하고 있지만 보다 세분화되고 구체적이다.

주제별 기준(topical standards)에 의해 커버되지 않은 중요한 영향, 위험, 기회에 관한 정보는 기업이 자체적으로 기업특유의 공시(entity-specific disclosures)를 개발하도록 하였다. 중요성 기준 적용 시에는 이중중요성(double materiality) 개념을 준수하도록 하였다. 즉, 임팩트(영향) 중요성(impact materiality)과 재무중요성(financial materiality)을 모두 고려하도록 요구하는 것으로, 둘 중의 하나에만 해당하더라도 보고의무가 발생하는 것이다. ESRS 공개초안에 규정된 범섹터 및 섹터별 의무적 공시 요구사항들(mandatory disclosure requirements)은 중요한 것으로 간주되어(shall be presumed to be material), 충분한 공시가 정당화된다고 명시하고 있다(합리적인 증거가 있는 경우에 한해 예외를 인정). 이것은 기업이 유럽의 지속가능성 공시기준에 따라 정보를 공시할 때 중요성 기준을 적용할 수 있도록 원칙적으로 허용하되, 합리적인 증거가 있는 경우로 한정하여 중요하지 않다는 입증 책임을 기업에게 부여한 것으로 공시내용을 결정함에 있어서 매우 중요한 의미를 지닌다.

온실가스 배출량에 대한 공시는 Scope 1(기업 자체), 2(기업이 사용하는 전기/스팀 제공기업), 3(기업의 상하류기업)에 대해서 모두 공시하도록 요구했다(3은 자료가 획득가능하지 않은 경우 제외). 다른 공시 요구사항들과 마찬가지로 온실가스 배출 공시도 중요성 원칙을 따르지만, 반대 경우에 대한 입증 책임은 기업에 있다. 지속가능성 보고는 경영진보고서(management report)의 한 부분으로 지속가능성 보고서(Sustainability Statements)라는 타이틀로 보고하도록 요구하였다.

그림 7-4 온실가스 배출량의 구분 공시(Scope 1, Scope 2, Scope 3)

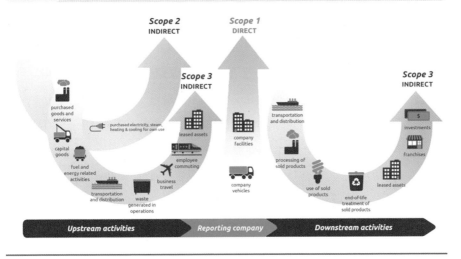

미국의 기후변화 공시규정

미국 SEC는 지속가능성 사안 중에서 환경분야의 일부인 기후변화와 관련된 공시규정 개정안을 2022년 4월에 발표하였다. 핵심은 기후관련 공시를 등록보고서(registration statements)와 Form 10-K 등의 연차보고서에 제공할 것을 요구하는 것이다. 이를 위해 Regulation S-X, Regulation S-K를 개정하고, 기업들에게 기후관련 정보를 공식적으로 제출하도록(filing) 요구함으로써 제공한 정보에 대한 법적인 책임을 지도록 하였다. 기후관련 위험의 공시 영역은 유럽과 마찬가지로 TCFD의 권고안에 따라, 전략, 지배구조, 위험관리, 지표와 목표 등을 제시하였다. 핵심적인 사항은 다음 두 가지로 요약된다.

첫째, Regulation S-K에서 요구하는 기후관련 공시를 등록보고서와 연차보고서의 별도 섹션('Climate-Related Disclosure')에서 제공해야 한다. 이는 기업의 비즈니스나 연결재무제표에 중요한 영향을 미칠 수 있는 기후관련 위험 및 투자자들이 이들 위험을 평가하는데 도움이 될 수 있는 온실가스 배출량 정보를 제공하도록 하는 것이다. 기후관련 기회에 관한 정보도 보고서에 포함할 수 있지만 기후관련 특별한 기회를 공시하는 것이 반경쟁적(anti-competitive)일 수 있다는 우려로 인해, 유럽과 달리 강제화하지는 않았다. 또한, 일정 요건을 갖춘 공시서류 제출자들(accelerated filers and large accelerated filers)은 온실가스 배출에 관한 인증보고서를 제출해야 한다.

둘째, Regulation S-X에서 요구하는 기후관련 재무제표 메트릭(측정치)과 관련 공시를 연결재무제표의 주석에 제공해야 한다. 구체적으로, 재무제표의 기존 항목별로 기후변화의 구체적인 영향을 구성요소별로 구분하여 제공하도록 하는 것이다. 이와 같이 해당 정보를 재무제표 주석에 제공하도록 하는 것은 해당 정보에 대해 외부감사인으로부터 감사를 받도록 하고 재무보고의 내부통제(internal control over financial reporting(ICFR)) 영역에 포함되도록 하는 것으로, 법적인 책임이 보다 강화되는 것이다. 주요 보고영역은 기후관련 위험, 기업전략, 비즈니스 모델, 전망에 미치는 영향, 지배구조, 위험관리, 재무제표 메트릭, 온실가스 배출량, 목표치 등으로 구성된다. 이 중에서 기후관련 위험 영역의 경우, 기업의 비즈니스와 연결재무제표에 단기, 중기, 장기적으로 나타날 수 있는 중요한(material) 영향에 초점을 두도록 하였다. 기후변화와 관련된 중요성 판단은 기존에 등록보고서나 연차보고서에 포함되는 MD&A(Management Discussion and Analysis) 섹션을 작성할 때 요구되는 것과 유사하다고 설명하였다. 재무제표 메트릭은 미국 공시규정에 특이한 규정으로서, 세 가지 유형을 제시하였으며, 이를 재무제표 주석에 공시하도록 요구하였다.

첫째 유형은 재무적 영향 지표(Financial Impact Metrics)로, 기업은 기후관련 위험(물리적 위험, 전환위험)이 연결재무제표에 미친 영향에 대해 공시해야 하는데, 재무제표 각 항목별로 그 영향이 해당 항목의 1% 미만인 경우를 제외하고는 주석에 공시해야 한다. 긍정적인 영향과 부정적인 영향을 통합하지 않고 각각 분리하여 공시하도록 요구하였다.

둘째 유형은 지출 지표(Expenditure Metrics)로서, 기후관련 위험에 대처하기 위해 당년도에 지출된 금액을 비용화된 금액(expenditure expensed)과 자본화된 금액(capitalized costs)을 구분하여, 각각의 총계가 당년도에 (여러 가지 목적으로 지출된 금액 중에서) 비용화된 지출 총계와 자본화된 지출 총계의 1% 이상인 경우에 그 금액을 주석에 공시하도록 하였다.

셋째 유형은 재무적 추정과 가정(Financial Estimates and Assumptions)이다. 기업이 연결재무제표를 작성하는 과정에서 사용한 추정과 가정들이 기후관련 물리적 위험에 대한 노출에 의해 영향을 받았는지에 관해 정성적인 정보를 공시해야 한다.

온실가스 배출의 경우, 기업은 Scope 1, 2 배출량을 온실가스 종류별로 각각 구분해서 공시해야 한다(조직과 운영 범위는 US GAAP이 아닌 GHG Protocol에 따라 설정하는 것을 제안함). 이것은 배출량 규모에 무관하게 적용된다. Scope 3 배출량은 중요한(material) 경우, 또는 기업이 감축목표를 설정하여 관리하고 있는 경우에 한해서 공시하도록 했다.

GRI 기준

GRI(Global Reporting Initiative)는 기업이나 다른 조직의 환경적, 사회적 임팩트를 보고하는 데 사용할 국제적 언어를 제공함으로써, 이 조직들이 이러한 영향에 대해 책임을 지는 것을 돕는 독립적, 국제적 단체이다. 현재 전 세계적으로 가장 폭넓게 사용되는 지속가능성 보고기준인 GRI 기준을 제공한다.

현재 암스테르담에 본부가 있고 7개의 지역사무소가 Johannesburg (Africa), Singapore(ASEAN), São Paulo(Brazil), Hong Kong(Greater China Region), Bogota(Latin America), New York(North America), New Delhi(South Asia)에 있다. Singapore 사무소는 Indonesia, Malaysia, Thailand, Philippines, Vietnam, Myanmar도 담당한다. New Delhi 사무소는 Bangladesh, India, Nepal, Pakistan, Sri Lanka를 담당한다. 한국은 지역사무소가 아니라 암스테르담 본부에서 담당한다. GRI에는 15명의 GSSB(Global Sustainability Standards Board) 위원이 있으며 이 중 아시아를 대표하는 사람은 Vincent Kong(Hong

그림 7-5 GRI 보고기준의 구조

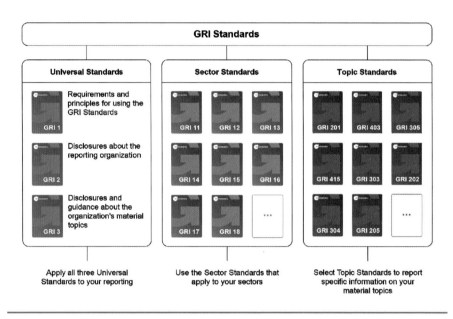

출처: GRI, A Short Introduction to the GRI Standards

Kong), Kim Schumacher(유럽 경력, 일본 거주), Gangaa C. Sharma(India)가 있
다. GRI는 1997년 설립되었으며, 2000년에 GRI 가이드라인을 처음 발표하였
다. 그리고 2016년 가이드라인을 보고기준으로 전환하고, 2021년 부문 보고
기준을 처음으로 발표하였다.

GRI 보고기준은 최근 변경되어 〈그림 7-5〉처럼 보편적(Universal) 기준,
주제별(Topic) 기준, 섹터별(Sector) 기준의 구조를 가지고 있다. 보편적 기준은
보고원칙(GRI 1), 조직정보 공시(GRI 2), 중요주제 공시(GRI 3)로 구성되어 있
다. 주제별 기준은 경제(GRI 200번대) 환경(GRI 300번대) 사회(GRI 400번대)의 3
부분으로 되어 있다. 섹터별 기준은 석유 및 가스 부문(GRI 11)을 시작으로 석
탄 부문(GRI 12), 농어업 부문(GRI 13) 기준을 개발하고 현재 광업 기준을 만
들고 있다. 이 새로운 구조는 2023년부터 적용된다.

GRI는 기업이 환경/사회에 미치는 임팩트와 반대로 환경/사회가 기업에 미
치는 임팩트의 양방향 모두 공시 범위로 잡아서 이중중요성(Double Materiality)을

표방하나, 후자의 중요성에 대한 공시기준이 미미하다.

IFRS(ISSB) 및 SASB 기준

전 세계 주요 투자기관 및 금융감독기관들의 요청에 의해 IFRS 재단이 2021년 11월 3일에 지속가능성 관련 재무적 임팩트의 글로벌 기준선(Baseline) 공시기준을 제정할 ISSB(International Sustainability Standards Board, 국제지속가능성기준위원회)의 설립을 발표했다. ISSB 조직은 IFRS 재단 산하에서 국제회계기준을 담당하는 IASB(International Accounting Standards Board, 국제회계기준위원회)와 병렬적으로 설치하였다. ISSB 관련 인력은 재무적 임팩트 관점을 가진 기존의 기후 관련 공시 작업을 한 CDSB(Climate Disclosure Standards Board)를 먼저 합병하고, 다음으로 VRF(Value Reporting Foundation, SASB와 IIRC의 합병조직)를 합병하여 빠르게 확보하였다.

ISSB는 투자자 중심 이외에도 TCFD와 SASB의 기존 프레임워크의 활용, 우선 과제로 기후 주제 선택, 기준 사용 시 추가공시(carve-in)는 허용하나 일부 미사용(carve-out)은 불허하는 빌딩블록 접근법을 선언하였다.

IFRS재단은 ISSB의 공식 출범 전에 CDSB, SASB, 기타 조직의 전문가들로 TRWG(Technical Readiness Working Group)을 구성하고, 일반적 요구사항

그림 7-6 ISSB 기준의 특징

(S1)과 기후관련 공시(S2)의 Prototype을 만들어 2021년 11월 3일 ISSB 설립 발표와 함께 공표했다.

ISSB 위원장으로 Danone의 CEO였던 Immanuel Faber가 2022년 1월 1일 취임하고, 부위원장으로 IASB의 부위원장이었던 Sue Lloyd가 2022년 3월 1일 취임했다. 7월 초부터 계속 위원을 임명하여 총 14명 중 아시아-오세아니아 지역에 배정된 위원은 일본, 중국, 한국 대표이다.

3월 말에 첫 두 기준인 S1과 S2의 공개초안이 발표되어 7월 말까지 의견 접수하고 2023년 상반기에 제정을 준비하고 있다. S1과 S2는 TCFD의 가이드라인 구조를 따라서 지배구조, 전략, 위험관리, 지표와 목표의 4개 축으로 구성되었다. S2의 지표와 목표는 SASB의 산업별 내용 중 기후 관련 내용만 가져와 산업별 공시 내용으로 부록에 표시하였다. S2의 산업별 공시 중 특이한 점은 SASB에 없던 금융분야의 Scope 3 온실가스 배출과 관련된 금융배출량(financed emission)의 공시를 요구하는 것이다.

S1은 보고의 일반적 요구사항-기존 재무보고서와 지속가능성보고서의 동시 발간, 동일 조직보고단위(연결기준), 지속가능보고서와 재무보고서의 통합 등-을 요구한다. 또한 S1은 지속가능성 관련 주제에 대한 중요한(material) 내용을 모두 공시하도록 요구하고 있다. S2의 범산업 공시 지표는 온실가스 배출, 전환위험, 물리적 위험, 기후 관련 기회, 관련 재무/투자활동, 내부탄소가격, 관련 경영자 보상의 6가지이다.

SASB(Sustainability Accounting Standards Board)는 지속가능성이 기업에 미치는 재무적 임팩트에 대한 공통의 기업 언어 개발을 돕기 위해 2011년에 비영리단체로 설립되었다. SASB는 2021년 6월에 IIRC(International Integrated Reporting Council)과 합병하여 VRF(Value Reporting Foundation)이 되었고, VRF는 2022년 8월 1일에 IFRS 재단과 다시 합병하였다. VRF의 주요 리더와 스태프는 IFRS 재단 산하 ISSB(International Sustainability Standards Board)를 주도하는 데 큰 역할을 하고 있다.

SASB 기준은 투자자 중심의 기업가치에 미치는 임팩트를 공시하는 기준이면서, 산업별로 세부화된 기준을 가지고 있는 것이 특징이다. 이 두 가지 특징이 ISSB의 기준에도 반영되어 산업별 공시지표는 거의 그대로 ISSB S2 (기후) 기준 공시초안의 부록에 반영되어 있다. SASB 기준은 계속 존속하면서 ISSB의 후속 기준 제정에도 큰 영향을 미칠 것이다.

SASB는 소비재, 식음료, 헬스케어, 재생가능 자원 및 대체 에너지, 인프라, 추출물 및 광물처리, 금융, 서비스, 기술 및 통신, 자원 변환, 운송의 11개 섹터와 총 77개 산업의 분류로 공시기준을 제공한다. 각 산업별 기준은 기준의 목적, 구성, 사용, 산업 설명을 담고 있는 서론 부분과 환경과 사회 전반의 산업별 중요 공시 주제와 지표를 설명하는 뒷부분으로 구성되어 있다.

예를 들어, 자원 변환 부문의 산업기계 및 제품 산업 기준은 에너지 관리, 종업원의 보건 및 안전, 연비 및 사용단계 배출량, 자재조달, 재제조 설계 및 서비스의 공시 주제와 지표를 설명한다.

지속가능성 공시의 향후 과제

지속가능성 관련 여러 민간기준이 존재하고 있고, 최근 유럽, 미국, IFRS 등이 지속가능성 공시기준(규정) 제정에 본격 착수함에 따라 여러 가지 해결 과제가 대두되고 있다(홍철규(2022b) 참고). 관련된 중요한 질문(과제)은 다음과 같다. 첫째, 향후 단일중요성과 이중중요성을 표방하는 기준이 각자 존재하게 될 가능성이 높은데, ISSB기준과 같은 단일중요성에 기초한 공시기준이 다양하고 폭넓은 이해관계자들의 정보욕구를 충족시키기에 필요한 정보를 충분히 공시하도록 유도할 수 있을까? 둘째로, 규제기관이 직접 제정을 주도하는 공시기준들이 등장함에 따라, 국제적으로 기업들 간의 비교가능성이 확보될 수 있을 것인가? 관련하여, 여러 공시기준들의 공존 또는 통합 가능성은 어떠한가? 셋째, 지속가능성 정보의 특성(soft, forward-looking)을 고려할 때, 새로운 지속가능성 공시기준의 제정이 기존의 재무회계 중심의 공시 제도와 지속가능성에 관한 자율공시 제도 하에 나타나던 문제점들(예: 중요한 정보의 미공시,

기업 간의 비교가능성, 기업 공시정보의 일관성 등)을 어느 정도 해소할 수 있을 것인가? 넷째, 기업들의 지속가능성 공시에 대해 재무회계 공시와 유사한 수준의 합리적 인증(reasonable assurance)이 가능할 것인가? 다섯째, 기존 재무회계 공시에서도 투자자들의 의사결정에 영향을 미칠 수 있는 중요한(material) 정보의 공시를 요구하고 있는바, 새로운 지속가능성 공시기준이 기존 재무회계 공시와 어떻게 조화를 이룰 것인가? 여섯째, 유럽과 같은 구체적인 택소노미(분류체계)의 도입 없이도 자본시장 참여자들의 올바른 공시를 유도할 수 있을 것인가? 일곱째, 지속가능성 공시제도가 기업의 경영을 어떤 방향으로 유도할 것인가? 이는 지속가능성 공시제도가 이해관계자 관점의 경영을 유도하는 데 있어서 미치게 될 영향의 크기와 시기에 대한 질문이다. 구체화되고 새롭게 강화되고 있는 지속가능성 공시제도가 올바로 자리잡고, 기업경영을 올바로 유도하기 위해서는 이상에서 제시한 여러 질문들에 대한 고민과 해결책 제시가 필요한 것으로 보인다.

┌─ 04 기업활동의 사회적 가치 측정 개요 및 사례

최근 들어 기업의 활동이 경제, 사회, 환경에 미치는 영향(통칭, 사회적 가치)을 화폐적 금액으로 측정하고자 하는 시도가 있다. 이에 대한 필요성과 측정 방법론을 제시한 대표적인 기관이 VBA와 Harvard Business School 소속 기관이다. 사회적 가치 측정에 선도적인 기업으로는 해외 기업인 BASF와 국내 기업인 SK, POSCO 등을 들 수 있다. 기업 활동의 사회적 가치 측정(경제적으로는 양의 가치를 창출하지만, 환경적으로는 음의 가치를 창출할 가능성이 높음)은 기존의 주주가치 제고 중심의 기업 이익 중시 경영에서 다양한 이해관계자를 위한 경영을 촉구하고 있다는 점에서 신선한 시도로 평가되고 있다. 여기에서는 이러한 시도에 대해 설명하고, 한계점과 함께 발전적인 활용방안을 제시한다.

VBA의 사회적 가치 측정 틀

기업이 환경/사회에 미친 임팩트를 화폐단위로 측정하는 대표적인 틀로 VBA(Value Balancing Alliance)의 프레임워크가 있다. 기업의 자원투입(Input), 산출(Output), 결과(Outcome), 임팩트(Impact), 임팩트(영향)의 화폐가치(Value of impacts)의 5단계를 사용한다. 예를 들어 에너지 자원의 투입, 온실가스 배출, 기후변화, 기후변화의 건강 영향, 건강 영향의 금액적 측정의 5단계이다. 한 가지 주목할 것은 보통 온실가스 배출 자체를 환경 임팩트로 보나, 이 틀에서는 온실가스 배출은 산출이고 임팩트는 건강에의 영향이다. 온실가스 배출의 결과(Outcome)는 〈그림 7-7〉과 같이 온난화, 기후패턴 변화, 해수면 상승, 기상 이변으로 분류되고 각각 구축환경(Built environment), 농림업, 사막화, 기타 생태계, 경제활동, 인류 건강에 미치는 임팩트를 파악한다.

탄소배출의 사회적 비용을 측정하기 위해 특별 컴퓨터 모형을 사용하며 다음 4단계로 측정한다. 1단계는 인구, 경제성장 및 기타 요인에 기반한 미래 배출량을 예측한다. 2단계는 기온과 해수면 상승과 같은 미래 기후 영향을 모형화한다. 3단계는 농업, 건강, 에너지 사용, 경제의 기타 측면에 미치는 기후

그림 7-7 **VBA의 사회적 가치 측정 프레임워크(임팩트 추정 과정)**

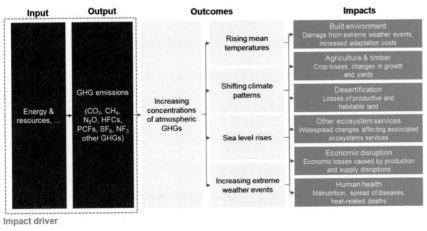

변화의 임팩트를 평가한다. 4단계는 미래 피해를 현재가치로 환산하고 모든 피해를 더한다. VBA는 환경 임팩트를 온실가스 배출, 기타 공기오염, 물 소비, 수질 오염, 토지 사용, 폐기물 배출로 나누어 분석한다.

BASF의 사회적 가치 측정 사례

지속가능성 및 사회에 미치는 영향의 측정

BASF는 독일에 본부를 두고 있는 다국적 화학제품 제조회사로서, 2013년부터 기업활동이 사회에 미치는 영향(value-to-society)을 측정하고 보고해온 대표적인 기업이며, 가치산정 방법론의 개발과 적용을 주도하고 있는 대표적인 기구인 Value Balancing Alliance(VBA) 설립에도 주도적으로 관여하였다.

기업활동이 사회에 미치는 영향(임팩트)은 지속가능성(sustainability)이라는 더 큰 주제의 하부구조를 이룬다. BASF에서 지속가능성 관련 주제는 그림에 나타난 바와 같이, 기업이 사회에 미치는 영향(impact of BASF), 기업이 사회로부터 받는 영향(impact on BASF), 이해관계자에 대한 관련성(relevance for our stakeholders)의 세 가지 분야로 구성되어 있다. 구체적인 보고주제는 중요성 분석(materiality analysis)을 토대로 결정되며, 2021년 유럽이 발표한 CSRD와

그림 7-8 **BASF의 지속가능성 보고주제의 식별 및 평가 과정**

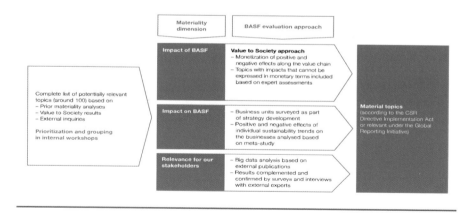

GRI 기준이 주제 선정에 중요한 영향을 미친다.

본 사례의 목적은 지속가능성 관련 주제 중에서 BASF가 사회에 미치는 영향을 화폐가치로 산정하는 방식을 설명하는 것으로서, 주로 BASF가 2018년에 발표한 method paper와 BASF 홈페이지 내용을 토대로 재구성한 것이다.

BASF는 기업목적(corporate purpose)을 "We create chemistry for a sustainable future"로 설정하고 있으며, 이에 따라 기업의 비즈니스가 사회에 미치는 영향(Value-to-Society)을 경제, 환경, 사회에 걸쳐 식별하고 화폐적 금액(유로)으로 계량화함으로써, 사회에 대한 긍정적 기여를 증대시키고 부정적인 영향을 최소화하고자 노력하고 있다. 사회에 미치는 영향은 기업 자체 운영(own operations)은 물론이고, 전체 공급망(entire supply chain), 및 고객회사(customer industries) 전체에 걸쳐 측정한다. 이와 같이 기업의 성과측정을 혁신적으로 개편함으로써 기업이 인간의 행복을 위해 진정으로 기여한 바를 측정하고자 한 것이다.

BASF는 Value-to-Society의 장점을 다음과 같이 자체적으로 설명하고 있다.

- 관점변화(Perspective change): 기업의 성과에 대해 거시 사회적 관점(a macro-societal view)을 제공
- 투명성(Transparency): 가치사슬을 따라 기업 자체적인 영향과 파트너들을 연계함(mapping)
- 중요성(Materiality): 재무적 영향과 비재무적인 영향을 화폐적인 기업 언어로 비교함
- 상호의존성(Interdependencies): 여러 가지 기업 자원들 간의 상호관계(correlations)를 더 잘 이해하게 함
- 유형성(Tangibility): 비화폐적인 영향을 화폐금액으로 나타냄으로써 의사소통을 향상시킴

BASF는 영향평가(impact valuation)가 아직 발전단계에 있지만, 의사소통,

보고, 진전에 대한 감시, 중요성 분석, 위험관리, 기업 의사결정에 대해 영향을 미칠 정도의 중요한 통찰을 제공할 정도로 성숙한 단계에 이르렀다고 2018년 말 발표하였다.

영역(Scope)

가치사슬 커버리지(Value chain coverage)는 다음과 같다.

- 기업수준(Corporate level): BASF 자체 활동과 직간접적인 공급업체(tier 1 to tier n) 및 고객회사(customer industries)들을 포함한다.
- 프로젝트수준(Project level): 프로젝트의 특성에 따라 다르다. 예를 들어, 부지개발 활동은 부지 건설은 물론 제조단계에도 포함된다.
- 사업단위와 제품수준(Business unit and product level): BASF 자체 활동과 직간접적인 공급업체(tier 1 to tier n), 고객회사(customer industries), 제품의 사용단계와 수명종결 단계를 포함한다.

  BASF 제품의 사용과 수명종결 단계에서의 영향은 60,000개 이상의 응용제품(BASF 제품을 이용하여 제조한 최종 제품형태)에 대한 상세한 연계를 요구하므로, 아직 개별 제품 단위의 분석과 검증 단계에 있으며, 전체 제품포트폴리오에 대한 분석은 2018년 밀 현재 완전하게 실시하지는 못하여 기업단계(corporate level)에서의 활용은 가능하지 않은 것으로 보고되었다.

영향의 범주(impact categories)

영향을 측정하는 범주는 사업에 대한 중요성, 자료의 신뢰성, 적절한 측정방법, 계산 가능성 등을 종합적으로 고려하여 설정하며, 대상이 되는 활동은 기업 자체 운영활동은 물론, 공급업체와 고객회사를 포함한다. 경제, 사회, 환경 분야에 대한 영향평가의 범주는 다음과 같다.

- 경제(Economic(EBIDA)): 이익(이자포함), 감가상각과 무형자산 상각

- 사회(Social): 세금, 임금과 복리후생, 인적자본(자체활동에 한함), 건강과 안전
- 환경(Environmental): 대기오염, 온실가스(GHGs), 토지이용, 물사용, 물오염, 고형폐기물

그림 7-9 BASF의 Value-to-Society(기업수준) 측정 영역

Suppliers	BASF operations	Customer industries
Contribution to gross domestic product (value added)	Contributions to society beyond gross domestic product	
Profits Wages & benefits Amortization & depreciation Taxes	Human capital Health & safety	Air emissions GHGs Water emissions Land use Water consumption Waste
Economic	Social	Environmental
Basis for all assessments		

BASF의 모델에는 인권과 노동권과 같은 일부 중요한 사회분야 영향들이 포함되지 않았는데, 이는 자료의 획득가능성과 폭넓게 수용된 계량화 및 가치 산정 방법의 부재로 인한 것으로 설명하고 있다. BASF의 Value-to-Society 모델의 기본 원칙(principle)은 GRI의 지속가능성 보고기준과 Natural Capital Protocol이 추구하는 품질기준 중의 하나인 엄격성(rigor)에 기반을 두고 있는데, 사회(Social) 분야 일부 영향들이 이런 원칙을 충족시키지 못하기 때문인 것으로 해석된다.

기업수준(corporate level)에서의 평가 결과

BASF에서 기업수준의 영향 측정은 2013년부터 시작되었다. 〈그림 7-10〉, 〈그림 7-11〉은 2017년도와 2019년도(BASF가 성과를 측정하여 보고한 가장 최근 연도임) BASF의 Value-to-Society 측정결과를 각 범주(category)별

그림 7-10 BASF의 2017년 Value-to-Society 평가결과

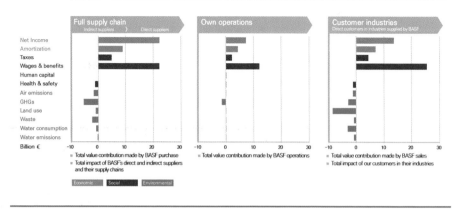

그림 7-11 BASF의 2019년 Value-to-Society 평가결과

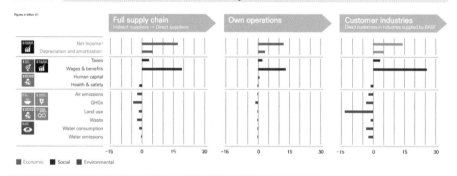

로 나타낸 것이다. 전체적으로 경제(Economic)와 사회(Social) 분야에서는 (건강과 안전을 제외하고는) 긍정적인 가치를 창출한 반면, 환경(Environmental) 분야에서는 부정적인 영향을 나타내고 있다.

　각 범주별로 2017년도와 2019년도 영향(성과)을 비교해보면, 경제(Economic) 분야에서는 당기순이익의 경우 공급회사들은 20(billion 유로) 이상에서 20 이하로 다소 감소한 반면, 자체 활동의 경우에는 10 이하에서 10 이상으로 증가하였으며, 고객회사들도 다소 증가한 것으로 나타났다. 사회(Social) 분야에서 가장 큰 비중을 차지하는 임금과 복리(salary and benefit)의 경우 자체 활동과 고객회사들은 큰 변화가 없었으나, 공급회사들의 경우 20

이상에서 20 이하로 감소한 것으로 나타났다. 환경(Environmental) 분야에서는 긍정적인 영향이 아닌 부정적인 영향이 지속되고 있다. 대표적으로 온실가스 (GHGs)의 경우 2017년에 비해 2019년에 공급회사들은 -5 이상에서 -5 이하로 부정적인 영향이 다소 감소했으며, 자체활동과 고객회사의 경우에는 큰 변화가 없는 것으로 나타났다.

데이터 및 측정방법론

자체 활동과 구매활동 및 판매활동은 자체적으로 보유한 데이터를 활용하고, 나머지 구매활동 및 공급활동과 관련된 공급회사 및 고객회사에 관한 데이터는 OECD 등을 통해 관련된 산업에 관한 이차적인 데이터를 통해 확보한다. 데이터 원천은 그림에 나타난 바와 같다.

먼저, 공급회사를 통한 사회에 대한 영향은 직접공급 기업들(tier 1)과 간접공급 기업들(tier 2 이상)이 미치는 영향으로 구성된다. 직접공급 기업들(direct suppliers)을 통해 BASF가 미치는 영향은 BASF의 조달금액을 기준으로 배분하여 계산한다. 간접공급 기업들을 통해 BASF가 미치는 영향은 직접공급 기업들과 그 이전 단계에 있는 간접공급업체들 간의 조달관계를 Input-output(IO) 모델을 이용하여 계산한 뒤 이를 이용하여 영향을 계산한다. 먼저, 조달관계를 계산하고, 다음으로 국가단위로 1유로 생산당 각 섹터별 경제, 사회, 환경의 영향을 계산한다(PwC 자료 이용). 마지막으로, 각 영향

그림 7-12 데이터 및 계량화 방법론

	Suppliers	BASF operations	Customer industries
Data source	Purchase profile: Primary data (BASF Global procurement database)	Output: Primary data (Financial accounting, Environmental health & safety database, Human resources databases, dedicated surveys)	Sales profile: Primary data (BASF Sales by industry survey)
	Output: Secondary industry data (e.g., Global Trade Analysis Project, World Bank, ILO, OECD, EU)		Output: Secondary industry data (e.g., Global Trade Analysis Project, World Bank, ILO, OECD, EU)
Impact quantification	Supplier pathway	Aggregation of operational data	Customer pathway

그림 7-13 BASF의 공급업체 경로 분석을 통한 영향평가 방법

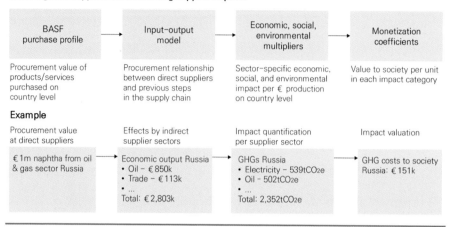

범주별로 사회에 대한 영향을 계산한다. 그림을 이용하여 설명해보자. 예를 들어, 러시아의 오일과 가스 섹터로부터 1백만 유로(직접공급 기업에 의한 조달금액)의 나프타를 구입했다고 하자. 간접공급 기업에 의한 조달관계는 IO 모델을 이용하여 오일 85만 유로와 무역 11.3만 유로 등으로 계산할 수 있다. 다음으로, 이 결과를 이용하여 경제, 사회, 환경 분야별 영향을 계산한다. 환경분야의 GHG 배출의 경우, 전력산업이 539톤의 CO_2 배출량, 오일산업이 502톤의 CO_2를 배출하는 것으로 계산된다. 마지막 단계에서, 러시아에서 GHG 배출로 인해 15.1만 유로의 사회적 비용이 발생한 것으로 계산된다.

다음으로, 고객회사들이 경제, 사회, 환경에 미치는 영향은 부분적으로 BASF가 판매하는 제품에 의해서 발생한다. 고객회사는 제품 생산을 위해 BASF가 공급하는 제품이 아닌 다른 많은 회사들이 공급하는 재료들을 사용하므로, 고객회사가 미치는 영향 중에서 BASF의 영향은 BASF가 고객회사에 공급한 제품을 이용하여 계량화하고, 이를 국가단위로 화폐가치로 환산하여 계산한다.

그림을 통해 설명해보자. 예를 들어, BASF가 브라질 농업산업에 제품을 판매했다고 하자. 먼저, 브라질 농업산업에서 농산물 생산을 위해 투입된 모

그림 7-14 BASF의 고객산업에 대한 영향평가 방법

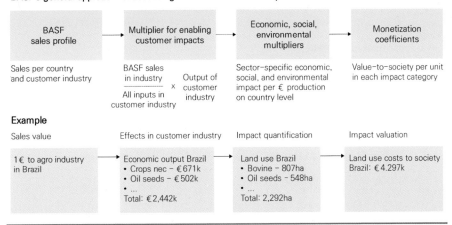

BASF's general approach for assessing customer industries impacts

위의 도표 내용:
- BASF sales profile → Multiplier for enabling customer impacts → Economic, social, environmental multipliers → Monetization coefficients
- Sales per country and customer industry
- BASF sales in industry / All inputs in customer industry × Output of customer industry
- Sector-specific economic, social, and environmental impact per € production on country level
- Value-to-society per unit in each impact category

Example
- Sales value: 1€ to agro industry in Brazil
- Effects in customer industry: Economic output Brazil • Crops nec – €671k • Oil seeds – €502k • ... Total: €2,442k
- Impact quantification: Land use Brazil • Bovine – 807ha • Oil seeds – 548ha • ... Total: 2,292ha
- Impact valuation: Land use costs to society Brazil: €4.297k

든 투입원가 중에서 BASF가 판매한 제품의 판매가치가 차지하는 비중을 계산한다. 다음으로, 이 비중과 해당 농업산업의 각 산출물의 가치를 곱하여 고객산업(브라질 농업산업)의 각 산출물에 대한 BASF의 기여도를 계산한다. 예를 들어, 곡물 67.1만 유로, 지방종자 50.2만 유로 등으로 계산할 수 있다.

다음 단계에서, 각 산출물이 경제, 사회, 환경에 미치는 영향을 산출한다(PwC 자료 이용). 예를 들어, 지방종자는 환경 분야에서 토지를 548핵타르 이용한 것으로 분석된다. 마지막으로, 각 영향 범주별로 사회에 미치는 영향을 계산한다. 즉, 브라질에서 토지이용으로 인한 사회적 비용은 429.7만 유로인 것으로 계산된다.

위에서 설명한 바와 같이, BASF는 영향 평가를 위해 이차적인 산업 데이터와 IO 모델링을 활용하고 있으며, 이를 통해 공급회사와 고객회사가 소속된 산업 전체에 대한 평균적인 영향을 계산한다. 따라서, 각 공급회사와 고객회사에 대한 개별적인 영향을 계산하는 것은 아님에 유의해야 한다.

화폐가치로의 환산 방법

BASF 접근법의 마지막 단계는 기업이 사회에 미치는 계량화된 영향을 사회적 가치로 환산하는 과정이다. 일반적으로 다음 세 가지 접근법이 사용되

고 있다.

- 시장가격(Market price): 시장에서의 재화나 서비스가 교환되는 화폐 금액을 말한다. 예를 들어, 탄소의 경우 탄소거래시장에 거래되는 가격이 이에 해당한다.
- 감축원가(또는 혜택)(Abatement cost(or benefit)): 특정 영향을 줄이기 위한 수단을 실행하는 데 발생하는 재무적인 원가(또는 수익)를 말한다(단위당으로는 한계원가). 예를 들어, 독일 자동차 섹터에서 CO_2 1톤을 감축시키는 데 소요되는 비용이 여기에 해당한다.
- 사회에 대한 가치(Value to society): 기업의 활동으로 인해 발생하는 사회에 대한 비용이나 혜택을 말한다. 노동의 가격처럼 일부 시장가격에 이미 반영되어 있는 경우도 있고, 탄소배출로 인한 기후변화와 같이 시장가격이 존재하지 않는 외부성(externalities)인 경우도 있다.

BASF는 이 중에서 사회에 대한 가치를 이용하여 화폐가치로 환산한다. 시장가격과 감축원가는 기업활동이 사회에 미치는 진정한 비용과 혜택을 반영하지 않는 경우가 많기 때문이다.

온실가스 배출이나 대기오염과 같은 기업활동의 영향은 일반적으로 재무적으로 측정되지 않고 있다. 이는 이들 영향과 관련된 비용과 혜택이 시장에서 명시적으로 거래되지 않기 때문이다. 대안으로 이들이 인간의 행복에 얼마나 영향을 미치는가에 관한 정보를 이용하여 이들의 영향을 화폐적 가치로 측정하는 것은 가능할 수도 있다. BASF는 여러 가지 기법을 이용하여 이들 비시장 가치('non market' values)의 측정을 시도한다. 이 기법들은 크게 현시선호(revealed preferences) 기법, 잠재선호(stated preferences) 기법, 원가기초 접근법(cost-based approaches, 예: Natural Capital Protocol, Social Capital Protocol) 등으로 그룹화될 수 있다. 원가기초 접근법은 다른 후생기초 접근법들(welfare-based alternatives)이 이용가능하지 않고, 원가가 후생변화에 대한 합리적인 대리측정치가 될 수 있을 경우에 한해 사용된다. 또한 화폐적 가치는 국가단위로 구분하여 구매력 등을 감안하여 영향계수를 적용하는 것을 원칙으로 하고 있으며, 온실가스 배출과 같이 전 세계적으로 영향을 미치는 요소들은 배출된 지역의 국가와 무관하게 공통된 가치 환산 기준을 적용한다. 관련된 가치산정 계수는 UN, World Bank, OECD, EU 등의 개방된 자료를 이용하여 산출한다.

BASF 사례의 평가

BASF의 Value-to-Society 모델은 전통적인 보고방식과 달리, 기업이 사회에 미치는 영향을 계량화하는 데서 나아가 화폐가치로 환산하여 나타낸다는 특징이 있다. 또한 기업이 창출하는 가치를 전통적인 주주관점(이익)에 산출하는 데 그치지 않고, 전 사회적인 측면에서 이해관계자 관점에서 산출하고자 한다는 특징이 있다. 따라서 전통적으로 주주관점에서 비용으로 분류되던 종업원 급여와 세금 등은 기업이 사회 분야에서 창출한 긍정적인 가치로 평가된다. 반면에 탄소배출 등 기업이 사회에 미치는 부정적인 부의 외부성(negative externality)은 전통적으로 주주관점에서는 기업이 창출한 가치에 영향을 미치지 않으나, Value-to-Society 모델에서 추구하는 이해관계자 관점에서는 기업이 창출한 가치를 삭감하는 방향으로 반영된다. BASF는 이를 전체적인 관점(holistic view)이라고 표현하고 있다. 이러한 접근법은 전통적인 주주관점의 기업성과 창출에서 이해관계자 관점의 기업성과 창출로 이행하고자 한다는 점에서 매우 긍정적인 시도로 평가된다.

그러나 BASF Value-to-Society 접근법은 몇 가지 해결해야 할 과제가 있는 것으로 보인다. 먼저, 모델을 통해 명시적으로 사회에 미치는 영향으로 식별되어 화폐적 금액으로 환산되는 항목은 회사의 사업에 미치는 중요성과 측정 가능성, 데이터 확보 가능성 등을 기준으로 선정하고 있다. 따라서 아직 환경 분야에서도 토지, 공기, 물 등 일부 환경자원에 미치는 영향만 산출하고 있을 뿐이다. 환경분야에서는 이외에도 생물다양성, 순환경제 등 여러 요소들이 중요한 요소로 대두되고 있으므로, 환경분야에 대한 영향 평가의 범주를 점차 확대할 필요가 있는 것으로 보인다.

다음으로, BASF가 사회에 미치는 영향을 종합적으로 화폐금액으로 평가하고자 하는 것은 기업의 성과를 기존의 재무적 성과에 국한하지 않고 ESG 분야의 비재무적 성과(영향)도 종합적으로 반영하겠다는 의지로 해석된다. 이러한 노력이 사회적 가치 창출이라는 실질적인 효과로 연결되기 위해서는 단지 측정에만 머무르지 않고 기업의 내부 의사결정과정과 깊이 연계되어야 한다. 즉, BASF가 경제, 사회, 환경 분야에서 계산한 사회에 미치는 영향이 어떻게 기업 의사결정(투자, 성과평가, 보상 등)에 체계적으로 반영되는가가 중요한 요소이다. BASF는 자신의 Value−to−Society 접근법이 내부 커뮤니케이션에 영향을 미칠 만큼 성숙한 단계에 도달하였으며, 의사결정 과정에 보충적인 정보(complementary information in decision making processes)를 제공하는 것으로 보고하고 있으나, 각 의사결정 단계에서 어떻게 반영되는지가 명확하지 않다. 사회에 미치는 영향의 화폐적 평가의 궁극적인 목표는 의사결정 과정에의 반영이어야 한다.

SK 사회적 가치 측정 사례

SK의 사회적 가치 화폐화 측정 배경 및 VBA와의 연계

SK는 기업의 이윤, 즉 경제적 가치(Economic Value)만을 추구하던 기존의 경영철학에서 탈피하여 경제적 가치와 사회적 가치(Social Value)를 Double Bottom Line(DBL)으로 삼고 두 가지 가치를 동시에 추구하는 새로운 경영철학을 제시하고 있다. 경제적 가치는 기업이윤추구 활동의 결과물로서 일반적으로 인정되는 기업회계기준(GAAP)에 따라 측정되는 재무성과를 지칭한다. 반면에 사회적 가치란 경제생태계의 주요한 한 축을 담당하는 기업의 경제활동을 통하여 창출되는 사회적 혜택과 생산과 유통 등 경영활동이 수반하는 사회훼손비용을 감축함으로써 사회에 공헌하는 제반 사회성과를 의미한다. DBL이라는 전략적 지속가능경영을 추진하는 일환으로 SK는 2003년 SK이노베이션을 필두로 그룹 지주사인 SK주식회사를 포함한 모든 계열사에서 지속가능경영 보고서를 공시하며 투자자들과 소통하고 있다.

2013년도에는 SK그룹 16개 관계사의 최고경영자들로 구성된 협의기구인 SUPEX추구협의회가 출범하였고, 그 산하에 사회적가치위원회(SV위원회)를 두고 SK그룹 전체의 사회공헌 활동에 관한 의사결정을 수립하고 있다. SK의 사회공헌 관점에 따르면 사회문제 해결의 주체를 정부와 비영리조직으로만 좁게 정의하고 있지 않으며 국가경제를 구성하는 중요한 일원인 기업들의 역할을 강조한다. 기업은 국가 차원에서 당면하는 사회적 문제들의 해결에 적극적으로 동참해야 하는 주체라는 인식하에, SK는 비즈니스 방식으로 사회문제[1]를 해결할 수 있는 사회적기업에 대한 지원을 통해서 사회가치의 창출 방식을 모색하기 시작했다. 이를 위하여 2014년에 사회적기업이 더 많은 사회적 가치를 창출할 수 있도록 지원하기 위한 인센티브 보상체제인 사회성과 인센티브(Social Progress Credit) 제도가 도입되었다.

이와 같은 사회성과 인센티브제도의 원활한 안착을 위해서 반드시 필요했던 것은 사회적 가치를 계량적으로 표현할 수 있는 측정 체계의 마련이었다. 사회성과에 대한 화폐가치의 측정은 사회성과 정보의 기업 간 비교가능성과 신뢰성을 제고할 뿐만 아니라, 성과에 기반을 둔 효율적인 자원 배분과 임팩트 투자의사결정을 위한 정보의 제공이라는 관리지표로서의 활용에서도 반드시 필요하다고 보았고, 이에 SK는 사회성과 인센티브제도를 화폐가치 측정을 위한 단초로 삼고자 했다. 화폐화 측정의 기본 원칙은, 사회적기업이 제공하는 제품/서비스의 시장가격에는 사회문제의 우선순위(중대성)가 반영되고 있다는 전제하에, 시장원리에 입각하여 수혜집단이 받는 편익의 가격을 추정하는 것이다.

사회성과 인센티브제도의 실행으로 축적되어 오던 사회성과의 화폐화 측정 노력은 2018년 한층 강력한 추진력을 받았다. SK자산으로 설립된 비영리

---

1 사회문제란 대한민국 사회에 속한 구성원 다수가 개인의 노력으로 해결이 불가능한 구조적인 문제로 고통 받는 상태로 정의하고 있다(http://skinnovation.com/together/happiness.asp). 사회적가치연구원은 매년 '한국인이 바라본 사회문제'라는 서베이를 통해 사회적 가치 3대 목표, 해결해야 할 10대 테마, 그리고 100가지 이슈를 선정하고 있다.

연구재단인 사회적가치연구원(Center for Social value Enhancement Studies)이 설립된 것인데, 사회적가치연구원은 SV위원회의 감독하에 영리기업에서 창출되는 사회적 가치를 화폐화 측정하기 위한 연구와 사업을 실행하며 GRI(Global Reporting Initiatives, 글로벌 보고 이니셔티브)와 UN SDGs(Sustainable Development Goals, 지속가능발전목표)의 측정 체계를 참고로 사회적 가치 측정체계 및 지표 개발을 독자적으로 추진하기 시작했다.

최근에는 SK에서 사회적 가치의 한 축으로 인식하고 있는 제품/서비스 영역에 대한 측정 방법론이 VBA에서 수용되었고, 하버드 경영대학원과의 공동연구를 통해서 화폐화 측정이 연착륙할 수 있도록 국제표준의 개발을 위한 협력을 추진하고 있다. 다수의 국내 공기업들에서도 SK와 함께 사회적 가치를 측정하기 시작했고, SK는 중국 국유자산관리감독위원회의 요청으로 중국 사회적가치연구소 공동설립 및 중국 국유기업의 화폐화 측정체계 개발을 지원하고 있다.

본론: SK 사회적 가치 화폐화 측정체계

기업은 환경파괴 등으로 인해 야기되는 사회적 비용을 외면해 왔으나, 기업활동의 부정적 외부효과(환경비용)의 내재화가 필요하다. 외부효과에 대한 기업의 관심을 유도하기 위해서는 화폐 단위의 정량적 측정이 효과적일 수 있다.[2] 예를 들어, 제한된 예산하에 기업이 10억을 투자하여 환경개선 설비 구축을 계획하는 경우, 수질오염물질과 대기오염물질 감축이라는 두 개의 방향 중에서 무엇을 우선해야 하는가? 이와 같은 경영의사결정을 위해서는 물리적 단위뿐만 아니라 사회적 '비용'이라는 화폐화된 측정치가 중요한 도구가 될 수 있다.

SK 화폐화 측정 추진현황

2018년 최초 개발 시점에는 측정체계가 비즈니스 사회성과와 사회공헌

---

2 리베카 헨더슨 '자본주의 대전환'

그림 7-15 SK 사회적 가치 화폐화 측정체계

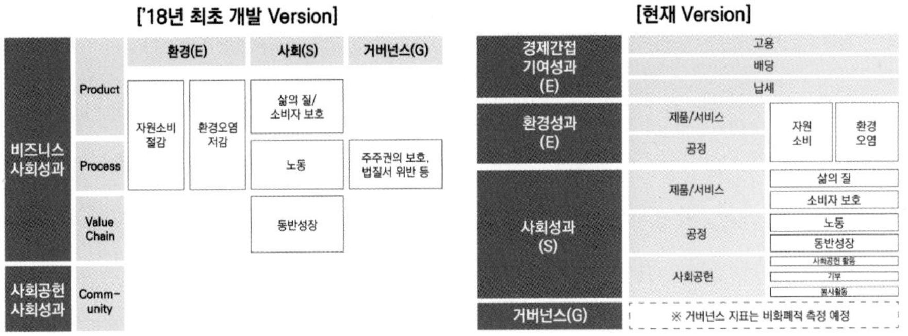

출처: SK 사회적가치연구원

사회성과 두 축으로 구성되었다. 비즈니스 사회성과는 제품/서비스(Product), 공정(Process), 가치사슬(Value Chain)이라는 세 영역에 대하여 환경(E), 사회(S), 거버넌스(G)에 해당하는 지표들을 매칭하는 산식 프레임을 구축했다.

공정은 모든 ESG 영역에 관계하며 건물과 공장에서의 공정상 배출되는 환경오염물질의 양을 측정하고 고용 및 주주권익보호와 법질서 위반 여부에 대하여 측정하여 성과지표로 관리했다. 자원봉사 등 사회봉사활동에서 야기되는 성과(Community)는 사회공헌 사회성과로 별도로 분리하여 측정했다.

이후 측정 체계의 고도화 과정에서 최근 ISSB(International Sustainability Standards Board, 국제지속가능기준위원회) 등 지속가능경영 보고기준체계와의 연계성을 높이고자 ESG 체제로 개편했다. 2022년 현재, 환경(E) 성과의 측정은 기존의 제품/서비스와 공정 영역에서 자원소비절감 및 환경오염저감에 대한 성과를 떼어냈고, 사회(S) 성과는 제품/서비스 영역의 삶의 질, 공정 영역의 노동과 함께 동반성장 및 지역사회 사회공헌활동을 흡수했다. ESG 관점의 새로운 측정 체계에서 거버넌스(G)는 비화폐적으로만 측정하고 있는데, 이것은 거버넌스의 임팩트(impact)와 결과(outcome)에 대한 화폐 측정이 현 시점까지는 곤란한 상황이기 때문이다. 한편, ESG에 고용, 배당, 납세라는 경제간접 기여성과를 추가했는데, 이것이 사회적 가치로 볼 수 있는지에 대한 이슈가 있지만 VBA에서도 경제간접 기여성과를 포괄적인 수준에서 사회적 가치에 포함하고 있다.

측정 및 운영 프로세스

SK는 사회적 가치의 측정을 위하여 사회적가치 관리시스템(Social Value Management System)을 개발했다. SK 멤버사들이 각각의 경영환경을 고려하여 지표를 개발하고 화폐화 산정의 로직을 제시하면 사회적가치연구원에서 지표와 산식의 타당성을 검증한다. 화폐화 산정은 측정된 각 성과지표와 해당 지표의 기준성과(baseline) 간의 차이를 구한 후 이 차이 값에 화폐화계수(proxy)를 곱하는 방식이다. 예를 들면 원재료 소비의 절감이라는 성과지표(즉, 당기 소비와 기준성과인 전기소비의 차이)에 시장 평균 원재료 단위가격(화폐화계수)을 곱하여 화폐가치를 측정한다. 기준성과와 화폐화계수는 Delft University of Technology, PwC Methodology Report, Ecoinvent data sets 등 해외기관들과 한국과학기술연구원, 한국전력공사, 한국석유공사, 한국환경공단 등 국내 기관들, 그리고 SK 자체연구를 참고로 삼아 결정하고 있다.3 멤버사들이 자체적으로 화폐화 산식에 해당하는 값들을 입력하면 사회적 가치 관리시스템에서 자동적으로 측정결과가 도출되고 데이터베이스화가 이루어지며 SV위원회의 전반적 조율하에 대외공표 및 측정제도에 대한 의사결정이 진행된다.

한편, 사회적가치 관리시스템을 기반으로 한 사회적가치의 화폐화 측정과정에서는 다음과 같은 이슈들이 존재한다. 첫 번째, 환경(E)과 공정(Process) 성과가 처음에는 제품당 또는 매출당 원(₩) 단위로 측정되다가 현재 시점에서는 원 단위가 아닌 공장 또는 사업장에서의 총량의 측정으로 변경되었다. 이때 공장 간, 사업장 간의 비교가능성이 약해지는 문제를 완화하기 위해서 절대치가 아닌 규모(생산수준)에 의해 스케일링한 비율로 보고하고 있다. 총량으로 측정하는 경우 ESG 및 그 하위 항목들에 대한 합산이 어려운 것이 아닌

---

3 2022년 5월 23일 SK화폐 측정에 대한 공감대 형성, 신뢰도 향상 및 이해관계자 의견수렴을 통한 측정체계의 고도화 추진을 목적으로, SK 멤버사들의 ESG 지표에 대한 화폐화 측정 결과, 산식 및 필요 데이터(baseline 값, 화폐화 proxy 값 및 reference 정보)를 공개했다.

가 하는 질문이 생기는데, 원화 단위로 환산하여 합산하기보다는 최대한 항목을 세분화하여 각 총량 측정치들을 분리하여 보고하려는 의도이다. 이와 같이 세분화된 개별지표 수준의 총량기준 공표와는 별도로 이해관계자들이 기업 간의 상대적 비교가 수월할 수 있도록, SK 멤버사들은 지속가능경영보고서에서 경제간접 기여성과, 환경성과, 사회성과에 대하여 영역별로 합산된 화폐단위로 측정치를 보고하고 있다. 예를 들어 SK이노베이션의 2021년도 사회적 가치 측정 결과에 따르면, 17,115억원의 경제간접 기여성과, 1,656억원의 사회성과, 그리고 마이너스 9,489억원의 환경성과가 보고되었다.

두 번째 이슈는 기준성과의 결정인데, 처음에는 시장에서 가장 성과가 뛰어난 기업의 성과를 활용하고자 했으나 그 성격상 해당 정보를 수집하는 것이 불가능하여 차선책으로 시장 평균 데이터를 기준성과로 삼아서 SK가 창출하는 사회적 성과를 산정하고 있다. 시장평균이 아닌 시장 내 최고 성과치를 기준으로 삼는 경우와 대비하면 SK의 성과가 과대평가될 여지가 있으나, 친환경제품/공정들이 시장에 참여하는 모든 기업들에 전파가 되면 결국 이 두 가지 기준성과들 중의 선택에서 야기되는 차이가 소멸한다. 궁극적으로는 SK사의 시장 대비 성과가 0으로 수렴하게 되어 해당 지표에 대한 측정의 필요성 자체가 사라질 것이다. 어떤 기준성과를 도입하는지 여부에 따라 화폐가치 평가가 크게 변동할 수 있기 때문에, 향후 보다 정교하고 합리적인 분석체계가 요구된다.

세 번째 검토사항으로는 각 지표들의 성과를 화폐화 측정 후 단순합산으로 파악하는 것이 충분한지 또는 지표들 간에 차별적인 가중치를 적용하는 것이 바람직한 것인지에 대한 질문이다. SK에서는 화폐화계수 자체에 중대성(또는 가중치) 개념이 이미 반영되어 있다는 시각을 견지하고 있다. 즉, 산식에서 적용되는 사회적 비용 계수(예를 들어 탄소배출권의 가격)는 시장과 경제환경을 이미 반영하고 있다고 판단한 것이다. 다른 한편으로는, 화폐화계수 중에서 결과나 임팩트의 측정이 불가하여 어쩔 수 없이 투입(input) 지표에 의존해야 하는 경우라면, 가중치방식보다는, 보정계수를 활용하여 중대성을 반영하는 방식을 고려해 볼 여지가 있다.

VBA와의 비교

경제간접, 환경, 사회라는 세 큰 축에서는 SK와 VBA는 동일한 체계를 설정하고 있다. 하지만 세부적으로는 여러 가지 측면에서 차이가 존재한다.

측정범위를 살펴보면 VBA는 산업연관분석(Input-Output Modeling)을 통해 가치사슬의 전 범위를 측정하고자 하는 반면, SK에서는 가치사슬의 상류와 하류흐름에서 각각 동반성장과 제품/서비스에만 제한하여 성과를 측정하고 있다. 제품/서비스에 대한 성과는 전술한 바와 같이 SK에서는 시장평균이라는 기준성과 대비 SK의 성과를 측정하는 것과 달리, VBA는 별도의 기준성과를 고려하지 않고 보다 단순하게 제로베이스(zero-base)로 성과를 측정하고 있다. 이와 관련하여 하버드 경영대학원의 임팩트가치평가 모형에서는 두 방식이 혼재하여 문제의 소지가 있다. 예를 들어, 임팩트경로분석에 따르면 온실가스는 탄소배출권, 피해비용, 예방비용, 한계저감비용 등을 통해 사회적 환경비용을 측정할 수 있는데, 화폐화계수의 선정에 따라 가치측정의 결과가 크게 달라질 수 있는 것이다.

VBA의 측정체계를 활용하여 SK사에서 2019년에 진행된 파일럿 분석에 따르면, SKT의 경우 측정된 사회적 가치가 21.9조원 대비 1.9조원이라는 큰 차이가 발생하고 있다. 이 차이는 SKT의 공급망 상류(upstream)에서 측정되는 경제간접 기여성과에서의 차이에 주요하게 기인하고 있다. 전술한 바와 같이 VBA의 화폐화 측정체계는 산업연관분석 방법을 적용하여 공급망 상류영역에 파급되는 성과를 포함하는 반면에, SKT 방식은 한국은행 데이터를 활용하여 동반성장 지표에만 제한적으로 측정하기 때문에 결과적으로 VBA의 방식보다 13.8조원만큼 보수적으로 평가된 것이다.

기업 단독의 경제간접 기여성과를 측정 시에도 SK와 VBA 방식에서 차이가 존재한다. SK 화폐화 측정에서는 고용, 납세, 당기순이익(배당) 지표들을 고려하는 반면, VBA에서는 감가상각과 손상차손, 그리고 이자비용 항목을 추가로 고려하고 있다. 사회성과 측정에서는 SK가 보다 포괄적으로 반영하는데

VBA에서는 노동과 관련한 성과만을 그리고 SK는 노동과 더불어 동반성장과 사회공헌 성과를 함께 고려하여 측정한다. 이처럼 화폐화 측정에서 반영되는 항목들이 상이함으로 인하여 가치산정결과가 사뭇 달라질 수 있는 것이 현재의 상황이며 앞으로 해결해야 할 숙제이다.

환경성과의 화폐화 측정과정 측면에서도 두 기관 사이에 사용되는 화폐화계수의 상이함이 존재한다. 수질오염 측정을 예로 들어보면, VBA는 세부측정 항목별 관련 연구 결과들을 참고데이터로 활용하여 임팩트가치(즉, 수질오염의 사회적 비용)를 측정하는 반면에 SK는 Delft University의 환경원가 데이터베이스에서 제시되는 회폐화계수를 활용하여 측정하고 있기에 양 방식 간에 수질오염에 대한 화폐가치 측정결과에서 큰 차이를 보이고 있다. 온실가스에서 발생하는 사회적 비용 측정의 경우에는, VBA와 SK에서 유사한 수준의 탄소배출의 사회비용(social cost of carbon) 수치를 적용한다고는 하지만, 양 기관의 임팩트경로분석에서 경로들의 구성수준까지 일치하지는 않고 있다.

종합해보면 측정기관들 간 성과측정의 범위, 화폐화계수의 선정과 임팩트경로의 고려가 어떤 가정과 배경에서 왜 차이가 나는지에 대한 설명이 필요한데, 현재 이와 같은 문제점을 극복하기 위하여 VBA와 하버드 경영대학원을 중심으로 화폐화 측정 추진기관들 간의 협업이 추진되기 시작했다. 향후 측정방식에서의 합의과정이 순조롭게 진행되어 측정체계의 표준화로 나아가게 된다면 화폐가치 측정이 더 큰 정보력을 제공할 것으로 기대할 수 있다.

결론: 화폐화 측정의 진화/발전 및 추가적 제언

이상 SK의 화폐화 측정체계를 검토하고 VBA 모델과의 비교를 통해, 화폐화 측정에 있어 많은 성과가 있었고 또 여러 개선점들도 존재하는 것을 살펴보았다. 하나의 난제는 아직 화폐화계수가 파악되지 못한 성과영역들이 존재한다는 점이다. SK는 화폐화계수 데이터베이스의 표준화와 화폐화계수 풀의 구축을 진행하고 있으며, 임팩트경로분석에 있어서도 자체적인 가이드라인을 도모하고 있다.

VBA에 속한 여러 기업들은 그들이 속한 지역적 그리고 경영환경적 특성에 맞추어 각자 화폐화 측정체계를 정비해 나가고 있으며, 이에 발맞추어 SK도 고유한 사회적 가치 측정모델을 구축하고 있다. SK에서는 가치사슬에 참여하는 여러 기업들이 집합적으로 창출하는 사회적 가치의 총액에서 개별 기업이 기여하는 비율을 파악하고자 하는 연구를 수행 중이다. 최종소비재로서의 전기차가 제공하는 환경가치를 예로 보면, 배터리 제조사가 기여하는 부분은 얼마인가? 공급망 내 각 기업의 기여율 측정을 위한 이와 같은 연구는 SK가 기여할 수 있는 부분으로 평가된다.

화폐화 측정의 고도화는 지속가능경영의 추진에 있어서 경제적 가치와 사회적 가치의 통합보고가능성을 높이는 것으로 회계학에서 기여할 수 있는 중요한 과제이다. VBA는 모든 영역의 사회적 화폐가치를 임팩트 수준에서 측정하고 있다고 발표를 했는데, 경제간접 기여성과에서 지표로 삼고 있는 고용과 납세까지도 임팩트로 이해할 수 있는지에 대한 의문이 존재할 수 있다. 이에 대하여 VBA는 고용을 통한 급여의 지급이 결국 직원들의 구매력을 높여주기 때문에 투입이 아닌 임팩트에 해당한다고 설명하고 있다. 화폐측정을 추진하고 있는 기업들 간에 적극적인 의견 교환을 통하여 모범적인 측정지표체계를 적극적으로 수용하고 측정산식을 보완하는 유연한 자세가 필요함을 시사한다.

사회적 가치 측정의 한계와 발전적 활용방안

사회적 가치 측정은 기업이 창출하는 주주가치와 동일한 관점에서 기업이 환경, 사회에 미치는 영향(특히, 부의 외부성(negative externality))을 화폐적 금액으로 측정하고자 하는 시도로서, 기업활동이 환경, 사회에 미치는 중요한 영향에 대한 인식(awareness)을 명시적으로 제고하는 효과가 있다는 점에서 매우 긍정적인 시도로 이해된다.

그러나 특정 기업활동이 사회적으로 미치는 영향을 모두 정확히 식별하기 어려울 뿐 아니라, 이들 영향을 (교환가치가 없는) 화폐적 금액으로 환산하는 데 근본적인 한계가 있을 수밖에 없다. SK 사례에서 나타난 바와 같이, 사회적 영향을 계량적으로 측정하고 이를 화폐적으로 환산한 금액은 측정 방법론에 따라 큰 차이를 나타낼 수밖에 없다. 또한, 지속가능성과 관련된 분야에서 기업이 환경과 사회로부터 받는 영향(재무적 영향, 즉 단일중요성 관점)을 주주 관점에서 측정하는 것도 매우 어렵다는 점을 고려하면, 기업이 다양한 이해관계자를 내포하고 있는 환경과 사회에 미치는 영향을 주주가치와 동일한 화폐적 잣대로 평가하고 측정하는 것은 사실상 불가능한 일에 가까울 것이다.

그리고 E, S, G 각 분야의 기업활동의 결과가 사회에 미치는 영향을 동일한 잣대의 화폐적 가치로 환산하는 것은 많은 어려움을 내포하는 것이다. 예컨대, S(사회) 분야에 속하는 여성고용 1명이 미치는 사회적 가치가 기업의 탄소배출량 1톤이 사회에 미치는 영향이 동일한 잣대로 평가되기 어려운 것이다. 이와 같이 E, S, G 그룹 내의 각 활동의 사회적 가치를 비교하는 것과 각기 다른 그룹에 속하는 활동의 사회적 가치를 동일한 가치로 측정하는 것은 한계가 있다. 이런 이유로, ESG 분야의 성과를 총괄적으로 아울러서 기업이 창출한 총 사회적 가치를 측정하는 것은 특별한 의미를 지니기 어렵다. 사회적 가치 측정의 선도자 역할을 하고 있는 BASF에서도 각 분야의 성과를 통합하지 않고 각 개별적인 범주와 활동별로 사회적 가치를 발표하고 있다.

이러한 근본적인 한계에도 불구하고 기업활동의 사회적 가치 측정은 발전적인 방향으로 사용될 수 있다고 생각된다. 기업은 수행하고 있는 활동의 각 범주와 분야별로 사회적 가치를 측정하고, 이를 TCFD가 제시한 4개 축 구조(전략, 지배구조, 위험관리, 지표와 목표)에 따라 발전적으로 관리하는 것이다. 이를 위해서는 기업의 각종 내부 의사결정(투자, 예산, 성과평가, 보상 등)에 실질적이고 구체적으로 반영되어야 한다. 또한, 기업 전체차원보다는 제품별, 세부 범주 및 활동별로 세분화하여 사회적 가치를 측정하고, 각 분야에 대해 개별적인 개선 노력을 기울여야 할 것이다(홍철규(2022b) 참고).

이와 같이 기업들이 사회적 가치를 단순히 측정만 할 것이 아니라, 경영관리시스템을 통해 적극적으로 관리하게 될 경우, ESG 경영의 활성화와 함께 사회적으로도 이해관계자 자본주의로 이행하는데 크게 기여할 수 있으리라 생각된다.

┌ 05 결론

　본 장에서는 지속가능성 공시와 기업활동의 사회적 가치 측정에 대해 살펴보았다. 지속가능성 공시 분야에서는 지속가능성 공시의 의미와 동향을 설명하고, 최근 유럽, 미국, IFRS가 제정을 추진하고 있는 공시기준(규정)에 대해 살펴보며, 향후 지속가능성 공시제도가 해결해야 할 과제들을 제시하였다, 이해관계자 자본주의의 도입과 정착을 위해서는 최근 제정되고 있는 지속가능성 공시기준들의 단일화를 위한 국제적인 노력이 요구되며, 기업의 경영자들도 지속가능성 공시 제도를 규제나 위기요소로 인식할 것이 아니라, 기업가치 제고를 위한 발전적인 기회로 인식할 필요가 있으며, 나아가 다양한 이해관계자와의 공존을 중요한 목표로 정착시켜 나가야 할 것이다.

　사회적 가치 측정 분야에서는 VBA의 프레임워크와 기업사례로서 BASF와 SK 사례를 제시하였다. 아직 측정방법론이 통일되지 않아 기업 간의 비교가 사실상 불가능하고, 영향의 측정과 화폐가치로의 전환에 있어서 해결하기 어려운 방법론상의 과제들이 산적해 있다. 지속가능성 관련 정보가 기존 재무정보에 비해 정성적인 정보가 많다는 점도 가치 측정을 더욱 어렵게 만드는 요인이라 할 수 있다. 이런 어려움에도 불구하고, 기업들이 자발적으로 기업활동의 사회적 가치 측정을 통해 기존의 주주가치 중심 경영에서 어느 정도 탈피하고자 하는 것은 긍정적인 시도로 평가된다. 다만, 이러한 사회적 가치 측정이 단순한 측정에 머물지 않고, 기업의 다양한 의사결정에 실질적이고 구체적으로 연계될 때 비로소 이해관계자 자본주의의 구현이라는 사회적 가치 측정의 진정한 의미가 실현될 수 있을 것이다.

홍철규. (2022a). 유럽, 미국, IFRS 지속가능성 공시기준(안)의 특징 분석 및 회계학적 고찰. 회계저널 31(4): 243 – 286.

홍철규. (2022b). 지속가능성 공시와 측정: 동향과 과제. 제24회 한국경영학회 융합학술대회(이해관계자 자본주의 경영의 구현).

<별첨> 세계경제포럼(WEF)의 이해관계자 관점의 지속가능성 공시 제안

　　다보스에서 열린 2020년 연차총회에서 세계 최대기업 중 120개 기업이 투자자 및 기타 이해관계자를 위한 비재무적 요인에 대한 핵심 공통지표 및 공시내용을 개발하기 위한 노력을 지원했다. 2020년 9월에 4대 회계법인과의 공동작업으로 세계경제포럼(World Economic Forum)의 국제 비즈니스 협의회(International Business Council)가 발표한 보고서 '이해관계자 자본주의 측정: 지속가능한 가치창출의 공통 지표 및 일관된 보고'는 지속가능한 가치 창출을 위한 공통 지표를 정의하기 위한 6개월의 공개 협의 프로세스의 결론을 제시한다. 이하에서는 해당 보고서의 일부 내용을 발췌하여 설명한다.

　　이 보고서는 이해관계자 자본주의 관점의 지속가능경영에 대한 최소한의 공시 내용을 보고서 작성 주체인 기업 단체가 주도하여 제시한 점에서 의의가 있다. 규제기관이나 독립적인 기준제정기관들도 기업, 투자자 등 많은 이해관계자의 의견 청취를 하는 적절한 절차(due process)를 거치지만 기업의 의견을 반영하는 데는 한계가 있는데, 이해관계자 자본주의를 지지하는 기업 단체가 스스로 제시한 지표라는 특징이 있다.

　　"이해관계자 자본주의 지표" 및 공시의 핵심 및 확장된 세트는 기업이 환경, 사회 및 거버넌스(ESG) 지표에 대한 성과에 관한 주요 보고를 일치시키고 SDGs에 대한 기여도를 일관되게 추적하는 데 사용할 수 있다. 이 지표들은 의도적으로 기존 기준들을 기반으로 하며, 주요 민간 기준제정기관들 간의 의견 수렴을 가속화하고, ESG 공시에 비교가능성과 일관성을 높이는 단기 목표를 가지고 있다.

　　120명 이상의 글로벌 CEO로 구성된 커뮤니티인 국제 비즈니스 협의회

(International Business Council) 내에서 개발된 이 프로젝트는 기업들이 더 번영하고 성취된 사회와, 지구와의 지속 가능한 관계를 더욱 만들기 위한 기여를 측정하고 보여주는 방식을 개선하고자 한다.

거버넌스, 환경, 사회, 경제 부문의 핵심지표와 공시 내용이 다음과 같이 제시되었다.

1. 거버넌스

주제	거버넌스: 핵심 지표와 공시
거버넌스 목적	**설정 목적** 기업이 경제, 환경 및 사회 문제의 해결책을 제공하는 수단을 표현하는 기업의 명시된 목적. 기업 목적은 주주를 포함한 모든 이해관계자의 가치를 창출한다.
거버넌스 기구의 질	**최고 거버넌스 기구와 그 위원회의 구성** 경제적, 환경적 및 사회적 주제 관련 역량; 임원 또는 직원; 독립성; 거버넌스 기구 임기; 각 개인의 다른 중요한 직책과 업무의 수와 업무의 성격; 성별; 과소 대표된 사회 집단의 참여; 이해 관계자 대표성
이해관계자 참여	**이해 관계자에게 영향을 미치는 중요한 문제** 주요 이해관계자와 회사에게 중요한 주제 목록, 주제가 어떻게 식별되었고 어떻게 이해 관계자들이 참여했는지
윤리적 행동	**반부패** 1. 조직의 반부패 정책 및 절차 대한 교육을 받은 거버넌스 기구 구성원, 직원, 비즈니스 파트너의 지역별로 세분화된 총 비율 　a) 당기에 확인되었지만 이전 연도와 관련이 있는 부패 사건의 총 수와 성격 　b) 올해 발생하고 확인된 부패 사건의 총 수와 성격 보호되는 윤리 자문 및 보고 메커니즘 **다음에 대한 내부 및 외부 메커니즘에 대한 설명:** 1. 윤리적이고 합법적인 행동에 대한 조언을 구함과 조직 무결성 2. 비윤리적이거나 불법적인 행위에 대한 우려 사항 보고 및 조직의 무결성 부족
위험과 기회의 관리	**위험과 기회를 비즈니스 프로세스에 통합** 회사가 구체적으로 직면하고 있는 주요 중대한 위험과 기회를 명백히 식별하는, 회사의 위험 요소 및 기회의 공시; 이러한 위험에 대한 회사의 태도; 이러한 위험 및 기회가 시간에 따라 어떻게 변했는지와 이 변화에 대한 대응; 변경. 이러한 기회와 위험은 자료를 통합해야 함. 기후변화와 데이터 관리를 포함한 중요한 경제, 환경 및 사회 문제를 통합하여야 함

2. 환경(지구)

주제	환경: 핵심 지표와 공시
기후 변화	**온실가스 배출량** Scope 1 및 2 모든 온실 가스 배출량; 적절한 경우 중요 상류 및 하류 Scope 3 배출량 추정 및 보고 **TCFD 실행** TCFD의 권고사항 완전 실행; 필요하다면 완전 실행을 위한 최대 3년의 일정을 공시; 파리협약의 목표와 일치하는 배출 목표를 설정했거나 설정하기로 약속했는지 공개
자연 손실	**토지 이용 및 생태적 민감성** 보호 지역 및 주요 생물다양성 지역이나 인접 지역의 소유, 임차, 또는 관리하는 부지의 수와 면적을 보고
물 가용성	**물 부족 지역의 물 소비 및 취수** 취수, 소비된 물의 양; 물 부족이 심한 지역에서의 그 비율; 전체 가치 사슬에 대해 동일한 정보 추정 및 보고

3. 사회(인간)

주제	사회: 핵심 지표와 공시
존엄성과 평등	**다양성과 포용성** 연령, 성별 및 기타 다양성 지표 그룹별 직원 비율 **급여 평등** 평등 우선순위 영역에 대한 주요 운영 위치별 직원 기본급 및 보수 비율 **임금수준** 지역 최저임금 대비 성별 신입사원 표준임금 비율; CEO를 제외한 모든 직원의 연간 총 보수 중앙값 대비 CEO 연간 총 보수의 비율 **아동, 강제 노동의 사고위험** 아동 노동, 강제노동 사고에 대한 높은 위험의 작업이나 협력업체
건강과 웰빙	**건강과 안전** 산재 사망자 수 및 비율; 중대한 산재 부상; 기록 가능한 업무 관련 부상; 산재 부상의 주요 유형; 작업시간 수; 비업무 의료 보건 서비스의 이용 지원 방법과 범위
교육	**교육 제공** 성별 및 직원 범주별 직원 당 평균 교육시간; 정규직원당 평균 교육 및 자기개발 지출액

4. 경제(번영)

주제	경제: 핵심 지표와 공시
고용 및 부 창출	**고용 인원 수 및 고용률** 1. 연령별, 성별, 기타 다양성과 지역 지표별 신규 채용 총 인원 및 비율 2. 연령별, 성별, 기타 다양성과 지역 지표별 퇴직 총 인원 및 비율 **경제적 기여** 1. 직접적인 경제적 가치 창출 및 분배 2. 정부로부터 받은 재정지원 **금융투자기여** 1. 감가상각비 차감 자본지출액 2. 자사주 매입 및 배당금 지급액
더 나은 제품 및 서비스의 혁신	총 연구개발비
지역 사회 및 사회적 활력	**총 세금 납부액** 세금의 범주별 회사가 부담한 총 글로벌 세금

이해관계자 중심 경영을 위한 재무금융관점의 ESG 관리

••08
이해관계자 중심 경영을 위한 재무금융 관점의 ESG 관리

강윤식(강원대학교), 이준서(동국대학교), 이효섭(자본시장연구원), 전진규(동국대학교)

01 서론: 금융의 역할

이해관계자 자본주의시대에 이해관계자를 중심으로 하는 경영의 정착을 위해 재무금융의 역할은 매우 중요하다고 할 수 있다. 다양한 자본주의 체계 하에서 기업경영의 궁극적인 목적은 금전적 가치로 표시되고 있기 때문이다. 예컨대 기존의 주주 자본주의의 목적은 이익 극대화에서 주주 부의 극대화로 진화된 바 있으며 이들 모두 계량적 측정이 가능하였다. 그 연장선상에서 이해관계자 자본주의시대에 이해관계자 중심 경영의 목적은 이해관계자 부의 극대화로 정의될 수 있을 것이다. 본 장에서는 ESG를 통해 이해관계자의 부를 극대화하는 데 있어 재무금융의 역할을 모색해 보고자 한다. 즉 시대적 명제가 되어버린 이해관계자 중심 경영의 정착에 ESG는 가장 주요한 수단 중 하나로 인식되며 이 같은 ESG 경영활동이 제대로 수행되기 위한 재무금융 측면에서의 역할을 분석해 본다.

재무금융 관점에서는 이해관계자 중심 경영을 도구적 및 다원적으로 구분하기도 한다. 다원적 이해관계자 자본주의는 궁극적으로 지향해야 하는, 이상적 경영형태라고 할 수 있는 반면, 도구적 이해관계자 중심 경영은 다원적 이해관계자 중심 경영 체계에 도달하는 중간과정으로 이해한다. 즉 다원적 이해관계자 중심 경영의 목적함수가 이해관계자 가치를 극대화하는 것이라면 도구적 이해관계자 중심 경영의 목적함수는 여전히 주주가치의 극대화로 이해관계자의 효용제고는 주주가치 제고를 위한 하나의 수단으로 인식한다. 의사결정 과정에 있어서도 다원적 이해관계자 중심 경영은 경제적 가치와 사회적 가치에 대해 동일한 가중치를 두고 최적의 자본배분을 추구하는 반면, 도구적 이해관계자 중심 경영은 경제적으로 가치화가 가능한 사회적 가치만을 모색한다. 물론 주주 중심 경영에서는 경제적 가치만을 추구한다. 기업들이 ESG 경영 이전 단계에서 고민했던 CSR이 주주 중심 경영에서 도구적 이해관계자 중심 경영으로 변화하는 데 하나의 방법론 역할을 수행했다면 ESG는 다원적 이해관계자 중심 경영으로 진화하기 위한 수단을 제공한다고 할 수 있다. 주주 중심 경영에서 도구적 및 다원적 이해관계자 중심 경영으로 진화되는 과정은 〈그림 8-1〉과 같이 정리할 수 있다.

그렇다면 ESG 경영활동을 통해 어떻게 경제적가치와 사회적가치를 동시에 증대시킬 수 있을까? 〈그림 8-2〉가 그 해법을 제시한다.

ESG 경영활동을 ESG 투자를 포함한 ESG 전반에 대한 자원배분이라고 한다면 기업들은 규제수준까지만 (ESG경영 1) 관심을 보일 것이다. 왜냐하면 ESG에 대한 자원배분은 사회적가치를 지속적으로 증가시키지만 경제적 가치는 규제수준까지 증가하다가 규제수준 이상으로 자원배분을 하는 경우 감소할 것이기 때문이다. 여기서 주주 중심 경영과 이해관계자 중심 경영에서 ESG 경영활동의 최적점은 상이하게 된다. 주주 중심 경영체계하에서의 ESG

그림 8-1 이해관계자 중심 경영으로의 발전 과정

목적함수	주주 가치 ↑	주주 가치 ↑	이해관계자 가치 ↑
투자시계	단기	중장기	초장기
의사결정	경제적 가치	경제적 가치 ← 사회적 가치	경제적 가치, 사회적 가치

출처: 기업의 ESG 경영 촉진을 위한 기업의 역할 (2021)

그림 8-2 ESG 경영활동에 따른 경제적가치와 사회적가치

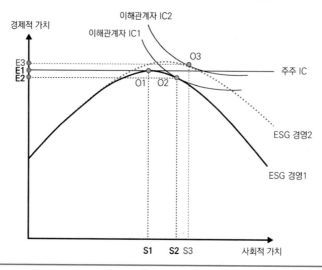

출처: 기업의 ESG 경영 촉진을 위한 기업의 역할 (2021) 수정

경영활동의 최적점은 O1이 되는 반면, 이해관계자 중심 경영체계하에서의 최적점은 O2가 된다. 주주의 효용에 대한 무차별곡선은 수평선(주주 IC)이지만 이해관계자 효용에 대한 무차별곡선은 우하향의 곡선(이해관계자 IC1)이기 때문이다. 이에 따라 O1과 O2를 비교해 보면, 즉 주주 중심 경영에서 이해관계자 중심 경영으로 전환된다면 사회적 가치는 S1에서 S2로 증가하는 반면 경제적 가치는 E1에서 E2로 하락하게 된다. 주주 중심 경영에서 주주들이 이해관계자 중심 경영에 대해 반감을 갖는 이유이다.

하지만 만일 ESG 경영활동을 나타내는 곡선을 ESG경영 1이 아닌 ESG경영 2로 끌어올릴 수 있다면 이야기는 달라진다. 즉 이해관계자 관점에서 ESG 경영활동의 최적점은 O3이 되며 이 점에서는 주주의 효용은 최대치보다는 낮지만 당초 ESG경영 1에서의 효용보다는 높아지게 된다. 즉 새로운 접점 O3에서는 기존의 주주 중심 경영 및 이해관계자 중심 경영에서의 최적점인 O1과 O2에 비해 사회적가치(S3)는 물론 경제적 가치(E3)까지 증가하게 되는 것이다. 따라서 재무금융의 역할은 ESG 경영활동 선을 ESG경영 1이 아닌 ESG경영 2로 이동가능하게 하는 것이다.

이에 따라 본 장에서는 ESG 경영을 통한 사회경제적 후생의 동시 증대 가능성을 모색한다. 〈그림 8-2〉에서와 같이 ESG 경영활동으로 인한 경제적 가치와 사회적가치의 그래프가 ESG 경영1에서 ESG 경영2로 이동할 수 있는 가능성을 탐구함으로써 ESG 경영을 통해 경제적 가치와 사회적 가치가 동시에 증대될 수 있는 방안을 찾아본다. 예컨대 투자가치의 자본화, 투자상품과의 연계, 그리고 평가지표나 공시시스템 개선이 이루어진다면 경제적가치와 사회적가치의 동시 증대가 가능할 것이다. 탄소배출권등 ESG 가치를 사고 팔 수 있는 시장이나 스마트그리드 활성화를 통한 전력거래소 등은 투자가치를 자본화하는 데 있어 보다 용이한 수단을 제공할 수 있다. 또한 ESG 활동 우수기업에 대해 대출금리를 인하해 주거나 ESG 채권발행을 통해 조달금리를 낮춰 줄 수 있다. ESG ETF나 ESG 재간접펀드(FoFs), 기초자산을 이해관계자에 대한 투자로 설정하는 SLD(Stakeholder-Linked Securities)와 같은 파생상품 등을 통해 투자상품과의 연계도 가능할 것이다. 이와 함께 ESG 등급의 신뢰성을 확보하거나 공시기준을 표준화하는 평가지표나 공시시스템 개선도 ESG의 실질적 역할 수행에 도움을 줄 것이다.

즉 본 장에서는 이해관계자 효용증대를 기업의 목적함수로 설정하고 ESG를 통해 자원이 보다 의미 있게 배분되기 위한 금융의 역할을 고찰한다. 이를 위해 금융정책, 금융기관, 기업 등 다양한 측면에서의 분석을 실시한다. 구체적으로 액션플랜으로서의 친환경, 포용, 지배구조 개선과 관련된 금융정책에 대해 살펴보고 금융기관 입장에서 ESG 경영 필요성과 지배구조 확립, 자원배분 확대, 정보비대칭 완화 등을 포함하는 ESG 경영전략을 고찰한다. 또한 기업들이 자본조달, 위험관리, 투자의사결정 시 ESG를 고려하는 방안도 모색한다.

02   액션플랜으로의 금융정책

기본적으로 금융은 규제산업이다. 한 금융기관의 부도는 다른 기관의 부도로 이어져 국가 전체의 경제를 곤경에 빠뜨릴 수 있는 시스템적 위험에 노출되어 있고 대부분 차입을 통해 자금 운용이 이루어지는 현실에서 대여자는 정작 운용 내용을 알지 못하는 정보비대칭성이 강하게 나타나기 때문이다. 따라서 금융을 통해 ESG 경영활동이 경제적 가치와 사회적 가치를 동시에 증대시킬 수 있게 하기 위해서는 우선 ESG 공시기준의 표준화나 ESG 등급의 신뢰성 확보, 그리고 이해관계자 지표의 현실화 등 관련 제도가 선제적으로 정비되어야 할 것이다. 이를 바탕으로 경제적가치와 사회적가치를 동시에 증대시키기 위한 구체적인 액션플랜이 가능하다. 액션플랜에는 환경, 사회, 지배구조를 대표하는 친환경금융, 포용금융, 지배구조 개선 금융 등을 고려할 수 있다.

친환경 금융

기후변화 최소화를 위해 환경관련 사업에 대한 전폭적인 자금지원이 필요할 것으로 보인다. 친환경 금융정책에는 Green 양적완화, 친환경사업에 대한 적극적 투자, 환경분야에 특화된 금융상품 개발 등을 생각해 볼 수 있다.

먼저 그린사업에 대한 양적완화이다. 이명박 정부의 녹색뉴딜이나 문재인 정부의 그린뉴딜은 탄소의존 경제에서 저탄소, 친환경 경제로 변화하기 위해 실시한 정책이었다. 4대강 사업이나 태양광 발전사업과 관련되어 논란이 제기되고 있지만 그린사업은 지향해야 할 바임에는 틀림없다. 이에 따라 그린사업에 대한 전폭적인 자금지원이 필요하다. 정부는 이미 그린 스마트 스쿨, 스마트 그린 산단, 그린 리모델링, 그린 에너지, 그린 모빌리티 등에 대해 2025년까지 총 73조원을 투입할 계획을 가지고 있으나 자금지원 부문에 대해

보다 정치한 분석과 명확한 집행계획이 수립되어야 할 것이다. 또한 신재생에너지 개발 및 발전과 관련된 사업에 대해 추가적인 자금지원이 이루어져야 할 것이며 기업들이 환경 효율성 증대를 위해 투입하는 자금에 대한 대출지원도 이루어져야 할 것이다. 또한 지속가능채권 관리체계를 강화하여 이들 기업이 원활하게 자금을 조달할 수 있는 환경 조성도 필요하다.

친환경 사업에 대한 적극적 투자를 위해서는 그린뉴딜 사업분야에 대한 직접적인 투자뿐 아니라 환경성과가 우수기업에 대한 간접적 투자도 고려해야 한다. 환경성 평가에서 우수한 등급을 받은 기업에 대해서는 금융지원이나 ETF의 구성자산에 포함시키는 방안을 고려할 수 있다. 이와 함께 프로젝트 파이낸싱 수행 시 환경리스크를 반드시 검토하게 하는 방안도 친환경 사업 지원의 일환이 될 수 있다.

환경분야에 특화된 금융상품 개발도 고려할 만하다. 예컨대 금리경쟁력이 장착된 ESG 관련 예적금 상품의 도입이 가능하다. 금융기관들이 ESG 우수기업에 대한 여신을 조건으로 ESG예적금 상품을 출시하면 정부에서는 이 상품에 대해 일부의 금리를 지원해 줄 수 있다. 또한 환경관련 공모, 사모, 재간접펀드 및ETF의 활성화도 생각해 볼 만하다. 수익성과 공공성을 동시에 추구할 수 있는 환경관련 펀드나 ETF는 시장경쟁력도 충분할 것으로 예상한다. 기초자산을 환경산업으로 하는 파생상품 출시도 고려할 만하다. 특히 지속가능연계 파생상품(SLD)은 이미 선진 시장에서 그 규모가 확대되고 있다. SLD는 기업들에게 핵심성과지표를 통해 ESG 목표를 설정하고 기업이 계약 당시의 조건인 핵심성과지표를 달성하는 경우 이자율의 감면이나 수수료 할인, 스프레드의 축소 등의 방식으로 보상을 지급하는 상품이다. 이와 함께 기업들이 규제 수준 이상으로 ESG 경영활동을 수행하는 경우 여유분이 남게 되는 탄소배출권이나 전력거래를 자본화 할 수 있는, 기관투자자뿐 아니라 개인투자자도 이용할 수 있는 플랫폼 구축도 필요할 것으로 보인다.

포용금융

금융의 사회적 역할을 확대하고 불평등을 완화하기 위해서는 사회적 약자나 청년 및 창업에 대한 금융지원이나 채무조정을 고민해야 한다.

먼저 사회적 약자에 대한 금융지원이다. 부의 양극화 및 고착화가 심화되고 있는 현실에서 사회안전망을 담보하는 금융은 필수적이다. 최저생계비 조정을 통해 기초생활수급자의 지원 범위나 규모를 확대해야 한다. 또한 서민과 최저신용자를 위한 저금리 대출 지원 대책도 강구해야 한다. 이와 함께 소상공인이나 중소기업에 대한 대출지원도 고려해야 한다. 코로나 19로 인해 유예된 채무상환 조건이 정상화되는 경우 연체자가 급증할 수 있으므로 이들에 대한 대책마련이 필요할 것으로 보인다.

청년이나 창업에 대한 금융지원도 필요하다. 경제 성장률이 정체되어 있는 상황에서 정년이 연장되었으니 청년 일자리가 부족한 것은 당연한 현상이다. 학자금 대출에 대해 상환기간 연장이나 금리 동결이 필요하며 이들이 취업을 할 때까지 교육훈련에 필요한 자금에 대한 금융지원이 절실하다. 또한 청년들이 창업을 하는 경우 컨설팅이나 멘토링, 업무공간 제공 등을 통한 창업지원 프로그램의 활성화도 모색할 필요가 있다. 이와 함께 일자리 창출효과가 높은 기업에 대한 금융지원도 고려할 만하다. 청년 실업률이 사회문제가 되고 있는 현실에서 고용 창출에 기여하는 기업에 대해 그에 상응하는 혜택을 부여할 논거는 충분하다.

채무조정과 관련된 금융지원도 세심하게 살펴봐야 한다. 채무불이행자가 되면 정상적인 금융활동이 불가하다. 건전한 사회인의 일원으로 역할을 수행하기 위해서는 이들에 대한 갱생 프로그램이 시행되어야 한다. 연체자나 다중채무자에 대한 채무조정이 필요하며 원금 및 이자의 감면이나 상환기간의 연장도 필요하다. 현재 시행되고 있는 채무조정, 개인회생, 개인파산 등의 채무자 구제제도는 비교적 잘 정착된 것으로 판단되나 보다 실효성 있는 조정제도가 필요해 보인다. 다만 모럴헤저드 방지를 위해 채무면제는 극최소화하는 것이 바람직하다. 해외 주요국의 경우에도 채무조정 시 원금이나 이자 감면, 상환기간 연장은 시행하고 있지만 원리금 감면은 극히 예외적인 경우에만 실시하고 있다.

지배구조 개선 금융

국내 기업의 지배구조는 그동안 상당히 낙후되어 있었다. 순환출자구조라는 기묘한 방법을 통해 그동안 재벌들이 소유권을 훨씬 능가하는 지배권을 행사해 왔기 때문이다. 다행히 그동안 많은 논의와 제도개선을 통해 지배구조는 환경이나 사회분야에 비해 빠르게 진화되어 왔으나 여전히 개선되어야 할 부분이 많이 남아있다.

먼저 기관투자자들은 수탁자책임에 보다 심혈을 기울여야 할 것이다. 지난 2016년 말 스튜어드십 코드 도입으로 기관투자자들은 나름 수탁자 책임 역할을 수행한다고 하고 있으나 아직 미흡한 실정이다. 기관투자자들의 주주관여 활동은 상당 폭 늘어났으나 아직까지 기관투자자가 발의한 주주제안이 가결되는 경우는 10% 수준으로 지극히 낮은 실정이다.[1] 금융당국은 대량보유 보고의무 규정(5%룰) 개선을 통해 기관투자자들의 지분 보유 목적을 기존의 단순투자와 경영권 영향 보유에서 일반투자를 추가하여 적극적 주주활동을 권장하고 있으나 의미 있는 결과를 도출하지 못하고 있다. 그 연장선상에서 행동주의펀드들의 경영권 참여도 지배구조를 개선시킬 수 있다는 측면에서 부정적 시각으로만 볼 필요는 없을 것으로 판단된다.

이사회 독립성 확보도 절실하다. 대기업 집단의 오너가 낮은 지분율임에도 불구하고 순환출자구조를 통해 이사회 의장을 겸하고 있는 기업이 많은 현실에서 이사회의 독립성은 기업의 투명적 경영을 위해 반드시 필요한 사항이다. 하지만 사내이사들의 전횡을 막기 위해 도입된 사외이사제도도 거수기

---

[1] 대신지배구조연구소 Governance Issue(2019)에 따르면 주총에서 주주제안의 승인비율은 2017년 10%, 2018년 12.5%이었다.

라는 오명을 쓴 채 제대로 작동하지 않고 있다. 기업의 내부관계자와 혈연, 학연, 지연 등으로 얽힌 인사들이 사외이사로 선임되면서 제 목소리를 내기 어렵기 때문이다. 따라서 사외이사의 선임요건 강화가 필요하다고 할 수 있다. 이를 위해 이스라엘 기업들이 시행하고 독립이사제의 도입을 고려할 만하다. 독립이사제란 기업 및 기업 내부자와 중요성 및 관련성이 전혀 없는 인사를 이사로 선임하는 제도로 그야말로 이사의 독립성을 강화하기 적절한 제도이다. 또한 이사회의 성별, 직업, 나이 등의 다양성도 추구해야 할 것이다.

무엇보다도 법률이나 규정 개정이 선결되어야 할 부분이 많다. 이미 상법에 도입되었으나 기업들이 정관상으로 무력화시키고 있는 전자투표제나 집중투표제의 의무화를 검토해야 한다. 상법 개정으로 주주총회에서 감사위원을 담당할 이사를 처음부터 분리해 뽑는 감사위원 분리 선출이나 자회사 경영진의 불법행위로 손해를 입은 경우 모회사의 주주가 대표소송을 제기할 수 있는 다중대표 소송제도 도입되었으나 당초 개정안에 비해서는 다소 후퇴한 수준이다.[2] 자회사나 손자회사의 의무보유 지분율도 최근 공정거래법 개정을 통해 상장회사의 경우 20%에서 30%로, 비상장회사의 경우 40%에서 50%로 상향시켰으나 대부분 지주회사의 자회사 지분율이 100%인 미국, 독일, 일본과 비교하면 아직도 개선되어야 할 부분이 많은 것으로 판단된다.

03 금융기관의 역할 변화

금융기관의 ESG 경영 필요성

금융기관은 업무 유형에 따라 은행, 보험회사, 증권회사, 자산운용회사 등으로 구분할 수 있는데 이들 금융기관 모두 자금의 중개, 위험의 분산, 자

---

2 당초 안은 감사위원 분리 선출 시 대주주 의결권은 합산 3%였으나 개별 3%로 완화되었으며 다중대표소송도 모회사 지분 0.01% 이상 보유에서 모회사 지분 0.5%로 50배 증가되었다.

그림 8-3 금융기관의 역할 변화

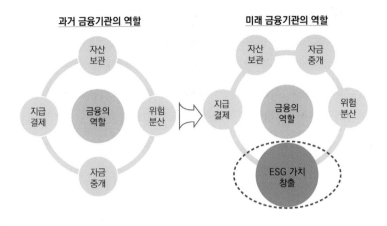

과거 금융기관의 역할   미래 금융기관의 역할

출처: Pitt－Watson & Mann(2022) 참조

산의 안전한 보관 및 관리 등의 업무를 수행하면서 수익을 창출한다. 민간 금융회사의 경우 주주(shareholder)의 니즈를 만족시키기 위해 수익 극대화를 추구할 수 있으나, 일반 기업과 다르게 금융기관의 수익 극대화를 최우선 목표로 두어서는 지속가능한 금융서비스를 제공하기 어렵다. 금융기관이 수익 극대화를 최우선 목표로 두고 사업을 영위하면 도덕적 해이 및 이해상충 위험에 노출되어 금융소비자의 이익을 훼손할 수 있으며, 만일의 경우 해당 금융기관이 부실화되면 해당 금융기관과 자금 거래를 수행한 타 금융기관과 일반 기업의 연쇄 부실로 이어질 수 있는 등 금융안정을 위협할 개연성도 존재한다. 즉 금융기관은 수익을 창출하는 역할 못지않게 자금의 중개, 위험의 분산 기능 등을 제공함으로써 경제주체의 후생(welfare) 증가를 돕는 공공재적 역할을 수행하고 있다. 금융기관이 공공재적 역할을 충실히 수행할 때 경제 시스템 내의 자원이 보다 생산성이 높은 분야로 흘러가게 되어 자원배분의 효율성이 증대되고 나아가 경제주체 전체의 후생이 증가하게 된다.

코로나19 이후 경제주체간 양극화가 확대되고 기후변화 위험이 커짐에 따라 금융기관들이 공공재적 역할을 더욱 강화해야 한다는 의견이 커지고 있다. 과거 금융기관들은 공공재적 역할을 소홀히 했으며 금융기관 및 해당 임직원의 이익 추구를 과도하게 추구하여 경제주체 간 양극화를 확대시키는 등 경제시스템 전체의 후생을 오히려 감소시켰음을 주장하는 의견이 꾸준히 제기되었다. 글로벌 금융위기의 책임을 묻고자 2011년 이후 미국 뉴욕에서 월스트리트(wall-street) 점령 운동이 확산된 것이 대표적이다. 코로나19 이후 사회적 양극화가 더욱 확대되고 기후위기의 관리 중요성이 커짐에 따라 금융기관의 사회적 책임 강화를 주장하는 목소리가 확대되고 있다. Bolton 외 (2020), Pitt-Watson & Mann(2021) 등의 연구는 과거 금융기관들이 자금의 중개, 위험의 분산, 자산의 보관 및 관리, 지급결제서비스 제공 등의 역할을 수행해왔다면 미래의 금융기관들은 전통적 공공재적 역할 외에 환경(environment), 사회(social), 지배구조(governance)와 관련한 문제 해결에 앞장서야 함을 주장하고 있다. 특히 기후변화 위험이 빠른 속도로 증가하는 가운데, 정부와 민간기업들의 노력만으로는 기후 변화 위험에 능동적으로 대처하기 어렵기 때문에 ESG 가치 추구에 보다 많은 자금을 장기간에 걸쳐 신속하게 공급할 수 있는 금융기관의 역할이 중요함을 제시하고 있다. 금융산업은 일반 제조업, 서비스업과 비교하여 투자시계(investment horizon)가 길며, ESG와 관련한 비재무적 가치를 효율적으로 측정할 수 있고, 유인부합적 인센티브 설계를 통해 ESG 가치가 우수한 곳에 보다 많은 자원을 신속하게 공급할 수 있는 장점을 가지고 있기 때문이다.

금융기관의 ESG 경영전략

지배구조 확립

금융기관이 ESG 가치창출에 앞장서려면 금융기관의 이사회와 경영진이 ESG 가치창출을 우선 순위에 두는 방향으로 비전과 목적을 재설정해야 한다. 과거 금융기관은 재무적 수익 창출을 최우선 목표로 두고 재무적 수익 창출이 기대되는 부분에 보다 많은 인적, 물적 자원을 배분하였다. 또한 주요 금융기관들은 재무적 수익 창출에 부정적 영향을 미칠 수 있는 평판위험을 관리하기 위해 지역사회 기부, 봉사활동, 배당금 지급 등 제한적인 범위 내에서 사회적 책임 활동을 수행해왔다. 특히 코로나19 이전에는 국내외 금융기관들이 기후변화 위험을 제대로 인식하지 못함에 따라 환경 문제 해결과 관련해서 자원배분을 거의 수행하지 않아왔다. 한국 주요 금융기관 역시 자사의 정관 등에서 ESG 가치창출을 우선순위로 고려하거나 근로자, 고객, 금융소비자, 지역사회, 주주 등 이해관계자 이익 제고를 강조하는 문구가 흔하지 않는 등 한국 금융기관이 ESG 가치창출을 위해 장기간에 걸쳐 의미 있는 자원배분을 수행할 것으로 기대하기는 쉽지 않다.

글로벌 금융기관 중에서 ESG 가치창출을 위해 지배구조를 적극적으로 개선한 곳으로 블랙록을 꼽을 수 있다. 블랙록은 2019년 8월 미국 비즈니스라운드테이블(BRT)에서 이해관계자 자본주의로의 전환 선언을 계기로 ESG 경영을 위해 최상위 이사회 밑에 GEC(Global Executive Committee) 하위위원회를 세우고 하위위원회로 하여금 7개 투자본부의 ESG 전략 및 집행을 담당하도록 하였다. 블랙록은 하위위원회와 별도로 블랙록 지속가능 투자부서(BlackRock Sustainable Investing: BSI)를 설립하여 블랙록이 투자하는 개별 기업들에 대한 ESG 품질을 분석하고 지속가능보고서를 점검하는 역할을 수행하고 있다. 또한 블랙록은 자사 및 개별 투자기업의 ESG 관련 위험을 종합적으로 평가하고 분석하는 RAQ(Risk and Quantitative)를 두어 전사적 ESG 경영을 뒷받침하고 있다. 글로벌 투자은행을 대표하는 골드만삭스 역시 지배구조 개선을 통해 ESG가치창출 노력을 적극적으로 수행하고 있다. 골드만삭스는 이사회 밑에 ESG 위원회를 두고 구체적인 역할과 책임을 부여하고 있는데, ESG 위원회는 투자은행, 글로벌 시장, 자산관리, 소매금융 등 주요 사업 부분별로 4개의 지속가능 위원회와 이들 4개 지속가능위원회를 관리하는 지속가능 금융그룹으로 구성되어 있다. 개별 지속가능위원회에서는 지속가능연계채권 발행 및 중개, 투자 포트폴리오의 ESG 위험 관리, ESG 통합전략 운용, 고객 성향 맞춤형 ESG 포트폴리오 제시 등 세부 역할을 부여 받고 있다.

글로벌 주요 금융기관들이 ESG 위원회를 설립하고 ESG 위원회로 하여

금 ESG 가치창출을 위한 세부 역할과 책임을 부여하고 있는 반면, 한국 금융기관들은 최근에야 ESG 위원회를 설립하고 ESG 위원회의 역할과 책임이 명확하지 않는 등 ESG 위원회가 다소 형식적으로 운영되는 경향이 관찰된다. 한국 금융기관들은 대부분 정관 등에서 전통적 관점의 금융기관의 역할을 명시하고 있고, 주주 가치 제고를 목표로 재무적 가치 창출을 우선순위에 두고 있다. 즉 한국 금융기관들이 지속적으로 ESG 가치창출을 수행하려면 ESG 위원회에게 중요한 역할과 책임을 부여하고 ESG 위원회의 성과에 따른 보상체계를 마련하는 등 ESG 관련 지배구조를 개선할 필요가 있다.

ESG를 위한 자원배분 확대

금융기관이 ESG 활동에 적합한 지배구조를 갖춘 뒤에 ESG 가치창출을 기대할 수 있는 부분에 보다 많은 인적, 물적 자원을 투자하는 것이 필요하다. 구체적으로 ESG 성과에 연계된 금융중개를 확대하는 것이 필요하다. 유럽 금융기관들은 이미 수년 전부터 지속가능연계대출(Sustainability Linked Loan: SLL) 또는 지속가능연계채권 발행을 확대함으로써 ESG 가치창출에 앞장서왔다. 금융기관으로부터 자금을 빌리는 기업이 특정 기간 동안 탄소배출량을 큰 폭으로 저감하거나 환경오염 배출량을 일정 수준 이하로 줄이는 등의 ESG KPI를 달성한 경우 대출이자를 감면해주는 대출 계약을 예로 들 수 있다. 한국의 경우 ESG 가치창출과 직접적으로 연계된 지속가능연계대출 또는 지속가능연계채권 상품이 부족한 가운데, ESG 가치창출 성과를 객관적으로 측정하는 노력과 더불어 ESG KPI와 연동된 다양한 대출 및 채권 상품을 확대하는 것이 필요하다.[3]

다음으로 ESG 등급이 우수하거나 ESG 위험이 낮은 기업들에게 보다 많은 자금이 공급될 수 있도록 ESG 관련 금융투자상품을 확대할 필요가 있다. 실제 Friede 외(2015), Albuquerque 외(2020) 연구 등 다수의 학술 문헌에서 ESG 등급이 우수하거나 ESG 관련 위험이 낮을수록 재무적 성과가 높고 재무

---

3 박영석·이효섭(2021) 참조.

성과의 변동성도 다소 낮은 것으로 확인되었다. 따라서 금융기관들은 ESG 등급이 우수한 기업들로 구성된 ESG 펀드와 ESG ETF 상품 출시를 확대하고 적극적 주주활동 등을 통해 ESG 등급 개선이 기대되거나 ESG 위험이 감소할 것으로 예상되는 기업을 선제적으로 발굴해야 할 것이다. 사모펀드와 대체투자를 수행하는 데 있어서도 ESG 관련 위험을 적극 고려하여 ESG 가치창출에 긍정적 영향을 미칠 수 있는 자산을 발굴하는 노력이 필요하다. 다만 금융회사별로 추구하는 ESG 가치 유형이 다를 수 있으므로, 재무적 가치와 ESG 가치를 종합적으로 고려하는 ESG 통합전략을 기초로 하고 ESG 네거티브 전략 등을 접목하는 등 차별화된 자산운용 전략을 구사할 수 있다.

금융기관들이 ESG 관련 혁신산업을 육성하고 발굴하는 노력도 필요하다. 국제적으로 지속가능금융이 중요한 과제로 부각되면서 기업의 탄소배출량을 저감하고 각종 환경오염을 줄이는 혁신 기술에 대한 관심이 증가하고 있다. 환경보호 및 친환경 생태계 조성을 위해 필요한 기술을 그린테크(Green Technology), 지역사회 및 도시공간을 청결하게 유지하고 관리하는 기술을 클린테크(Clean Technology)라 부르는데 그린테크와 클린테크 모두 ESG 가치창출에 직접 또는 간접적으로 매우 중요한 영향을 미치기 때문에 그린테크와 클린테크를 혁신산업으로 육성하는 노력이 필요하다. 그 외에도 사회문제 및 지배구조 해결을 위해 사회 구성원의 행태 및 사회 프로세스 개선에 기여하는 ICT 기술 역시 ESG 관련 혁신산업으로 볼 수 있다. 금융기관은 다양한 혁신산업을 초기에 발굴하고 투자할 수 있는 우수한 인적, 물적 자원을 갖추었기 때문에 ESG 관련 혁신산업 발굴 및 투자에도 적극적인 역할을 수행해야 할 것이다.

ESG 관련 정보비대칭 완화

ESG 가치창출 가능성이 높은 기업에게 보다 많은 자금이 유입되기 위해서는 ESG 가치를 객관적으로 측정하고 이를 공시 등을 통해 투자자에게 신속하게 전달하는 것이 필요하다. 이시연(2021) 연구 등에 따르면 국내 기업들 중 상당수는 ESG 가치창출을 위해 의미 있는 자원을 배분하고 있지 않음에도 마케팅을 통해 외부 이해관계자에게 ESG 경영을 잘하는 것으로 보여주는 경향이 있다. 이를 ESG 워싱으로 일컫는데, 기업은 적은 비용으로 ESG 등급을 높이고 평판위험을 줄여 보다 낮은 비용으로 많은 투자를 받을 수 있기 때문에 상당수 기업들은 ESG 워싱 유혹에 쉽게 넘어갈 수 있다. 문제는 기업이 ESG 워싱을 수행하고 있다고 하더라도 ESG 워싱 여부를 객관적으로 평가하는 것이 쉽지 않고 ESG 워싱이 심각한 것으로 평가하더라도 해당 기업을 제재할 수 있는 방법이 마땅하지 않다.

ESG 워싱을 근절함과 동시에 기업의 ESG 활동을 객관적으로 측정하고 공정하게 평가하기 위해 ESG 측정 및 평가 인프라의 개선 노력이 필요하다. ESG 활동에 대한 측정 및 평가 등에 관한 국제적 표준안을 참고하고 한국 기업들의 규모와 산업 특징들을 고려하여 ESG 측정 및 평가에 대한 세부 가이드라인을 마련할 필요가 있다. 더불어 기업의 ESG 활동에 대한 정보를 투자자에게 정확하고 신속하게 전달하기 위해 ESG 공시의 표준안을 마련하는 것이 중요하다. 향후 국제지속가능성기준위원회(ISSB)의 공시 표준안 등을 참고하여 중요성(materiality) 정보 위주로 세부 유형별 ESG 공시 표준안을 마련하고 ESG 정보공개 관련 인증제도 마련도 검토할 필요가 있다.

소결- 금융기관의 ESG 경영 촉진을 위한 과제

금융기관은 일반 기업과 달리 자금의 중개, 위험의 분산 기능 등을 통해 경제주체의 후생 증가를 돕는 등 공공재적 기능을 수행해왔다. 코로나19 이후 양극화가 확대되고 기후변화 위험이 증가함에 따라 금융기관들이 ESG 가치창출 노력 등 공공재적 역할을 더욱 확대해야 한다는 목소리가 커졌다. 이해관계자 자본주의로의 전환을 완성하기 위해 장기 투자시계를 가지며, ESG 관련 자원을 효율적으로 배분하고 기업의 ESG 활동에 대한 정보비대칭을 줄이는 데 기여할 수 있는 금융의 역할이 더욱 중요해졌다.

한국 금융기관이 ESG 경영을 하려면 블랙록, 골드만삭스 등 글로벌 금융기관의 ESG 경영전략 사례를 적극적으로 참고할 필요가 있다. 글로벌 금융기관들의 ESG 경영전략을 참고하여 첫째, 금융기관 ESG 위원회로 하여금 중요한 역할과 책임을 부여하고 ESG 성과에 연동한 인센티브를 제시함으로써 ESG 가치창출을 위해 보다 의미 있는 자원을 배분해야 한다. 둘째, 금융기관이 유인을 가지고 ESG 경영을 펼치기 위해 유인부합적인 ESG 금융상품을 확대하고 그린테크, 클린테크 등 ESG 혁신산업을 발굴하고 해당분야의 투자를 늘릴 필요가 있다. 셋째, ESG 워싱을 줄이고 지속가능한 ESG 자원 배분을 유도하려면 기업의 ESG 활동을 공정하게 측정하고 평가하며, 이를 실효성 있게 공시하고 유지할 수 있는 인프라를 구축해야 할 것이다.

04 기업의 자본조달, 위험관리 및 투자 의사결정

최근 국내외 자본시장에서 ESG가 투자자들의 의사결정에 매우 중요한 요소로 등장함에 따라, 기업의 ESG 수준이 자금조달에 중대한 영향을 미치는 요소로 대두되었다. 2006년 UN의 PRI(Principles for Responsible Investment, 책임투자원칙)는 투자의사결정시 ESG 이슈 반영, 투자 대상기업의 ESG 이슈 정보공개 요구 등 6개 원칙을 설정하였고, 투자대상기업에 대한 적극적인 모니터링, 적극적인 의결권행사, 투자프로세스 개선 등 33개 세무 실천프로그램을 구성하였다. 2020년 현재 이 원칙에 전 세계 약 3,000개 금융기관이 서명하였으며, 2021년부터 본격적으로 투자의사결정에 반영되고 있다. 국내에서도 국민연금 등 연기금 및 대부분 금융기관들이 ESG 투자를 천명하고 있는 상황에서 기업 자본조달에 있어서 ESG 관리가 필수 요건이 되었다.

한편 ESG에 대한 연구와 관심이 증가하면서 각국 정부는 ESG 관련 규제 및 정책을 적극적으로 제도화하기 시작하였다. 2017년 이후 정부 주도로 마련한 ESG 관련 규제가 증가하였는데, 이는 ESG가 제도권으로 편입되었음을 의미한다. ESG에 대한 시장의 높은 관심과 정부규제의 강화는 기업 경영에 있어서 새로운 위험요인이 되고 있지만 동시에 새로운 투자를 위한 기회요인이 되고 있다. 이러한 측면에서 기업은 지속가능성과 가치를 높이기 위해 사업 전략과 재무 계획에 영향을 미칠 수 있는 ESG관련 위험요인과 기회요인을 잘 파악하여 당해 기업의 핵심 ESG 이슈를 파악하고 관리하는 것이 중요하게 되었다. 이에 본 절에서는 기업의 타인자본조달과 자기자본조달 측면에서 ESG의 중요성과 ESG와 관련한 위험관리 및 투자 의사결정에 대해 살펴본다.

타인자본 조달

ESG 채권

ESG채권이란 국제자본시장협회(ICMA)에서 발표한 녹색채권원칙(Green Bond Principles: GBP), 사회적 채권원칙(Social Bond Principles: SBP) 및 지속가능채권 가이드라인(Sustainable Bond Guideline: SBG)에 근거하여 발행된 채권과 기후채권 이니셔티브(Climate Bond Initiative: CBI)에서 발표한 기후채권 기준(The Climate Bond Standards: CBS)에 근거하여 발행된 채권을 의미한다.

한국거래소(KRX)는 2020년 사회적책임투자 채권 전용 세그먼트 개설하였

표 8-1 ESG채권 상장현황(2022.5 현재)

	상장 종목수	발행 기관	상장잔액 (조원)	대표 기관
녹색채권	183	73	18.3	현대카드, 현대캐피탈, LH, 신한은행, SK에너지, 현대제철, 롯데물산, 현대오일뱅크, 현대자동차 등
지속가능 채권	246	61	18.6	기업은행, 우리은행, 국민은행, LG화학, 신한캐피탈, 하나캐피탈, 롯데캐피탈, KB금융, 하나은행 등
사회적 채권	884	65	137.2	주금공, 중진공, 예보, 기업은행, 한국장학재단, 우리카드, SK하이닉스, KB카드 등
계	1,313	199	174.1	

출처: 한국거래소 사회책임투자채권 웹사이트(sribond.krx.co.kr)

으며, 조달된 자금의 사용목적에 따라 녹색채권(Green Bond), 사회적 채권(Social Bond), 지속가능채권(Sustainability Bond)으로 구분하여 상장시키고 있다. ESG 채권을 발행하기 위하여, 발행기업은 먼저 ESG 관리체계 수립하여야 하며 회계법인과 신용평가사 등 외부기관의 인증을 받아야 한다. 또한 ESG채권 발행 후 자금사용현황, 환경/사회적개선 효과 등에 대해 연 1회 이상 사후 정기 보고를 하여야 한다. 〈표 8-1〉은 2022년 5월 현재 ESG채권 상장현황이다.

기업 입장에서 ESG 채권 발행에 따른 기대효과는 다음과 같다. 먼저 ESG 채권 발행을 통해 발행 기업은 지속가능경영을 고도화를 꾀할 수 있으며 채권 발생 시 ESG 외부평가 및 인증을 통해 발행기관의 지속가능경영체계 정비할 수 있다. 이는 기업이미지 제고로 이어지며 글로벌 ESG 투자기관 및 국내 연기금으로 부터 자금조달에 유리하게 작용된다. 결과적으로 일반채권보다 낮은 금리로 자본조달 가능하게 된다.

ESG 채권의 가격 프리미엄 또는 낮은 조달금리 존재 여부에 관한 국내외 연구를 소개하면 다음과 같다. 해외에서 연구들은 ESG 채권의 가격 프리미엄 존재에 대부분 긍정적인 연구결과를 제시하고 있다. Flammer(2021)에 따르면 정보비대칭 상황에서 ESG채권의 발행은 기업의 ESG에 대한 관심 및 노력을 신호하는 수단이 될 수 있으며, 제3기관으로부터 인증을 받으므로 신호의 신뢰성이 높다고 하였다. Albuquerque et al.(2019)과 Zerbib (2019)도 ESG활동이 기업의 체계적 위험을 감소시켜 채권가격 프리미엄이 존재함을 보였다. 프랑스 자산운용사 Amundi는 2020년 MSCI Global Index에 포함된 녹색채권을 분석한 결과 최소 2.2bps 이상의 금리 프리미엄이 존재함을 보고한 바 있다. 국내에서 이에 대한 연구는 많지 않다. 김학겸·안희준(2021)은 사회적채권에서만 8bps 정도의 발행프리미엄이 존재하나 녹색채권과 지속가능채권에서는 발행프리미엄이 존재하지 않다고 보고했고, 김필규(2021)는 발행기관과 발행연도에 따라 가격프리미엄 존재여부가 다르다고 하였다. 2020년 발행 ESG채권은 일반채권에 비해 음(−)의 가격프리미엄이, 2021년 발행 ESG채권은 양(+)의 가격프리미엄이 존재한다고 주장했다. 전진규(2022)는 발행시장에서 사회적 채권에서만 가격 프리미엄 존재하며, 유통시장에서 ESG채권의 프리미엄은 2020년에 존재하였으나 2021년에는 유의하지 않다고 하였다. 이는 연기금 등 기관투자자가 ESG채권을 대규모로 인수하는 발행시장과는 달리 유통시장에서는 수급적 측면에서 장점이 없기 때문으로 해석된다.

한편, 한국거래소에 의하면 2022년 상반기 ESG채권 발행금액은 2021년 대비 23% 감소하였으며, 특히 공모채 시장에서 일반 회사채의 발행규모가 15조원이었던 것에 비해 ESG채권은 2조원 미만으로 ESG채권 시장이 다소 위축된 상황이다. 이는 2021년 이후 금리불확실성 증가로 인하여 채권투자 자체가 위축되었으며 ESG 인증 절차에 대한 부담 등으로 ESG 채권 발행의 유인이 감소하였기 때문이라고 판단된다. 또한 2022년 상반기 ESG 채권의 가격프리미엄 실종되었다고 보고되고 있다. 2021년 ESG채권의 경우 채권수익률은 개별·등급 민평금리 보다 −6.95bp 낮았으나, 2022년 상반기에는 오히려 +13.71bp 높게 형성되었다. 참고로 일반공모채는 +10.05bp를 보이고 있다. 더욱이 SK에코플랜트와 울산GPS의 녹색채권이 미매각되는 상황도 발생하였다.

이에 따라 ESG 채권시장 활성화를 위하여 다음과 같은 점들이 고려되어야 할 것으로 사료된다. 먼저 현재 공공기관, 금융기관 그리고 대기업에 편중되어 있는 ESG채권 발행기업 풀을 넓혀 다양한 신용등급을 가진 민간기업과 금융회사들이 자금조달 수단으로 ESG채권이 활용되어야 할 필요가 있다. 또한 ESG채권에 대한 신뢰성 제고하기 위하여, 인증제도 강화하고 및 발행채권의 법적·제도적 근거 명확화 할 필요가 있다. 마지막으로 인증기관의 ESG 사후관리 체계 및 그린워싱에 대한 처벌 기준을 강화해야 할 것이다.

ESG와 회사채 신용등급

회사채 발행금리는 지표 금리인 국고채 금리에 개별 기업의 신용등급을 반영하여 결정되므로 기업의 ESG 등급이 신용등급에 우호적으로 반영될 경우 ESG 등급을 높임으로써 조달금리를 낮출 수 있다. 신용평가사는 기업의 산업위험, 영업위험, 재무위험, 경영관리위험 등을 분석하고 자신의 평가모형을 통해 원리금 상환능력을 판단한 후 정성적 판단을 거쳐 최종 신용등급 결정하게 된다.

　이러한 신용평가 체계에서 ESG는 부분적으로 신용등급에 반영되고 있다. 예를 들면, 지배구조 요인(G)는 경영관리위험의 주요 요소이다. 그러나 사회적(S) 및 환경적 요인(E)은 신용등급과 관계가 분명하지 않다. 한편으로는 기업의 S·G 활동이 추가 비용 및 경영자의 대리인비용을 발생시켜 신용등급에 부정적인 영향을 미칠 수 있는 데 반해, 기업의 사회적 책임관점에서 S·G는 기업의 장기성장과 지속성을 제고함으로써 신용등급에 긍정적인 영향을 미칠 수 있다.

　글로벌 3대 신평사를 포함한 해외 19개 신평사들은 모두 UN의 PRI에 동참하였으며 신용평가에 ESG 고려 방안을 발표한 바 있다. Fitch는 ESG 통합 점수 시스템인 Relevance Score(2019)를 개발하여 신용평가 시 ESG를 본격적으로 고려하고 있다. Fitch는 ESG와 신용등급 간 관련성 및 중요성을 부문별 또는 기업별로 0~5점의 점수 산출하였는데 Score 4-5인 경우 신용등급에 유의한 영향을 미친다고 보고하였다. Moody's는 ESG General Principles Methodology(2019)를 통해 ESG요소를 신용평가에 반영하는 기준 설정하였으며, S&P는 ESG 요소 중 기업 신용등급에 영향을 줄 수 있는 요소들을 정의한 ESG Principles in Credit Ratings(2021) 기준 설정한 바 있다.

　한편 국내 신용평가 체계에서 G의 요인들(지배구조 안정성, 재무정보 투명성, 리스크 관리능력 등)은 경영관리 위험 측정 시 평가모형에 대부분 반영된다. 또한 관계사로부터 재무부담, 회계부실, 경영권 불안정성 등의 요인들은 기타 평가요소로 반영된다. E와 S 요소는 아직 신용평가에 직접적으로 반영되지 않고 있으나, 중요도가 커지면서 신용위험에 미치는 영향이 유의하다고 판단되는 경우 체계적으로 반영하는 방안을 검토 중에 있다.

자기자본 조달

기업공개와 ESG

기업공개 시장에서도 ESG가 핵심 테마로 부각하고 있다. 글로벌자산운용사 및 국내 대형연기금이 대부분 ESG 투자를 표방하고 있는 상황에서 IR 및 수요예측 과정에서 ESG 활동은 기관투자자 참여 유인과 공모가 산정에 유의한 영향을 미친다. Reber et al.(2021)는 기업공개 시장의 정보불균형 상황에서 ESG 활동이 상장기업의 비체계적 위험을 감소시켜 공모주 저평가현상을 완화시킨다고 하였다.

ESG 차별화 전략이 성공적인 상장으로 이어진 사례는 국내외에서 흔히 발생하고 있다. 귀리우유를 생산하는 Oatly는 2021년 5월 NASDAQ 상장하였는데 IR 과정에서 지속가능 식품 개발에 노력하고 있다는 점이 인정되었다. 그 결과 희망공모밴드 USD15~17의 최상단인 USD17로 공모가가 결정되었다. 식물성 육류 대체품을 생산하는 Beyond Meat은 2019년 5월 NASDAQ 상장되었다. 이 기업은 동물복지를 강조하고 환경운동가로 활동 중인 유명인사를 투자 유인하여 희망공모가 최상단인 USD21을 상회한 USD25로 공모가가 결정되었다.

국내의 대표적인 사례로 2022년 2월 7일 코스닥에 상장된 아셈스를 들 수 있다. 이 기업은 친환경 접착소재를 생산하는데 친환경 ESG 활동을 내세워 수요예측 시 기관투자자 경쟁률 1618대 1로 흥행에 성공하였다. 그 결과 모든 기관투자자들이 희망 공모가 밴드(7,000원~8,000원)의 최상단 금액 제시하여 공모가가 8,000원으로 결정되었다. 전력변환장치를 생산하는 이지트로닉스(2022년 2월 3일 코스닥 상장)는 전기차와 ESG 관련 공모주로 분류되어 희망 공모가 밴드(1만 9,000원~2만 2,000원)의 최상단인 2만 2,000원에 공모가 확정되었다. 이 밖에 2차 전지부품을 생산하는 세아메카닉스, 신재생에너지 관련 기업인 대명에너지 등이 모두 ESG 경영을 통하여 성공적으로 상장되었다.

한국거래소(KRX)와 ESG

한국거래소는 2022년부터 유가증권시장 상장을 추진하는 기업을 대상으로 ESG 심사 통과를 의무화하고 있다. 또한, 2021년 'ESG 정보공개 가이던스'를 제정하는 등 상장기업의 ESG 전담 시스템을 구축하고 있다. 이 가이던스에서는 Global Reporting Initiative(GRI), International Integrated Reporting Council(⟨IR⟩ Framework), Task Force on Climate—related Financial Disclosures(TCFD)와 같은 기존의 주요 정보공개표준을 참고로 제시하고 있는데, 아래와 같이 12개 항목의 21개 권고공개지표로 구성된다.

표 8-2   한국거래소 ESG 정보공개 권고지표

조직	환경	사회
ESG 대응(1)	온실가스배출(3)	임직원현황(4)
ESG 평가(1)	에너지사용(3)	안전·보건(3)
이해관계자(1)	물사용(1)	정보보안(1)
	폐기물배출(1)	공정경쟁(1)
	법규위반·사고(1)	

출처: 한국거래소 ESG 포털 (esg.krx.co.kr)

표 8-3   기업지배구조 보고서 핵심지표

주주총회 4주 전 소집공고 실시	기업가치 훼손 또는 주주권익 침해에 책임이 있는 자의 임원 선임을 방지하기 위한 정책 수립 여부
전자투표 실시	6년 초과 장기 재직 사외이사 부존재
주주총회 집중일 이외 개최	내부감사기구에 대한 연 1회 이상 교육 제공
배당정책 및 배당실시 계획을 연 1회 이상 주주에게 통지	독립적인 내부감사부서(내부감사업무 지원 조직)의 설치
최고경영자 승계정책(비상 시 선임정책 포함) 마련 및 운영	내부감사기구에 회계 또는 재무 전문가 존재 여부
내부통제정책 마련 및 운영	내부감사기구가 분기별 1회 이상 경영진 참석 없이 외부감사인과 회의 개최
이사회 의장과 대표이사 분리	경영 관련 중요정보에 내부감사기구가 접근할 수 있는 절차를 마련하고 있는지 여부
집중투표제 채택	

출처: '기업지배구조 보고서 가이드라인' (한국거래소, 2022.3)

또한, 한국거래소는 2025년부터 유가증권시장에 상장된 자산 2조원 이상 기업에 '지속가능경영보고서' 공시를 의무화하는 등 ESG 관련 규정을 강화하고 있다. 2021년 말 현재 68개 기업이 보고서를 자율공시하고 있다. 또한, 2019년부터 자산 2조원 이상 기업, 2022년부터 자산 1조원 이상 기업 그리고 2026년부터 모든 유가증권시장 상장사에 '기업지배구조 보고서' 공시를 의무화할 예정이다. 기업지배구조 보고서에는 〈표 8-3〉과 같은 항목이 포함된다.

위험관리 의사결정

앞서 언급한 바와 같이 최근 시장 환경의 변화에 따라 ESG 이슈가 기업 경영에 주요 위험요인으로 부상하고 있다. 과거 사례를 보면 ESG관련 위험은 지속적으로 발생하고 있는데, 이러한 위험은 기업의 가치에 상당히 부정적인 영향을 미치는 경우가 많았다. 이는 기업이 ESG 관련 위험을 사전에 파악하고 관리함으로써 관련 위험을 잘 통제하여 안정적인 경영환경을 조성하기 위해 노력하는 것이 중요함을 시사한다.

최근의 관련 연구를 보면 ESG 경영은 기업의 재무적 위험을 감소시키는 역할을 하며(Broadstock et al., 2021), ESG 경영 수준이 우수한 기업은 Covid19와 같은 예상하지 못한 위기 상황에서 그렇지 않은 기업보다 위기 대응력이 높은 것으로 나타나고 있다. 또한 ESG 경영이 잘 정착된 기업은 그렇지 않은 기업에 비해 위기 대응력이 높아 Covid19 위기 기간 동안 상대적으로 주가하락률이 낮고 회복률이 높다고 한다(Albuquerque et al., 2020).

이러한 점을 적극적으로 고려한다면 기업은 ESG 관련 위험을 전사적 위험관리체계(Enterprise Risk Management)에 통합하여 관리해야 할 필요가 있다. 즉 ESG 관련 비재무적 위험은 언제 어디서나 발생가능하기에 기업은 재무 위험과 비재무 위험을 동시에 고려하여 경영판단을 하고 이러한 위험이 〈표 8-4〉와 같이 충실히 관리되고 있는지 감독하는 것이 중요하다고 할 수 있다. 특히 최근 들어 비재무 이슈가 기업가치에 미치는 영향력이 더욱 확대되

표 8-4 　ESG 이슈 관리를 위한 이사회(또는 기업)의 역할

ESG 위험 파악	• ESG 위험의 영향을 식별 • 기존 위험별 프로세스의 ESG 위험 식별 가능 여부 평가 • ESG 위험 식별을 위한 다양한 요소 고려 • 위험 식별 절차의 가정 검토 • 전사적 위험관리 체계에 ESG 요소를 통합
ESG 위험 평가	• 위험의 위험 순위 평가 • 중대성 기준 적용 • 이사회의 ESG 평가 역량 향상 • 중요 ESG 위험 논의
ESG 위험 관련 의사결정	• 전략 수립 시 중요 ESG 위험 고려 • ESG 위험 완화/적용 전략 이해 • ESG 위험에 대한 경영진 책임 부여
ESG 위험 감독	• 이사회 수준의 ESG 위험 감독 공식화 • 위원회 간 ESG 심의 협조
ESG 위험 공시	• 이사회 역할 공개 • 주요 ESG 위험 공개

출처: Running the Risk, 2019, CERES

고 있음에 따라, 기업은 비재무 위험요소가 기업의 전략과 성과에 미치는 영향에 대해 인지하고 이를 의사결정과정에 반영하는 것이 필요하다.

구체적으로 환경 경영 측면에서 발생가능한 위험은 단기적 물리, 장기적 물리, 법규, 시장, 평판, 기술 등과 관련된 유형이 있으며 사회책임 경영 측면에서 발생 가능한 위험은 공급망, 평판, 규제, 소송, 인적자본과 관련된 유형이 존재한다. 특히 환경 위험과 관련하여서는 최근 각국에서 기후변화 위기 대응을 위해 탄소중립 이행 정책을 수립하여 추진하거나 추진할 계획을 가지고 있다. 이는 글로벌 시장에서 새로운 무역장벽으로 작용하여 수출 기업에 부담을 가중하는 요인이 될 수 있다고 평가받고 있다. 이에 기업은 환경에 중대한 영향을 미치거나 미칠 가능성이 있는 환경적 측면의 요소를 사전에 파악하고 관리하는 것이 중요하다.

그리고 글로벌 시장에서는 Covid19 사태를 겪으면서 과거 환경 및 지배구조 이슈에 비해 상대적으로 소외되었던 사회부문의 이슈가 부상하고 있다. 아마도 포스트 팬데믹 시대에는 공급망 관리, 작업장 안전, 지역사회 기여 등 사회부문의 이슈에 대한 관심이 증대할 것으로 예상된다. 특히 글로벌 기업의 공급망 관리에 대한 중요성이 증가하면서 글로벌 기업들이 공급망에서 인권위험 관리를 위한 공급망 행동강령 제정, 계약사항으로 협력사에 인권 정책을 준수할 책임 명시, 중대한 인권침해 발생 시 계약해지 명문화, 협력사들에게 ESG 평가 대응 등을 더욱 강력히 요구하게 됨에 따라 관련 기업에 중대한 위험을 초래할 가능성이 높아지고 있다. 관련 기업들은 이와 같은 사회부문 이슈에 대해서도 적극적으로 대응하여 경영의 안정성과 경쟁력을 제고할 필요가 있다.

끝으로 지배구조 위험은 기업가치에 직접적으로 영향을 미친다. 이에 기업은 존중, 신뢰를 기반으로 주주, 채권자, 근로자, 고객, 협력사 및 지역사회를 비롯한 다양한 이해관계자와의 상호협력이 장기적으로 기업에 이익이 된다는 사실을 인식하고 이해관계자를 위한 경영활동이 지속가능한지를 검토해야 할 것이다. 이사회와 경영진은 지속가능한 성장과 중장기적인 기업가치 향상을 촉진하고, 지속가능성을 둘러싼 과제를 중요 위험관리 사항으로 인식하여 적극적·능동적으로 대처하며, 지속가능성을 추구하는 기업 문화 조성을 위해 리더십을 발휘해야 할 것이다.

투자 의사결정

기업의 투자 의사결정에도 ESG는 고려되어야 할 요소이다. 특히 투자 측면에서 기업의 ESG 활동과 수준은 위험요인이 되기도 하지만 동시에 중요한 기회요인이 된다. 가령 기후변화로 인한 규제와 물리적 요소의 변화는 그 자체로 위험요인이지만, 다른 한편으로는 저탄소 경제 체제로의 전환, 신재생에너지 도입, 새로운 제품 및 서비스의 개발, 새로운 시장에 대한 접근성 향상 등을 통해 기업에 새로운 기회 요인(새로운 비즈니스 확대, 충성고객 확보, 우수인재 영입 등)으로 작용하기도 한다.

이에 기업은 투자의사결정 시 ESG 관련 이슈를 적극적으로 반영하여 환경 변화에 따른 새로운 시장형성 및 경쟁우위 확보 등을 통해 가치 있는 기회를 창출하도록 노력을 다해야 할 것이다. 이를 위해 기업은 경영 자원 및 자본 배분에 ESG 관련 경영 정책을 적극적으로 고려할 필요가 있다. 투자의사결정 과정에서 ESG 요소를 적극 반영함으로써 기업은 경제적, 사회적 및 환경적 비용은 최소화하고, 편익은 극대화할 수 있는 투자 의사결정을 수행할

표 8-5 환경 경영 및 사회책임 경영 측면에서의 기회 요인

환경 경영 측면

유형	사례
자원 효율성	효율성 높은 운송수단, 제품 등 이용 재활용 / 재이용 물 사용량 및 소비량 저감 등
에너지원	저탄소 에너지 이용 재생에너지에 대한 정책 인센티브 활용 신기술 이용 / 탄소시장 참여 등
제품 및 서비스	저탄소 제품 및 서비스의 개발 및 확대 기후변화 적응 대책 및 상품 개발 R&D및 혁신을 통한 신제품 및 서비스 개발 사업군 다변화 / 소비자 선호도 변화
시장	새로운 시장에 대한 접근성 증가 제품 및 서비스에 대한 수요 공급의 변화 녹색채권 및 인프라의 인수, 자금조달 기후위험을 고려한 금융상품 개발
회복탄력성	재생에너지 프로그램 및 에너지 효율 향상 수단 도입 회복탄력성을 고려한 새로운 제품·서비스 도입 기후변화 적용 역량 강화 장기적 재무/금융 부문의 투자 강화 등

사회책임 경영 측면

유형	사례
신규 비즈니스 모델 발굴	공유기업 및 임팩트 투자
사회적 가치를 고려하는 신규 고객 확보	업사이클린 브랜드
규제비용 감소 및 정부지원 확보	친환경차 관련 정부 보조금 공공섹터의 인센티브 활용
운영 비용 감소	RE100 참여기업
우수 인재 유치	우수인재 확보 및 핵심 인재 이탈 방지

출처: KCGS ESG 모범규준 (2021), Recommendations of the Task Force on Climate-Related Financial Disclosures, TCFD (2017)

수 있을 것이다.

　〈표 8-5〉에서는 환경 및 사회 측면에서 투자의사결정에 참고할 수 있는 ESG 경영의 기회 유형과 사례를 보여주고 있다. 기업은 이러한 ESG 관련 기회 요인을 기업의 사업, 전략, 재무 계획에 미치는 영향을 고려하여 활용 가능 여부를 검토하고, 해당 기회 요인이 중대하다고 판단되는 경우 사업 전략에 반영하여 기업 가치 제고에 적극 활용해야 할 것이다. 이때 투자를 하면서 ESG를 동시에 고려하는 것이 비용으로 인식될 수도 있으나, 새로운 투자 기회를 발굴하고 시장반응을 개선하는 시그널이 될 수도 있음을 고려할 필요가 있다. 요컨대 ESG 요소는 기업에 있어서 미래 기회요인으로 새로운 현금흐름 창출원이 되기도 하지만 동시에 위험요인이 되기도 하기에, 기업은 ESG 요소를 통합적 관점에서 관리 및 통제하는 것이 중요하다고 할 수 있다.

참고문헌
REFERENCES

김학겸·안희준. (2021). 사회책임투자채권에 발행프리미엄이 존재하는가? COVID−19 를 전후한 분석, 한국증권학회지 50, 369−409.

김필규. (2021). ESG채권의 특성 분석과 활성화 방안, 자본시장포커스, 자본시장 연구원.

박영석·이효섭. (2021). 기업의 ESG 경영 촉진을 위한 금융의 역할, 자본시장연구 원 이슈보고서 21−10.

이시연. (2021). 국내외 ESG 투자 현황 및 건전한 투자 생태계 조성을 위한 시사점, 금융연구원 KIF금융조사리포트, 2021−03.

전진규. (2022). ESG채권의 수익률 스프레드 대한 연구: 한국거래소 사회책임투자채 권을 중심으로, 금융정보연구(예정).

Albuquerque, R., Koskinen, Y., Yang, S. Zhang, C. (2020). Resiliency of Environmental and Social Stocks: An Analysis of The Exogenous COVID−19 Market Crash, *The Review of Corporate Financial Studies*, 9, 593−621.

Albuquerque, R., Y. Koskinen, C. Zhang (2019). Corporate Social Responsibility and Firm Risk: Theory and Empirical Evidence, *Management Science* 65, 4451−4469.

Amundi. (2020). Facts and Fantasies about the Green Bond Premium, Amundi Research.

Berg, F., J. F. Kolbel, and R. Rigobon. (2022). Aggregate Confusion: The Divergence of ESG Ratings, *The Review of Finance*, Forthcoming

Bolton P., Despres M. Pereira Da Silva, L., Samama, F., Svartzman, R. (2020). The Green Swan: Central Banking and Financial Stability in the Age of Climate Change. BIS working paper.

Broadstock, D. C., Chan, K., Cheng, L. T.W., & Wang, X. (2021). The role of ESG performance during times of financial crisis: Evidence from COVID−19 in China. *Finance Research Letters*, 38, 1−11.

Flammer, C. (2021) Corporate Green Bonds, Journal of Financial Economics 142, 499−516.

Friede, G., Busch, T., Bassen, A. (2015). ESG and Financial Performance: Aggregated Evidence from More Than 2,000 Empirical Studies, *Journal of Sustainable Finance and Investment 5*, 210−233

Reber, B., A. Gold and S. Gold. (2022). ESG Disclosure and Idiosyncratic Risk in Initial Public Offerings, *Journal of Business Ethics*, 179, 867−889.

Watson D. P. and H. Mann. (2022). The Purposeful Corporation and the Role of the Finance Industry, *Journal of British Academy 10*, 125−161.

Zerbib, O.D. (2019). The Effect of Pro−environmental Preferences on Bond Prices: Evidence from Green Bonds, *Journal of Banking & Finance*, 98, 39−60.

글로벌 경영에서의
이해관계자 중심 경영

••09
글로벌 경영에서의 이해관계자 중심 경영

정진섭(충북대학교), 구정모(목원대학교), 권일숙(한남대학교), 김소형(경기대학교),
김태중(충남대학교), 노태우(한양대학교), 문성후(연세대학교), 최돈승(안동대학교)

01 글로벌 경영에서의 공급망 충격

코로나 팬데믹과 글로벌 공급사슬 변화

코로나 팬데믹은 전 세계에 걸쳐 유무형의 타격을 주었으며, 전 세계 경제활동은 둔화되고 경기침체의 조짐이 나타나고 있다. 또한 미중 무역전쟁 등으로 인해 중국을 중심으로 한 동아시아 공급사슬은 혼란을 겪게 되었고 부품과 자재 공급난이 심화하는 결과를 초래했다(한능호·박진우, 2019).

예를 들어, 다수의 부품공급을 중국에 의존하는 한국과 일본의 완성차 제조사는 부품조달 어려움으로 감산이 불가피해졌다. 세계 생산량의 3분의 2를 담당하는 중국 휴대폰 조립공장이 조업을 멈추기도 했으며, 한국, 일본, 대만의 전자부품 수요 역시 큰 폭으로 감소하는 등 어려움에 직면하고 있다(太田, 2020).

반면, 주요 부품 공급 국가인 미국, 독일, 일본의 경우, 중국에서의 부가가치 생산 비중은 최근 현저하게 증가했다. 이는 중국의 풍부한 노동력과 수요, 높은 투자 수준에 의한 생산규모 확대가 자유무역 체제와 결합되면서 세계시장에 대한 원활한 접근이 가능해졌기 때문으로 분석된다(한능호·박진우, 2019).

이와 같은 글로벌 공급사슬의 이슈는 코로나 팬데믹과 미중 무역 갈등으로 세계 각지에서 중요한 문제가 되고 있으며, 이에 따라 국제경영상의 공급

그림 9-1 자동차 부품의 중국 의존도 및 주요 원자재의 중국 점유율

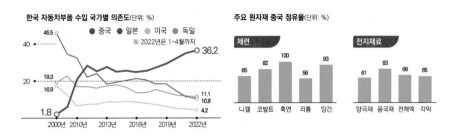

출처: 조철 산업연구원 연구위원

망 리스크가 대두되고 있다. 따라서 이제는 단순한 효율성 증가와 부가가치의 증가보다는 리스크를 최소화하고 더욱 커진 발생가능 위험에 유연하게 대응하기 위해서 공급사슬 네트워크에 대한 혁신이 필연적으로 요구된다. 그리고 이러한 글로벌 공급사슬 이슈의 대응을 위해서는 통합적 관리가 필수적이며, 공급사슬 관리는 공급업체 선택, 공급계획, 수송과 물류 등이 중요하게 다루어져야 한다(Tang, 2006).

월마트, 아마존, 델, 자라, 3M, 나이키 등과 같은 글로벌 기업들은 자체 개발한 소프트웨어와 플랫폼을 활용해 경쟁기업이 흉내 내기 어려운 공급망 관리역량을 키워왔으며, 이것이 글로벌 기업의 핵심 경쟁력으로 평가받고 있다(박성택·김태웅·김미량, 2020). 나아가 해당 국가의 경제와 안보에도 중요한 요소로 다루어지고 있다.

〈그림 9-2〉와 같이 코로나 19는 공급망관리(SCM)에 중대한 영향을 미치고 있으며, 지난 3년에 비해 향후 5년간 우선순위가 변화하고 있다. 특히 고객서비스 향상과 제품과 서비스 출시 기간 단축이 증가하고 있으며, 운영비용의 절감 이슈는 그 비중은 감소하였으나, 여전히 가장 중요한 요인이다.

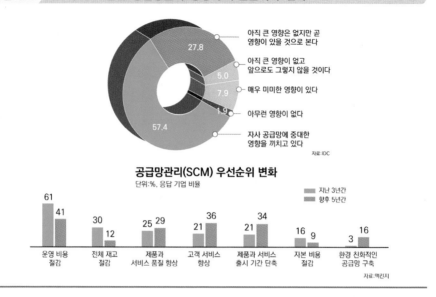

그림 9-2 코로나19로 인한 공급망관리 영향과 우선순위의 변화

아직 큰 영향은 없지만 곧 영향이 있을 것으로 본다 27.8

아직 큰 영향이 없고 앞으로도 그렇지 않을 것이다 5.0

매우 미미한 영향이 있다 7.9

아무런 영향이 없다 1.9

자사 공급망에 중대한 영향을 끼치고 있다 57.4

자료:IDC

공급망관리(SCM) 우선순위 변화
단위:%, 응답 기업 비율

지난 3년간
향후 5년간

운영 비용 절감 61 / 41
전체 재고 절감 30 / 12
제품과 서비스 품질 향상 25 / 29
고객 서비스 향상 21 / 36
제품과 서비스 출시 기간 단축 21 / 34
자본 비용 절감 16 / 9
환경 친화적인 공급망 구축 3 / 16

자료:맥킨지

한국의 공급망 충격 관점에서, 미·중의 수출입

글로벌 공급망 충격 등과 관련하여, 한국과 밀접한 미국과 중국의 수출입에 관해 살펴보면 다음과 같다. 한국은 1970년대 이후 고도성장을 거치는 과정에서 수출과 내수의 선순환 구조를 구축할 수 있었다. 국내수요가 충분히 뒷받침되지 못할 때 기업들은 글로벌 시장에 진출하여 경쟁력을 키웠으며, 수출을 통해 투자와 고용을 촉진했던 것이다. 기업의 투자가 증가하고, 이를 통해 고용이 개선되면 결과적으로 국민소득이 증가하여 내수시장이 활성화될 수 있다.

2000년대 들어서 기업들이 글로벌 생산시스템을 갖추면서 수출과 내수의 선순환 구조가 다소 약화되었지만 여전히 수출을 비롯한 무역은 한국의 경제구조에서 중요한 역할을 수행하고 있다.

〈표 9-1〉을 살펴보면, 2001년 한국에서 무역의 對 GNI 비율은 66.0%에 불과하였지만 꾸준히 상승하여 2011년 이후 100%를 넘어섰다. 2014년부

표 9-1   수출·입의 對 GNI 비율

연도	수출·입의 對 GNI 비율 (명목, %)	총수출(%)	총수입(%)
2001	66.0	33.3	32.7
2002	61.3	31.1	30.3
2003	64.1	32.7	31.4
2004	73.2	38.2	34.9
2005	72.3	36.9	35.4
2006	74.4	37.3	37.0
2007	78.1	39.4	38.7
2008	99.9	49.8	50.0
2009	90.1	47.1	43.0
2010	95.4	49.2	46.2
2011	109.0	55.3	53.6
2012	108.3	56.0	52.3
2013	101.1	53.2	47.9
2014	93.8	49.6	44.1
2015	82.0	44.6	37.4
2016	76.6	41.8	34.8
2017	80.2	42.7	37.5
2018	82.5	43.7	38.9
2019	79.4	41.5	37.9
2020	72.3	38.4	33.9
2021	83.9	44.3	39.6

출처: 국가통계포털(http://kosis.kr/)

터는 다시 100% 아래로 내려가면서 다소 변동성을 보이고 있지만 80% 수준을 유지하고 있는 것을 알 수 있다. 보다 구체적으로 총수출과 총수입의 비중을 구분하여 살펴보면, 두 수치가 유사하지만 대체로 총수출이 차지하는 비중이 총수입보다는 높은 것으로 나타나고 있다.

〈표 9-2〉는 한국의 전체 무역액에서 G2국가와의 무역이 차지하는 비중을 보여준다. 2000년대 초반 중국과 미국의 무역비중은 30% 내외를 기록하고 있지만 2015년 이후 35%를 상회하는 것을 알 수 있다. 또한 2000년대 초반에는 대미 무역액이 대중 무역액보다 더 높은 비중을 차지하고 있었지만

표 9-2 G2국가(중국과 미국)의 무역비중

연도	무역액 (천달러)	對중 무역		對미 무역		G2 국가의 무역비중
		금액(천달러)	비중(%)	금액(천달러)	비중(%)	
2001	291,536,964	31,492,865	10.8%	53,587,020	18.4%	29.2%
2002	314,596,680	41,153,365	13.1%	55,788,823	17.7%	30.8%
2003	372,644,100	57,018,842	15.3%	59,033,534	15.8%	31.1%
2004	478,307,359	79,348,050	16.6%	71,631,845	15.0%	31.6%
2005	545,657,006	100,563,227	18.4%	71,928,520	13.2%	31.6%
2006	634,847,480	118,015,853	18.6%	76,837,674	12.1%	30.7%
2007	728,334,820	145,012,984	19.9%	82,985,404	11.4%	31.3%
2008	857,282,065	168,319,172	19.6%	84,741,393	9.9%	29.5%
2009	686,618,082	140,949,301	20.5%	66,689,304	9.7%	30.2%
2010	891,595,923	188,411,437	21.1%	90,218,748	10.1%	31.3%
2011	1,079,626,747	220,617,247	20.4%	100,776,732	9.3%	29.8%
2012	1,067,454,265	215,107,160	20.2%	101,865,519	9.5%	29.7%
2013	1,075,217,949	228,922,376	21.3%	103,564,405	9.6%	30.9%
2014	1,098,179,113	235,369,928	21.4%	115,568,125	10.5%	32.0%
2015	963,255,476	227,374,209	23.6%	113,856,533	11.8%	35.4%
2016	901,618,827	211,413,077	23.4%	109,678,242	12.2%	35.6%
2017	1,052,172,717	239,980,114	22.8%	119,359,091	11.3%	34.2%
2018	1,140,062,084	268,613,646	23.6%	131,588,244	11.5%	35.1%
2019	1,045,575,557	243,431,269	23.3%	135,222,462	12.9%	36.2%
2020	980,130,801	241,450,088	24.6%	131,607,997	13.4%	38.1%
2021	1,259,493,816	301,541,101	23.9%	169,115,370	13.4%	37.4%

출처: 국가통계포털(http://kosis.kr/)

2004년 이후부터는 중국이 미국을 제치고 최대 교역상대국이 되었다.

G2국가와의 교역을 좀 더 구체적으로 살펴보기 위해 수출과 수입으로 구분하여 살펴본 결과는 〈그림 9-3〉과 같다. 두 그래프를 통해 2000년 이후 미국에 대한 의존도는 감소한 반면, 중국과의 교역비중이 증가하였다는 것을 확인할 수 있는데, 또한 2014년 이후에는 중국과 미국으로부터의 수입이 증가추세에 있다는 것을 알 수 있다.

한편, 미국과 중국 사이에서 발생하고 있는 세계경제에서의 패권경쟁은 한국에 중요한 영향을 미치고 있다. 미국과 중국 간의 무역갈등은 2018년 3

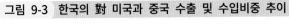
그림 9-3 한국의 對 미국과 중국 수출 및 수입비중 추이

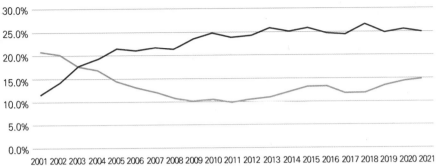

대중수출비중 ——— 대미수출비중

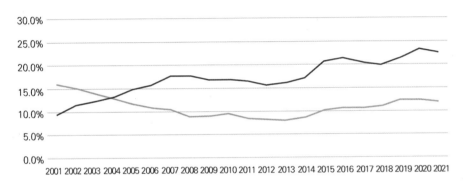

대중수입비중 ——— 대미수입비중

월 미국이 중국산 수입 철강 및 알루미늄에 대해 각각 25%와 10%의 관세를 부과하면서 시작되었다. 이후 중국은 돈육을 비롯한 미국산 수입품에 관세를 부과할 것을 발표하면서 맞대응하였는데, 이러한 미국과 중국의 갈등은 단순히 양국 간의 문제로 보기 어렵다. 장기적인 관점에서 글로벌 공급망 충격과 더불어 국가 간 교역을 위축시켜 글로벌 가치사슬을 구축하고 있는 다국적기업에게 심각한 위협으로 작용할 수 있다. 따라서 이러한 글로벌 생태계의 변화를 고찰하고, 이에 맞는 글로벌 전략수립이 긴요해졌다.

02 글로벌 생태계의 변화

글로벌 생태계의 변화와 이해관계자 자본주의

공급망 변화는 자국위주 공급망 재편으로 이어지며, 각국은 산업경쟁력 강화와 첨단기술 확보를 위해 더욱 치열하게 경쟁하고 있다. 예를 들어, 미국과 유럽은 행정명령과 신산업전략 등을 통해 주요 산업 공급망 실태를 분석하여 반도체산업 지원법안을 마련하고 있다. 이와 같이 주요 국가들은 새로운 첨단기술과 공급망 핵심기술의 중요성을 안보확보로 규정하고, 수출통제 및 엄격한 외투(외국인투자기업)심사와 같은 전통적 방식으로 기술유출방지와 기술보호에 주력하고 있다.

미국과 EU가 발족한 통상기술위원회, 4개국 쿼드 구성, 글로벌 공급망 정상회의 개최가 말해주듯이, 각국은 공급망과 기술 경쟁에서 앞서기 위한 전략적 협력을 강화하고 있다(고상미, 2022). 특히, 글로벌 기술경쟁에서의 유망 산업 분야 시장을 주도하기 위해 디지털·탄소중립 분야의 국제표준 선점노력에 주력하고 있으며, 선진국과의 통상 협력을 강화하는 한편, 개도국에 대한 그린·디지털 기술 전수도 추진하고 있다.

한편, 전 세계적인 지속가능성 및 ESG의 추세에 따라 최근 한국의 경우, '그린/디지털 뉴딜'을 중심으로 친환경/디지털 전환을 뒷받침하기 위해 노력하고 있다. 탄소가격을 국제 통상규범에 효과적으로 편입시키는 방안에 대해 환경, 디지털 분야에서의 국제 통상규범 강화를 지원하고 있다(이지영, 2021). 또한 디지털 기술이 기초적 생존욕구 충족과 국가경쟁력 제고에 중요한 역할을 하는 경제/사회시스템 재설계 필요성도 대두되고 있다(경제사회연구실, 2020).

기업이 지속가능성을 확보하기 위해서는 재무적 요소뿐만 아니라, 비재무적 요소를 지켜야 하고, 투명한 지배구조하에 사회적 이슈, 환경보호와 같은 글로벌 문제해결에 동참해야 한다는 시각이 커지고 있다. 결국, 이제 기업은 사회에 긍정적 영향을 주는 경영전략을 수립하고 실행해야 한다. 따라서 기업의 전략을 실행하고 기업의 가치를 높이는 데 영향을 미칠 수 있는 환경, 사회 및 지배구조에 관한 요소를 포괄하는 ESG의 개념은 더욱 중요해지고 있다(한국보건산업진흥원, 2022).

아마존의 경우, 벤더로서 권장사항인 기후서약(Climate Pledge)과 캠페인 활동에 동참하고 있으며, 2040년까지 탄소중립 실현목표 달성을 위해 아마존 플랫폼 내에 신설된 지속가능성 인증제품 전용코너(Climate Pledge Friendly)에 55개 제품을 등록해 판매하는 등 많은 노력을 기울이고 있다. 일본의 세븐&아이 홀딩스의 경우, 미국 편의점 점유율 3위인 '스피드웨이'를 인수하면서 투자자로부터 '탈탄소' 흐름에 역행하는 조치라는 비판을 받았다. 이에 동사는 2050년까지 일본 내 점포 운영에 따른 CO_2 배출량을 제로로 낮추겠다는 목표를 제시했다. 히타치는 2030년까지 지배구조 개선을 위해 여성임원을 30%, 외국인 임원비율을 30%까지 확대한다는 계획을 발표했다. 프랑스 르노의 경우, 2030년까지 자사모델의 최대 90%를 EV로 전환할 계획을 세웠고, 독일 에너지 회사인 RWE는 2040년까지 신재생에너지로만 전력을 생산하겠다는 발표와 함께, 이에 대한 집중투자를 계획했다.

이와 같이 기업을 둘러싸고 있는 비즈니스 생태계가 변화함에 따라 자본주의의 성격 역시 '주주 자본주의'에서 다음과 같은 '이해관계자 자본주의'로 변화하기 시작했다.

주주 자본주의에서 이해관계자 자본주의로

최근 ESG는 기업의 지속가능한 발전을 위한 동인이며, 노동/환경/인권의 취약지역에 대한 교역을 통제하는 수단이 되고 있다. ESG의 추세와 더불어, 보호무역주의가 강화됨에 따라 ESG가 국제적인 표준으로 고착화될 가능성이 커지고 있다.

영국은 2025년까지 모든 기업에 ESG와 관련된 정보공시 의무화를 발표했으며, 우리나라 금융위원회도 상장사를 대상으로 2030년까지 기업의 지속가능경영보고서 공시 의무화를 발표한 바 있다. 물론 미국, 일본 등 주요 국가에서도 ESG 공시 확대를 지속적으로 추진하고 있다. 투자자들이 관련 공시를 요구하고, 고객도 지속가능경영 준수를 요구하면서, 사회문제에 대한 국제적 이니셔티브나 국가적 정책변화를 통해 기업의 역할 및 책임의 변화, 이해관계자 통합 관점의 신뢰경영으로, 새로운 변화의 물결이 나타나고 있다(이준희, 2021).

결국, 이러한 시점에서 우리는 ESG 경영을 관통하는 핵심개념이 '이해관계자 자본주의'임을 주지해야 한다. 밀턴 프리드먼은 '기업의 사회적 책임은 보유자원을 활용해 이윤 증대에 집중하는 것'이라 강조했지만(Friedman, 1970), 이제는 새로운 변화가 요구되고 있다. 주주자본주의 폐해를 막고 지속가능한 경제를 만들어야 한다는 인식이 많은 지지를 받게 되면서, 그 해결방안으로 ESG 경영이 주목을 받게 되었다. 그동안 주주자본주의는 경제학과 경영학과 같은 학문적 영역에 이바지함은 물론 글로벌 경제의 실질적 번영에도 크게 이바지한 것이 사실이다. 그러나 주주자본주의는 기업의 재무적성과 극대화 중시로 인해 지속적인 경제발전 토대를 빠르게 훼손하기도 했다. 결국, 이해관계자 자본주의는 그동안 자본주의를 지배해 온 주주자본주의 철학에서 벗어나 '기업과 관련된 이해관계자 및 생태계 모두를 고려해야 한다.'는 철학을 반영하여 탄생된 개념으로 볼 수 있다(한상범·권세훈·임상균, 2021).

〈표 9-3〉을 보면, 이해관계자 자본주의는 장기적 안목에서 경영이 가능

표 9-3   이해관계자 자본주의와 주주 자본주의

	이해관계자 자본주의	주주 자본주의
기업 이념	기업은 한 공동체	주주가 기업의 주인
경영 목표	이해관계자들의 이익 극대화	주주이익 극대화
기업 성과 측정 방법	주식 가격, 고용 관계, 공급자와 구매자의 거래 관계 등	기업의 시장 가치(주식 가격)
장점	장기적 안목에서 경영 가능 이해관계자의 이해 상충 조화	-투자 위험 분산으로 일반인 투자 촉진 -소유와 경영 분리로 경영 효율 제고
단점	주주 이익 경시 가능성	경영자의 단기 성과주의

조선경제, Weely Biz(2022.06.09), "대기업, 착한 척 하지마!" 안티 워크 자본주의 떴다.

하며, 주주를 포함한 다양한 이해관계자들의 이익 극대화에 초점을 두고 있음을 알 수 있다.

03 글로벌 가치사슬에서, 디지털 전환(Digital Transformation)과 이해관계자 중심 경영

글로벌 가치사슬과 비즈니스 생태계의 변화에 따라 그에 대응하는 경쟁 우위를 창출하기 위한 기업측면의 노력은 '디지털 전환'이 그 핵심으로 떠오르고 있다. 무엇보다도 '선형적인 글로벌 가치사슬'에서 '동시적이고 다면적인 플랫폼 비스니스'로의 전환에 따라, 가치사슬의 디지털화는 더욱 중요해졌다(김성옥, 2022).

따라서 공급망 관리에 있어도 빅데이터, AI, 클라우드, 모바일기기를 활용하는 디지털 전환(Digital Transformation, DT)의 필요성이 높아진다. 공급망 디지털 혁신은 가시적 유통정보를 통해 의사결정 과정의 운영 효율성과 예산 절감에 기여한다. 방대한 데이터를 클라우드로 수집해 머신러닝으로 분석하고, RPA(Robotic Process Automation, 로봇프로세스자동화)를 통해 업무처리를 자동화하는 디지털 전환은 최근 기업의 변화를 선도하고 있으며, 공급망 측면에서도 빅데이터, AI, 클라우드 기술의 도입이 신속하게 증가하고 있다(삼정 KPMG, 2020). 딜로이트는 현 위기극복을 위한 당면과제를 제시하고, 제시된 솔루션을 바탕으로 디지털 공급 네트워크 구축을 제안한 바 있는데, 디지털 공급 네트워크를 기업의 통합적 비즈니스 전략의 필수요소임을 강조하고 있다. 이는 디지털 도구를 활용해 공급사슬 전반에 걸친 리스크를 최소화하고 불시에 발생하는 공급망 중단으로부터 신속하게 조정하고 복구하는 리스크 관리 측면의 공급망 구축이 매우 중요해졌음을 시사한다(Kilpatrick & Barter, 2020).

4차 산업혁명의 연장선상에서 스마트 제조와 디지털 전환이 강조되는 가운데, 포스트 코로나의 핵심 이슈로서의 '디지털 전환 가속화'가 부각되고 있다(조영삼, 2020). 디지털 전환은 기업의 생태계를 변화시키고 산업의 가치사슬 내 기업 역할 변화 및 역량과 자원 배분, 부가가치 창출 구조에 큰 변화를 유발하고 있다. 특히 디지털 기술과 기술생태계의 융합을 통해 그 효과와 파급력이 증대됨을 주목할 필요가 있다(김승현 외, 2020).

BCG(2020)에 따르면, 기업의 77%가 디지털 기술을 기반으로 산업의 연속성, 비용절감을 경험하고 있으며, 이를 바탕으로 기업은 코로나팬데믹 이후 디지털 전환의 중요성을 더욱 크게 고려하는 것으로 조사되었다. 4차 산업혁명의 핵심은 디지털 플랫폼 기반의 '디지털 기술 혁신'이다. 이러한 변화는 산업계 전반에도 막대한 영향을 끼치고 있는데, 재택근무를 비롯한 온라인을 활용한 업무방식 활용이 늘면서 ICT 발전 속도가 빨라지고 있으며, 구글, 애플, 마이크로소프트, 넷플릭스, 테슬라, 줌과 같은 대표적 글로벌 기업은 고객 데이터를 기반으로 한 비즈니스 모델을 통해 막대한 수익을 창출하고 있다.

그리고 이제 이러한 디지털 전환은 'ESG 경영 실천의 주요한 도구'로 활용되기 시작했다. 예를 들어, 구글은 '모두를 위한 인공지능 개발(Advancing AI for Everyone)'이라는 슬로건하에 인공지능을 통해 인간 삶의 질 향상과 인류의 난제 해결을 추구하고 있으며, 인공지능을 활용하여 자연재해 발생을 예측하고 이를 사전에 예방하는 연구를 진행하고 있다. 마이크로소프트는 2015년부터 '나틱프로젝트(100% 친환경 에너지로 가동되는 해저 데이터센터)'를 추진하여 전력소비 절감, 지상데이터 센터 대비 고장률 감소, 해안도시 거주자 대상 서비스 속도 향상 등을 도모하고 있다. 스타벅스는 2018년 3월부터 블록체인으로 커피 원두의 생산 및 유통이력을 조회하는 빈투컵(Bean to Cup) 프로젝트를 진행하여, 공정무역을 보장하고, 커피 생산국의 삶의 질 향상에 기여하고 있다.

한편, 유니레버의 경우, 환경단체들로부터 산림을 파괴하지 않고 팜유를 생산하는 업체에서만 팜유를 구매하라는 압력을 받아왔다. 이에 2020년 8월, 인공위성과 GPS 기술을 활용해 수집한 데이터를 기반으로 인공지능(AI) 시스템을 개발해, 인도네시아 팜유 생산지 공급망의 실시간 물류량을 모니터링하

그림 9-4　유니레버의 인공지능과 GPS 기술의 결합

삼림훼손 실시간 인공지능 분석 　　　　인공위성 데이터의 화재 실시간 파악

출처: https://www.youtube.com/watch?v=OnU6NZMnSqq&ab_channel=Unilever

는 프로그램을 도입했다. 즉, AI를 활용한 지리 데이터를 분석해 산림 파괴를 방지하는 데 활용한 것이다(김민정, 2021). 이는 결국 환경단체들의 인정과 지지를 이끌어냈다.

　　유럽연합(EU, European Union)은 기후 중립화 및 디지털화 가속을 통해 EU의 산업 경쟁력을 강화하고 글로벌 역량을 확보하겠다는 신산업전략을 발표하였다. 여기에는 자원 순환 촉진을 위한 이니셔티브(initiative)인 '3R(Reduce, Reuse, Recycle)'을 성장전략으로 승화시킨 '순환 경제(Circular Economy, 이하 CE)'가 그 중심에 놓여 있다. CE는 채취, 생산, 소비, 폐기의 선형적(Linear) 경제구조를 벗어나 각 단계마다 관리와 재생을 통해 자원을 재활용하는 지속적 경제 구조를 일컫는다. EU는 이러한 CE를 가능하게 하는 엔진이자 촉매로 디지털 전환(DT)이 큰 역할을 할 것으로 기대하면서, 그린 딜(European Green Deal)[1]의 구체적인 행동계획의 중추에 디지털 전략을 배치했다. EU는 "디지털

1　그린 딜(Green Deal): 환경과 사람이 중심이 되는 지속 가능한 발전을 뜻하는 말로, 기후변화, 에너지, 산업, 건물, 수송, 농업, 생물다양성, 환경 등 8가지 분야를 선정하고 2050년까지 유럽 대륙을 기후 중립(Climate Neutral) 지역으로 만드는 것을 골자로 하는 EU의 친환경 정책이다(출처: https://ec.europa.eu/info/strategy/priorities-2019-2024/european

과 순환"이라는 두 가지 변화(Transformation)를 톱니바퀴처럼 맞물리도록 해, 여기서 창출되는 시너지로 그린 딜을 완수하겠다는 큰 그림을 그리고 있다.[2]

┌ 04 글로벌 기업의 Action 변화
: 동적 역량과 ESG 실행 모델

ESG 전략과 실행 프레임워크

지구온난화와 환경파괴, 과도한 단기적 수익을 추구하는 산업풍토는 기후변화와 환경문제, 사회적 불평등의 커다란 문제를 낳았다. 따라서 지난 세대의 경영 패러다임이 "공유지의 비극(The Tragedy of the Commons)"과 같은 환경문제를 불러오고, 부의 양극화와 사회적 불평등을 초래했다는 반성이 대두됐다. 더욱이 코로나 팬데믹은 환경파괴로 인해 예상하기 어려운 재난이 더 자주 발생할 수 있다는 경고로 여겨지면서, 환경파괴에 대한 성찰의 계기가 되었다(KIRI, 2021). 이러한 상황에서 ESG는 경영, 경제, 정책 등 우리 사회 전반에 새로운 모멘텀을 제공하고 있다. 이제 전 세계 기업들은 매우 빠른 속도로 ESG 경영을 도입하고 지속가능성을 새로운 주요 경영 전략의 하나로 채택하고 있다. 따라서 이러한 ESG 경영은 일시적 유행이라기보다는 기업경영 패러다임의 핵심개념이 되고 있다(대한상공회의소, 2022).

비즈니스 환경이 급변하면 지속가능한 경쟁우위라는 개념은 역동적 시장 환경에서 잘 드러나지 않는다. 이때 '동적역량(dynamic capabilities)'이라는 개념이 시간의 흐름에 따른 자원과 역량의 진화를 설명하면서, 자원준거관점(resource-based view)을 보완하였다(Wang & Ahmed, 2007). '조직 내·외부 역량의 통합, 구축 및 재구성 능력'을 일컫는 동적역량은 급변하는 시장에서의 경

-green-deal_en).

2 https://news.kotra.or.kr/user/globalBbs/kotranews/5/globalBbsDataView.do?setIdx=244&dataIdx=1814

쟁적 생존에 더 집중하면서 감지(sensing), 기회포착(seizing), 변혁(transforming)이라는 세 과정을 포함하고 있다.

감지(sensing)는 변화하는 환경의 기회와 위험을 인지하고 이를 분석하는 것을 의미하며, 기회포착(seizing)은 환경에 맞추어 자원을 이용하는 것이다. 마지막으로 변혁(transforming)은 기업이 이미 구축한 자원과 역량을 지속적으로 재구성하는 것이다(Teece, Pisano & Shuen, 1997). 다국적 기업이 직면한 이슈들은 그 어느 때보다 복잡다단(multifaceted)하게 제도를 급격하게 변화시킨다. 특히, 근래 4차 산업혁명의 핵심 요소인 인공지능, 사물인터넷, 로봇공학 등 신기술로 인해 비즈니스의 조직적, 전략적 흐름이 급변하고 있다(Witschel et al., 2019).

기업은 ESG라는 제도에 의한 압박을 받지만, 그 정도는 차이가 있으며, 대응을 위해서는 기본적 자원(resources)을 넘어서는 동적역량(dynamic capabilities)이 필요하다. 이에 대하여 기업들은 CBAM(Carbon Border Adjustment Mechanism, 유럽의 탄소국경조정제도), TCFD(Task Force on Climate-related Financial Disclosures, 기후변화 재무정보공개 태스크포스),[3] SASB(Sustainability Accounting Standards Board, 지속가능성 공시기준)[4]와 같은 자발적 ESG 활동을 전개할 수 있지만, 그렇지 않은 기업 역시 존재한다. 동적역량과 ESG 실행(Action)을 두 축으로 하여 모델을 만들면 〈그림 9-5〉와 같다.

각 사분면을 자세히 살펴보면 다음과 같다. 1사분면에 위치한 불이행자(defaulter)는 ESG에 맞는 동적역량에 전혀 무관심하게 반응하는 기업이다. 2사분면에 위치한 기민한 방관자(astute watcher)는 동적역량을 갖추었음에도 불구하고 다른 기업의 행동을 살피면서 피동적으로 ESG 활동을 이행한다. 여기에 속하는 기업은 제도 이론에서 보면 모방적 동형화에 수렴할 가능성이 높다. 3사분면의 부진한 전투가(sluggish fighter)는 동적역량을 갖추기 전에 ESG를 시급한 과제와 같이 제도적 압력으로 받아들이는 기업이다. 4사분면의 지

---

3 2015년에 설립된 기후변화 재무정보 관련 글로벌 협의체
4 미국의 지속가능회계기준위원회가 제정한 환경·사회·지배구조 관련 지속가능성 공시기준

그림 9-5 동적역량과 ESG 실행 모델

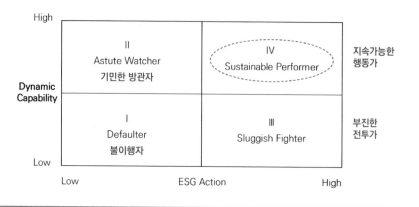

출처: 저자들 작성

속가능한 행동가(sustainable performer)는 동적역량을 갖춘 기업이 ESG 제도에
무리 없이 적응하면서 지속가능한 성장이 가능한 기업이다. 이러한 모델을 통
해 각 기업이 어떻게 대응해야 할 것인지에 대한 시사점을 찾을 수 있을 것이
다. 다음에서는 이에 대한 몇 가지 사례를 제시하고자 한다.

그림 9-6 포스코의 주주가치에서 이해관계자가치로의 변화

출처: 김용근(2022)

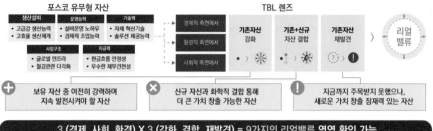

출처: 김용근(2022)

국내외 글로벌 기업의 사례

포스코는 지속가능한 이해관계자 중심 경영을 추구하기 위해 "리얼밸류"를 내세우고 있다. 유무형의 자산들을 경제적 가치로만 해석하지 않고, 이를 TBL(Triple Bottom Line) 관점에서 확장·결합·재발견하는 것이다(그림 9-6).[5]

상술하면, 철강산업 이외에, 이차전지와 수소산업의 핵심역량을 더욱 발전시킴은 물론 지속가능한 이해관계자 중심 경영을 위해, 환경, 사회, 경제 측면에서 기존자산의 강화, 기존자산과 새로운 자산의 결합, 기존자산의 재발견이라는 3x3의 프레임으로 치밀한 노력을 기울이고 있다(그림 9-7).

먼저, 경제적 가치 측면에서는 친환경 소재 및 에너지로 Profit Pool의 확장을 지속적으로 노력하고 있다. 탄소중립을 기회로 경쟁우위 업그레이드를 진행하는 한편, 철강과 신규산업(2차 전지, 수소 산업 등) 간 융복합 시너지를 창출하고, 신산업 및 B2B 마케팅 역량을 활용하여, 미래 유망사업을 개척하고 있다.

환경적 가치 측면에서는 탄소중립 이니셔티브 발휘로 지구 환경에 기여하고 있다. 탄소중립 위한 친환경 공정 및 제품 역량 발휘는 물론, 국내 CO_2

---

5 김용근(2022), 포스코 리얼밸류(Real Value) 스토리.

多배출 분야의 탄소중립 핵심 솔루션을 제공하고, 지속가능 리더십 발휘로 글로벌 탄소중립에 기여하고 있다.

끝으로 사회적 가치 측면에서는 기업시민 이념 확산으로 사회적 가치 창출을 목표로 하고 있다. 창립 초기부터 중시해 온 동반성장의 철학을 계속 발전시키고, 철강생태계 육성 경험 기반의 신산업 생태계를 구축함은 물론, 기업시민 Best Practice의 축적으로 사회문제 해결의 Role Model화를 추진하고 있다.

SK하이닉스는 이해관계자 중심 경영을 추구하기 위해 환경, 사회, 지배구조 부문에서 ESG의 실천에 역량을 집중하고 있다. 국내 최초로 2050년 RE100을 달성할 것을 선언했으며, 2030년까지 소비전력의 33%를 재생에너지로 조달할 목표를 제시했다. 특히 동사는 2022년 ESG에 적극 대응하기 위해 자체 ESG 전략 프레임워크인 'PRISM'을 개발하였다. 기존에 이미 사회적 가치 창출을 극대화하기 위한 중장기 로드맵인 'SV2030'을 구축하고 있었지만, 지배구조와 공급망 관리 이슈가 누락되어 있어, ESG 목표치를 명확하게 제시하지 못했다는 한계가 있었다. PRISM은 SV2030과 연계해 전략적 논의의 범위를 확장하고 상세한 목표수치를 구체화하였다. PRISM 철자의 의미와 목표는 〈표 9-4〉와 같다.

네슬레(Nestle)는 세계최초로 공유가치창출(creating shared value: CSV) 개념을 경영에 도입한 것으로 알려져 있다. 현재는 글로벌 식품산업에서 ESG 경영을 선도하고 있다. 네슬레는 ESG 경영의 구체적인 실천을 위해 9개의 KPI를 〈표 9-5〉와 같이 설정하고, 자체 발간하는 CSV and Sustainability Report에 각 KPI 성과를 측정·제시 및 공유하고 있다.

네슬레의 ESG KPI에는 지배구조 내용이 생략돼 있다. 단, 2021년 CSV and Sustainability Report에서 Compliance Program에 대한 4가지 원칙을 다음과 같이 제안하고 있다. 첫째, 경영진이 기업 윤리문화를 주도해 시스템과 프로세스 과정에서 윤리적 원칙에 기반한 방식으로 사업을 수행한다. 둘째, 윤리 및 준법지침을 전파하고 정보공유를 위해 커뮤니케이션 캠페인을 실시

표 9-4 PRISM의 의미와 목표

구분	의미	목표
P	Pursue a brighter future based on our philosophy DBL(Double Bottom Line) 경영을 기반으로 더 밝은 미래를 추구합니다.	2030년까지 누적 1조원의 사회적 가치 창출 성별 및 국적 다양성 비율 30% 증가 통합재해율 10% 감소 대사증후군 10% 감소 등
R	Restore the environment to preserve the planet 환경을 복원해 지구를 지키는 기업이 되겠습니다.	온실가스 Scopre 1&2 배출량 2020년 수준 유지 2026년까지 배출량 집약도 57% 감축 에너지절감 누적 3,000GWh ZWTL Gold(99%) 달성 등
I	Innovate our technology for tomorrow 미래를 생각하는 혁신적인 기술로 더 나은 세상을 만들겠습니다.	공정가스 배출량 40% 감축 스크러버 처리 효율 95% 달성 HBM 제품 에너지 효율 2배 증가 eSSD 에너지 효율 1.8배 증가 등
S	Synchronize substantiality efforts with our partners 파트너들과 함께 지속가능한 산업생태계 구축을 위해 노력하겠습니다.	신규협력사 행동규범 준수 서약 100% 1차 협력사 ESG 온라인 자가평가 100% 고위험/중점 협력사 ESG 현장평가 100% 등
M	Motivate our people toward excellence 구성원들의 잠재력을 이끌어내 탁월함에 이를 수 있도록 동기 부여하겠습니다.	여성 임원 비율 3배 증가 여성 팀장 비율 10% 인당 자기개발 교육 연 200시간 등

출처: SK하이닉스(2022)

표 9-5 네슬레의 ESG KPI

구분	KPI 내용
Environmental	1. Greenhouse gas (GHG) emissions reduction 2. Water use reduction in factories 3. Percentage of key ingredients produced sustainably 4. Percentage of deforestation-free for primary supply chain 5. Percentage of plastic packaging designed for recycling 6. Percentage of virgin plastic reduction
Social	1. Number of servings of affordable nutrition with micronutrient fortification (MNF) 2. Number of young people around the world with access to economic opportunities 3. Women in the top 200+ senior executive positions

출처: Nestle(2022)

한다. 셋째, 기업이 자체 마련한 글로벌 CARE 감사 프로그램을 통해 내부감사를 수행하는 한편, 외부감사는 근무 및 고용조건, 사업 건전성, 안전 및 건강, 환경의 지속가능성, 보안, 지역사회 및 노동 편의에 대한 원칙의 준수여부를 판단한다(Monitoring and reporting). 넷째, Compliance Program의 우선순위와 핵심영역을 정의하기 위해 지속적인 리스크 평가를 실시하며, 윤리적 논의와 실행계획이 적법하게 실행되도록 지도한다.

알리안츠(Allianz)도 ESG 통합관리체계를 구축해 사업 수행 시 ESG 요소를 반영하도록 의사결정의 지배구조, 주요 기준, 절차에 대한 가이드를 제시했다. 2012년 유엔환경계획(United Nations Environment Programme: UNEP)에서 발표한 지속가능보험원칙(Principles of Sustainable Insurance: PSI)을 따르면서, ESG와 관련된 산업동향을 모니터링해 지속가능 솔루션, 녹색에너지와 재생에너지 보험, 소유자산 투자 ESG 기회라는 세 측면에서 새로운 사업기회를 창출하고 있다(Allianz, 2021). 지속가능 솔루션 측면에서는 환경과 사회에 이익이 되는 상품과 서비스를 제공하기 위해 〈표 9-6〉과 같이 6가지 정의를 제시하고, 2개 이상의 조건을 충족하도록 한다. 녹색에너지와 재생에너지 보험과 관련해서는, 전통적 화석연료에서 저탄소 경제로의 전환이 이루어지면서 새로운 보험기회 역시 발생하고 있다. 또한 소유자산 투자 ESG 기회는 재생에너지에 대한 주식 및 채권투자, 지속가능 인증 건물에 대한 투자, 개발도상

표 9-6   6가지 지속가능 솔루션의 정의

구분	1	2	3
환경	환경, 기후변화에 초점을 맞춘 기술개발 지원 고객의 재무리스크 노출을 경감	자연자원, 생태 다양성, 환경 또는 기후변화에 대한 보존 또는 완화	고객 리스크 관리를 통한 환경리스크 보장과 기후변화 영향 대응 리스크 경각심 제고 및 리스크노출 경감 유인 제공
사회	사회적 취약계층이 당면한 문제의 해결을 위한 활동가 지원 도우미를 돕는 상품을 포함	사회적 취약계층에 맞춘 솔루션을 제공하여 사회적 책임의 실천을 장려 사회적 취약계층 대상 보험료 경감	사회적 취약계층 관련 사회문제를 완화하고 방지하기 위한 다양한 활동을 통해 문제에 대한 경각심 제고

출처: Allianz(2021)

국 인프라 투자, 녹색인프라 투자 등을 통해 저탄소 경제로의 전환 및 지속가능한 발전을 가능하게 하고, 환경 또는 기후관련 문제를 해결하고 있다.

자산규모가 큰 영국의 Bank of England(BoE)의 사례를 살펴보면 다음과 같다. 이들은 ESG 보고서에서 투명성을 토대로 많은 정보를 공개하여 모든 영역에서 높은 점수를 받았다. 이들이 운영하는 정교한 규제 감독과 이사회의 면밀성 및 상대적 효율성을 비롯한 여러 요인들이 ESG에 의해 영향을 받았다. 영국 금융시장은 지배구조에서 글로벌 경쟁자를 앞서고 있지만, 환경과 사회적 요인에 대해서는 뒤처져 있다. 영국 은행은 이사회 독립성 및 주주 보호와 지배구조의 기준에서는 최상위 수준이지만, 환경과 사회적 측정기준에서는 전 세계에서 상위 30개국에 속하는 데 그쳤다. 2020년 영국 글라스고에서 열릴 예정이었으나 팬데믹으로 연기된 UN 기후변화 회의가 2021년 개최되면서, 대중과 영국 정부의 기후변화와 지속가능성에 대한 관심도 커졌다. 그러나 영국의 주요 산업분야인 은행 부문은 여전히 환경부분에 있어 뒤처져 있다고 판단된다. 이는 금융권이 최근 녹색 금융에 초점을 맞추고 있음에도 불구하고 기후변화에 대처하기 위한 조치는 충분하지 않다는 우려를 보여주고 있다.

한편, 모든 글로벌 기업이 ESG 성과 창출에 성공한 것은 아니었다. 중국의 Shein은 미국 1020세대를 위한 신속한 신제품 출시와 저가공세, 소셜미디어를 통한 viral marketing을 통해 10년 만에 기업가치 1,000억 달러를 달성하고, 팬데믹을 기점으로 업계 1위에 올랐다. 하지만 환경오염과 강제노동 등으로 스위스 시민단체에 의해 Shein의 일부 협력사가 노동자 인권을 유린하는 작업환경이 드러났다. 패션기업의 지속가능성을 평가하는 굿온유는 Shein의 환경과 근로자 인권평가에서 각각 5점 만점에 1점을 부여해 '피해야 할 브랜드(We avoid)'로 등급을 매긴 바 있다. 아울러, 환경과 사회적인 측면뿐만 아니라 지식재산권 침해 논란도 소비자가 등을 돌리는데 영향을 미쳤다. 경제전문지 월스트리트 저널에 따르면, 최근 3년 동안 미국 연방법원에 Shein이나 Shein의 모기업을 상대로 제기된 소송은 최소 50건으로 H&M의 10배인 것으로 나타났다.

글로벌 기업의 노사문화와 지속가능경영

글로벌 기업들이 성공적인 지속가능경영을 추진하기 위해서는 본국과 진출국의 제도 및 문화적 차이를 효과적으로 조율할 수 있는 조직문화체계를 구축하는 것이 중요하다. 조직문화(organizational culture)란 한 조직을 다른 조직과 구분지으며, 조직 구성원에 의해 유지되는 공유된 의미 체계를 일컫는다 (Robbins, 1991). 따라서, 기업은 조직 내 이해관계자가 공유하는 인식을 토대로 조직의 경영을 지속하게 하는 주요 요인을 형성할 수 있다.

이에, 문화실용론자(culture pragmatists)들은 기업의 최고경영자 및 관리자들의 의도적인 개입과 관리를 통해 기업이 추구하는 방향으로의 문화 조성이 가능하다고 주장한다. 이런 맥락에서, 지속가능성을 추진하는 많은 기업들은 주요한 구조적 요인들과 경영실행 단계를 이해관계자에 초점을 맞추고 프로세스화함으로써, 기업의 문화를 개선한다. 예를 들어, 다국적 중장비제조 그룹사로 유명한 미국 캐터필러사(Caterpillar Inc.)는 기업문화/조직진단 관리체계를 구축함으로써, 조직을 혁신하고 조직의 지속가능성을 제고했다.

이와 같은 기업문화 측정은 일관적이고 지속적으로 실시하며, 발생 가능한 경영리스크의 예측 가능성을 높여 조직의 응집력과 체질을 강화한다. 조직의 전략이나 비전이 반영된 기업문화 관리체계는 조직 전반의 문화를 원숙하게 하며, 이슈와 문제를 미연에 방지하게 되므로 선순환적 경영활동을 돕는다. 캐터필러사가 수십 년에 걸쳐 운영하는 기업문화 관리체계는 회사 존속과 지속성을 확보하기 위한 도구라는 점에서, 앞서 살펴본 네슬레가 운영하는 ESG KPI와 맥락을 같이 하는 것이며, 조직 구성원 차원에서의 지속가능경영에 대한 인식을 강조한다고 볼 수 있다.

한편, 글로벌 기업의 지속가능경영을 추진하기 위한 조직문화를 구축하기 위해서는 현지국의 노동환경에 대한 심도 있는 이해를 바탕으로 자회사의

그림 9-8   미국 캐터필러사(Caterpillar Inc.)의 기업문화 관리체계

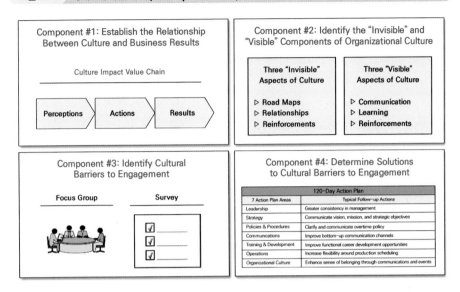

출처: Corporate Leadership Council Research(2004)

역량을 강화할 수 있는 방안을 모색해야 한다. 본국과의 제도 및 문화적 거리
가 가까운 국가이더라도, 노동환경의 차이가 클 수 있다. 예를 들어, 한국과
유사한 노동시장 환경을 가진 것으로 알려진 일본은 정작 한국과는 다른 방
식으로 고용관계를 다룬다. 일본의 경우, 한국의 근로기준법 격인 노동기준법
아래 노동계약법을 두고, 노동시장의 유연성 확보를 위한 토대를 마련하고 있
다. 일본의 노동계약법은 근로자 개별계약 개념을 강조하고 취업규칙 불이익
변경에 관한 사회적 합리성 요건이 갖춰졌다는 전제하에, 노조나 근로자 과반
동의가 없어도 근로조건을 낮추는 효력을 명시한다. 노사분쟁 시 법원이 노동
계약법 제10조의 사회적 통념상 합리성 요건을 인정하면, 일방적 직원 급여
삭감도 가능하다는 뜻이다. 물론, 사용자가 근로자 동의 없이 근로조건을 낮
추기는 여전히 쉽지 않으며, 법원도 사회적 통념을 엄격히 해석하고 있기는
하다. 단, 법 시행을 계기로 개별계약에 관한 인식이 확산하면서 고용관계와
근로조건에 관한 논의가 활성화되고 있다는 점은 주지의 사실이다.

    이러한 일본 노동계약법 기저에는 기업의 지속가능경영 제고를 위한 노

력이 자리하고 있다. 이처럼, 글로벌 경영측면에서 각국의 노동환경 및 문화적 특징을 포용할 수 있는 조직 문화를 구축하는 것이 기업의 지속가능경영을 성공적으로 추진하기 위한 중요한 토대가 될 수 있다.

┌ 05 결론: 새로운 기회와 통합전략

안티 워크 운동과 새로운 기회 관점

대부분 글로벌 기업들은 ESG 경영에 집중하고 있으며, 학계에서도 글로벌 기업의 ESG 관련 연구를 다양한 경로를 통해 확인할 수 있다. 반면, 최근 우크라이나 전쟁 발발과 더불어 에너지 위기, 경제 불황에 따라 ESG 경영에 대한 회의론도 연이어 제기되고 있다. 우선 기술적으로 재생에너지만을 사용하는 RE100은 불가한 상황이며, 오히려 글로벌 탄소감축 계획은 재조정돼야 한다는 주장도 대두되었다. 이러한 상황에서 ESG 자체가 반(反)시장주의적이라는 정치적 논쟁까지 등장하기에 이르렀다.

미 공화당 소속 마이크 펜스 전 부통령은 월스트리트저널에 '진보 좌파들이 투표에 승리하기 위해 ESG를 이용하고 있고, 공화당만이 이러한 정치적 편견을 멈출 수 있다'라는 글을 기고하였다. 미국의 보수진영은 ESG 기반 진보이념을 표방하는 기업의 경영행태를 '깨어있는(woke) 기업'이라 칭하고 '안티 워크(anti woke)' 운동을 펼치며 월트디즈니, 코카콜라, 델타항공과 같은 정치적 목소리를 내는 기업에 경제적 압박을 가하고 있다.

〈그림 9-9〉와 같이, 대기업들의 정치적 목소리가 높아지고, 이에 대해 반대하는 공화당의 움직임이 있지만, 이는 공화당의 순신뢰도를 낮추고 있으며, 2022년 12월 치열하고 중요한 최종 조지아주 상원 선거에서 결국 민주당이 승리하는 데 중요한 역할을 했다.

한편, ESG는 투자자들에게도 단순한 위험 배제기준이 아니라 적극적 수

그림 9-9 안티 워크 사례와 대기업에 대한 공화당 순신뢰도

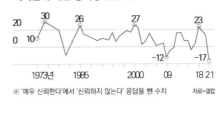

안티 워크 운동 촉발 사례	
코카콜라 델타항공 MLB	조지아주 선거법 개정 반대
월트디즈니	플로리다주 '부모의 교육권법' 제정 반대
뱅크오브 아메리카	직원 인종 교육 의무화
유니레버	이스라엘의 팔레스타인 점령 반대
S&P 글로벌	주정부 평가에 ESG 기준 도입

출처: 조선경제, Weely Biz(2022.06.09), "대기업, 착한 척 하지마!" 안티 워크 자본주의 떴다.

익기반 투자 기회로 변환되고 있다. 기업도 공급망 내에서 '책임지는 협력사 관리'를 통해 견고한 ESG 공급사슬을 만들어 가고 있다. 특히, EU와 미국의 ESG 공시 및 공급망 실사 강화는 ESG 경영이 글로벌 경영의 선택 사항이 아니라 필수 사항임을 확인시켜주고 있다. 기업은 평가에 지나치게 집착하지 않아야 하며, 경영진 개입으로 ESG를 전략화하는 것이 타당하다. 무엇보다도 ESG 위험 및 기회를 관리하는 방법에 대한 자체 관점에 집중하고 인풋(input)으로 사용하는 것이 중요하다. 이사회와 고위 경영진은 전사적 ESG 전략을 감독하고 추진하여 광범위한 비즈니스 전략과 일치하도록 해야 한다 (Papadopoulos & Araujo, 2020). 특히, ESG 통합을 위해서 '지속가능 최고책임자(Chief Sustainability Officer: CSO)를 임명해 외부 이해관계자의 요구에 대응하고, 내부 이해관계자 목표를 일치하는 것도 필요하다고 판단된다.

또한, ESG를 '선행의 황금률'로 보는 것은 ESG에 대한 오해에서 비롯된 것이다. ESG 경영은 기업의 이익과 사회적 기여를 동시에 추구한다. 주주 제일주의가 재무성과만 좋은 '우등생'을 요구한다면, 이해관계자 자본주의는 우등생이자 '모범생'으로서의 기업 역할까지 요구한다. 기업은 이해관계자 존중 경영을 펼치고, 중견/중소기업도 글로벌 기업과 거래중단이나 거절을 방지하기 위해 ESG 자정장치를 갖춰야 한다. 물론, 이들 기업의 ESG 경영을 위해 대기업과 금융기관의 지원이 병행된다면 더욱 바람직스러울 것이다.

2단계 패러다임의 전환과 통합적 전략

통상 최고의 선두기업이 아닌 경우, 벤치마킹을 통해 선두를 따라가는 전략은 매우 훌륭한 전략 중 하나이다. 즉, 벤치마킹을 통해 생산비를 절감하고, 매출을 증대시키며, 다각화하고, 효율성과 신속성을 높여서 생산가능곡선까지 생산성을 높이는 것은 전통적으로 중요한 종합적 전략이다. 그러나 시대가 변화함에 따라 이젠 생산가능곡선 조차도 뛰어넘어야 하는 패러다임의 전환이 필요하게 되었다.

먼저, 신제품과 신시장 개척의 기치를 내세우며 블루오션 전략이 주목을 받았다. 또한 단순한 다각화가 아닌 시너지 효과를 극대화하는 다양한 융합전략도 나타났다. 이제는 효율성과 신속성을 뛰어 넘는 윤리경영, 투명경영도 중요하게 되었으며, 결국 이해관계자 중심 경영이 절대적으로 필요한 시대가 되었다(그림 9-10).

그림 9-10 패러다임 전환전략과 이해관계자 중심 경영

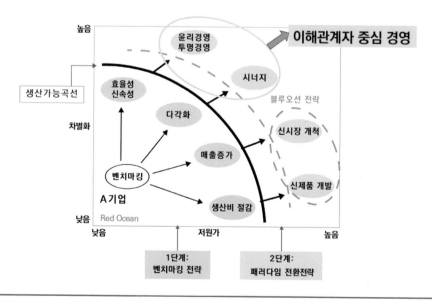

출처: 문휘창(2006)에서 일부 수정

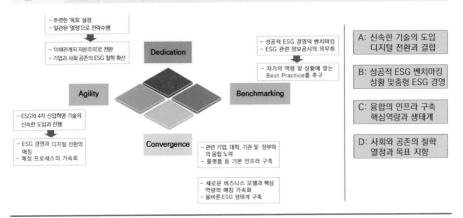

그림 9-11 통합적인 이해관계자 중심 경영 전략

출처: 정진섭(2022)

끝으로 글로벌 경영전략의 관점에서, 이러한 이해관계자 중심 경영을 위한 핵심 전략을 ABCD 전략 모델[6]을 활용하여, 네 가지 부문으로 제시하고자 한다(그림 9-11).

첫째, 신속하게 4차 산업혁명의 기술을 도입하는 디지털 전환을 꾀하면서 이를 ESG 경영과 매칭해야 할 것이다. 다수의 글로벌 리더 기업들은 이러한 매칭 경영을 이미 수행하고 있으며, 이는 절대적으로 중요한 핵심 요소이다. 둘째, 성공적인 ESG 경영을 벤치마킹하되, 자신의 역량과 상황에 맞게 Best Practice를 추구해야 한다. 모방은 자신에게 맞는 창조가 될 때, 더욱 빛나는 것이다. 셋째, 다양한 이해관계자들이 함께 시너지를 창출할 수 있는 융합의 인프라를 구축하고, 이를 통해 비즈니스 생태계가 함께 핵심역량을 키울 수 있어야 한다. 넷째, 열정과 목표지향적 전략이 중요하되, 기본적으로 경제적 성과가 사회와 환경과 조화를 이루어야 한다는 이해관계자 자본주의의 철학이 자리잡아야 한다.

전 세계인이 동의한 전제, '지속가능발전'의 구체적 실행방법이 '이해관계자 중심 경영'이며, 이를 대체할 경영가치는 향후 한동안 나타나지 않을 것이

---

6 ABCD 전략 모델은 Agility, Benchmarking, Convergence, Dedication의 4가지 측면에서 어떻게 경쟁우위를 창출할 것인가에 대한 전략을 제시한다(Moon, 2016).

다. 오히려 이러한 추세의 경영은 불가역적으로 더욱 강화될 것이다. 기업은 성장과 영속을 위해서, 이해관계자 중심 경영(즉, ESG 경영)을 수용하고 발전시켜 차별화된 글로벌 경쟁우위를 확보해야 할 것이다.

그리고 그에 대한 중요한 수단으로서 디지털 전환(DT)과 경영의 매칭, 생태계 중심의 융합 인프라, 벤치마킹 및 새로운 열정과 철학도 필요할 것이다. 글로벌 기업이 지속가능발전을 실현할 유일한 경로이며 바람직한 방향으로서, 이제 '이해관계자 중심 경영'은 시대의 소명이다.

경제사회연구실. (2020). 코로나 이후 글로벌 트렌드: 완전한 디지털 사회, 기술정책 인사이트, 2020−01.

고상미. (2022). 공급망·디지털·탄소중립 등 5대 분야에 통상역량 집중, 경제정보센터.

김민정. (2021). 디지털 트랜스포메이션(DT)을 활용한 ESG 경영이란?⋯ KCGS 보고서, (2021.12.17.) IMPACT ON. Available from https://www.impacton.net/news/articleView.html?idxno=3083

김성옥. (2022). 디지털화와 플랫폼 기반 글로벌 가치사슬의 변화, FOCUS, 정보통신정책연구원.

김승현 외. (2020). 전환시대 지역혁신생태계에서 선도기업의 역할과 기여, 과학기술정책연구원.

김양민·박지현. (2021). ESG 또는 기업의 사회적 책임, 그리고 기업 재무성과: 실증연구 고찰과 향후 발전 방향, 전략경영연구, 24(2), 75−114.

김용근. (2022). 포스코 리얼밸류(Real Value) 스토리, POSCO.

대한상공회의소(2022), 지속가능경영을 위한 기업 가이드 ESG A to Z, Available from https://kosri.com/datacenter−2/sr_theory/?board_name=sr_theory&mode=view&search_field=fn_title&order_by=fn_pid&order_type=desc&board_page=1&list_type=list&board_pid=106

문휘창 (2006). 경영전략 묘수와 정수, Credu.

박성택·김태웅·김미량. (2020). 공급망 관리의 디지털화: 구성요소와 전략적 파급 효과, *Journal of Digital Convergence*, 18(6), 109−120.

박종섭. (1998). 강한 기업문화, 경영 일관성/성과 높아, 품질경영, 33(2), 102−116.

삼정KPMG (2020). [COVID−19] AI를 활용한 공급망 디지털 전환, 삼정KPMG 경제연구원.

이준희. (2021). ESG경영의 핵심: 이해관계자 통합 관점의 신뢰경영, TAXNET.

이지영. (2021). APEC 기업인들과 공급망 관리, 친환경·디지털 전환, 다자무역체제 회복 협력강화 논의, 산업통상자원부 보도자료.

정진섭. (2022). ESG 경영과 ABCD 전략, 한국경영컨설팅학회 발표자료.

한국보건산업진흥원. (2022). 코로나19, 바이오헬스산업 분야 ESG와 통상, KHIDI 바이오 헬스 수출 기업 ESG 리포트, Vol. 01, Mar. 2022.

한능호·박진우. (2019). 코로나19로 인한 동아시아 지역의 공급사슬 재편에 관한 연구, 지역산업연구, 43(4), 243−268.

한상범·권세훈·임상균. (2021). 글로벌 ESG 동향 및 국가의 전략적 역할, 대외경제정책연구원.

太田智之. (2020). コロナ後のサプライチェーン『脱·中国依存』の可能性を見通す, みずほリポート, みずほ総合研究所, 2020.9.10.

Allianz. (2021). Allianz ESG Integration Framework, Version 4.0, Available from https://www.allianz.com/content/dam/onemarketing/azcom/Allianz_com/sustainability/documents/Allianz_ESG_Integration_Framework.pdf

BCG. (2020). "COVID−19 BCG Perspectives: Facts, Scenarios, and Actions for Leaders", UNDP.

Corporate Leadership Council Research. (2004). Driving Performance and Retention Through Employee Engagement, Corporate Executive Board.

Friedman, M. (1970). "A Friedman Doctrine: The Social Responsibility of Business Is To Increase Its Profits", *The NewYork Times Magazine*, 13, 32−33.

Kilpatrick, J., and L. Barter. (2020). "COVID−19: Managing Supply Chain Risk and Disruption," Deloitte.

KIRI. (2021). 보험회사 ESG 경영 현황 및 과제: 독일 알리안츠 사례 연구, Available from https://www.kiri.or.kr/report/reportList.do?catId=52&docId=24289

Nestle. (2022). Reporting Scope and Methodology for ESG Key Performance Indicators, Available from https://www.nestle.com/sites/default/files/2022−03/reporting−scope−methodology−esg−kpis−2021−en.pdf

Moon, H. (2016). *Strategy for Korea's Economic Success*, Oxford University

Press.

Robbins, S. P. (1991). *Organizational Behavior (5th ed.)*. New Jersey: Prentice－Hall.

SK하이닉스. (2022). SK하이닉스, ESG 전략 프레임워크 'PRISM' 개발, Available from https://news.skhynix.co.kr/post/prism_framework

Tang, C. S. (2006). "Robust strategies for mitigating supply chain disruptions," *International Journal of Logistics*, 9(1), 33－45.

Teece, D. J., G. Pisano, and A. Shuen. (1997). "Dynamic Capabilities and Strategic Management", *Strategic Management Journal*, 18(7), 509－533.

Wang, C. L. and P. K. Ahmed. (2007). "Dynamic Capabilities: A Review and Research Agenda", *International Journal of Management Reviews*, 9(1), 31－51.

Witschel, D., A. Döhla, M. Kaiser, K.－I. Voigt and T. Pfletschinger. (2019). "Riding on the Wave of Digitization: Insights How and Under What Settings Dynamic Capabilities Facilitate Digital－driven Business Model Change", *Journal of Business Economics*, 89(8), 1023－1095.

이해관계자 중심 경영과
기업시민 포스코

••10
이해관계자 중심 경영과 기업시민 포스코

한상만(한국경영학회장, 성균관대학교), 김용근(포스텍 기업시민연구소),
이재혁(고려대학교), 이준서(동국대학교), 홍철규(중앙대학교), 허대식(연세대학교),
정진섭(충북대학교)

　　현재 포스코 그룹 사업은 50여 개국에 걸쳐 있으며 약 63,000명의 직원 (국내 35,000명, 해외 28,000명)이 전 세계 160여 개 지사 및 사업장에서 근무하고 있다. 특히 포스코는 세계 최대 규모 1위인 광양제철소와 2위인 포항제철소를 보유하고 있으며, 두 제철소는 연간 4,500만톤의 조강 생산능력을 갖추고 있어 명실공히 포스코는 세계 최대 규모의 제철소로 자리매김하고 있다. 2019년 세계경제포럼(WEF)은 포스코를 세계 제조업의 혁신기업인 '등대공장'으로 선정했고, 세계 유수의 철강분석기관 WSD(World Steel Dynamics)도 포스코를 13년 연속(2010~2022년) '세계에서 가장 경쟁력 있는 철강사'로 선정하고 있다.

　　포스코는 더 나은 나라를 만들고자 하는 간절한 열망으로 설립되고 애국심에 뿌리를 둔 '제철보국'을 창업정신으로 삼았다. 2000년 민영화 이후에도 포스코의 '제철보국' 정신은 50년 역사에 그대로 이어져 내려오고 있다.

　　하지만 포스코가 글로벌 기업으로 성장하면서 많은 것이 달라졌다. 포스코는 세계에서 가장 경쟁력 있는 철강회사가 되었을 뿐만 아니라 무역, 건설, 소재 등으로 사업영역을 다각화했는데, 애국심과 제철소에 뿌리를 둔 창업정신으로는 이러한 변화를 온전히 담을 수 없었다. 이에 2018년 9대 회장으로 취임한 최정우 회장은 포스코의 새로운 경영이념으로 '더불어 함께 발전하는 기업시민'을 선포하였다. 기업시민은 기업에 시민의 인격을 더한 개념으로,

그림 10-1 포스코 기업시민헌장

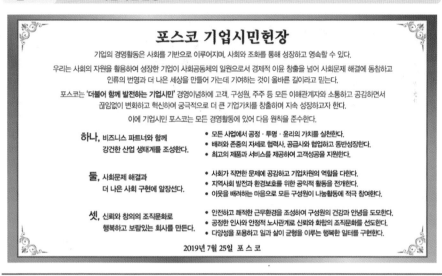

성숙한 시민이 나서서 지역사회를 위해 선행을 하는 것처럼 기업도 사회공동
체의 일원으로서 더 많은 이해관계자를 고려하며 공존, 공생의 가치를 실천해
야 한다는 것을 강조한다.

창립 50주년을 맞은 2018년 경영이념으로 선언한 기업시민은 이제 존경
받는 100년 기업을 향한 포스코 여정의 중심이 되었다. 철강 생산을 통해 국
가에 공헌한다는 창업정신을 세계화와 사업 다각화 그리고 자본주의 대전환
의 시대 변화에 맞게 수정한 것이다.

포스코의 이러한 의지는 2019년 7월 제정한 '기업시민헌장'에 잘 담겨있
다. 외부 전문가의 조언과 임직원의 의견을 반영하여 만들어진 기업시민헌장
에는 기업시민에 대한 자세한 설명과 포스코의 지향점, Business, Society,
People 영역에 대한 원칙과 실천방안이 담겨있다.

이후 기업시민에 대한 보다 구체적인 지침을 제공하기 위해 2020년 7월
CCMS(Corporate Citizenship Management Standards)를 제정하였다. CCMS는 포스
코 임직원을 위한 보다 쉬운 길잡이로서 업무와 일상에서 기업시민을 실천하
기 위한 업무 영역별 구체적인 실천 가이드를 담았다.

그림 10-2 기업시민 5대 브랜드 체계

포스코는 2021년 기업시민 5대 브랜드를 발표했다. 이는 기후변화, 안전, 지역사회와의 소통 등 다양한 이해관계자 이슈를 반영하여 더 나은 사회를 만들어가기 위한 포스코의 의지를 보여준다. "Green With POSCO," "Together With POSCO," "Challenge With POSCO," "Life With POSCO," "Community With POSCO."로 구성된 5대 브랜드에는 포스코뿐만 아니라 전 그룹이 참여하고 활동하고 있다.

기업시민 5대 브랜드별 대표 실천사례를 살펴보면, 먼저 시그니처 브랜드인 Green with POSCO 측면에서 함께 환경을 지키는 회사를 목표로 다양한 활동을 전개하고 있다. 탄소중립 실현을 위한 활동들을 Green이라는 브랜드 활동으로 담아내어 친환경 미래를 선도해 나가고 있다. 2020년 포스코는 아시아 철강사 최초로 2050 탄소중립을 선언하였는데, 이를 위해 수소환원제철기술(HyREX, Hydrogen Reduction)을 기존 FINEX 공정을 기반으로 개발하고 있다.

두 번째 브랜드인 Together With POSCO는 함께 거래하고 싶은 회사를 목표로 하며, 그동안 비즈니스 파트너와 함께 동반성장해 온 경험을 바탕으로 더욱 강건한 공급망과 산업 생태계를 조성해 나가고자 하는 활동을 포함한다.

세 번째 Challenge With POSCO는 함께 성장하고 싶은 회사를 목표로 한다. 벤처밸리와 벤처펀드로 구성된 포스코 벤처플랫폼을 통해 유망 벤처기업을 발굴, 육성하여 사회와 산업 전반에 변화와 혁신을 가속화하고 포스코 그룹의 혁신과 지속 성장의 원동력으로 삼고자 하고 있다. 특히 창업 인큐베이팅 센터로 체인지업 그라운드를 서울과 포항에 조성하였다.

넷째, Life with POSCO는 함께 미래를 만드는 회사를 목표로 미래 세대를 위한 다양한 활동을 포함한다. 대표적으로 기업 차원의 저출산 롤모델 제시를 위해 제도와 문화 개선을 넘어 저출산이 사회문제로 인식할 수 있도록 다양한 프로그램을 추진하고 있다. 또한 미래 세대를 위한 기업시민 정규과목 운영, 기업시민 레벨업 그라운드 개최, 포유드림(POSCO Youth Dream) 청년 취창업 교육 등을 진행하고 있다.

마지막으로 Community With POSCO는 지역과 함께하는 회사를 목표로 추진하는 다양한 활동을 포함한다. 포스코는 창립 초기부터 지역사회와 함께 성장하는 것을 책임으로 인식하고, 지역사회와 기업이 공존, 발전하는 모델을 제시해 나가고 있다. 대표적으로 2021년 포항에 개장한 스페이스워크는 소멸 위기에 놓인 지역을 활성화시키기 위해 제작하여 기부한 세계 최대 규모의 체험형 조형물이다.

기업시민의 또 다른 도전은 포스코 내부 이해관계자 참여이다. 이는 포스코의 외부 이해관계자 관리만큼이나 도전적인 과제이다. 기본적으로 기업시민의 지속가능성은 경영이념에 대한 임직원의 공감과 실천에 달려있기 때문에 구성원들에게 기업시민을 내재화하는 것은 무엇보다 중요하다.

기업시민을 경영이념으로 선언한 포스코는 지주회사 체제로 전환하였고 '인류의 지속 가능한 미래를 선도하는 글로벌 비즈니스 리더'라는 그룹의 성장비전을 기반으로 이해관계자를 고려한 리얼밸류 경영을 실현하겠다고 선언하였다. 특히 철강분야는 저탄소 철강제품 생산을 위한 신규 설비 투자와 기존 설비 기반의 저탄소 Bridge 기술 적용을 확대하여 철강 생태계 전반을 친환경적으로 전환하고 있다. 또한 친환경 미래소재 분야에서도 밸류체인을 강화하여 차별화된 경쟁우위를 극대화하기 위해 노력하고 있다.

이렇게 고객, 구성원, 주주 등 다양한 이해관계자를 고려하는 기업시민 포스코의 노력은 이제는 리얼밸류로 연결시킬 필요가 있다. 리얼밸류는 주가만으로 표현되지 못하는 기업의 본질적 가치, 기업이 사회공동체의 일원으로서 사회 구성원들에게 제공하는 총 가치라고 설명할 수 있다. 또한 이러한 노

그림 10-3 **주주가치 렌즈 vs. 이해관계자 가치 렌즈**

력이 대내외에 제대로 전달된다면 주가에도 리얼밸류가 제대로 반영될 수 있을 것이다.

주주 중심 자본주의 시대에는 주주 가치만이 중심이 되었지만, 이해관계자 중심 자본주의 시대에는 주주를 넘어 이해관계자 전체, 즉 경제뿐만 아니라 사회, 환경 측면을 포괄하는 프레임이 필요하다. 전략적 관점에서는 보유하고 있는 유무형 자산들을 이해관계자 가치(TBL: Triple Bottom Line) 렌즈를 통해 확장, 결합, 재발견할 필요가 있다.

TBL렌즈를 통해 포스코가 보유하고 있는 생산설비, 운영능력, 기술력, 사업구조, 자금력 등 유무형 자산을 활용하여 경제, 환경, 사회적 측면에서 기존 자산을 강화하거나, 기존 자산과 신규 자산을 결합하거나, 기존 자산의 가치를 재발견하여 리얼밸류를 높이는 활동이 포스코가 추구하는 이해관계자 중심 경영방식이다.

경제적 가치 측면에서 리얼밸류 창출 사례를 살펴보면, 탄소중립을 기회로 삼아 경쟁우위를 업그레이드하는 활동이 대표적이다. 예를 들어 FINEX 데모 플랜드 건설/운영 경험과 부생가스 활용 수소생산 체제라는 자산을 활용하여 수소환원제철 기술 개발 등 친환경 경쟁우위에 따른 수익을 기대할 수 있다는 것이 기존 자산을 강화하는 활동이다.

그림 10-4 이해관계자 렌즈를 통해 살펴본 리얼밸류

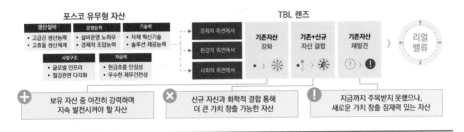

환경적 가치 측면에서는 이차전지 소재를 통해 EV 공급망을 지원하는 것과 같이 기존 자산에 새로운 자산을 결합하여 수송분야 탄소중립 지원 활동 등을 예를 들 수 있다.

사회적 가치 측면에서는 기업시민 Best Practices 축적으로 사회문제 해결의 롤모델 역할 수행을 기존 자산의 재발견 측면으로 해석할 수 있다. 예를 들어 포스코형 출산 장려제도 도입, 저출산에 대한 기업차원의 해법을 제시하는 활동을 들 수 있다.

이렇게 리얼밸류를 창출하고 스토리텔링을 통해 이해관계자들로부터 인정받을 수 있도록 노력하고 있는 포스코의 사례는 이해관계자 중심 경영이 시대정신에 적합한 미래 기업경영의 롤모델로 자리잡는 데 큰 역할을 할 것이다. 그런 의미에서 포스코의 사례를 내부 전략, 재무, 회계 관점에서부터 공급망 차원과 글로벌 비즈니스 측면까지 구체적으로 살펴보도록 하자.

그림 10-5 포스코사례 분석 프레임워크

01 이해관계자 자본주의 실천 전략

이해관계자 자본주의의 실천을 위하여 기업들은 전략적 접근방식을 선택해야 한다. 기업이 추구해야 하는 궁극적 목적은 지속가능성의 유지 및 확보이다. 이런 상황에서 이해관계자 자본주의의 구체적 실천방안 도출을 위해 ESG에 관심이 집중되고 있다. 지속가능성을 판단하는 비재무적 성과지표인 ESG를 통해 특정 기업이 이윤창출과정에서 절차적 공정성을 확보하여 주주만이 아닌 다양한 이해관계자의 기대를 저버리지 않는지를 가늠할 수 있기 때문이다. ESG 평가기관 중에서 가장 대표적인 MSCI의 평가방법에 주목할 필요가 있다. '중대성(materiality)'을 통해 산업별로 중요시해야 하는 이슈들을 제시하고 이에 대한 개별기업의 대응현황을 바탕으로 해당 기업의 장단점을 도출하고 있기 때문이다.

포스코가 경쟁하고 있는 철강산업에서는 '친환경'이 특히 중요한 이슈라는 것에 대해서는 논란의 여지가 없을 것이다. MSCI는 E(환경), 특히 Carbon Emissions(탄소배출), Water Stress(물 스트레스), Toxic Emissions & Waste(독성 배출 및 폐기물), Biodiversity & Land Use(생물다양성 및 토지이용) 등을 철강기업들의 지속가능성을 판단할 때 중요한 요인으로 간주되고 있다. 포스코 홀딩스(POSCO Holdings Inc.)의 경우 이 네 부분에서 모두 탁월한 성과를 보이고 있다. 하지만 Corporate Governance(기업지배구조), Health and Safety(건강과 안전), 노동관리(Labor Management) 등에 있어서는 업계의 평균을 유지하거나 업계의 평균보다 못 미치는 결과를 보이면서 종합평가 BBB(상위 36%)를 기록하였다. 반면 동종업계의 니폰스틸(Nippon Steel)은 전반적으로 평균 이상의 결과를 바탕으로 A(상위 26%)를 기록하였다. 특히 철강산업에서 아킬레스건으로 취급되어 오던 Health and Safety(건강과 안전)을 기업의 경쟁우위로 탈바꿈 시켰다는 사실에 주목할 필요가 있다.

철강산업의 특성상 포스코는 탄소배출과 관련하여 더 큰 도전에 직면할

그림 10-6 포스코 홀딩스(POSCO Holdings Inc.)와 니폰스틸(Nippon Steel) 비교

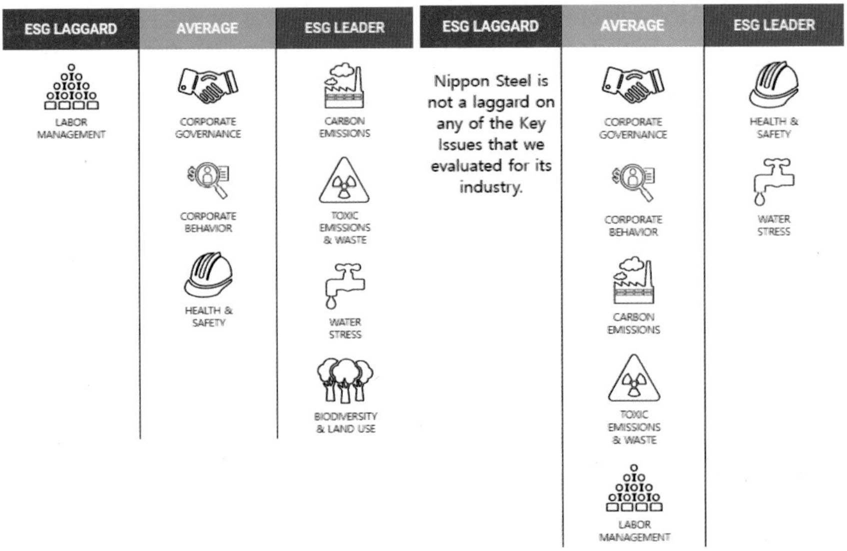

출처: MSCI ESG Ratings

것이다. 예를 들어 유럽연합(EU)이 2030년까지 EU 온실가스 배출량을 1990년의 55%로 줄이겠다는 목표를 설정한 결과, 탄소국경조정제도(CBAM)의 우선적용 대상 산업 중에 철강산업이 포함되어 있기 때문이다.

탄소배출과 관련해서 이해관계자들의 요구는 앞으로 더욱 거세질 것이다. 탄소 중립의 실천이 결코 쉬운 일은 아니다. 하지만 몇몇 대기업이 탄소 중립을 실천한다고 해도, 모든 이해관계자가 기대하는 만큼의 생태계의 개선을 이루는 것은 현실적으로 불가능하다. 탄소 중립(carbon neutral)은 그 단어가 의미하는 것처럼, 현재의 상황을 악화시키지 않고 단순히 유지하는 것에 그치기 때문이다. 향후에는 탄소 중립이 아니라 탄소 네거티브(carbon negative)가 기업의 경쟁우위를 판단하는 기준으로 부상할 것이다. 이를 위해 CCUS(탄소 포집 활용 저장 기술)가 대안으로 등장하고 있지만, 그 효과성 검증이 아직 불충분하며, 상업화까지는 다소 시간이 소요될 것으로 예상된다. 또다른 대안으로 산림활동을 통한 탄소배출권 획득 방안이 고려될 수 있다. 예를 들어 Apple은 맹그로브숲과 초원 보호 사업 등 산림 활동을 통해 2021년에는 16

표 10-1 APPLE의 탄소배출관련 현황

Fiscal year

		2021	2020	2019
Corporate emissions[1] (metric tons CO_2e)	Scope 1(gross emissions)	55,200	47,430	52,730
	Natural gas, diesel, propane	40,070	39,340	40,910
	Fleet vehicles	12,090	4,270	6,950
	Process emissions[2]	3,040	3,830	4,870
	Scope 2(market-based)	2,780	0	0
	Electricity	0	0	0
	Steam, heating, and cooling[3]	2,780	-	-
	Scope 3(gross emissions)[4]	23,130,000	22,550,000	24,980,000
	Business travel[5]	22,850	153,000	326,000
	Employee commute[6]	85,570	134,000	195,000
	Corporate carbon offsets[7]	-167,000	-70,000	-
Product life cycle emissions[8] (metric tons CO_2e)	Manufacturing(purchased goods and services)	16,200,000	16,100,000	18,900,000
	Product transportation (upstream and downstream)	1,750,000	1,800,000	1,400,000
	Product use (use of sold products)	4,990,000	4,300,000	4,100,000
	End-of-life treatment	80,000	60,000	60,000
	Product carbon offsets[9]	-500,000	-	-
Total gross carbon footprint(without offsets)[10] (metric tons CO_2e)		23,200,000	22,600,000	25,100,000
Total net carbon footprint(after applying offsets)[10] (metric tons CO_2e)		22,530,000	22,530,000	25,100,000

7. We retired 167,000 metric tons of carbon credits from the Chyulu Hills project in Kenya to maintain carbon neutrality for our corporate emissions in fiscal year 2021. This project is certified to the VCS and CCB standards.

출처: APPLE 지속가능경영보고서(2021)

만 7천톤의 CO2e 탄소배출권을 획득하였다. Apple은 이런 상황을 자사의 지속가능경영보고서에 포함시키면서 이해관계자와의 적극적 소통에 박차를 가하고 있다.

온실가스배출원 분류는 온실가스 배출량의 성격과 범위에 따라 Scope1 (직접배출), Scope2(간접배출), Scope3(기타 간접배출)으로 나뉘는데, Scope 3는 조직이 소유하고 관리하는 사업장 외 가치사슬에서 발생하는 간접적인 온실

표 10-2 POSCO Holdings의 탄소배출관련 현황

CO₂ 온실가스	보고지표	단위	2020년	2021년
	직/간접 온실가스 배출량(Scope 1&2)[1]	tCO₂e	83,485,286	86,255,193
	직접 온실가스 배출량(Scope 1)	tCO₂e	82,510,626	84,430,201
	간접 온실가스 배출량(Scope 2)	tCO₂e	974,661	1,824,992
	기타간접 온실가스 배출량(Scope 3)[2]	tCO₂e	11,951,400	12,872,905
	업스트림 원부자재 및 서비스 구매	tCO₂e	3,332,000	3,422,572
	원부자재 운송	tCO₂e	903,000	1,605,907
	구성원 출장	tCO₂e	400	174
	구성원 통근	tCO₂e	6,000	9,374
	임대 자산	tCO₂e	2,014,000	2,087,193
	투자	tCO₂e	5,696,000	5,747,685

1) 온실가스별 배출량 및 총 배출량과 사업장별 배출량 합계 차이 있음
  (사업장 단위 절사 배출량을 업체 단위로 합함)
2) 포스코 단독
출처: POSCO Holdings 지속가능경영보고서(2021)

가스 배출을 의미한다. Scope 3의 측정 및 공시의 정확성 확보가 어렵기 때문에 최근 국제지속가능성기준위원회(ISSB)가 공시를 유예하거나 각국 규제당국과 면책 조항을 마련하기로 했다. 하지만 관련 기준이 향후에 더욱 고도화되고 다양화되는 것에 대비해 포스코도 대응 방안을 구체적으로 준비하고 관련 내용을 이해관계자와 적극적으로 공유해야 한다.

공급망 실사에 대해 선진국의 관심이 커지고 있다는 사실에도 주목해야 한다. 환경뿐 아니라 인권이나 안전 등 지속가능경영 여부가 본사뿐만 아니라 해외자회사, 국내외 협력업체 전반에 걸쳐 모니터링되어야 한다는 점이 시사하는 바는 매우 크다. 이제 전략경영의 대상은 해당기업이 아니라 해당기업이 속해 있는 생태계로 확산되고 있다.

이런 모든 경영환경의 변화에 대해 포스코는 장단기 관점의 대응이 필요하다. 전략경영분야에서 제시하고 있는 다양한 기업수준전략, 예를 들어 다각화나 M&A, 전략적 제휴를 통해 이해관계자 자본주의의 실천을 좀 더 효과적으로 수행할 수 있는 방안이 모색 되어야한다.

특히 주가만으로 표현되지 못하는 기업의 본질적 가치, 즉 리얼밸류(Real Value) 파악 및 증진을 위해 포스코는 전략적 관점에서의 접근방식이 요구된

다. 이해관계자 가치(TBL) 렌즈를 통해 모든 이해관계자의 비경제적 측면까지 고려하려는 포스코의 적극적 노력이 필요한 이유이다. 이해관계자 자본주의의 실천에 대한 시대적 요구는 기업경쟁력의 판도를 흔들 수 있는 중요한 경영환경적 변화이다. 리얼밸류 파악 및 증진을 통해서 포스코가 기업시민을 진정한 경영이념으로 실천한다면 이해관계자 자본주의 시대에 걸맞은 기업경영의 롤모델이 될 수 있을 것이다.

┌─ 02 환경, 사회를 고려한 가치창출

포스코는 기업시민이라는 경영이념을 통해 재무금융 관점에서도 이미 이해관계자 중심 경영을 실천 중이다. 일단 환경부문과 관련하여 포스코는 ESG 채권을 발행한 바 있다. 포스코는 지난 2021년 11억 유로 규모의 그린본드 교환사채를 발행했다. 2019년 철강회사 중 처음으로 5억 달러의 지속가능채권을 발행한 바 있어 포스코의 그린본드 발행물량은 쉽게 인수되었다. 포스코는 그린본드에서 조달한 자금을 이용해 전기차와 관련된 리튬 이차전지 소재사업을 추진하고 있다. 철강 분야에서 확보한 기술력과 글로벌 자동차 고객사들과의 관계를 기반으로 리튬, 양극재, 음극재 등 이차전지 소재사업에 집중하고 있는 것이다. 포스코는 채권발행으로 조달된 금액을 2021년 호주의 배터리용 니켈 생산 회사 지분 3,648억원(EUR272백만) 매입에 사용했으며 염수 및 광석 리튬 상용화 공장 구축을 위해서도 사용할 계획이다.

포스코는 또한 굴뚝 오염물질 배출저감 및 부산물 재활용을 위한 환경투자에도 자금을 투입하고 있다. 지난 5년간 석탄 Silo, 제강 집진기, 소결/발전 질소산화물 저감 설비 도입에 총 1조 4,900억원을 집행하였으며 '24년까지 약 1조 7,800억원 규모의 환경설비를 추가 투자할 예정이다.

사회부문과 관련해서는 제값 제때 주기, 성과공유제(benefit sharing), 벤처

그림 10-7 철강상생협력펀드

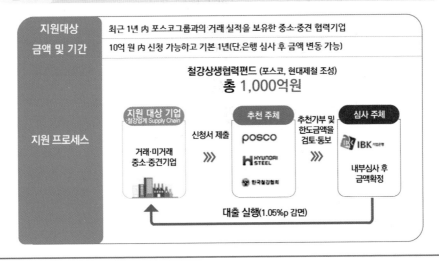

펀드 조성 및 투자, 그리고 상생협력펀드 등을 통해 이해관계자 중심 경영을
실천하고 있다.

　'제값 제때 주기'는 지나친 가격경쟁으로 인한 협력기업의 경쟁력 저하를
방지하기 위한 공정거래형 입찰제도로 1, 2차 거래기업이 결제일에 현금지급
을 보장받고, 결제일 이전에도 낮은 금융비용으로 결제대금을 현금화할 수 있
는 하도급 상생 결제시스템이다. '성과공유제'는 참여기업과 포스코가 공동으
로 PJT기반의 개선활동을 수행하고 그 성과를 공유하는 동반성장 프로그램이
다. '벤처펀드 조성 및 투자'와 관련하여 포스코는 현재까지 14개 펀드에
2,720억원을 출자 약정하여 1.4조원 이상의 펀드를 결성하였고, 국내외 650개
사에 5천억원 이상을 투자했다. 포스코는 벤처기업의 성장단계별 펀드를 조
성하여 투자 기업의 가치증대를 지원하고 있으며 벤처펀드의 투자 수익은 벤
처플랫폼이 지속적으로 운영될 수 있도록 재투자되고 있다.

　포스코는 또한 상생협력펀드를 조성해 협력업체들이 저리로 대출을 받을
수 있도록 금융지원프로그램을 운영하고 있다. 지난 6월에는 현대제철, 철강
협회, IBK 기업은행과 공동으로 1,500억의 '철강 ESG 상생펀드'를 조성, ESG
경영을 실천하는 중소 철강업체가 시중금리보다 낮은 금리로 자금을 조달할

수 있게 하였다. 포스코는 이보다 앞선 '20년에는 1,000억원 규모의 '철강상생 협력펀드'를 조성한 바 있으며 이전에도 '상생협력펀드' '동반성장 특별펀드' 조성을 통해 관련 중소 중견기업이 시중금리보다 1~2%포인트 낮게 자금을 조달하는 데 기여하고 있다. 지난 10월까지 포스코가 대출을 지원하고 있는 협력업체 및 지원금액은 총 354개사 4,415억원에 달하고 있다.

지배구조 부문과 관련해서 포스코는 전문경영자 경영 기업의 모범사례를 보여주고 있다. 지배구조와 관련된 이슈는 대부분 최대주주가 존재하는 대규모 기업집단에 관한 내용이고 전문경영자 경영 기업의 경우 지배구조와 관련된 표준이나 규범, 기준이 모호한 것이 현실이다. 포스코는 1997년 전문경영자 경영 기업 최초로 사외이사제를 도입하였고 2004년 기업지배구조헌장을 제정하는 등 앞선 지배구조 모델을 제시한 바 있다. 또한 '사외이사 IR' 제도를 통해 주주와 이사회간 직접 소통하고 있고 이사회의 다양성을 위해 여성 사외이사를 선임하였다. 특히 CEO 육성프로그램은 호스레이스형으로 선진국 사례와 비교해도 우수하다고 할 수 있다.

포스코는 투자 심의 시 ESG 영향도 점검하고 있다. 투자 사업 검토 시, ESG 영향을 점검하는 절차를 통해 환경, 사회, 지배구조 측면을 검토하고 관련 리스크와 효과를 종합적으로 평가하고 있다. 발견된 ESG 리스크에 대해서는 대책 수립 후 사업을 추진토록 하여, 투자의 사회적 책임을 달성하고자 노력하고 있으며, 투자 성과 평가 항목에도 ESG 성과지표를 포함하여 평가하고 있다. 이와 같이 포스코는 다른 기업에 비해 이해관계자 중심 경영을 비교적 선제적으로 실천하고 있다고 할 수 있다.

포스코는 기업의 본질가치가 주가만으로는 표현되지 못한다고 판단, 기업이 창출해내는 모든 유무형 가치의 총합인 리얼밸류 개념을 도입하여 이를 경영에 접목시키는 작업을 시행하고 있다. 이를 바탕으로 존재는 하지만 평가가 되지 않았던 기업의 잠재적 가치를 측정하여 이를 시장가치에 부가하는 논리는 의미있다고 할 수 있다.

리얼밸류는 주가가 기업가치를 완전히 반영하지 못하므로 기업의 가치를

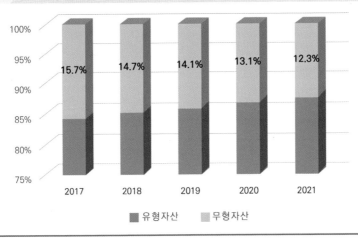

그림 10-8 포스코의 연도별 유형자산 대비 무형자산 비중 추이

제대로 측정해야 한다는 측면에서 평가방법론 측면에서도 의미가 있다. 아직 리얼밸류를 측정하는 방법론이 마땅치는 않지만, 객관적으로 비교가능한 가치측정 기준을 정립하여 구분된 9가지 리얼밸류 영역별로 가치를 산출할 필요가 있다.

〈그림 10−8〉에서 보는 바와 같이 포스코의 경우 무형자산비율이 매년 감소하고 있다. 리얼밸류가 반드시 무형자산으로부터 창출되는 것은 아니지만 일반적으로 무형자산이 ESG 경영으로 인한 추가 가치 창출의 주요 자원으로 활용된다는 것을 고려할 때 포스코의 경우 리얼밸류를 인한 가치 추정 논리가 다소 약해질 수 있다. 이에 따라 보다 정교한 개념정의와 정치한 측정 방법론의 개발로 잠재되어 있는 실질가치를 산출하여 리얼밸류 경영을 보다 발전시키는 노력이 필요하다.

03 지속가능성 관련 경영과 정보공시

2022년 3월에 물적분할 방식으로 철강사업을 영위하는 비상장 별도법인으로 설립된 주식회사 포스코는 "더불어 함께 발전하는 기업시민"을 경영이념으로 삼고, ESG 경영과 UN SDG 달성을 위한 체제를 구축하고자 노력하고 있다.

2022년 그룹구조 개편 당시, 지주회사인 포스코홀딩스(존속법인)는 상장법인 형태로 출범하는 데 반해, 신규로 설립된 포스코는 비상장체제로 출범시킴으로써, 모회사 평가에서 자회사 가치가 제대로 평가받지 못하는 데 따른 주주가치 훼손 우려를 제거했다는 점에서 바람직한 체계전환이라는 평가를 받을 수 있다. 포스코의 사례와 달리 최근 일부 대기업들이 소액주주들과 연기금의 반대에도 불구하고 핵심사업을 물적분할하고 분할자회사를 별도 상장하여 사회적 비판을 받은 경우가 존재하는데, 이는 가장 중요한 이해관계자인 소액주주의 이익을 외면하는 것으로서, ESG 경영과 배치되는 처사라 할 수 있다.

포스코 이사회에는 5명의 사내이사와 2명의 사외이사, 1명의 기타비상무이사를 두고 있는데, 비록 비상장회사이긴 하나 사외이사의 숫자와 비율이 상장회사에 비해 다소 낮은 편이다. 이로 인해 이사회 산하 감사위원회도 2명의 사외이사와 1명의 사내이사로 구성되어 있는데, 상장기업이 대체로 감사위원회를 전원 사외이사로 구성하고 있다는 점도 향후 지배구조 측면에서 고려할 사항이다. 이사회 내에는 ESG위원회가 ESG 경영을 관리, 감독하는 역할을 하고 있으며, 위원회의 구성과 기능이 실질적인 ESG 경영구현에 적합한지에 대해 지속적으로 검토하며 운영해 나가야 할 것이다. 2019년 3월에 설립된 CEO 직속 기업시민 자문회의는 ESG 트렌드 분석과 기업시민 실천사항 검토와 자문 등을 수행하고 있는데, 포스코 경영이념의 구현에 외부 전문가를 적극적으로 활용하고 외부 이해관계자의 시각을 간접적으로 반영할 수 있다는 점에서 개방형 ESG 경영의 바람직한 사례라 볼 수 있다.

포스코의 ESG 경영프레임워크는 E, S, G 각 범주에 대해 친환경소재리더십 주도, 지속가능한 공동체, 공정/투명/윤리경영이라는 범주별 목표를 명확히 제시하여 실천력을 제고하고자 하고 있다.

그림 10-9 포스코 ESG 경영 실천 프레임워크

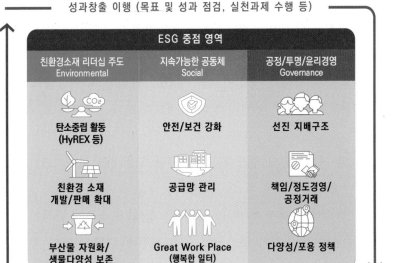

출처: 포스코, 2021 포스코 기업시민보고서

　지속가능성 관련 공시 분야는 2022년도 발행한 보고서에서 타 기업들에 비해 선도적으로 이중중요성의 관점을 처음으로 반영하여, 기업이 환경과 사회에 미치는 영향과 함께 이들 요소들이 기업에 재무적으로 미치는 영향을 모두 고려하고자 하고 있다, 이를 위해 33개 중요이슈 pool을 구축하고 임직원 대상 설문조사를 실시하여, 비즈니스 중요도와 이해관계자 관심도에 대한 분석을 통해, 10대 중요이슈를 선정하였다. 선정된 중요이슈에는 사업장 안전 리스크 관리, 기후변화 대응, 에너지효율 제고, 공급망 ESG 관리 등이 포함되어 있다. 이해관계자 관심도 측정을 위해 분야별 이해관계자와의 인터뷰도 실시하였다. 이러한 노력은 단편적이나마 공시에서 이중중요성 원칙을 강조하고 있는 유럽에서 EFRAG가 제시하고 있는 이해관계자와의 교류(engagement) 요구에 부합하는 것으로, 포스코의 이해관계자 중심 경영 노력을 반영하는 것으로 보인다.

　ESG 중요이슈 각각에 대해, 주요 KPI를 설정하고, 목표와 실적을 제시하고 있는데, 이것은 TCFD가 제시한 4 pillar 공시요구(metrics and targets)에 부합하는 것이다. 또한, 내부관리를 위한 어프로치와 이니셔티브를 제시하는 등, 비록 초보적인 단계이나 관리회계의 성과관리 도구인 균형성과표(BSC) 체계를 제시하고 있는 점도 발전적인 요소이다. 향후에는 ESG 중요이슈 관리를 경영시스템으로 통합하여 중장기적인 성과로 연계하고, 이중중요성 관점을 고려한 기업에 대한 재무적 영향에 대한 정보가 보다 구체적으로 제공되어야 할 것이다.

포스코의 지속가능성 정보제공은 대체로 모범적인 편이지만, 현재 제정되고 있는 주요 공시기준들의 요구사항(특히, 4 pillar 공시)을 보다 체계적이고 선진적으로 반영하는 것이 바람직하다. 예를 들어, 포스코가 중장기적으로 직면하고 있는 위험과 기회가 포스코에 미칠 재무적 영향에 대해 명확한 분석을 제시하고, 기후변화 관련 시나리오 분석 및 위험관리 시스템에 대한 설계와 공시를 보다 강화하는 것이다.

환경분야에 대한 노력을 좀 더 구체적으로 살펴보면, 2020년에 포스코 탄소중립비전을 수립하여 수소환원제철기술 적용, 저탄소 원료 사용, 다양한 저탄소 공정기술의 개발과 적용, 철스크랩 활용 증대, 탄소포집저장활용(CCUS) 기술 적용, 부생가스 활용과 에너지 효율 개선, 수소환원기술 개발과 적용 확대 등에 노력하고 있으며, 제품분야에서도 탄소감축에 기여하는 제품 개발에 일부 성과를 나타내고 있다. 기후변화 관련 위험(risk)에 대한 적극적인 대응 노력과 함께, 다른 한편으로는 관련 기회(opportunity)의 확보를 위해 친환경 소재 혁신을 적극적으로 추진하고 있다는 점이 관심을 끈다.

포스코는 현재 온실가스 Scope 1, 2 배출량 정보를 공시하고 있으며, 세부적인 내역과 관리방안까지 점차 공개할 필요가 있다. 또한, Scope 3 배출량 측정과 관리에 대한 정보를 제공도 향후 업스트림과 다운스트림 가치사슬 전체에 걸친 탄소배출량 측정과 관리 측면에서 공개에 노력을 기울일 필요가 있다.

사회(social) 분야에서는 회사 내 임직원은 물론 협력사와 공급사에 대한 윤리경영 지원 활동, 공정거래와 컴플라이언스 활동을 수행하고 있다. 공급망과 관련해서는 친환경 구매, 해외 석탄, 철광석 공급사와 수소개발 및 저탄소/저원가 기술개발 협력 추진, 광물 채굴 시 발생하는 사회적 문제(분쟁, 인권, 환경 등) 대처 등 공급망 관리 활동을 수행하고 있다. 앞으로 공급망 관련하여 증가하고 있는 공시요구와 유럽의 공급망실사법에 대비하여 관련 제도를 정비하고, 더욱 발전시켜 나갈 필요가 있는 것으로 보인다.

포스코 지속가능성 관련 정보공개와 관련된 또 다른 의미 있는 시도는 기업시민가치의 측정 및 보고 노력이다. 기업시민가치 측정은 앞 장에서 설명한 기업활동의 사회적 가치 측정의 맥락에서 이해할 수 있으며, 포스코는 기업이 환경과 사회에 미치는 영향(임팩트)을 화폐적 가치로 환산하여 이해관계자들과의 커뮤니케이션과 내부 경영활동에 반영하고자 시도하고 있다.

2019년부터 기업시민 경영활동을 통해 발생한 중요한 환경/사회 영향을 화폐가치로 측정하고 있으며, 2020년부터는 환경분야의 비용/수익/오염(실질영향)/성과(잠재영향)를 분류하여 측정하는 Green Reporting 체계를 구축하여 운영하고 있으며. 2021년부터 4가지 분야에 대해 구체적인 성과를 측정하고 있는 것으로 보고하고 있다. 여기서 오염(실질영향)은 탄소 및 환경관련 배출량을 나타내며, 성과(잠재영향)은 이들의 환경, 사회에 대한 영향을 나타낸다. VBA 프레임워크에 따르면, 전자는 산출(output), 후자는 영향(impact)에 해당한다. 산출은 지속가능성 공시제도에서 일반적으로 요구되는 분야인 반면에, 영향은 자율적인 공시영역에 속한다.

포스코의 기업시민가치 측정은 〈그림 10-10〉과 같이 크게 Business, Society, People 세 영역에 걸쳐 있으며, 150여 개의 세부지표 구성되어 있다. 구체적인 측정범위에 있어서 앞 장에서 설명한 BASF, SK 등과 차이를 나타내고 있다.

포스코는 보고서를 통해 기업시민가치 측정영역과 측정방법론의 개요에 대해서는 설명하고 있지만, 향후 구체적인 계산결과를 공표할 수 있을 정도의 단계까지 발전시킬 필요가 있어 보인다. 포스코는 최근 사회적가치 측정을 선

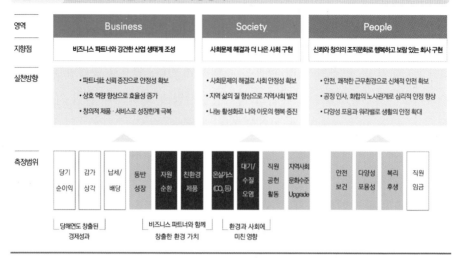

그림 10-10 포스코의 기업시민가치 측정영역

영역	Business	Society	People
지향점	비즈니스 파트너와 강건한 산업 생태계 조성	사회문제 해결과 더 나은 사회 구현	신뢰와 창의 조직문화로 행복하고 보람 있는 회사 구현
실천방향	• 파트너社 신뢰 증진으로 안정성 확보 • 상호 역량 향상으로 효율성 증가 • 창의적 제품·서비스로 성장한계 극복	• 사회문제의 해결로 사회 안정성 확보 • 지역 삶의 질 향상으로 지역사회 발전 • 나눔 활성화로 나와 이웃의 행복 증진	• 안전, 쾌적한 근무환경으로 신체적 안전 확보 • 공정 인사, 화합의 노사관계로 심리적 안정 향상 • 다양성 포용과 워라밸로 생활의 안정 확대

측정범위

당기 순이익	감가 상각	납세/ 배당	동반 성장	자원 순환	친환경 제품	온실가스 (CO_2 등)	대기/ 수질 오염	직원 공헌 활동	지역사회 문화수준 Upgrade	안전 보건	다양성 포용성	복리 후생	직원 임금

당해연도 창출된
경제성과

비즈니스 파트너와 함께
창출한 환경 가치

환경과 사회에
미친 영향

도하고 있는 기관인 VBA에 가입하여 측정방법을 고도화시켜 나갈 계획임을 밝히고 있는데, 머지않아 각 영역별 측정결과를 공시할 것으로 예상된다. 포스코는 투자심의와 성과평가에서 ESG 요소를 반영하고 있다고 공표하고 있으나, 향후에는 사회적 가치(기업시민가치)와 관련된 사항들이 경영시스템에 어떻게 체계적으로 반영되는지에 대해서까지 설명할 수 있어야 한다.

기업시민가치는 기업 내부의 각종 경영관리시스템(투자의사결정, 당기 운영예산수립, 기업 성과측정과 평가, 보상시스템 등)과 결합될 때 강력한 효과를 발휘할 수 있으므로, 포스코가 이해관계자 중심 경영을 선도적으로 구현하기 위해서는 관련 경영관리시스템을 더욱 발전시킬 필요가 있다. 최근 제정되고 있는 각종 공시기준들이 지속가능성과 관련된 보상시스템의 공시를 요구하고 있다는 것도 같은 맥락이다.

포스코는 지주회사 체제 전환과 함께 최근 그룹 차원에서 새로운 경영가치로 리얼밸류(real value) 개념을 개발하고 있다. 포스코가 수행하고 있는 ESG(비즈니스, 사회, 사람) 분야의 기업시민가치 창출 활동을 그룹 차원에서 장기적으로 기업의 주주가치 창출로도 연계될 수 있도록 경영활동의 방향을 보다 구체화하고 가시화하는 작업으로 이해된다. 리얼밸류 경영은 단순한 주주

가치 제고를 넘어 다양한 이해관계자들의 가치를 제고하고자 하는 노력으로서, 사회 전반적으로 이해관계자 자본주의가 확산됨에 따라 중장기적으로 주주가치의 상승에도 효과를 나타낼 수 있을 것이다.

04 지속가능 공급망 구축 전략

지속가능 공급망은 원재료부터 최종고객까지 공급망을 구성하는 주요 기업들이 다양한 이해관계자가 요구하는 환경적, 사회적, 경제적 가치를 창출하고 장기적 성장을 성취할 때 가능하다. 포스코의 입장에서 지속가능한 철강 공급망이란 지속가능한 방법으로 철강을 제조하는 친환경 제조기업으로 전환하고 사회적, 환경적으로 강건한 협력회사 생태계를 구축하는 것을 의미한다.

이러한 포스코의 공급망 전략은 포스코가 발표한 철강사업 5대 핵심 전략(친환경 제철소, 지능형 스마트 제철소, 초일류 제품 경쟁력, 창의와 신뢰의 기업문화, 이해관계자와 상생)의 중심이면서 동시에 기업시민 경영이념에 깊숙이 기반을 두고 있다. 기업시민은 사회공동체의 일원인 기업이 경제적 가치를 넘어 다양한 이해관계자를 고려하여 더 큰 가치를 창출하기 위해 노력한다. 포스코는 제선, 제강, 압연 공정에 이르는 제철공정과 제품이 고객에 쓰여지는 전 과정에서 온실가스 감축을 선도하고 대기환경과 생물다양성을 개선함으로써 우리 사회에 환경적 가치를 창출하려 한다. 또한, 원재료 및 설비 협력회사를 파트너 회사로서 지원, 육성하여 동반성장을 도모함으로써 강건한 공급망 생태계를 구축하고 있으며 이를 통해 지역경제를 활성화하고 안정적인 고용을 창출하여 사회에 공헌하려 하고 있다. 이와 같이 포스코의 지속가능 공급망 전략은 기업의 경영철학과 핵심사업전략에 기반을 두고 있기 때문에 전략의 진정성과 실효성이 크다고 할 수 있다.

포스코의 지속가능 공급망 전략에서 가장 주목해야 할 부분은 2050 탄소 중립 전략이다. 포스코는 지난 5년간 평균 7,849만톤의 온실가스를 배출하였는데, 이는 우리나라 전체 배출량의 약 11.6%로서 우리나라 기업 중에서 가장 많은 배출양이다. 삼성전자 배출량(1,449만톤)의 5배가 넘는 규모이다. 따라서 우리 정부가 수립한 2030년까지 온실가스 배출량 40% 감축, 2050년 탄소중립의 목표를 실현하기 위해서는 포스코의 탄소 중립은 필수적이라고 할 수 있다.

이런 배경에서 포스코는 아시아 철강회사로는 최초로 2020년 12월에 2050 탄소중립 비전을 선언하고, 원료, 투자, 에너지, 기술개발 분야를 종합하여 중장기 실행 전략을 발표하였다. 구체적으로 2017 – 2019년 기준연도 배출량(78.5백만톤)에서 2030년까지 10% 감축, 2040년까지 50% 감축, 그리고 2050년에 넷 제로를 실현하겠다는 목표를 수립하였다. 또한 탄소중립 전략의 실현을 위해서 전체 컨트롤 타워로서 최고경영자가 참석하는 탄소중립위원회를 설치하였고, 탄소중립 로드맵의 체계적인 실행을 담당하는 탄소중립전략그룹을 신설하였다.

포스코의 탄소중립 전략은 친환경 제조공정(green process), 친환경 제품(green product), 친환경 파트너십(green partnership)의 3대 전략으로 나눌 수 있다. 먼저 친환경 제조공정 전략은 2050 탄소중립의 가장 핵심적인 영역으로서 제선, 제강, 압연 공정에서 발생하는 온실가스를 감축하기 위한 활동이다. 단기적으로 철강공정내에 발생하는 부생가스를 활용한 전력발전량을 최대화하고, 철 스크랩을 사용할 수 있는 조업기술을 개발하여 제선공정의 온실가스 배출을 감축한다. 또한, 파이넥스 공정에서 활용하고 있는 탄소포집저장활용기술(Carbon Capture Utilization & Storage: CCUS)을 이용하여 포집된 온실가스를 공정 부생가스로 전환하거나 대체연료로 활용하여 석탄 사용량을 절감하는 것이다. 중간단계로는 코크스와 파이넥스 공정에서 발생하는 부생가스를 고로 및 파이넥스 공정에 투입하여 석탄사용량을 절감하는 고로기반 혁신기술을 개발하여 적용할 예정이다.

완전한 탄소중립을 실현하기 위해서는 2050년까지 연간 370만톤의 그린수소와 4GW 규모의 재생에너지 전력을 확보하고, 파이넥스 공정에 그린 수

그림 10-11 포스코 2050 탄소중립 로드맵

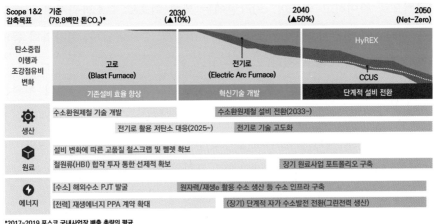

출처: 포스코홀딩스 기업시민보고서 2021

소를 투입하여 직접환원철을 생산한 후에 이를 100% 재생에너지를 사용하는 전기로에서 철강을 생산할 계획이다. 이것이 포스코형 수소환원제철 공법 (HyREX)이며, 2030~2040년까지 파일럿 테스트를 진행하고 기존 고로 설비를 단계적으로 전환하여 2050년까지 HyREX를 상용화할 계획이다.

한편 친환경 제품 전략(green product)은 저탄소 소재 및 부산물을 개발하여 판매함으로써 공급망의 하류(고객측)에서 사회적 온실가스 감축을 유도하는 전략이다. 고장력 강판을 통해서 자동차 경량화를 유도하고 고효율 전기강판을 이용하여 모터와 변압기의 에너지 효율을 개선하며, 시멘트 클링거를 대체하는 수재슬래그를 공급하여 시멘트 소성시 온실가스를 감축하는 것이다. 포스코는 2021년 기준 고장력 자동차 강판과 고효율 전기강판 판매를 통해서 700만톤의 온실가스를 감축하였으며, 1,124만톤의 수재슬래그를 판매하여 765만톤의 온실가스를 감축하였다.

친환경 파트너십(green partnership)은 투자자, 정부, 고객사, 철강관련 협회 등과 협력하여 탄소중립 정책 수립과 기술개발을 위한 협력을 도모하는 전략이다. 2021년 국내 5개 철강기업과 그린철강위원회를 출범시키고 2050 탄소중립 공동선언을 하였으며, 탄소중립을 위한 정책과제를 발굴하고 있다.

또한 세계철강협회(World Steel Association)에서 주관하는 기후변화 대책활동에 적극적으로 참여하고 있으며, 2021년에는 세계 최초로 수소환원제철 국제포럼을 개최하여 철강사, 원료공급사, 엔지니어링사, 수소공급사, 철강협회 등의 다자간 협력을 선도하고 있다.

2016년에 설립된 책임 있는 철강(ResponsibleSteel)은 철강산업의 지속가능경영의 표준을 개발하고 인증 프로그램을 운영하는 글로벌 협의체이다. 철강, 원료, 자동차, 에너지 분야의 총 130여 기업과 기관이 회원으로 참여하고 있다. 포스코는 2022년 1월에 가입하고 포항과 광양사업장을 대상으로 지속가능사업장 인증 신청을 하였다.

책임 있는 철강 사업장 인증을 위해서는 리더십, 사회·환경·지배구조 관리체계, 기후변화, 소음·화학물질·폐기물 관리, 물관리, 생물다양성, 산업안전보건, 노동권/인권, 지역사회 공헌, 이해관계자 커뮤니케이션 등 370개의 요구사항을 모두 충족해야 한다. 해당 사업장이 지속가능한 사회 구현을 위한 정책, 목표 수립, 실행, 결과 모니터링, 그리고 이 결과를 지역사회를 포함한 이해관계자의 지속적인 커뮤니케이션을 하는 등 이해관계자 중심 경영 체계를 갖추고 있는지를 점검하는 것이다. 포항제철소와 광양제철소는 9개월간의 서면심사와 현장실사를 거친 뒤 이해관계자 중심 경영활동과 관리체계의 우수성을 인정받아 아시아 최초로 ResponsibleSteel 사업장 인증을 동시에 획득했다.

리얼밸류 경영은 포스코의 조직 경계를 넘어서서 파트너 협력회사로 확산되어 지속가능 공급망을 구축할 때 완성된다고 할 수 있다. 포스코의 지속가능 협력회사 생태계 구축은 '공급망 ESG 위험 관리'와 '공급망 역량 강화 정책"에 집중되어 있다. 공급망 ESG 위험 관리는 사회적, 환경적, 관리체계 관련 위험관리 차원에서 진행되는 협력회사 규정준수 제도이며, 공급망 역량 강화 정책은 협력회사의 시장경쟁력과 이해관계자 중심 경영 역량 강화를 위한 지원제도이다. 리얼밸류 경영의 시각에서 보면 공급망 ESG 위험 관리로 협력회사가 유발할 수 있는 부정적인 환경적, 사회적 영향을 최소화하고 공급

그림 10-12 협력회사 환경.사회.지배구조 위험 관리 프로세스

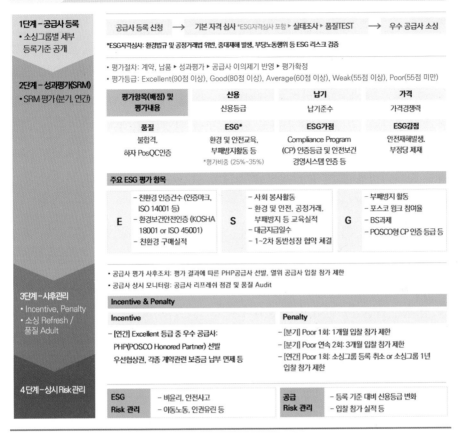

출처: 포스코 기업시민보고서 2021

망 역량 강화 정책을 통해서 환경적, 사회적, 경제적 가치를 극대화하려는 정책으로 해석할 수 있다.

　포스코는 책임 있는 구매(responsible purchasing) 프로세스로 알려진 단계별 협력회사 관리 프로세스를 수립하여 협력회사가 유발할 수 있는 환경·사회·지배구조 위험을 사전에 예방하고 있다. 협력회사 등록단계에서는 모든 협력회사는 포스코가 제정한 공급사 행동규범과 윤리특별약관 준수에 동의해야 한다. 포스코 공급사 행동규범은 책임 있는 비즈니스 연합(Responsible Business Alliance) 행동규범을 참고하여 노동인권, 안전보건, 환경, 윤리, 동반성장, 품질경영 등의 7개 부문 49개 항목으로 구성되어 있다. 협력회사 성과

평가단계에서는 포스코와 거래실적이 있는 모든 공급회사의 경제적 성과(신용, 납기, 가격, 품질)와 함께 환경적 성과(예: 친환경 인증건수), 사회적 성과(동반성장협약 등), 지배구조 성과(컴플라이언스 인증) 등을 체계적으로 평가하고 있다. 성과 결과에 따라 우수기업은 우선협상권을 부여하는 등 인센티브를 제공하고 성과가 좋지 않은 기업은 개선활동 계획을 제출하도록 요구하거나 입찰참가 제한 등 사후 조치를 취하고 있다. 또한 환경문제, 부패, 안전사고, 아동노동, 인권유린 등 심각한 위험이 있을 수 있는 공급사의 경우 지속적인 상시적인 모니터링을 통해서 잠재적 리스크를 발견하고 개선하거나 거래를 중단하는 제재조치를 취하고 있다.

협력회사가 행동규범을 준수하는 것만으로는 실효가 있는 사회적, 환경적 가치를 창출하기는 어렵다. 포스코는 공급망을 구성하는 모든 협력회사가 높은 경영 역량을 갖춰야만 재무적 성과는 물론 상생의 사회적, 환경적 가치를 만들어 나갈 수 있다고 주장한다.

포스코는 8개의 동반성장 프로그램을 운영하면서 협력회사의 시장경쟁력(공급망 강건화)과 지속가능경영(ESG 강화) 역량을 동시에 강화하고 있다. 구체적으로 협력회사의 시장경쟁력 향상을 위해서 성과공유제를 운영하여 재무적 성과를 협력사와 공유하고 있으며, 품질개선기법(Quick Six Sigma)을 전수하고, 스마트공장 구축을 지원하며, 2차 협력사의 대금 지급을 보장하는 하도급 상생결제 제도를 도입하고 있다. 또한, 협력회사의 지속가능경영 역량을 위해서 철강 5사가 1,500억 규모의 철강 ESG 상생펀드를 조성하여 저리로 중소기업에게 대출 지원을 하고 있으며, 다양한 지역사회 지원활동을 확대하고, 채용난을 겪고 있는 중소기업에 구직자를 연결해주는 취업지원 프로그램을 운영하고 있다. 또한, 25년 이상의 직무경험을 가진 전문 컨설턴트로 구성된 동반성장지원단을 구성하여 스마트 팩토리 구축, ESG 경영지원, 설비/공정 효율화, 기술혁신 지원 등 4대 분야의 협력사 맞춤형 컨설팅을 제공하고 있다.

포스코의 지속가능 공급망은 국내외에서 어떤 평가를 받고 있을까. 한국지배구조원(현 한국 ESG 기준원)의 2021년 ESG 평가에서 포스코는 환경 A, 사

그림 10-13 포스코 동반성장 8대 프로그램

출처: 포스코 기업시민보고서 2021

회 A+, 지배구조 A+로 통합등급 A+를 획득하였다. 전체 765개의 상장기업에서 총 14개 회사만 A+등급을 획득하였다는 점에서 포스코는 국내 최상위 수준으로 평가받고 있다. 포스코에 대한 긍정적인 평가는 2050 탄소중립 선언, 안전사고 제로화를 위한 투자와 노력, 협력회사에 대한 ESG 위험관리, ESG 정착을 위한 동반성장 정책 등의 노력이 높은 평가를 받은 이유였다.

하지만 4대 글로벌 ESG 평가기관인 모건스탠리캐피털인터내셔널(MSCI)는 2016년부터 지난 6년간 연속으로 포스코에 BBB 등급을 부여하였다. MSCI 등급은 최우수 AAA 등급부터 최하인 CCC 등급까지 모두 7개 등급으로 구성되는데 BBB는 중간등급이다. 2022년에 철강기업 33개사 중 BBB 등급은 상위 36%에 해당하는 수준이다. 이는 국내의 최상위 평가와는 상당한 거리가 있는 평가이다. 결국 포스코의 지속가능 공급망은 국내에서는 최상의 수준이라고 할 수 있을지 모르지만 글로벌 수준에서는 아직 중간 정도라고 해석될 수 있다. 향후 글로벌 우수기업과의 격차를 어떻게 줄이느냐가 포스코의 향후 과제라고 할 수 있다.

그림 10-14 동적역량과 ESG 행동으로 구성된 글로벌 기업의 경쟁력 모델

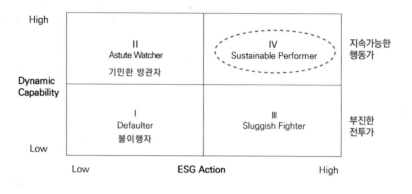

05 글로벌 가치사슬 관점의 이해관계자 중심 경영전략

글로벌 공급 사슬은 코로나 팬데믹과 미중 무역 갈등으로 세계 각지에서 이슈화되고 있으며, 이에 따라 국제경영상의 공급망 리스크가 대두되고 있다. 따라서 리스크를 최소화하고 더욱 커진 발생 가능 위험에 유연하게 대응하기 위해서는 공급 사슬 네트워크에 대한 혁신은 긴요하다. 포스코는 어떻게 대응하고 있는가?

공급망 충격으로 인한 단순한 안정적 공급망 관리를 넘어, 포스코는 지속가능한 공급망을 추구하고 있다. 포스코의 공급사 행동규범(POSCO Supplier Code of Conduct)을 보면, 공급사가 지켜야 할 E(환경), S(인권존종, 동반성장·사회공헌, 안전·보건, 영업비밀·지식재산 보호, 품질경영), G(윤리·공정거래) 등으로 구성되어 있다. 물론, 이러한 중장기적 공급망의 지속가능성이 핵심역량으로 발휘되기 위해서는 '디지털 역량과의 결합'은 필연적이며, '기업시민의 철학'이 중심이 되는 '이해관계자 중심 경영'이 그 기저에 있다.

그림 10-15 포스코의 리얼밸류 전략

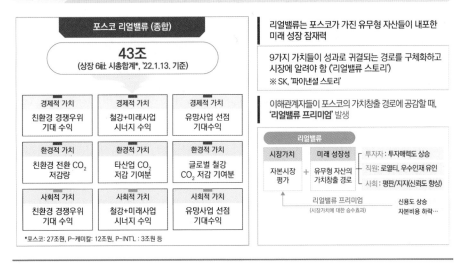

출처: 포스코 리얼밸류 스토리(2022)

일반적으로 글로벌 기업에 대한 경쟁력 평가는 동적역량(dynamic capability)으로 일반적으로 평가되었다고 해도 과언이 아니다(Wenefelt ; Teece, Pisano & Shuen, 1997). 그러나 이제는 이해관계자 자본주의 추세에서, ESG 행동(ESG action)이라는 또 다른 하나의 축이 필요하게 되었다.

〈그림 10-14〉에서 동적역량(dynamic capability)과 ESG 행동(ESG action)을 두 축으로 기업을 분류하면, 지속가능한 성장을 위해서는 Ⅳ분면에 위치해야 하며, 그러기 위해서는 동적역량의 강화와 ESG 행동 모두가 필요하다. 동적역량의 강화 중 중요한 부분은 디지털 전환, 친환경 사업다각화 등이며, ESG 행동 측면에서는 경제뿐 아니라 사회, 환경 등 다양한 부문의 ESG 활동이 필요하다.

포스코의 ESG 활동에는 성과공유제, 시업시민 프렌즈, Smart化 역량강화, 포유드림 잡매칭, 1~2차 대금직불체계, 동반성장지원단, 철강 ESG 상생펀드, 벤처지원, 사업장 안전 리스크 관리, 기후변화 대응, 에너지효율 제고, 대기환경 개선, 윤리경영 준수 등 다양한 활동이 있다.

또한, 역량강화 측면에서도 친환경 제품 혁신, 자원 선순환, 기술개발 강화 등 다각적 노력을 기울이고 있다, 특히 제품혁신 측면에서는 'INNOVILT'(이노빌트)를 시작으로 'e Autopos'(이오토포스)와 'Greenable'(그린어블)까지 포스코의 친환경 소재 전문 3대 브랜드를 마련하고, 관련 강재 및 솔루션 개발에 집중하는 친환경 마케팅 전략을 지속 추진하고 있다.

그러나 결국, 두 축은 따로 떨어져서 추진되는 것이 아니라, 상호 긴밀하게 연결되어 포스코의 진정한 가치를 높이는 "리얼밸류" 전략으로 요약된다.

경제적, 환경적, 사회적 가치의 창출이라는 큰 구조하에서, 동적역량과 ESG 활동을 함께 수행할 때 위와 같은 중장기적 가치가 현실화될 수 있다는 것이다. 그리고, 이러한 목표를 위해 포스코의 문화 또한 변화되고 있다. 즉, 신뢰와 창의의 조직문화를 통해, 공정한 인사, 안정적 노사관계, 안전하고 쾌적한 회사, 행복하고 보람 있는 회사, 다양성을 포용하고 일과 삶이 균형을 이루는 행복한 일터를 지향하고 있다.

ABCD 전략 모델을 기반으로 POSCO의 글로벌 경쟁력 강화 전략을 제시하면 다음과 같다. 첫째, 위에서 살펴보았듯 'ESG 경영활동과 동적역량의 강화를 신속하게 매칭'해야 할 것이다. 이미 포스코는 자산의 강화, 결합, 재발견과 경제, 환경, 사회 측면이라는 "3X3 = 9가지 리얼밸류 프레임워크"로 진행하고 있으므로, 여기에 신속성과 정밀성이 더해지면 금상첨화가 될 것이다. 둘째, 성공적으로 ESG 경영을 수행하는 글로벌 기업을 벤치마킹하되, 포스코의 역량과 상황에 맞는 보다 업그레이드된 성공사례(best practice)를 만들어야 한다. 부가가치 철의 생산에 강점이 있으며, 최근 수소와 이차전지 사업까지 진출해 있으므로 이러한 자신의 業과 여건을 고려한 차별성이 필요하다. 셋째, 대학, 중앙 정부, 지자체, 기관 등과의 융합을 도모하여 플랫폼을 구축하고, 나아가 새로운 비즈니스 모델에 맞는 생태계 구축을 지향해야 한다. 예를 들어, Life With POSCO 관점에서, 수도권 대학을 중심으로 지원되는 포스코의 ESG 관련 과목(기업시민과목)을, 최근 전국 거점국립대를 중심으로 지원을 확대하는 것은 바람직한 방향이다. 넷째, 이해관계자 자본주의로의 철학을 굳건히 하고, 이러한 방향으로 일관성을 갖고 지속적으로 추진해야 할 것이다. 그러한 의미에서 포스코의 "더불어 함께 발전하는 기업시민"이라는 경영이념과, 기업시민헌장은 바람직스럽다. 나아가 실질, 실행, 실리라는 행동강령과 안전, 상생, 윤리, 창의라는 핵심가치는 Business, Society, People의 세 영역에서 지속적으로 의미 있는 성과를 창출할 것이다.

공급망의 충격에서 비즈니스 생태계의 변화를 깨닫고 디지털 전환을 중요 수단으로 삼고, 동적역량과 ESG 활동에 노력하는 포스코의 미래는 밝으리라 확신한다.

대표저자

한상만

서울대학교 경제학과 졸업

Stanford대 MBA/통계학석사

Columbia대 경영학박사

현재 성균관대학교 대학원장, 한국경영학회 제67회 회장, 동반성장위원회 위원, ㈜하나투어 사외이사/감사/ESG위원장

역임 성균관대학교 경영대학장, 한국마케팅학회 회장, 한국소비자학회 회장, 한국복잡계학회 회장, 한국시티은행 사외이사, 에이블씨엔씨 사외이사

저서 경영학연구, 마케팅연구, 소비자학연구, Asian Marketing Journal, Journal of Business Research, Journal of Marketing, Journal of Retailing 등 다수 논문 게재, 경쟁우위 마케팅 전략(2018,박영사), 현재마케팅론(2019, 박영사), 고전에서 배우는 경영인사이트(2011 원앤원북스) 등 다수 책 집필

김종대

서울대학교 경제학과 및 경영대학원 졸업

조지워싱턴대 회계학 박사

현재 인하대학교 경영대학 교수, 지속가능경영연구소 ESG센터장, 녹색금융대학원 주임교수, 아모레퍼시픽 사외이사/ESG위원장, 포스코 기업시민위원회 자문위원, SSR학회 회장, Asian Journal of Sustainability and Social Responsibility 편집위원장

역임 한국환경경영학회 회장, 인천시 녹색성장위원회 위원장, 국민연금기금 책임투자 전문위원 등

저서 기후변화와 금융(2018), 책임지고 돈 버는 기업들(2020), ESG 경영 – 규범적 도입과 전략적 실행(2021) 등 다수

이재혁

고려대학교 경영학 학사 및 석사

오하이오 주립대학교 경영학 박사

현재 고려대학교 경영대학 교수 및 ESG연구원 원장, 국제ESG협회 회장, 사학연금공단 ESG위원회 위원장, 농어촌상생협력기금 심위조정위원, 한국상장회사협의회 자문위원

역임 국민연금 수탁자책임 전문위원회 책임투자분과 위원, 한국기업지배구조원 기업지배구조위원회 위원, 산업정책연구 워킹 그룹 지속가능성분과장, 한국전략경영학회 회장

저서 지속가능경영을 위한 기업 가이드 ESG A to Z (공저, 대한상공회의소, 2022), ESG 시대의 사회적 가치와 지속가능경영 (공저, 클라우드나인, 2021), 경영교육 뉴 패러다임 (공저, 매일경제신문자, 2018), 퍼펙트 체인지 (공저, 자의누리, 2017), The Role of Corporate Sustainability in Asia Development: A Case Study Handbook (co-authored, Springer, 2017), Hyundai Motor Company Case - Fostering Social Enterprise (co-authored, Springer, 2017)

허대식

연세대학교 상경대학 경제학사 및 경제학 석사
Indiana University, Kelley School of Business, 경영학 박사
현재 연세대학교 경영대학 교수, Journal of Operations Management 부편집인
역임 한국생산관리학회 회장, Asia Pacific Decision Sciences Institute 회장, Bowling Green State University 경영대학 조교수
저서 Journal of Operations Management 외에 40여편의 논문 저술

박찬수

서울대학교 경영학 학사
미국 미시간대학교 경영학 석사
미국 스탠포드대학교 통계학 석사
미국 스탠포드대학교 경영학 박사, 마케팅 전공
현재 고려대학교 경영대학 교수
역임 고려대학교 기업경영연구원 원장, 한국마케팅학회 '마케팅연구' 편집위원장, 한국경영학회 부회장
저서 마케팅원리(7판)(2022, 법문사), ESG시대의 사회적가치와 지속가능경영(공저)(2021, 클라우드 나인) 등

김재구

서울대학교 경영대학 경영학과 졸업
서울대학교 대학원 경영학석사
서울대학교 대학원 경영학박사
현재 2023년 한국경영학회 회장/ 명지대학교 교수/ 대한민국 시도지사협의회 지방시대자문위원회 위원장
역임 제20대 대통령직인수위원회 지역균형특별위원, 한국사회적기업진흥원 원장, 한국인사조직학회 회장, 공익법인 함께일하는재단 비상임이사, Social Enterprise World Forum 이사, Stanford University 초빙연구위원, 한국노동연구원 연구위원
저서 HYUNDAI MOTOR GROUP: FAST FOLLOWER TO GAME CHANGER(2022), POSCO: CORPORATE CITIZENSHIP(2021) 등 Stanford Graduate School of Business Case로 다수 한국 기업을 등재, 사회가치경영의 실천전략(2020), 기업의 미래를 여는 사회가치경영(2018) 등 이외 다수 저서와 논문

이경전

KAIST 경영과학 학석박사
서울대 행정학 석박사(수료)
현재 경희대 경영대학 & 빅데이터 응용학과 정교수, 하렉스인포텍 사용자중심인공지능연구소장
역임 카네기멜론대 초빙과학자, MIT 초빙교수, UC 버클리 BEST Lab 초빙교수, 한국지능정보시스템학회 회장, 한국경영학회/경영정보학회 부회장, 정부 3.0 위원회 위원
저서 버튼터치하트(2018), AI와 사회 변화(2022), 세븐테크(2022), e-Business 용어 사전(2004) 등 AI Magazine, Electronic Markets, EJOR, Decision Support Systems 등에 연구 논문 게재

홍철규

서울대학교 공과대학 산업공학과 졸업
서울대학교 대학원 경영학과 졸업
런던정경대(LSE) 회계학 박사
현재 중앙대학교 경영학부 교수
역임 중앙대학교 경영경제대학 학장, 한국관리회계학회 회장
저서 「교양회계」(공저, 중앙대학교출판부, 2009), 회계 및 ESG 관련 다수의 논문 저술

이준서

고려대학교 경영학과 학사
Syracuse 대학교 경영학(재무) 석사/박사
현재 동국대학교 경영학과 교수
역임 ICU(현 KAIST) IT 경영학부 조교수, 증권선물위원회 비상임위원
저서 가격오류와 고유변동성을 반영한 ESG 투자성과 분석 외 연구논문 다수

정진섭

서울대학교 대학원 경영학 박사, 석사
서강대학교 경영학 학사
현재 충북대학교 경영대학 국제경영학과 교수, 국제교류본부장, 산업경영연구소 편집위원장, 한국
기업경영학회 회장(2023년)
역임 한국국제경영관리학회 회장(2022년), 산업통상자원부 자유무역지역 평가단장 및 경제자유구
역 평가위원, 기재부 공기업경영평가단 평가위원, 경제인문사회연구회 평가위원
저서 Paradigm Shift를 위한 4차 산업혁명 시대의 경영사례 I 과 II (박영사, 2019, 2022)
논문 The Effects of Digital Leadership and ESG Management on Organizational Innovation and
Sustainability [2022, SSCI] 등 다수

이해관계자 중심 경영 이해관계자 자본주의 시대의 ESG 경영

초판발행	2023년 2월 15일
중판발행	2024년 9월 27일
지은이	한국경영학회 한상만 외
펴낸이	안종만·안상준
편 집	전채린
기획/마케팅	김한유
표지디자인	이영경
제 작	고철민·조영환
펴낸곳	㈜ **박영사**
	서울특별시 금천구 가산디지털2로 53, 210호(가산동, 한라시그마밸리)
	등록 1959. 3. 11. 제300-1959-1호(倫)
전 화	02)733-6771
f a x	02)736-4818
e-mail	pys@pybook.co.kr
homepage	www.pybook.co.kr
ISBN	979-11-303-1735-9 03320

정 가   20,000원